복 있는 사람

오직 여호와의 율법을 즐거워하여 그 율법을 주야로 묵상하는 자로다.
저는 시냇가에 심은 나무가 시절을 좇아 과실을 맺으며 그 잎사귀가 마르지 아니함 같으니
그 행사가 다 형통하리로다. (시편 1:2-3)

창조하는 지미

The Gospel Mystery of Sanctification

Walter Marshall

북엇국 사라

정철훈 시집

월터 마사 지음 | 정철훈 옮김

성화의 신비

2010년 1월 14일 초판 1쇄 발행
2023년 12월 29일 초판 7쇄 발행

지은이 월터 마샬
옮긴이 장호준
펴낸이 박종현

(주) 복 있는 사람
서울특별시 마포구 연남동 246-21(성미산로 23길 26-6)
Tel 723-7183(편집), 723-7734(영업·마케팅)|Fax 723-7184
hismessage@naver.com
등록 1998년 1월 19일 제1-2280호

ISBN 979-11-7083-095-5

The Gospel Mystery of Sanctification
by Walter Marshall

Copyright ⓒ 2005 by Bruce H. McRae
Originally published in English under the title *The Gospel Mystery of Sanctification*
Published by Wipf and Stock Publishers
199 West 8th Avenue, Suite 3, Eugene, Oregon 97401, U.S.A.
All rights reserved.

Translated and used by the permission of Wipf and Stock Publishers.
Korean Copyright ⓒ 2010 by The Blessed People Publishing Inc., Seoul, Korea.

이 책의 한국어판 저작권은 Wipf and Stock Publishers와 독점 계약한 복 있는 사람이 소유합니다.
저작권법에 의하여 한국 내에서 보호를 받는 저작물이므로 무단 전재와 복제를 금합니다.

차례

서론   9

첫 번째 원리 복음이 이끄는 삶의 시작   23

두 번째 원리 복음이 이끄는 경건한 삶을 위한 자질   39

세 번째 원리 복음이 이끄는 거룩한 삶의 비결
            _그리스도와의 연합   63

네 번째 원리 복음과 믿음으로 그리스도와 연합함   81

다섯 번째 원리 새로운 본성의 필요   103

여섯 번째 원리 행위 구원을 논박함   125

일곱 번째 원리 구원을 위해 인간이 미리
            준비할 수 있는 것은 아무것도 없다   163

여덟 번째 원리 **복음이 이끄는 거룩** 181

아홉 번째 원리 **복음이 이끄는 순종** 191

열 번째 원리 **복음이 이끄는 확신** 205

열한 번째 원리 **즉각적인 믿음의 필요** 235

열두 번째 원리 **순종의 열쇠, 믿음** 273

열세 번째 원리 **복음이 이끄는 믿음의 삶** 313

열네 번째 원리 **복음이 이끄는 삶의 중요성과 유익** 365

부록 칭의 교리: 해설과 적용 389

주 429

서론

월터 마샬Walter Marshall의 고전, 「성화의 신비 *The Gospel Mystery of Sanctification*」를 발견하고 현대 어법에 맞추어 새롭게 펴내기까지 오랜 시간이 걸렸고 우여곡절도 많았다. 몇 년 전, 나를 목양해 주신 목사님들 가운데 한 분인 존 밀러 박사님Dr. C. John Miller이 책 한 권을 이야기하면서 자신이 엄청난 영향을 받았다고 하는 것을 들었다. 필라델피아에 있는 웨스트민스터 신학교Westminster Seminary의 조직신학 교수였던 고 故 존 머레이 박사님Dr. John Murray이 이제까지 성화를 다룬 책들 중에 가장 중요한 책이라고 하면서 소개해 주었다는 것이다. 그 책이 바로 지금 우리가 보고 있는 「성화의 신비」다.

그 길로 나는 그 책을 찾기 시작했지만, 이미 오래전에 절판된 책이라 찾기가 쉽지 않았다. 헌책방을 다 뒤져도 찾을 수 없었다. 인터넷 서점들도 모두 검색해 보았지만 재고가 없다고만 나왔다. 그래서 찾은 곳이 애틀랜타에 있는 에모리 대학Emory University의 캔

들러 신학교Candler School of Theology 도서관이었다. 다행히도 그곳에서 이 책을 한 권 찾을 수 있었다. 그러나 문제가 있었다. 희귀본 서고에 있는 책이라 도서관에서 열람만 할 수 있도록 되어 있었다! 이 책이 처음 출간된 해는 1692년인데, 당시 내가 찾은 책은 1800년대 중반에 출간된 것이었다. 책의 보존 상태가 너무 나빠서 복사는 물론 도서관 밖으로는 가져갈 수 없게 되어 있었다!

친절하게도 캔들러 도서관 사서가 다른 도서관에 이 책이 있는지 인터넷으로 조회해 주었다. 몇몇 도서관에서 각기 다른 연도에 출간된 책들을 찾을 수 있었다. 가장 최근에 출간된 책은 1954년판이었다. 테네시 주 룩아웃 마운틴Lookout Mountain에 자리한 커버넌트 칼리지Covenant College에서 1954년판 한 권을 확보할 수 있었다. 이렇게 구해서 현대 어법에 맞게 새롭게 펴낸 책이 바로 지금 우리의 손에 있는 마샬의 고전이다.

최근에는 저자가 쓴 당시의 영어로 다시 출판되기도 했다. 그러나 이 귀한 책을 오늘날 교회들이 대하는 모습을 보면, 신학교 도서관 서가 한켠에 먼지가 수북이 쌓인 고서로 아무 주목도 받지 못하고 있는 것과 다를 게 무엇인가 싶다. 이 책이 말하는 위대한 주제는, 그리스도인은 자신의 능력이 아닌 복음의 능력으로 순종하며 살아간다는 것이다. 그리스도인은 그리스도와 연합한 사람이다. 그리스도인의 성장은 노력으로 되는 것이 아니라 그리스도와 이룬 연합에서 비롯된다. 그리스도 안에서 거룩해져 가는 것의 핵심에 복음이 자리한다.

그러나 은혜의 복음이 그리스도인을 자라가게 하는 능력이라는 진리는 너무 오랫동안 잊혀져 교회의 "희귀본" 서고에 먼지가 수북이 쌓인 채 방치된 것처럼 보인다. 어쩌다 이렇게까지 되었을까? 이 진리를 너무 가볍게 여겨서가 아닐까! 사람들은 흔히 "우리를 구원해 주신 하나님께 보답하기 위해서라도 거룩한 삶을 살려고 노력해야 한다"고 생각한다. 정말 그런가?

그리스도를 믿는 믿음을 통해 인간은 모든 죄에서 완전히 사함을 받는다고 복음은 말한다. 우리는 또한 그리스도를 믿는 믿음을 통해 성화되어 가도록 부르심을 받았다. 성화는 예수 그리스도의 형상을 닮아 가는 일생의 여정이다. 그리스도인은 거룩하고 경건하게 살도록 부르심을 받은 사람이라는 데는 모든 신자들이 동의한다. 그러나 다음 질문을 던지는 순간, 그들은 혼란스러워 한다. "어떻게 그리스도인은 성화되어 가는가? 경건하게 살 수 있는 능력은 어디서 오는가?"

이천 년 동안 이 질문에 대한 논쟁이 계속되었다. 성경에서는 갈라디아서와 골로새서가 이 문제를 직접적으로 다룬다. 갈라디아 유대인들이 가르쳤던 대로 모세의 율법의 요구를 따라 사는 것이 경건한 삶인가? 골로새 이단들이 가르쳤던 것처럼 신비주의라는 차원 높은 삶을 통해 거룩하게 되는가? 각각의 질문에 대한 바울의 대답은 분명하다. "아니다!" 거룩은 그리스도와의 연합에서 비롯된다. "그리스도께서 내 안에 사시는 것"이 거룩이다(갈 2:20). 경건은 그리스도 안에 내가 사는 것을 통해 이루어진다. "그러므로 너희가 그리스도 예수를 주로 받았으니 그 안에서 행하되 그 안에 뿌리를 박으며 세움을 받아 교훈을 받은 대로 믿음에 굳게 서서 감사함을 넘

서론 11

치게 하라"(골 2:6-7).

지난 이천 년 동안 교회는 갈라디아와 골로새 성도들이 했던 이 논쟁을 계속해 왔다. 교회는 그리스도인의 삶에 대한 많은 다른 가르침들을 양산했다. 금욕주의asceticism, 율법주의legalism, 완전주의perfectionism, 고차원적인 삶higher life, 이차적 축복 운동second blessing movement 등이 있다. 제자도를 강조하면서 제자 훈련에 대한 많은 책들을 출판한 교회들도 있다. 제자도를 가르치는 사람들은 교회 조직에 중점을 둔다. 그러나 그러한 조직과 구조는 개인이 거룩을 위해 훈련하는 방법에 집중되어 있다. 그리스도와의 연합이나 거룩하게 하는 복음의 능력에 대해서는 거의 언급하지 않는다. 이렇게 하면 율법주의로 흐를 가능성이 크다. 제자도를 통해 거룩해지려고 하는 사람들은 정죄와 좌절과 무기력에 빠진다. 입으로는 수도 없이 은혜를 이야기하지만, 정작 은혜 가운데 능력 있는 그리스도인의 삶을 살지 못한다. 이들은 항상 이렇게 말한다. "물론 은혜가 필요합니다. 그러나 은혜만으로는⋯⋯." "그렇습니다. 당신은 분명히 은혜로 구원을 받았습니다. **그러나** 정말 하나님이 당신 때문에 기뻐하기를 바란다면, 자신을 연단하고 선한 삶을 사십시오⋯⋯."

하나님의 백성은 복음의 은혜가 주는 능력으로 경건하게 산다고 바울은 확신했다. "모든 사람에게 구원을 주시는 하나님의 은혜가 나타나 우리를 양육하시되 경건하지 않은 것과 이 세상 정욕을 다 버리고 신중함과 의로움과 경건함으로 이 세상에 살고 복스러운 소망과 우리의 크신 하나님 구주 예수 그리스도의 영광이 나타나심을 기다리게 하셨으니"(딛 2:11-13).

바울은 또 이렇게 말한다. "우리도 전에는 어리석은 자요 순종하지 아니한 자요 속은 자요 여러 가지 정욕과 행락에 종 노릇 한 자요 악독과 투기를 일삼은 자요 가증스러운 자요 피차 미워한 자였으나 우리 구주 하나님의 자비와 사람 사랑하심이 나타날 때에 우리를 구원하시되 우리의 행한 바 의로운 행위로 말미암지 아니하고 오직 그의 긍휼하심을 따라 중생의 씻음과 성령의 새롭게 하심으로 하셨나니 우리 구주 예수 그리스도로 말미암아 우리에게 그 성령을 풍성히 부어 주사 우리로 그의 은혜를 힘입어 의롭다 하심을 얻어 영생의 소망을 따라 상속자가 되게 하려 하심이라. 이 말이 미쁘도다. 원하건대 너는 이 여러 것에 대하여 굳세게 말하라. 이는 하나님을 믿는 자들로 하여금 조심하여 선한 일을 힘쓰게 하려 함이라. 이것은 아름다우며 사람들에게 유익하니라"(딛 3:3-8).

바울은 복음이 죄사함과 거룩하게 하는 능력이라는 이중적인 복을 가져다준다고 말한다. 어거스터스 탑레이디Augustus Toplady는 자신의 유명한 찬송시에 이렇게 적고 있다. "나를 위해 열린 만세 반석이시여.……흘리신 물과 피로 내 죄를 치료하시되, **죄책**과 죄의 **권세**로부터 저를 풀어 주소서"(찬송가 188장 참조). 사도와 교회 지도자들이 복음의 은혜를 강조하려고 했던 이유가 여기 있다. 오직 **복음으로만 순종할 수 있기 때문이다.** 모든 세대의 교회들이 은혜의 복음의 충분성과, 구원할 뿐 아니라 거룩하게 하는 예수 그리스도의 십자가의 능력을 새롭게 발견해야 하는 이유가 바로 여기 있다.

최근 교회에서 "은혜에 대한 관심"이 새롭게 일어나고 있다. 마

서론 13

르틴 루터Martin Luther, 장 칼뱅John Calvin, 존 웨슬리John Wesley, 조지 윗필드George Whitefield와 같은 사람들이 복음의 진리를 새롭게 발견하고 영적으로 크게 각성했던 것처럼, 오늘날 많은 사람들이 은혜의 풍성함을 새롭게 알아 가고 있고 은혜와 관련된 매우 건강한 토론이 계속되고 있다. 그리스도인의 성장과 성화에 대한 적절한 질문들도 제기된다. 성화에서 인간의 역할은 무엇인가? 은혜의 충분성이라는 말이 우리는 아무것도 하지 않는 것을 말하는가? 율법의 역할은 무엇인가? 율법을 지켜야 하는가, 아니면 지키지 않아도 되는가? 성화에서 믿음의 역할은 무엇인가? 성화에서 성령의 역할은 무엇인가? 그리스도인의 삶에서 "영적 훈련"은 어떤 가치가 있는가? 요컨대, 우리가 그리스도인으로서 성장하기 위해 애쓰는 것과 하나님의 은혜는 어떻게 서로 조화를 이루는가?

이는 모두 중요한 문제들이다. 이런 문제들을 다루면서 쉽게 빠지는 두 가지 극단이 있다. 바로 율법주의와 방종이다. 율법주의는 인간의 의로움과 노력을 성화의 중심에 두고 그리스도와 성령의 자리를 찬탈한다. 방종은 용서와 은혜를 값없이 받았으니 이제는 어떻게 살든 상관없다는 것이다. 더 이상 율법을 지킬 필요가 없다고 생각한다.

물론 그리스도인은 이런 극단을 피해야 한다. 둘 다 잘못되었다. 성경은 분명하게 그리스도인은 자신의 공로와 전혀 상관없이 오직 그리스도를 믿는 믿음으로만 구원받는다고 말한다. 그리스도인은 거룩한 삶을 살도록 부름받았고, 오직 그리스도를 믿는 믿음을 통해서만 거룩하게 살 수 있다. 그리스도인은 "하나님은 스스로 돕는 자를 돕는다"는 식의 자력구제를 통해 자라가는 것이 아니다. 그리스도인의 성장은 다이어트 프로그램처럼 진행되지 않는다. 일반 서점의 자기 계발 코너에 비치된, 누구나 손쉽게 스스로 할 수 있도록 고안된Do-it-yourself 프로그램이 아니다.

마샬이 살던 시대에도 성화는 많은 이들이 관심을 가진 아주 뜨거운 주제였다. 당시 앞에서 언급한 두 극단이 이미 자리하고 있었다. 달리 표현하면, 하나는 신율법주의Neo-Nomians이고 다른 하나는 반율법주의Anti-Nomians이다. 반율법주의자들은 은혜로 용서를 받기 때문에 더 이상 율법을 지킬 의무가 없다고 주장했다. 신율법주의는 반율법주의에 대한 반동으로 일어났다. "신新율법주의"라는 말처럼, 이들은 "새로운 율법"을 들여왔고 점차 "새로운 율법주의"로 변해 갔다. 신율법주의자들은 반율법주의의 오류를 경계하며 이렇게 주장했다. "그렇다. 그리스도의 은혜로 구원받은 것은 사실이다. **하지만 우리가 그리스도의 은혜 안에 있다는 것을 보장받기 위해서는 율법을 지켜야 한다.**" 이는 칭의와 성화를 혼동하고서 하는 말이다. 반율법주의와 같은 값싼 은혜로 떨어지는 것을 막는다고 하면서 사람들에게 다시 무거운 율법의 짐을 지우는 것이다.

마샬은 이 책에서 이 두 극단을 모두 다루고 있다. 마샬 자신이 한때는 신율법주의자였기 때문에 자신의 경험에 비추어 말할 수 있었다. 요컨대, 이 두 극단 모두 거룩한 삶을 사는 데는 아무런 도움이 되지 않는다. 오히려 사람들을 거룩한 삶에서 멀어지게 할 뿐이다. 반율법주의자는 이제 더 이상 거룩한 삶에 얽매일 필요가 없다고 목소리를 높이는 반면에, 율법주의자는 반드시 거룩한 삶을 살아야 한다고 말한다. 그리스도의 은혜가 아닌 자신의 능력으로 그렇게 해야 한다는 것이다. 마샬이 이 책에서 거듭 말하는 것처럼, 율법주의는 사람을 변화시키기에는 너무 무능하다. **율법주의**는 도리어 사람들을 **법 없는 자들**로 만든다. 그들 안에 거하시는 그리스도가 없기 때문에 순종할 능력이 없는 것이다!

오늘날도 이 두 극단이 여러 모양으로 나타난다. 그러나 복음은 값싼 은혜나 율법주의보다 훨씬 더 탁월한 길을 제시한다. 복음은 "은혜가 바로 거룩한 삶을 사는 능력"이라고 말한다. 이 사실을 밝히 드러내기 위해 마샬은 다음 몇 가지 개념을 강조한다.

- 그리스도를 믿는 믿음이 있는 사람은 죄를 용서받고, 성령 충만을 통해 새 마음과 새 본성을 받는 두 가지 복에 참여한다. "새로운 피조물"이 된 것이다.
- 그리스도인이 자의적인 노력과 훈련으로 "삶을 개선"한다고 거룩함에 자라가는 것은 아니다. 새로운 본성을 따라 살 때 그렇게 된다. 그리스도와의 연합을 통해 그리스도께서 자기 안에 사실 때 비로소 순종이 더해 간다.
- 그리스도인에게는 적극적으로 성화를 추구할 의무가 있다. 어떻게 해야 하는가? 항상 자기를 사랑하시고 위해서 자신을 내어 주신 그리스도를 믿는 믿음으로 살아가야 한다.
- 그리스도를 믿는 믿음으로 살기 위해서는 믿음의 삶을 살 수 있도록 하나님께서 허락하신 은혜의 방편을 힘써 추구하고 누려야 한다(성경 읽기, 기도, 회개, 교회의 성도 됨, 성례 등).

나는 목사로서 교회를 목양하는 가운데 이 책을 처음 읽기 시작했다. 그리스도인들을 양육하고 훈련하면서 부닥친 가장 큰 문제는, 그리스도인으로서 자신을 바꾸어 보려고 노력하고 실패하기를 반복하는 가운데 끊임없이 좌절과 패배의식에 시달린다는 것이다! 월터 마샬은 내가 읽어 본 그 어떤 책보다 이 문제를 잘 다루고 있었다. 마샬 자신이 교회를 목양하는 목사였기 때문에 이런 문제로 시달리는 그리스도인들을 주변에서 많이 보았던 것이다. 그래서 나는 현대 독자들의 가독성과 유익을 위해 이 책의 난해한 원문을 현대 영어로 다시 쓰기로 마음먹었다.

이 시대를 사는 그리스도인들은 이 책을 통해 마샬의 메시지를 꼭 듣고 깨달아야 한다. 은혜의 생명이 우리를 어떻게 경건으로 일깨우는지 알아야 한다. 이 책의 요점은, 우리의 칭의와 성화를 위해서는 믿음을 통한 그리스도와의 연합이 반드시 필요하고, 또 그것만으로 충분하다는 것이다. 그리스도의 복음은 죄 용서를 받고 거룩함에 자라가는 데에 전혀 부족함이 없다. 그러나 우리 자신의 능력으로는 둘 중 어느 것도 이룰 수 없다. 그리스도인의 삶에서 초래될 수 있는 가장 큰 오류는 **오직 그리스도로 말미암은 의로써 의롭게 되었음에도 불구하고, 성화의 삶만큼은 자신의 노력으로 이루어 가야 하는 것처럼 생각하는 데** 있다. 그리스도인으로서 성장하기 위해 애쓰지만 번번이 실패하는 많은 이에게 이 책의 메시지는 자유와 용기를 가져다줄 것이다.

월터 마샬은 누구인가? 그는 1628년 영국의 웨어머스 Wearmouth에서 태어났다. 1661년에 교구목사로 임명되었지만,

1662년 통일령이 발효되자 그 자리에서 물러나야 했다. 그 후 가스폴트에 있는 한 교회의 목사로 부름받아, 숨을 거두기까지 그곳에서 목회했다. 그는 탁월한 설교자요 신실한 목회자였다. 이 책은 가스폴트에서 목회하는 가운데 쓴 책으로, 그리스도인의 삶에 대한 열네 가지 지침을 담고 있다. 이 책은 거룩하게 살고자 했던 마샬 자신의 개인적인 싸움과 경험에서 비롯되었다.

먼저 그가 이 책을 쓰게 된 이유를 알면 큰 도움이 될 것이다. 여섯 번째 지침에서 그는 이렇게 썼다.

> 진심으로 순종하면 구원받는다는 가르침에는 가장 악독한 반율법주의적 오류가 숨어 있다. 나는 이런 가르침을 원수로 여기고 미워한다. 예전부터 이런 가르침은 나의 원수였다. 죄의 지배 아래 있지 않고 죄의 종 노릇하는 데서 벗어나는 유일한 길은 율법 아래 있지 않고 은혜 아래 있는 것뿐이라는 사도 바울의 말은 진리다(롬 6:14). 나는 경험을 통해 이 사실을 분명히 알게 되었다.

여기서 마샬은 자신이 젊었을 때 가졌던 신앙은 기쁨과 위로의 원천이 되기는커녕 번민과 고통만 주었다고 말한다. 그는 자기 영혼의 상태를 고민하느라 수년을 괴로움 가운데 보냈다. 죄를 죽이기 위해 온갖 노력을 다하고 양심의 평안을 얻어 보려고 애를 썼지만, 정신적 고통만 커질 뿐이었다. 항상 죄책감에 시달렸기 때문에 온종일 그의 영혼은 시름과 슬픔에서 벗어나지 못했다. 하나님이 자기를 미워하고 진노하시는 것 같았다. 죄책에서 벗어나려고 몇몇 친구들에게 조언을 구해 보기도 했다. 그중에는 「참 목자상 *The Reformed Pastor*」을 쓴 키더민스터의 리처드 백스터Richard Baxter도 있었다.

나중에는 탁월한 청교도 신학자였던 토머스 굿윈Thomas Goodwin과도 이 문제를 상의했다. 마샬은 굿윈에게 자기 마음을 솔직히 털어놓았다. 양심을 무겁게 짓누르는 몇 가지 죄악들에 대해서도 이야기했다. 그가 설명을 마치자 굿윈은 이렇게 대답했다. "자네는 지금 자네가 짓고 있는 가장 큰 죄를 빼놓고 이야기하는군. 불신앙의 죄 말일세. 자네는 지금 자네의 죄악을 용서하시고 본성을 거룩하게 하시는 주 예수 그리스도를 의지하지 않고 있네."

하나님께서는 이 대답을 통해 문제의 본질을 깨닫게 하셨다. 마샬은 미처 알지 못했던 자신의 잘못을 깨달았다. 하나님의 의에 복종하지 않고 자기 의를 고집해 왔던 것이다. 옛 언약 아래 있던 유대인처럼 믿음이 아닌 율법의 행위로 의로움을 얻으려고 했던 것이다.

토머스 굿윈과 만난 후에 마샬은 오랫동안 자신을 짓누르던 종의 영과 두려움에서 벗어나기 시작했다. 그는 모든 두려움의 밑바닥에 불신앙의 마음이 도사리고 있다는 것을 알았다. 아무리 거룩해지려고 노력해도 불신앙의 마음이 그를 가로막고 있었던 것이다. 자기 안에 있는 불신앙의 마음을 깨닫자, 마음으로부터 복음을 믿을 수 있게 되었다. 그때부터 그는 그리스도만을 알아가고 그리스도만을 설교하기로 결심했다. 시간이 갈수록 성령 안에서의 기쁨과 양심에 큰 평안을 누리는 가운데 거룩에 더욱 자라게 되었다. 그래서 그는 자기 영혼을 큰 평안으로 이끌었던 성경의 탁월한 교훈들을 글로 남기기로 했다. 그렇게 해서 나온 것이 바로 이 책이다.

서론 19

마샬은 죽음을 앞두고 자신의 임종을 보려고 온 사람들에게 이렇게 말했다. "저는 그동안 복음의 위로를 누리며 여러분께 설교했습니다. 이제 그 복음이 주는 온전한 확신 가운데 눈을 감습니다." 그리고 잠시 숨을 고르더니 큰 감격에 사로잡힌 것처럼 보인 그의 입술에서 의미심장한 말이 새어 나왔다. "죄의 삯은 사망이요 하나님의 은사는 그리스도 예수 우리 주 안에 있는 영생이니라"(롬 6:23). 이 말씀과 함께 그는 영원한 안식에 들어갔다. 이때가 1680년이었다.[1]

이 책은 마샬 본인의 방대한 성경 지식과 체험에서 비롯되었다. 이 책을 통해 많은 사람들이 마샬이 경험했던 것과 똑같은 자유를 누리게 되었다. 시인이자 찬송 작가인 윌리엄 카우퍼William Cowper가 그중 한 사람이다. 카우퍼는 자신의 사촌에게 보낸 편지에 이렇게 적고 있다.

마샬은 오래 사귄 나의 친구와 같다. 그의 책을 읽을 때마다 기쁨을 누리고 새롭게 되는 것을 느낀다. 성령의 감화가 넘쳐나는 그의 가르침은 나의 영혼을 생명과 기쁨으로 가득 채운다. 예수님은 그분의 보혈로 우리를 죄책에서 건지시고, 성령으로 우리를 죄의 권세에서 해방시키는 살아 계신 구주이시다. 비록 우리 자신은 더럽고 비참하지만, 그분 안에 있는 우리는 완전하다. 오직 그분 안에서만 말이다.……마샬만큼 하나님의 구원 계획을 잘 이해하고, 기쁨으로 그것을 설명하는 사람을 보지 못했다.[2]

이 책의 원작은 세련되거나 정제된 문체는 아니다. 제임스 허비 James Hervey는 마샬의 글에서 "우리는 그렇게 애절한 호소나 섬세한 문체를 기대하지 않는다. 여기 금이 아니라 철광석이 덕지덕지 붙은 복음의 다이아몬드가 있다"라고 했다.[3] 지난 300년 동안 영어가 많은 변천을 겪었기 때문에, 오늘날에 마샬의 담백한 문체를 이해하기란 매우 어렵다. 당시 나는 마샬의 책이 너무나 중요하다고 믿었고, 교회가 그 중요성을 재발견해야 한다고 생각했다. 하지만 이 부요한 원천이 재발견되려면 반드시 현대 영어로 개작되어야 할 필요가 있었다. 이러한 필요에 의해 이 책이 나오게 된 것이다. 원작을 현대 영어로 다시 썼지만, 저자의 원래 의도나 생각까지 바꾼 것은 아니다. 가급적이면 문자 그대로 따르려고 했다. 반복해서 강조하는 것을 삭제하거나 좀 더 "대중성 있는" 책으로 만들려고 하지 않았다. 필요하다고 판단되면 현대 어법에 맞게 바꾸고, 문장 구조를 좀 더 단순하게 했을 뿐이다.

1954년판 「성화의 신비」에서 서문을 쓴 퍼시 루오프Percy O. Ruoff가 이 고전의 가치를 잘 요약하고 있다.

「성화의 신비」(1692년에 처음 출간된)는 비교적 가치가 덜한 수많은 아류작들에 지금껏 가려져 있었다. 그동안 이 고전이 세상에 알려지지 않은 것은 참 개탄할 만한 일이지만, 이제 성화를 공부하고자 하는 사람이라면 누구라도 이 책을 손에 넣을 수 있게 되었다. 비록 약간 고어체이기는 하지만 독자들은 무리 없이 읽을 수 있을 것이고, 그 속에서 신령한 진리들이 묻힌 금광을 발견하게 될 것이다. 저자의 문체가 명쾌하지 않고, 논의의 배열도 썩 탁월한 것은 아니라는 평이 있다. 물론 맞는 말이다. 그럼에도 불구하고 인내심을 가지고 읽어 가는 독자들은 그에 걸맞는 보상을 얻을 것이다. 한 작가는 이렇게 말했다. "이 책의 백미는, 그리스도와의 연합의 교리를 그리스도인의 삶을 시작하는 출발점으로 삼고 있다는 것이다. 마샬이 간절히 우리 마음에 심어 주고자 했던 교훈을 받을 수만 있다면, 우리 앞에 놓인 수많은 영적 싸움을 위한 새로운 지침 같은 것은 더 이상 필요 없을 것이다."[4]

이 책을 읽는 여러분을 위해 조언을 한 마디 하면, 책의 구조나 반복되는 주장에 연연하지 말라는 것이다. 마샬이 방대한 성경 지식을 바탕으로 반복적으로 강조하는 논지를 붙들고 따라가라. "우리가 짐작하는 것보다 훨씬 더 죄악된 존재가 우리 인간이다! 원죄 교리는 진리다! 우리 스스로는 육체의 본성을 새롭게 할 수 없다! 아무리 힘쓰고 애써도 자신의 힘으로는 더 나은 사람이 될 수 없다! 그러나 기운을 내자! 우리가 진정 그리스도인이라면 우리는 이미 그리스도와 연합한 몸이다. 예수 그리스도를 믿는 믿음으로 우리는 죄사함의 은총을 누린다. 예수 그리스도를 믿는 믿음으로 우리는 거룩해진다. 그리스도 안에서 새로운 피조물이 되었다! 성령이 우리 안에 거하신다! 그러므로 그리스도를 믿는 믿음의 삶을 부지런히 살아가자!"

첫 번째 원리
복음이 이끄는
삶의 시작

하나님께서는 신자들에게 율법을 따라 거룩하고 의로운 삶을 살라고 하신다.
그러나 거룩한 삶을 살기 위해서는 먼저 거룩한 삶을 살 수 있게 하는 유일한
길이 무엇인지 알아야 한다.

이 장에서 나의 목표는 하나님께서 우리를 구원하신 목적이 무엇인지 설명하는 것이다. 하나님은 거룩한 삶이라는 분명한 목적을 가지고 우리를 구원하셨다. 그래서 나는 성경에서 거룩, 의로움, 경건, 순종, 참된 신앙이라고 일컫는 삶을 살 수 있도록 하는 지침을 제시하고자 한다. 이것이 바로 십계명으로 요약된 성경의 도덕법을 통해 하나님께서 신자들에게 요구하시는 것이고, 특별히 하나님 사랑과 이웃 사랑이라는 대계명을 통해 우리에게 요구하시는 것이다 (마 22:37-39). 성경의 나머지 부분들은 사실 이 계명에 대한 자세한 설명이라고 할 수 있다.

먼저 이 율법이 요구하는 바가 무엇인지 알아보고, **어떻게** 이 율법을 지킬 수 있는지 보이려고 한다. 여기서 율법이 뜻하는 바를 일일이 설명하지는 않을 것이다. 많은 책과 요리문답과 주석들이 이미 그 의미를 잘 풀어 놓고 있다. 그러나 하나님의 율법이 의도하는 바를 오해하거나 오용하지 않을 만큼은 그 내용을 알고 있어야 한다.

율법이 실제로 얼마나 위대한지 알 수 있기를 바란다.

우선, 하나님께서 신자에게 바라시는 거룩은 **영적인** 것이다(롬 7:14을 보라). 겉으로 드러나는 선행과 사랑만을 진정한 순종이라 하지 않는다. 순종은 물론 겉으로 드러나야 한다. 그러나 그것만으로는 참된 거룩이 될 수 없다. 참된 거룩은 마음에서 나온다. 거룩한 생각과 동기와 감정이 바로 참된 거룩이다. 이런 거룩은 주로 사랑으로 이루어지고, 모든 다른 선행도 사랑에서 나온다. 우리가 행하는 모든 선은 이런 내적인 생명에서 흘러나오는 것이어야 한다. 그렇지 않으면 하나님께서 받으실 만한 것이 될 수 없다. 하나님께서는 온 마음과 뜻과 힘과 정성을 다해 하나님을 사랑하라고 명하신다.

둘째로, 참된 거룩은 단순히 죄악된 정욕을 억제하는 문제가 아니다. 이것도 중요한 요소이지만, 보다 적극적인 의미가 있다. 참된 거룩은 하나님의 뜻 행하기를 즐거워하는 것이다. 다른 무엇보다도 하나님의 뜻을 따라 살기를 즐거워하는 것이다! 기쁜 마음으로 하나님께 순종하는 것이다. 불평하고 칭얼대며 마지못해 하는 순종이 아니다. 하나님께 순종하는 것을 부담스러워 하거나 귀찮아 하지 않는다!

신자가 준행해야 하는 율법은 대단히 포괄적이다. 야고보서 2:10은 계명 하나를 어기면 전체 계명을 어기는 것이라고 말한다! 율법을 요약하면, 온 마음과 뜻과 힘과 정성을 다해 하나님을 사랑하는 것이다. 그분의 모든 것을 사랑하는 것이다. 그분의 정의, 거룩, 주권적인 권위, 만물을 감찰하시는 눈, 그분의 모든 작정, 계명, 판단, 행사를 사랑해야 한다. 신자는 하나님을 모든 선의 원천으로

복음이 이끄는 삶의 시작 25

알고, 오직 하나님만을 사랑하도록 부르심을 받은 사람이다. 하나님을 향한 즐거움을 맛보지 못하게 하는 그 어떤 것—모든 육체적이고 세상적인 즐거움—도 단호히 거부하고 미워해야 한다.

신자는 온 마음으로 하나님을 사랑하라고 부르심을 받은 사람이다. 항상 그분을 섬기고, 온전히 자신을 드리도록 부르심을 입었다. 살거나 죽거나, 부하거나 가난하거나 그분만을 생명의 주인으로 삼으라고 부름받았다. 이에 덧붙여, 하나님을 사랑하듯이 이웃을 사랑하라고 하신다. 누가 나의 이웃인가? 친구든 원수든 **누구나** 다 우리의 이웃이다. 그들에게 할 수 있는 한 모든 선을 베풀고, 대접받고 싶은 대로 그들을 대접해야 한다.

그리스도인의 삶을 살고자 하는 사람은 온전한 순종—마음에서 나오는 하나님을 향한 절대적인 사랑—을 목적으로 삼아야 한다. 이런 삶이 얼마나 놀라운 것인지 생각해 보면, 어떻게 해야 이런 삶을 살 수 있는지 알고 싶을 것이다. 하늘에 있는 천사도 이보다 더 놀라운 부르심을 받지 못했다!

애초부터 하나님께서는 거룩한 삶을 살도록 사람을 지으셨다. 거룩한 삶은 자신의 형상을 따라 인간을 처음 지으실 때부터 하나님께서 원하셨던 것이다. 지금 하나님께서는 예수 그리스도 안에 있는 거듭남과 성화를 통해 우리의 생명을 거룩으로 재창조하신다. 하나님의 형상이 신자에게 회복되고 있다. 신자들이 하늘에서 하나님과 더불어 영화롭게 될 때, 마침내 우리 안에서 하나님의 형상이 완전해진다. 율법에 대한 순종은 본질적으로 거룩하고 의롭고 선하다(롬 7:12). 피조물로서 우리의 창조자를 의지하는 것은 지극히 당연하다. 우리는 당연히 하나님께 순종해야 한다!

그리스도인이 아닌 사람도 얼마간은 하나님에 대한 순종의 의무를 느낀다. 이들 중에는 성경을 전혀 읽어 보지 않은 사람들이 많다. 하나님의 특별 계시를 접해 보지 못한 사람들이다. 그러나 하나님의 법이 그들의 마음에 새겨져 있다고 성경은 말한다(롬 2:14-15). 이것을 우리는 자연법natural law 혹은 도덕법moral law이라고 한다. 모든 비그리스도인들이 어떤 식으로든 자연 종교를 가지고 있는 이유가 여기 있다. 하나님께서는 그들도 여전히 하나님의 율법에 순종해야 할 책임이 있다고 하신다. 율법에 순종하지 않으면 그들도 심판 받을 것이다. 실제로, 도덕적으로 사는 불신자들이 얼마나 많은가!

이들과 마찬가지로 나도 감히 가장 도덕적인 사람, 가장 정직한 사람이 가장 위대한 성도라고 말한다. 참된 신앙은 사람들을 더욱 도덕적으로 만든다. 도덕이야말로 참된 신앙인지를 판가름하는 중요한 척도다. 우리 삶에서 이런 실제적인 변화가 없다면, 우리의 믿음은 죽은 믿음이고, 우리의 모든 종교 활동은 허상과 가식일 뿐이다. 물론 신자에게 드러나는 도덕적인 삶의 변화가 어떤 불신자도 인정하는 "단순한 도덕"을 의미하는 것은 아니다. 나는 지금 하나님께서 우리를 부르셔서 모든 것 중에 가장 위대하고, 가장 도덕적인 두 가지 계명—하나님 사랑과 이웃 사랑—을 순종하게 하셨다는 사실에 대해 말하고 있다. 이보다 위대한 계명은 없다. 이것은 모든 율법과 선지자들이 가르친 핵심이다(마 22:36-40, 막 12:31).

이 땅에서 하나님과 이웃을 사랑하는 것이 절대 불가능하다고 믿고 이 계명을 거부하는 사람들도 있을 것이다! 이 고상한 목표를

복음이 이끄는 삶의 시작 27

이루기 위해서는 경건한 삶을 살 수 있게 하는, 강력하고 효과적이고 유일한 길을 아는 것이 절대적으로 필요하다. 거룩한 삶을 살겠다고 다짐하고 기대하기 전에 우리는 먼저 그 길을 배워야 한다.

이것이 바로 내가 강조하고 싶은 점이다. 많은 사람들이 거룩해지기를 바라면서도 이 점을 간과한다. 이 책 전체는 신자가 거룩해질 수 있도록 하는 **방편**을 다룬다. 하지만 많은 사람들은 이 방편을 쓸데없거나 무의미한 것으로 여긴다. 왜 그런가? 사람들은 거룩해지기 위해 무엇을 해야 하는지 알고 싶어 한다. 율법이 명하는 것이 무엇인지 알고 싶어 한다. 율법이 요구하는 바를 정확히 알기만 하면 당장이라도 나가서 그렇게 할 수 있을 줄 안다. 무조건 달려들어 들은 대로 다 하려고 한다. 그러나 애를 써 봐도 해내지 못한다! 옛날 이스라엘 백성들처럼 하나님께 순종하겠다고 많은 서원을 한다. "여호와께서 명령하신 대로 우리가 다 행하리이다"(출 19:8). 그런데 무엇이 문제인가? 먼저 차분히 앉아 치러야 할 대가를 계산해 보지 않았다. 하나님께 순종할 수 있도록 하는 힘과 능력의 근원이 무엇인지 주의 깊게 살펴보지 않은 것이다.

이런 사람들의 근본적인 문제는 거룩한 삶을 목적을 이루기 위한 수단으로 여긴다는 것이다. 거룩을 영생을 얻기 위한 수단으로 여긴다. 거룩한 삶 자체를 목적으로 보지 않는다. 거룩 자체가 바로 수단과 방편을 필요로 하는 목적이라고 생각하지 않는 것이다. 신앙에 대해 인식하기 시작하면, 대부분의 사람들은 예수님께 나아갔던 부자 관원처럼 "내가 무슨 선한 일을 하여야 영생을 얻으리이까"라고 묻는다(마 19:16). 그러나 정작 "어떻게 하면 선한 일을 할 수 있는 힘과 능력을 얻을 수 있습니까"라고는 묻지 않는다.

이런 문제가 생긴 데에는 목사들이 일조한 바가 크다. 이들은 자신이 섬기는 회중에게 율법이 요구하는 것이 무엇인지 말하는 데 설교 시간의 대부분을 할애한다. 사람들이 해야 할 일은 잘도 말하면서 그들이 실제로 그 일을 **어떻게** 할 수 있는지에 대해서는 거의 말하지 않는다! 율법에 진정으로 순종할 수 있게 하는 **방편**이 무엇인지에 대해서는 한마디도 없다. 의롭게 사는 삶을 마치 아무 훈련이나 기술 없이 열심히만 하면 되는 단순 노동 정도로 치부한다. 부지런히 힘쓰고 애쓰면 거룩한 삶을 살 수 있을 줄로 생각한다.

이제 막 그리스도인의 삶을 시작하는 사람들이 이런 흔한 잘못에 빠져 실패하기를 원하지 않는다. 실패하지 않으려면 자신의 의무가 무엇인지 아는 것만으로는 부족하다. 율법이 요구하는 것이 무엇인지 아는 것만으로는 충분하지 않다. 단순히 율법이 정하는 의무가 무엇인지 정확히 알아야 하지만, **어떻게** 하나님 앞에서 신자로서의 의무를 효과적으로 준행할 수 있는지도 배워야 한다. 하나님의 율법을 준행할 수 있게 하는, 단 하나의 강력하고 효과적인 **방편**을 알아야 한다. 우리는 사실 하나님 앞에서 **무엇**을 하기 전에 먼저 잠잠히 앉아서 이 방편을 배워야 한다.

우리는 왜 이 방편을 배워야 하는가? 명백하고 단순하지만 아주 중요한 이유가 있다. 본성적으로 인간은 하나님께서 율법을 통해 요구하시는 의롭고 거룩한 삶을 살 수 없는, 완전히 무능력한 존재다. 인간은 죄와 사망으로 이미 죽었고, 하나님의 진노 아래 있다. 이 모든 것은 인간의 처음 조상인 아담에게까지 거슬러 올라간다

복음이 이끄는 삶의 시작 29

(롬 5:12-21, 엡 2:1-3, 롬 8:7-8). 이것이 바로 원죄에 대한 가르침이다. 원죄의 교리는 지금부터 내가 말하고자 하는 것과 이 책의 다른 부분에서 말하는 모든 것의 토대가 된다. 원죄의 교리를 인간의 삶에 적용했을 때 분명히 알 수 있는 사실은, 인간의 능력으로는 거룩한 삶을 살아 낼 수 없다는 것이다. 먼저 하나님의 능력을 힘입어야 한다. 하나님의 형상을 따라 처음 지어졌을 때 인간은 죄가 없이 의로웠다. 하나님의 뜻이 무엇인지 아는 즉시 그것을 행할 수 있었다. 그러나 타락하자마자 인간 아담은 벌거벗은 자신의 모습에 수치를 느끼고 두려워했다. 하나님께서 회복의 길을 계시하시기까지, 그는 하나님을 피해 다닐 수밖에 없었다(창 3:10-15). 모든 인간의 조상인 아담이 죄를 지었기 때문에 그의 후손인 인간은 혼자 힘으로 결코 거룩한 삶을 살 수 없다.

건강하고 힘이 센 종은 "저리 가라"고 하면 가고 "이리 오라"고 하면 온다. 그러나 병들어 침상에 누워 있는 종은 그렇게 할 수 없다. 주인이 시키는 일을 하기 전에 어떻게 하면 그 일을 **할 수 있는지부터** 알아야 한다! 타락한 천사도 거룩이 필요한 줄은 알고, 자신이 지은 죄의 대가로 인해 못 견딜 정도로 두려울 것이다. 그러나 실제로 어떻게 거룩해질 수 있는지를 전혀 모르기 때문에 여전히 사악한 상태에 머물러 있다. 자신의 머리카락을 데릴라가 자르도록 내버려 둔 삼손이 "내가 전과 같이 나가서 몸을 떨치리라"고 말한들 아무 소용이 없었다. 죄를 지어 이미 힘을 잃었기 때문이다(삿 16:20).

기도와 교리문답과 신앙고백을 통해 자기에게 원죄가 있다는 사실을 믿는다고 말하면서도, 행위로는 원죄를 부인하는 사람들이 많다. 왜 그렇다고 생각하는가? 자기 자신과 다른 사람들에게 율법을 지키라고 말은 하지만, 어떻게 하면 율법을 지키고 힘을 얻을 수 있는지에 대해서는 거의 생각하지 않기 때문이다! "그냥 하면" 될 줄로 안다. 이제 노력하고 실천하기만 하면 된다고 생각한다. 자신의 진짜 문제가 무엇인지 모른다. 자신에게 선을 행할 **능력**이 전혀 없다는 것을 모른다!

모든 비그리스도인들이 반드시 알아야 할 점이 바로 이것이다. 앞서 말한 대로, 비그리스도인에게도 공통적으로 있는 자연적 이성의 빛과 총명으로 율법의 일이 무엇인지 안다(롬 2:14). 그것이 이미 그들의 마음에 새겨져 있다. 그러나 자연적 이성만으로는 그 누구도 율법을 지킬 수 있도록 하는 방편을 발견하지 못한다. 하나님의 초자연적 계시를 통해 가르침을 받아야만 하나님의 율법을 지키는 법을 배울 수 있다.

타락한 사람에게는 타락 이전에 아담에게 있었던 빛이 겨우 조금, 그것도 어렴풋하게 남아 있을 뿐이다. 심지어 타락 이전에 아담에게 있던 빛으로도 거룩한 삶을 이룰 수 없었고, 죄에 빠진 이후에는 자기에게 있었던 그 온전함조차 잃어버렸다. 하나님께서는 아담에게 동산 중앙에 있는 선악을 알게 하는 나무의 실과를 먹으면 죽을 것이라고 분명히 말씀하셨다(창 2:17). 그러나 자신이 죄를 짓고 벌거벗음을 알게 된 아담은 하나님을 피해 숨었다. 하나님께 아무런 은혜를 기대할 수 없었기 때문이다. 마찬가지로, 우리는 제멋대로 다니다가 길을 잃은 양과 같다. 목자의 음성을 들을 때까지는 어느 길로 돌이켜야 할지 전혀 알지 못한다. "이 뼈들이 능히 살겠느

복음이 이끄는 삶의 시작 31

냐.······ 주 여호와여, 주께서 아시나이다"(겔 37:3). 하나님께서 직접 가르쳐 주지 않으시면 우리는 결코 알 수 없다.

신자의 마음과 삶이 율법의 수준으로 자라가는 과정이 성화다. 칭의와 마찬가지로 성화 역시 여러 방편을 통해 우리에게 은혜로 주어진다. 여기서 방편이라 함은 물론 그리스도를 믿는 믿음을 포함한다. 우리는 하나님의 말씀을 통해서만 성화를 이해할 수 있다. 이 지식을 통해서 "생명과 경건에 속한 모든 것"이 주어진다(벧후 1:2). 사람들을 죄에서 해방시켜 의의 종이 되도록 하기 위해 하나님께서 사용하시는 교리가 있다(롬 6:17-18). 이 악한 시대를 살면서 죄와 사탄에 대적하기 위해 우리가 반드시 알고 무장해야 할 하나님의 전신 갑주가 있다(엡 6:13). 칭의를 다루는 많은 책들이 성화를 간과하지만, 그렇다고 그리스도인의 삶에서 성화를 부수적인 것으로 여겨서는 안된다.

하나님께서는 우리가 모든 선한 일에 준비될 수 있도록 성경을 통해 많은 가르침을 주셨다(딤후 3:15-16). 예수 그리스도께서 오심으로 돋는 해가 위로부터 임하여 우리를 평화의 길로 인도하신다(눅 1:78-79). 그리스도를 통해 하나님께서 이 땅에까지 낮아지셔서 성경에 난 생명의 길을 가르치신다. 그러므로 그의 발 아래 무릎을 꿇고 먼저 이 길을 배워야 한다.

성경이야말로 경건한 삶을 체득하는 유일한 길이다. 성경은 경건한 삶에 대해 두 가지를 말한다. 하나는 하나님께서 우리에게 행하라고 요구하시는 내용(율법)이고, 다른 하나는 실제로 그것을 행할 수 있는 방법(복음)이다. 둘 중 어느 것이 더 배우기 쉬운가? 물론 율법이다. 어떻게 하나님의 율법을 행할 수 있는지를 아는 것보다 하나님의 율법이 우리에게 요구하는 바가 무엇인지를 아는 것이 훨씬 쉽다! 우리 마음에는 본성의 법이 새겨져 있기 때문에 율법이 요구하는 바를 이해하는 것은 어렵지 않다.

그러나 율법을 실제로 지키는 것은 전혀 다른 문제다. 훨씬 더 어렵다. 왜 그런가? 율법을 지킨다는 것은 곧 죽은 자가 하나님을 위한 새 생명의 길로 가는 것이기 때문이다. 우리의 인간적인 지혜로는 상상하기조차 어려운 길이다. 자연인은 알 수도 없고 미련하게만 보이는, 오직 영적으로라야 분별할 수 있는 것을 성령을 통해 계시하심으로써 "지혜 있는 자들의 지혜를 멸하고 총명한 자들의 총명을 폐하는" 하나님의 구원의 길이다(고전 1:19, 21, 2:4). "크도다, 경건의 비밀이여. 그렇지 않다 하는 이 없도다"(딤전 3:16).

참된 경건의 길을 배우는 것은 이중적인 일이다. 한편으로, 우리는 경건에 대한 해묵은 개념을 **버려야 한다**. 지혜로워지기 위해서는 먼저 미련해져야 한다. 다른 한편으로, 참된 경건의 길을 가르쳐 주시도록 간절히 기도하면서 이 길을 알기 위해 성경을 탐독해야 한다. 성경 기자들이 하는 말을 들어 보자. "내 길을 굳게 정하사 주의 율례를 지키게 하소서.…… 여호와여, 주의 율례들의 도를 내게 가르치소서. 내가 끝까지 지키리이다"(시 119:5, 33). "나를 가르쳐 주의 뜻을 행하게 하소서"(시 143:10). "주께서 너희 마음을 인도하여 하나님의 사랑과 그리스도의 인내에 들어가게 하시기를 원하노라"(살후 3:5). 확실히 이들은 자신이 해야 할 일에 대한 많은 교훈과 지침을 가지고 있었고, 하나님의 율법이 요구하는 것이

복음이 이끄는 삶의 시작 33

무엇인지 잘 알고 있었다! 그들에게 필요한 것은 하나님의 율법을 준행할 수 있는 능력—수단과 방편—이었다.

경건한 삶을 살기 위해 필요한 강력하고 효과적인 방편을 알아야만 한다. 이런 방편은 우리의 믿음을 견고하게 해주고, 오류에 빠지지 않도록 우리를 붙들어 준다. 하나님 사랑과 이웃 사랑에 대한 도덕적 계명이야말로 진정한 신앙의 핵심이다. 거룩한 하나님이 주신 이 거룩한 계명과 상치되는 그 무엇도 허락하지 말라. 이 계명을 주신 거룩한 하나님이 거룩한 삶을 사는 데 필요한 모든 것을 드러내 보이실 것이다. 성경에는 그 거룩하고 의로운 하나님의 형상이 새겨져 있다.

자신의 영혼과 교리를 시험해 볼 수 있는 시금석이 있다. 그것은 모든 것이 참된 경건과 일치하는가이다(딤전 6:3). 그리스도께서도 이 시금석을 가지고 자신의 교훈이 하나님께로부터 왔음을 증명하셨다(요 7:17-18). 그리스도께서는 열매로 거짓 선지자를 안다고 하셨다(마 7:15-16). 특히 그들의 교훈이 삶에서 어떤 열매를 맺는지 잘 주목해야 한다. 거룩한 삶을 살 수 있도록 하나님께서 계시하신 방편을 알지 못하면 거짓 교훈에 쉽게 미혹된다.

복음 이외에 다른 방편을 받아들이면, 금세 모든 종류의 오류에 빠질 뿐 아니라 진리를 거부하게 될 것이다. 그러나 성화에 대한 복음의 교훈을 제대로 이해하면 전도자, 율법주의자, 반율법주의자, 신비주의자 등이 말하는 성화에 대한 모든 가르침을 잘 살펴보고 시험해 볼 수 있을 것이다. 주변에서 일어나는 어떤 논란에도 든든히 설 수 있을 것이다. 진정한 복음적 신앙에는 반율법주의[1]가 조금도

34 성화의 신비

없다는 것을 알게 될 것이다! 주변에서는 참된 복음을 불완전하게 여길 것이다. 복음으로는 순종의 삶을 살지 못한다고 믿기 때문이다. 그래서 이들은 경건을 위한 새로운 교훈과 방법들로 복음을 뒤집고 바꾸어 버린다. 물론 아무 소용없는 일이지만 말이다.

성화를 이루는 참된 길을 이해하는 것이야말로 그리스도인으로서 거룩한 삶을 사는 데 절대적으로 중요하다. 이 사실을 믿지 않는 한 결코 거룩한 삶을 성공적으로 살아 낼 수 없다. 하나님께서 허락하신 방편을 사용하지 않는다면, 하나님께서는 우리를 도와 거룩한 삶을 살게 하실 수 없다! 하나님께서는 오직 **자신**에게만 모든 영광을 돌리는 구원과 성화의 방편을 택하시고 작정하셨다! 하나님께서는 복음이라는 방편을 통해서만 신자의 삶을 복되게 하신다. 하나님께서는 힘쓰고 애쓴다고 누구에게나 관을 씌우시지 않는다. 오직 하나님이 정하신 법을 따라 애를 쓰는 자에게만 관을 씌워 주신다 (딤후 2:5).

성화를 이루는 하나님의 방법을 잘못 알면 거룩한 삶을 살고자 하는 노력도 물거품이 된다는 것을 우리는 경험을 통해 잘 알고 있다! 이는 그리스도인이나 비그리스도인 모두 마찬가지다! 물론 비그리스도인들은—아무리 율법을 잘 안다 할지라도—항상 하나님의 율법의 요구에 미치지 못한다. 그리스도를 통해 걷는 하나님의 거룩한 길이 무엇인지 모르기 때문이다. 하지만 그리스도인들도 때로는 율법의 요구에 미치지 못할 때가 많다. 여기에는 몇 가지 이유가 있다.

첫째, 율법의 외적인 요구를 준수하는 것으로 만족하기 때문에

복음이 이끄는 삶의 시작 35

그리스도인으로 살아가는 데 실패한다. 이들은 겉으로 선하게 드러나는 것에만 신경을 쓰기 때문에, 어떻게 하면 마음에서 우러나는 영적 예배를 하나님께 드릴 수 있는지에 대해서는 전혀 아는 바가 없다.

둘째, 거룩한 삶은 그저 고리타분하기만 한 것이라고 생각하기 때문에 이러한 삶을 포기한다! 만약 이들이 성화의 길을 알았더라면, 이 지혜의 길이 다름 아닌 "기쁨의 길, 평강의 길"인 것도 알았을 것이다. 이런 잘못된 시각으로 인해 그들은 다시 이 길로 돌이키기를 거부한다. 그렇게 하기가 너무도 싫은 것이다.

셋째, 거룩한 삶을 살기 위해 부단히 애쓰지만 잘못된 방식을 사용하기 때문이다. 매우 빠르게 달려가는데 거룩한 삶을 향한 바른 길에는 단 한 발짝도 들여놓지 못한다. 온갖 시도를 하지만 결국 실패로 끝나고 만다. 동시에 이들은 죄악된 정욕에 맥을 못 춘다. 자신을 완전히 정욕에 내어 주고 진창 속에서 뒹굴며 살아간다. 신앙적인 사람들이 거룩한 삶을 포기하기 전에 큰 진전을 이루려고 얼마나 애썼는지 보여주는 책들이 많다. 이런 사실에 많은 연약한 그리스도인들이 낙담한다. '경건을 위해 이렇게까지 노력한 사람들이 실패한다면, 나 같은 사람에게 무슨 소망이 있단 말인가?' 하고 생각한다. 그러나 열심이 있다고 하는 이런 사람들은 사실 대부분 바른 경건의 길을 전혀 알지 못하고, 이 길에 발을 들여놓은 적도 없다. 예수님이 말씀하신 것처럼, "그리로 찾아 드는 사람이 적다"(마 7:14, 공동번역).

열심이 특심인 사람들은 금식과 같이 자기 몸을 괴롭게 하는 금

36 성화의 신비

욕적인 방법으로 정욕을 죽여 보려고 애쓴다. 그러나 이런 노력에도 불구하고 정욕은 보란 듯이 다시 일어난다. 절망에 빠지고 양심의 가책을 견디지 못해 그들은 아예 더 악한 생활로 빠져든다. 물론 이로 인해 신앙은 욕을 먹고 방해를 받는다.

앞에서 언급한 그 어떤 일도 일어나지 않기를 바란다. 거룩에 이르게 하는 하나님의 효과적인 방편이 무엇인지 알게 하려는 이 노력에 하나님께서 복 주시기를 바란다. 나는 고통스럽게만 할 뿐 거룩에는 아무런 진보를 주지 못하는 허탄한 노력에서 신자들을 지켜 내고 싶다! 하나님께서 이 책을 통해 많은 이들의 마음을 넓히셔서 그들이 즐거움과 기쁨과 감사로 하나님의 계명의 길을 달려가게 되기를 바란다!

두 번째 원리

복음이 이끄는
경건한 삶을 위한 자질

하나님의 율법을 준행하는 경건한 삶을 위해서는 하나님께로부터 오는 네 가
지 자질이 반드시 필요하다. 첫째, 경건한 삶을 살고자 하는 기꺼운 마음, 둘
째, 하나님께 용서받고 하나님과 화목하게 되었다는 확신, 셋째, 주님과 함께
할 영원하고 행복한 장래에 대한 확신, 넷째, 하나님께서 요구하시는 것을 하
고자 하고, 또 할 수 있는 충분한 능력이 있어야 한다.

이제 어떻게 하면 거룩한 삶이라는 위대한 목적에 이를 수 있는지 살펴보자. 이 장에서는 거룩한 삶을 사는 데 필요한 방편에 대해 말하고자 한다. 하나님의 율법을 준행하려면, 우리가 율법을 준행할 수 있도록 하나님께서 준비시켜 주셔야 한다. 거룩한 삶을 살기 위해 하나님이 주셔야 하는 몇 가지 자질이 있다. 이런 자질을 다 가지고 있어야 거룩한 삶을 살 수 있다. 이 사실을 아는 사람은 아주 드물다. 그러나 이런 자질은 그리스도인의 성장에 있어 절대적으로 중요하다.

하나님의 형상으로 지어진 첫째 아담은 거룩한 삶을 살 능력이 있었다. 둘째 아담은 첫째 아담보다 거룩한 삶을 살 능력이 훨씬 더 많았다. 우리가 알다시피, 둘째 아담은 첫째 아담보다 순종하기가 더 어려웠다. 첫째 아담이 타락한 이후로, 우리는 훨씬 더 어려운 처지가 되었다. 날마다 맞닥뜨려야 하는 유혹 때문이다. 그리스도를 본받도록 부름받은 신자는 그리스도와 같은 능력을 덧입어야 한다.

아담이 처음에 가졌던 것보다 훨씬 더 큰 능력이 필요하다. 우리 앞에 있는 순종의 요구는 아담의 요구보다 훨씬 더 어렵기 때문이다!

"어떤 임금이 다른 임금과 싸우러 갈 때에 먼저 앉아 일만 명으로써 저 이만 명을 거느리고 오는 자를 대적할 수 있을까 헤아리지 아니하겠느냐"(눅 14:31). 모든 어둠의 권세와, 세상과 세상의 유혹들과, 자기 안에 남아 있는 죄와 타락을 대적하여 싸움에 나가면서, 악한 세대와 맞서 싸울 영적인 준비가 바로 되었는지 점검하지도 않고 나갈 것인가? 어리석게도 많은 사람들은 자기에게 있는 본성적인 능력만을 가지고 싸우러 나간다. 그 결과, 항상 패할 수밖에 없는 불신자들만큼이나 영적인 싸움을 싸울 능력이 없다. 이 말을 믿으라. 우리가 가진 본성적인 능력으로는 절대 죄와 악에 맞설 수 없다! 그보다 훨씬 더 탁월한 무엇이 필요하다!

우리 몸의 능력과 민첩성은 정신과 신경과 힘줄과 뼈의 상태에 따라 달라진다. 그러나 영적인 능력은 이와 전혀 다르다. 영적 능력이 무엇으로 이루어졌는지, 어떻게 영적 능력이 생기는지를 이해하는 것은 훨씬 더 어렵다. 하지만 성경을 통해 이를 설명해 보고자 한다. 경건한 삶을 살 수 있도록 하나님께서 우리에게 반드시 주셔야 하는 네 가지 자질에 대해 말하고자 한다. 이 네 가지 자질이 무엇인지 밝히고 어떻게 그것을 받을 수 있는지 알아볼 것이다. 먼저 일러두고 싶은 것은, 이 네 가지 선물에는 다소 신비한 요소가 있다는 사실이다. 이런 자질을 다 갖추지 못해도 거룩한 삶을 사는 데 지장이 없을 것이라고 생각하는 사람들이 많다. 이런 자질을 갖기 전까지는 실제로 하나님의 율법에 순종할 수 없기 때문에, 이런 자질이 거룩

복음이 이끄는 경건한 삶을 위한 자질 41

한 삶을 살도록 하기보다는 음란하고 죄악된 삶을 부추기게 될 것이라고 우려하는 사람들도 있다. 이들은 복음과 상치되는 다른 방법들이 차라리 도움이 될 것이라고 생각한다. 그러나 전혀 그렇지 않다. 진실로 거룩한 삶을 살려면 적어도 하나님으로부터 받은 이 네 가지 자질이 있어야 한다고 하나님께서 말씀하신다.

경건한 삶을 위한 첫 번째 자질은, 하나님의 율법에 복종하고자 하는 마음이 중심에서 자발적으로 일어나는 것이다. 맹목적인 충동으로 복종할 수 없다. 이성 없는 동물과 같이 본능대로 행동할 수 없다. 죄를 피하고 하나님께 복종하고자 하는 총체적인 내면의 성향이 있어야 한다. 이것이 거룩한 삶을 위한 다른 어떤 능력보다 우선해야 한다. 무엇보다도 하나님께 진실로 순종하기를 **원해야** 한다. 하나님께 기꺼이 순종하고 죄짓는 것을 미워해야 한다.

하나님께 순종하기 위해서 자유의지가 가장 중요하다고 하는 사람들이 있다. 자유의지가 중요한 것은 사실이다. 그러나 자유의지만으로는 안된다. 그들은 이 세상에는 선을 행하고 하나님께 **순종하려고 하는** 사람이 하나도 없다는 사실을 간과하고 있다. 모든 인간의 마음은 선이 아닌 악으로 전적으로 기울어져 있다. 자연적인 상태대로라면 우리 마음은 악을 향해 치닫는다. 그러므로 이 "자유의지"로는 죄와 사탄의 종 노릇하는 것에서 우리를 해방시켜 하나님께 순종하도록 하지 못한다! 그러므로 자유의지에 대한 논쟁을 그치고 정말 중요한 문제로 나아가자. 사람이 본성적으로 **바라는 것**은 악을 행하는 것 외에는 없다. 본성적으로 우리는 악을 선택할 수밖에 없다. 이 사실을 이해하는 것이 그리스도인의 성장에 왜 중요한지 살펴보자.

하나님의 계명을 미워하는 사람이 그것을 지킬 리 없다! 계명에 대해 무관심하거나 그저 그런 관심만 가지고는 계명을 지킬 수 없다. 모든 계명 중에 가장 위대한 계명은 온 마음과 뜻과 힘과 정성을 다해 하나님을 사랑하는 것이라는 사실을 기억하자. 다시 말하면 그분께 있는 모든 것을 사랑한다는 말이다. 그분의 뜻과 그분의 방식을 사랑하고, 세상에서 그분을 가장 탁월한 분으로 여긴다는 말이다! 우리는 모든 일을 하나님을 향한 사랑에 사로잡혀서 해야 한다. 하나님의 뜻 행하기를 기뻐해야 한다. 하나님의 뜻을 행하는 것이 송이꿀보다 더 달콤해야 한다(시 19:8). 평생에 하나님을 사랑하고 좋아하고 기뻐하고 바라고 목말라해야 한다. 하나님과 이웃을 향한 사랑으로 우리의 모든 죄악된 정욕을 이겨야 한다. 우리 자신의 죄와 싸우고, 그것을 미워해야 한다(갈 5:17, 시 36:4).

이것은 사람들이 흔히 생각하는 순종과는 확연히 다르다. 대부분의 사람들은 순종을 단순한 의무 정도로 생각한다. 사람들은 순종이 마치 돈을 벌기 위해 달갑지 않은 물건을 팔아 돈을 버는 세일즈맨이나, 별로 먹고 싶지 않은 약을 낫기 위해서 억지로 먹는 환자나, 일을 하지 않으면 나중에 더 나쁜 일이 생길까 봐 열심히 일하는 노예처럼 생각한다! 하기 싫은 일, 심지어 혐오스러울 정도로 꺼리는 일을 억지로 하는 차원에서 순종을 이야기한다. 그러나 이것은 참된 순종이 아니다.

참된 순종은 하나님께 순종하기를 즐겨 하는 것을 말한다! 세일즈맨이 이윤을 남기기를 좋아하듯이, 환자가 건강해지기를 바라듯

복음이 이끄는 경건한 삶을 위한 자질 43

이, 배고픈 사람이 고기와 음료를 찾듯이, 노예가 자유를 갈망하듯이 하나님께 순종하고 싶어 하는 것이다! 진실로 하나님의 뜻을 즐거워하지 않고서는 순종하고자 하는 의지를 가질 수 없다. 우리 마음이 하나님의 마음과 같이 되어야 하고, 온 마음을 다해 죄를 미워해야 한다. 세상에 있는 그 어떤 것보다 하나님을 더 사랑해야 한다! 하나님을 향한 사랑은 청결한 마음에서 흘러나온다(딤전 1:5). 우리의 마음이 먼저 악한 성향과 더러운 생각에서 깨끗해져야 한다. 마음이 새롭게 된 다음, 거룩을 향해 돌아서야 한다. 거룩한 삶을 갈망하는 마음이 있어야 죄의 정욕을 이길 수 있다는 것을 우리는 너무나 잘 알지 않는가!

인간이 처음에 어떻게 창조되었는지 생각해 보자. 하나님이 아담을 지으셨을 때 인간은 의롭고 바르고 진실로 거룩했다. 의지만으로 하나님께 순종한 것이 아니었다. 의지 자체는 거룩한 것도 아니고, 거룩하지 않은 것도 아니다. 우리의 의지로 하나님을 섬길 수도 있고, 사탄을 수종 들 수도 있다. 참 하나님을 섬길 수도 있고, 바알을 예배할 수도 있다. 정말 중요한 문제는, 우리가 진정으로 원하는 것이 무엇인가 하는 것이다. 우리는 본성적으로 우리가 원하는 것을 하려고 하기 때문이다.

첫째 아담을 생각해 보자. 하나님께서 그를 지으시고 그 영혼에 선한 것을 지향하는 마음을 심어 주셨다. 물론 그가 원하면 그 마음을 거슬러 행동할 수도 있었다. 그러나 죄를 짓고 나자, 그의 마음은 완전히 악으로 기울었고 더 이상 선한 일을 할 수 없게 되었다. 둘째 아담인 예수님을 생각해 보자. 예수님은 완전히 거룩하게 태어나셨다(눅 1:35). 마음과 영혼이 완전히 거룩했고 하는 것마다 선했다.

타락한 첫째 아담이 거룩한 삶을 회복하고 그리스도를 닮아 가는 길은 오직 한 가지다. 만약 자신이 지금 죄에 빠져 선을 행할 수 없다면, 반드시 먼저 하나님의 형상으로 새로워져야 한다. 선을 행하고자 하는 새로운 마음을 얻어야 한다. 선을 행할 수 있는 능력을 하나님으로부터 받아야 한다.

인간은 원죄로 인해 태어난 순간부터 하나님과 경건에 대하여 죽은 자로 살아갈 수밖에 없고, 죄악된 행동에 사로잡혀 기꺼이 종노릇하며 산다. 하나님의 아들인 예수님이 죄에서 우리를 자유롭게 하고, 우리 마음을 죄에서 돌이켜 거룩을 향해 가게 하기까지 계속 죄를 지을 수밖에 없다. 복음과 상관없는 사람은 죄의 독에 절어 있다! 음란한 영에 사로잡혀 있어 하나님께로 돌아가지 못한다(호 5:4). 타락한 나무에서 열리는 열매 역시 마찬가지다(마 12:33). 육신의 생각은 항상 하나님의 법을 대적한다(롬 8:7).

우리의 영혼에서 다뤄야 할 가장 큰 악은 남아 있는 죄remaining sin다. 남아 있는 죄로 인해 우리는 본성적으로 악을 향해 나아간다. 남아 있는 죄에서 모든 실재적인 죄악이 나온다. 죄짓는 것을 멈추고 싶다면 먼저 이런 본성적인 성향이 사라져야 한다. 이런 성향을 없애려면 먼저 우리 안에 하나님의 형상이 회복되어야 한다. 하나님의 뜻을 행하고자 하는 내적인 갈망이 다시 회복되어야 한다. 이런 새로운 마음의 성향이 없다면 계속 뒤로 미끄러질 수밖에 없다. 선한 일은 전혀 할 수 없게 된다. 우리에게 설사 "자유의지"가 있다고 해도, 그것은 죄를 향해 치닫는 "자유"일 뿐이다!

하나님께서는 복음의 역사를 통해 죄에 종 노릇하는 우리를 풀어 주신다. 새 마음과 새 영을 주셔서 거룩으로 회복하신다. 돌과 같은 마음을 제하시고, 어린아이의 살과 같은 마음을 주신다(겔 36:26, 27). 온 마음과 뜻을 다해 하나님을 사랑하도록 마음에 할례를 베푸신다. 마음을 새롭게 함으로 변화를 받고 하나님이 기뻐하시는 뜻이 무엇인지 분별하라고 하신다(롬 12:2). 다윗도 자기 안에 청결한 마음을 창조하시고 자기 안에 있는 의로운 영을 새롭게 해주시도록 기도했다(시 51:10). 이런 역사를 통해, 하나님께서는 우리 내면의 생명이 가진 경향을 바꾸신다. 이제 우리는 무엇이든지 마음에 원하는 것을 할 수 있다. 하나님께서는 복음을 통해 우리 마음에 할례를 베푸셔서 우리를 깨끗하게 하시고, 악을 향한 갈망을 선을 향한 갈망으로 바꾸신다. 이것이 바로 하나님을 향한 모든 참된 순종의 원천이다.

경건한 삶을 위한 두 번째 자질은, 하나님과 화평케 되고 하나님께 용납되었음을 전적으로 확신하는 것이다. 하나님과 우리 사이에 있는 죄의 구렁이 완전히 채워졌고, 우리가 온전히 하나님의 은혜와 사랑 아래 있음을 절대적으로 확신하는 것이다. 이는 그리스도 안에서 믿음으로 의롭게 된 결과요 가장 큰 복이다. 우리는 죄를 용서받았고, 의롭게 되었고, 하나님과 완전히 화평케 되었다(롬 4:5-7). 많은 이들에게 여전히 신비로운 일로 남아 있지만, 이는 분명한 사실이다. 하나님의 율법에 순종하기 전에 우리는 먼저 하나님과 화평케 되고 의롭게 되어야 한다(죄사함과 그리스도의 의로움을 덧입는 것을 말한다). 일단 의롭게 되면, 진실로 하나님의 율법을 준행할 수 있는 능력을 얻게 될 것이다.

값없는 용서와 은혜 가운데 믿음으로 받는 칭의를 말하는 복음 교리가 거룩한 삶을 저해할 것이라고 믿는 사람들이 많다. 복음이 사람들을 법 없는 자들로 만들 것이라고 생각한다. 사람들로 하여금 하나님의 율법에 순종하도록 하는 유일한 길은 그들의 순종을 하나님과 화평케 되는 조건으로 제시하는 것이라고 말한다. 이런 식으로 믿음으로 말미암는 칭의 교리를 완전히 떠난 사람들이 많다. 값없이 주어지는 은혜로는 누구도 거룩한 삶을 살도록 하지 못한다는 이유에서다. "내 모든 죄가 이미 사해졌기 때문에 이제 어떻게 살든 상관없다"고 말하는 사람들이 늘어나고, 이들의 불경건한 생활을 부추기게 될 것이라고 믿는다. 그래서 이들은 믿음으로 말미암는 칭의 교리를 가져다가 모루에 놓고 해머로 쳐서 다른 모양으로 바꾼다. 이렇게 만들어진 새로운 가르침이 사람들을 법 없는 자들이 아닌 경건한 사람들로 바꿀 것이라고 믿는다.

하지만 이런 수고는 공허할 뿐 아니라 파괴적이기까지 하다. 오히려 사람들을 불순종과 불법으로 몰아간다. 기껏해야 회 칠한 무덤을 만들 뿐이다! 그들이 생각한 것과 정반대의 일이 일어난다. 율법의 공로와 상관없이 하나님과 화평케 되고 의롭게 된 것을 확신하지 않고서는 진정으로 경건한 삶을 살 수 없다. 이것만이 진정으로 율법에 순종할 수 있는 유일한 길이다! 물론 세상이 선행을 이해하는 것과는 상반된다. 은혜의 복음과 상관없는 사람들은 하나같이 하나님이 선행을 통해서 용서해 주신다고 믿는다. 그러나 복음은 세상 지혜와 다르다. 복음은 자신을 향한 하나님의 사랑을 굳게 믿

복음이 이끄는 경건한 삶을 위한 자질 47

는 사람만이 하나님의 사랑에 거룩한 삶으로 반응한다고 말한다. 자신을 향한 하나님의 사랑을 이해하지 못하는 사람은 죄악된 생활에서 헤어나지 못한다!

이런 측면에서 첫째 아담을 생각해 보자. 하나님께서 거룩한 삶을 살도록 아담을 처음 지으셨을 때, 그는 하나님의 전적인 사랑을 누렸다. 완전하게 지음 받았기 때문에 죄책도 없었고 하나님이 보기에도 의로웠다. 아담은 의로운 상태에 있었기 때문에 하나님이 뜻하신 대로 의로운 삶을 살 수 있었다. 하지만 죄를 짓고 불의하게 되었고, 죄로 인해 사망에 이르고 만다.

둘째 아담인 예수님을 생각해 보자. 예수님은 성부께 사랑받는 자요, 죄책이 전혀 없고 하나님 앞에 전적으로 의로운 자였다. 그가 가졌던 죄는, 자신의 죄가 아닌 다른 사람의 죄였다! 지금 우리가 해야 하는 순종은 죄를 짓기 전에 첫째 아담이 해야 했던 순종보다 훨씬 더 어렵다. 하나님 앞에서 의로운 상태로 회복될 때, 우리는 비로소 그리스도를 본받는 자가 된다. 물론 우리에게는 하나님께 드릴 의가 전혀 없다. 우리가 의로운 것은 우리를 죄에서 용서하시고, 자신과 화평케 하시고, 그리스도의 의를 우리에게 돌리신 하나님 때문이다.

알다시피, 죄와 사탄의 권세 아래서 우리는 이미 죽은 자다! 우리가 원하는 대로 하도록 하나님께서 내버려 두셨을 때 우리가 할 수 있는 것이라고는 죄밖에 없다. 하나님께서 크신 사랑과 긍휼로 우리 안에서 일하시지 않으면, 하나님을 기쁘시게 하는 선한 일은 결코 하지 못할 것이다(요 8:36, 빌 2:13, 롬 8:7-8). 거룩한 삶을 위해서는 무엇보다 하나님께서 우리에게 이루실 구원 역사를 확신해야 한다. 하나님께서 나를 사랑하시고 나와 화평케 된 것을 분명히 확신하지 않으면서, 내 안에서 하나님이 역사할 것이라고 확신할 수 있는가? 하나님과 화평케 된 것이 나 자신의 공로와 전혀 상관없다는 사실을 믿지 않으면서, 내 안에서 하나님이 역사할 것이라고 확신할 수 있는가? 이것이 바로 복음 진리다. 하나님께서 내 안에서 구원 역사를 이루어 가실 것이라고 확신할 수 있는 **이유는,** 내가 하나님과 화목하게 되어 하나님의 선한 일에 힘쓸 수 있게 되었기 때문이다.

죄의 삯인 사망은 아담이 지은 죄의 결과이며, 우리 역시 우리의 죄로 아담과 똑같은 사망 선고를 받았다(창 2:17). 우리도 그와 마찬가지로 사망과 율법의 정죄 아래 있다. 우리 안에 있는 사망과 죄책을 없애지 않는 한, 죄의 권세로부터 해방된 영적인 생명을 절대 누리지 못할 것이다. 물론 하나님께서 의롭게 하실 때에만—죄책과 죄로 인한 저주를 없애시면—우리는 그 생명을 누릴 수 있다(갈 3:13-14, 롬 6:14). 하지만 여전히 자신이 하나님의 저주와 진노 아래 있다고 생각하는 사람은, 항상 좌절 가운데 살 수밖에 없기 때문에 결코 하나님을 향한 거룩한 삶을 살 수 없다.

거룩한 삶을 이야기할 때는 우리의 부르심이 무엇인지 생각해 보라. 진실로 율법에 순종하고 싶다면, 자신이 하나님과 화목케 된 것과, 그분의 사랑 안에 있는 것과, 그분의 은총 아래 사는 것을 깨달아야 한다. 이것이 바로 진정한 순종의 본질이다. 기억하자. 우리를 향한 위대한 부르심은 온 마음으로 우리 주 하나님을 사랑하라는 것이다. 여기서 사랑이란, 더 많은 지식을 추구하는 과학자가 실험에 대해 갖는 애착을 말하는 것이 아니다. 삶을 변화시키는 실제적인 사랑을 말한다.

하나님을 향한 진정한 사랑은 하나님만이 가장 소중하고 유일한 분이어야 하는 것을 의미한다. 그분만이 우리의 가장 위대한 행복이어야 한다. 절대적인 하나님과 주님으로서 그분을 사랑해야 한다. 그분의 모든 것을 사랑하고, 지금 그분의 모습에 만족한다. 어떤 대가를 치르더라도 기필코 그분의 뜻을 행하고자 할 만큼 그 뜻이 우리 안에 이루어지기를 바란다. 고난이든 번영이든, 삶이든 죽음이든 우리 안에서 하나님의 뜻이 이루어지기를 바란다. 모든 일 가운데 그분을 기뻐하고 그분께 순종하기를 기뻐한다. 비록 그것이 이 세상에서 자신이 겪을 수 있는 가장 최악의 일인 죽음을 의미한다 할지라도 기꺼이 순종한다. 하나님을 사랑하면 하나님이 일생의 가장 위대한 기쁨이 된다.

하나님을 향한 진정한 사랑이 무엇인지 곰곰이 생각해 보면, 하나님의 진노와 저주 아래 있을 때에는 하나님을 사랑하는 것이 불가능하다는 것을 쉽게 알 수 있다. 하나님이 나를 대적할지도 모른다는 의심 때문에 항상 괴로워하는 사람은 그분을 사랑할 수 없다! 하나님이 자기를 정죄하고 미워한다고 생각하는 한 하나님을 사랑할 수 없다. 하나님께서 이스라엘을 내보내라고 했을 때 재앙이 두려워 마지못해 이스라엘을 내보낸 바로처럼, 두려움에 얽매이면 가식적으로 순종할 수밖에 없다. 두려움에 휘둘리는 한 결코 하나님을 사랑할 수 없다. 자신을 향한 하나님의 사랑과 선하심을 깨달을 때 하나님을 사랑할 수 있게 된다. 요한 사도도 이를 증거한다. "사랑 안에 두려움이 없고 온전한 사랑이 두려움을 내쫓나니 두려움에는 형벌이 있음이라. 두려워하는 자는 사랑 안에서 온전히 이루지 못하였느니라. 우리가 사랑함은 그가 먼저 우리를 사랑하셨음이라"(요일 4:18-19). 하나님이 나를 얼마나 사랑하는지 깨닫지 못하면 결코 하나님을 사랑할 수 없다.

우리 각자의 경험을 한 번 돌아보자. 나를 향한 하나님의 사랑을 절감하지 않고도 하나님을 진실로 사랑할 수 있었던 때가 있는가? 신자가 하나님을 사랑하는 것은 그분이 자기에게 얼마나 선하신 분인지 보았기 때문이다! 사변적인 철학자와 같이 사탄도 하나님의 탁월한 본성과 성품에 대해 약간은 알 수 있다. 그러나 약간의 지식도 그에게는 두려움과 공포를 가져다줄 뿐이다(약 2:19). 그는 결코 하나님을 사랑할 수 없다! 여전히 하나님의 저주와 진노 아래 있다고 생각하는 사람은, 하나님의 탁월하심과 완전하심을 깨달을수록 그것을 더 큰 재앙으로 여긴다.

복음을 통해 우리는 그리스도로 인해 하나님께서 우리를 진실로 사랑하신다는 사실을 알게 된다. 하나님의 사랑을 확신할 때 원수까지도 사랑할 수 있다. 자신이 하나님과 화목하게 된 것을 알기 때문이다. 사람들이 아무리 미워해도 하나님의 사랑은 그들의 미움까지도 우리의 유익이 되게 하실 줄 안다. 하나님을 원수로 여기는 한, 하나님을 사랑할 이유가 없다. 그리스도 때문에 자신이 하나님과 화목하게 된 것을 분명히 깨달을 때 비로소 증오를 벗고 사랑하는 마음을 입게 된다.

하나님과 화목하게 된 것을 알 때 선한 일을 할 수 있는 또 다른 이유가 있다. 사망의 일로부터 양심이 깨끗해져야만 살아 계신 하나님을 섬길 수 있기 때문이다. 그리스도의 보혈로 자신의 죄악이 실제로 용서받았다는 것을 양심이 알 때 비로소 하나님을 섬길 수 있다. 그리스도께서 이를 위해 죽으셨다(히 9-10장을 보라).

죄책과 하나님의 진노 아래 있는 양심을 가리켜 성경은 악한 양심이라고 한다. 죄의 악독으로 악한 양심이 생긴다. 양심이 깨끗하게 되고 하나님의 은총을 받아 누릴 때까지 죄는 계속된다. 율법을 성취하는 사랑은, 청결한 마음은 물론 선한 양심에서만 나온다(딤전 1:5). 피 흘린 죄에서 건짐을 받고 나서야 다윗은 입을 벌려 하나님을 찬양할 수 있었다(시 51:14-15).

죄책 아래 있는 악한 양심은 스스로를 하나님의 원수라고 여긴다. 하나님의 정의가 자신을 대적한다고 생각한다. 죄 때문에 하나님이 자신을 영원히 정죄할 것이라 믿는다. 이렇게 생각하는 한, 죄와 사탄의 지배를 받기 마련이다. 악한 양심은 영혼을 경건에서 떠나게 한다. 하나님을 미워하게 한다. 하나님이고 천국이고 지옥이고 다 없었으면 좋겠다고 생각한다. 그렇게 해야 자신을 기다리고 있는 심판 같은 것도 없어지기 때문이다. 악한 양심 때문에 사람들은 하나님과 멀어진다. 하나님과 율법에 대해 말하고 듣고 생각하는 것조차 견디지 못한다. 대신에 죄악된 즐거움을 누리고 세상적인 행위들을 함으로써 하나님을 생각에서 지우려고 한다. 이런 일련의 과정으로 진정한 영성과 담을 쌓게 된 사람들은 자연스럽게 온갖 기이한 종교적 행위들과 거짓 신앙, 우상숭배, 비인간적인 미신에 빠져든다.

첫째 아담에게도 분명히 이런 일들이 있었을 것이다. 죄를 짓고 하나님의 진노 아래 있게 된 그 역시 죄책에 눌린 악한 양심을 갖게 되었을 것이다. 그의 양심은 계속해서 하나님이 자신을 대적하고 있다고, 지금 자신은 하나님의 저주 아래 있다고 말했다. 이것은 하나님과 피조물을 향한 사랑에서 돌아서게 하기에 충분했다. 하나님의 임재를 피해 완전히 사라져 버렸으면 하고 바라기에 충분했다. 아담에게 있었던 하나님의 거룩한 형상이 파괴되었다. 악한 양심은 하나님과 그분의 거룩하심을 대적하는 모든 죄―하나님과 이간시키는 양심을 가진 사람의 마음에서 흘러나오는 악독과 미움과 분노―의 시작이다. 그러므로 마음으로부터 하나님을 섬기기 위해서는 반드시 먼저 하나님과 화목케 되고, 양심이 깨끗해져야 한다.

하나님께서 어떻게 자기 백성을 죄로부터 돌이켜 거룩한 삶을 살게 하시는지 성경은 분명히 말한다. 하나님이 그들을 사랑하고, 그들의 죄가 완전히 깨끗해졌다는 것을 먼저 깨닫게 하신다. 시내 산에서 십계명을 주실 때, 하나님은 자신이 이스라엘의 하나님이신 것과 그들을 구원하실 것이라는 분명한 약속―애굽에서의 구원―을 먼저 말씀하셨다(출 20:2). 할례는 구약시대 언약의 징표였다. 할례는 단지 징표였을 뿐 아니라 믿음으로 받는 의―하나님께서 자신의 모든 백성을 의롭게 하시는 의―에 대한 보증이었다. 이 보증은 태어난 지 팔일 째 되는 아기들에게 주어졌다. 그들이 진정으로 하나님께 순종할 수 있기도 전이다. 이처럼 하나님은 그들이 선한 일을 하기 오래 전부터 거룩한 삶을 위해 그들을 준비시키신 것이다.

더구나 하나님은 구약성경에서 성막과 성전에서 드리는 예배를 위해 백성들을 준비시키고 성결케 하기 위한 결례와, 양과 염소의 피와 부정한 자에게 뿌리는 암소의 재와 같은 것들을 주셨다. 이런 것들은 하나님의 백성들이 하나님을 섬길 수 있도록 하기 위해 어떻게 그리스도의 피를 통해 그들의 양심을 사망의 일에서 깨끗하게 하시는지를 보여주는 상징이다(히 9:10, 13, 14, 22).

이 모든 것이 성화를 설명한다. 성화는 하나님을 섬길 수 있도록 우리를 준비시키는 모든 일—주로 죄사함—과 관련된다(히 10:10, 14, 18). 또 하나님께서는 구약 백성들의 섬김이 하나님이 받으실 만한 것이 되기 위해, 어떻게 먼저 그들이 자신의 죄책을 없애야 하는지 알게 하시려고 속죄제를 번제 이전에 드리도록 명하셨다(레 5:8). 그들의 모든 섬김이 죄책으로 오염되어 있기 때문에 일년에 하루를 모든 죄를 대속하는 날로 정하셨다. 이날 자신들의 모든 죄를 짊어진 속죄 염소를 무인지경의 광야로 보내는 것이다(레 16:22, 34).

신약성경에서도 하나님은 이와 동일한 방식으로 거룩한 삶을 살게 하신다. 하나님이 먼저 우리를 사랑하시고 그리스도의 피로 죄악을 씻기셔서 찬송과 선한 삶의 제사를 성부께 드리는 제사장으로 삼으신다. 그리스도를 통해 우리의 죄악을 씻으시고 하나님을 섬길 수 있도록 하신다. 성찬 때 그리스도의 피와 살을 통해 베푸신 죄사함으로 우리를 먹이시고 강건하게 하셔서 하나님을 섬길 수 있도록 하신다. 우리를 순종의 길로 일깨우신다. 하나님께서 이미 우리를 사랑하셨기 때문이다. 우리의 죄가 이미 용서받았기 때문이다. "서로 용서하기를 하나님이 그리스도 안에서 너희를 용서하심과 같이 하라. 그러므로 사랑을 받은 자녀같이 너희는 하나님을 본받는 자가 되고 그리스도께서 너희를 사랑하신 것같이 너희도 사랑 가운데서 행하라"(엡 4:32, 5:1-2).

많은 성경 본문들이 같은 말을 한다! 하나님은 먼저 자기 백성을 죄책에서 풀어 주고 자기와 화목하게 하신 후에, 거룩한 삶을 살 수 있도록 그들을 준비시키신다. 성경 전반에 걸쳐서 이를 분명히 말씀하신다. 용서는 선행이라는 마차를 끄는 말이다. 마차를 말 앞에 두지 말자! 자신의 노력으로 거룩한 삶을 살려고 생각해 낸 모든 방법을 버리자!

거룩한 삶을 위한 세 번째 자질은, 새 하늘과 새 땅에서 하나님과 행복하고 영원한 장래를 누리게 될 것이라고 확신하는 것이다. 이것은 우리가 흔히 말하는 "영원한 안전"이다. 영원한 안전을 확신함으로써 우리는 거룩한 삶을 살아가게 된다!

그러나 이 영원한 안전은 많은 부분에서 공격을 받는다. 순종의 삶을 시작하기 전에 하나님께서 놀라운 장래를 예비해 놓으셨다는 사실을 확신하면 방탕한 삶을 살게 될 것이라고 생각하는 사람들이 많다. 사람들로 하여금 선한 삶을 살 수 있게 하려면 행복하고 영원한 장래를 위해 힘쓰게 해야 한다는 것이다! 천국만 바라고 사는 사람들은 이기적이고 자기 중심적인 사람들이라고 말하기도 한다. 어떤 일을 하더라도 그것은 자기가 천국에 가기 위한 것이지, 하나님을 사랑해서 하는 일은 아니라는 것이다. 하나님을 진정으로 섬기고 싶다면 상급에 대한 기대나 심판의 두려움 같은 것은 생각하면 안된다고 말한다. 그렇다면 다음 사실들을 생각해 보자.

첫째, 천국에서 누릴 복된 장래에 대한 확신 없이 하나님의 율법

복음이 이끄는 경건한 삶을 위한 자질 55

을 준행하며 살기란 불가능하다. 진정한 순종은 바로 이 확신에서 나오기 때문이다. 영생을 믿지 않았던 사두개인과 같은 사람을 생각해 보자. 이런 사람이 온 마음과 뜻과 힘과 정성을 다해 하나님을 사랑할 수 있겠는가? 죽으면 금세 헤어질 것을 안다면 누구와도 뜨겁게 사랑할 수 없다! 내생을 믿지 않는다면, 사는 동안 하나님을 사랑하는 것은 부질없는 일이라고 생각할 것이다. 죽으면 다시는 하나님을 못 볼 것을 아는 사람이 하나님 때문에 목숨을 내놓을 필요가 있겠는가? 하나님과 누리는 영생이 없다면, 사람들이 죄 가운데 살지 않고 그리스도를 위해 고난받기를 원할 이유—더구나 이런 선택의 결과로 비참한 삶을 살게 된다면—가 어디 있는가? 제대로 된 사람치고 이 짧은 생을 그렇게 살 사람이 누구인가!

둘째, 아담의 타락 이래로 하나님께서 천국의 영광에 대한 분명한 소망을 통해 자기 백성들을 순종으로 독려하시는 것을 성경 곳곳에서 볼 수 있다. 예수님을 생각해 보자. "그는 그 앞에 있는 기쁨을 위하여 십자가를 참으사 부끄러움을 개의치 아니하시더니"(히 12:2). 죄로 떨어지기 전에 아담은 하나님께 순종하는 한 자기가 누리는 낙원이 계속될 줄 믿었다. 고난과는 비교할 수 없는 "지극히 크고 영원한 영광"이 기다리고 있는 것을 알았기 때문에, 사도들은 무수한 고난을 당하면서도 포기하지 않았다(고후 4:16-17). 히브리서의 그리스도인들이 "갇힌 자를 동정하고 소유를 빼앗기는 것도 기쁘게 당한 것은 더 낫고 영구한 소유가 있는 줄" 알았기 때문이다(히 10:34).

사도 바울은 죽은 자의 부활이 없다면 자기가 당하는 모든 고난도 헛것이고, 그리스도인들이야말로 세상에서 가장 불쌍한 자들이라고 했다. 내생이 없다면, 안 믿는 사람들처럼 "내일 죽을 터이니 먹고 마시자" 하면서 사는 게 더 낫다. 그러나 부활이 있기 때문에 바울은 "항상 주의 일에 더욱 힘쓰는 자들이 되라. 이는 너희 수고가 주 안에서 헛되지 않은 줄을 앎이라"고 말한다(고전 15:58). 세상은 덧없는 소망으로 사람들을 붙잡아 둔다. 하나님은 영광의 소망을 주셔서 백성들이 하나님을 섬기도록 하신다(히 6:11-12, 요일 3:3). 이 소망은 너무나 분명해서 이 소망을 붙드는 사람들은 결코 부끄러움을 당하지 않는다(롬 5:5). 누구든지 영광스러운 하늘 상급에 대한 소망으로 하나님을 섬기는 것을 가치 있게 여기지 않는 사람은, 사도들이나 초대 성도들이나, 심지어 그리스도보다 자신을 더 높은 자리에 두는 것이다.

셋째, 영원한 하늘의 복락이 어떻게 그리스도인의 삶과 조화를 이루는지 깨닫고 이 복락을 확신하는 사람은 죄악된 삶을 살지 않는다. 거룩한 삶은 우리가 누리는 구원의 일부다. 하나님께서는 우리를 값없이 의롭다 하시고 양자로 들이셔서 자신의 소유로 삼으셨다. 구원받은 사람은 거룩한 삶을 살도록 부르심을 받은 것이다(요일 3:1-3). 영원한 확신이 있고, 이 확신 때문에 하나님을 섬길 수 있게 되었다는 것이 곧 자신의 공로로 구원을 얻으려고 한다는 말은 아니다. 우리가 가진 확신은 율법의 공로로 받은 것이 아니라, 믿음으로 말미암아 값없이 주신 선물로 받았다(갈 5:5). 천국을 생각한다고 해서 이기적인 자기 사랑으로 살아가는 것은 아니다! 자신의 구원을 이루라고 할 때 그것은 오히려 거룩한 자기 사랑—세상과 육체보다 하나님을 더 좋아하는 것—을 말한다(행 2:40, 딤전 4:16). 이런 확신은 순수하게 하나님을 사랑하는 것과 상치되지 않는다. 오히려 더 순전하게 하나님을 사랑하게 한다.

영생을 확신하면, 하나님이 말씀하신 대로 세상과 육체보다 하나님을 더 바라게 된다. 왜 그런가? 하나님이 자기에게 얼마나 선한 분인지 알수록 하나님이 더 사랑스러워지고, 하나님이 사랑스러울수록 우리 마음은 더욱 하나님을 향해 타오를 것이기 때문이다! 하나님께서 우리를 위해 한 성을 예비하셨다는 것을 알지 못하고 하나님을 사랑하는 것은 하나님의 영광에 합당치 않다(히 11:16). 하나님은 사랑의 사슬로 우리를 그분께로 이끈다. 그중 한 가지 방법이 바로 이 놀라운 특권과 은택을 우리 앞에 펼쳐 놓는 것이다. 하나님이 베푸신 가장 위대한 은총 가운데 하나는, 경이롭고 영원한 기업을 값없이 우리에게 주신 것이다! 이처럼 위대한 기업을 앞에 두고도 그분을 더욱 사랑하지 못할 사람이 누구인가?

거룩한 삶을 위해 필요한 네 번째 자질은, 하나님께서 우리를 부르신 대로 살기 **바라고** 또 살 수 있는 충분한 능력을 주셨음을 확신하는 것이다. 하나님의 뜻을 따라 살고자 하는 열망뿐 아니라 살 수 있는 능력도 필요하다. 어떤 사람들은 순전히 자신의 의지로 하나님의 뜻을 따라 살 수 있을 것이라고 생각한다. 경건하게 사는 것을 쉽게 생각하는 사람들도 있다. 나쁜 습관을 조금 바꾸고 "최선을 다하기만 하면" 될 줄 안다. 대개 사람들은 자신의 무능함을 잘 알지 못한다. 거룩한 삶을 위해서는 거룩하게 살 수 있는 충분한 능력이 필요하다는 사실을 많은 이들이 간과한다. 거룩하게 살려고 한다면, 거룩하게 살 수 있는 능력을 하나님께 받아야 한다는 사실을 가장 먼저 알아야 한다.

한 번 생각해 보자. 첫째, 인간은 죄와 허물로 본질상 죽은 자들이다. 그리스도께서 살리시기까지는 영적으로 선한 일은 바랄 수도, 행할 수도 없다(엡 2:1, 롬 8:7-9). 그리스도의 비추심을 받고 겸비해진 사람들은 자신의 상태를 즉시 깨닫는다. 선한 일을 전혀 할 수 없을 뿐 아니라 하고 싶은 마음조차 없다는 것을 알게 된다. 그렇게 하고 싶고, 또 그렇게 하도록 마음에서 역사하지 않으면 하나님을 기쁘시게 하는 어떤 일도 할 수 없다는 것을 안다(빌 2:13). 하나님께서 죄악된 상태 그대로 자신을 내버려 두시면, 스스로 할 수 있는 것이 아무것도 없다는 것을 안다! 자기 힘으로 하나님의 율법을 준행할 수 있다고 생각하는 사람은 진실로 겸비해진 적이 없는 사람이고, 자기 마음이 얼마나 악한지도 알지 못하는 사람이다. 입으로는 원죄를 이야기하지만 실제로는 전혀 그것을 믿지 않는다.

둘째, 하나님의 율법에 순종하는 것이 쉬운 일이라고 생각하는 사람은 율법뿐 아니라 자기 자신조차 제대로 모르고 있다! 정사와 권세와 공중의 권세 잡은 자와 싸우는 것이 쉬운 일인가?(엡 6:12) 열 번째 계명을 따라 탐심을 품지 않는 것이 쉬운가? 탐내지 말라는 계명을 더 잘 알수록 탐심이 더욱더 자기를 지배하는 것을 본 바울은 이 계명을 지키는 것이 얼마나 어려운지 알았다! 우리의 진짜 목표는 단순히 몇 가지 습관을 바꾸는 것이 아님을 기억하자. 나쁜 습관을 만들어 내는 타락하고 죄악된 욕망을 죽이는 것이 진짜 우리가 해야 할 일이다. 우리는 죄악된 탐심을 충족시키지 않을 뿐 아니라,

복음이 이끄는 경건한 삶을 위한 자질 59

대신 거룩한 사랑과 거룩한 욕구로 채우도록 부르심을 입었다.

하나님 뜻대로 살아야 한다는 것은 불신자들도 안다. 불순종으로 인한 죄책도 알고, 영원한 심판이 기다리고 있다는 것도 안다(롬 1:18-32을 보라). 하지만 순종하는 것이 그렇게 쉽다면, 하나님 뜻대로 살겠다고 다짐도 하고 약속도 하는 많은 불신자들이 실제로는 전혀 그렇게 살지 못하는 이유가 어디 있겠는가? 그들은 항상 실패에 따른 죄책감만 더 느낄 뿐이다. 하나님께서 마음에 역사하셔서 순종할 수 있는 능력을 주실 때에 비로소 하나님께 순종하는 것이 "쉽고" 즐거워진다! 순종할 수 있도록 하는 하나님의 은혜가 없이도 하나님께 순종하는 것이 쉽다고 말하는 사람은, 대부분의 그리스도인과 비그리스도인들이 공통적으로 경험하는 실패조차 제대로 알지 못한다는 것을 스스로 드러낼 뿐이다! 하나님께서 우리 마음에 역사하시지 않는다면, 하나님께 순종하느니 차라리 산을 들어 옮기는 것이 낫다!

셋째, 우리를 부르사 하게 하신 일을 우리가 바라고 또 할 수 있도록 하나님께서 지혜를 따라 충분한 능력을 주실 것이라는 사실을 확신하게 하신다. 죄에 빠지기 전에 첫째 아담은 하나님께 순종할 능력이 자기에게 있다는 것을 분명히 알았다. 그러나 죄에 떨어져 능력을 상실한 후부터는, 사탄의 머리를 부술 더 위대한 능력이 있음을 알게 되기까지 더 이상 거룩한 삶을 살 수 없었다(창 3:15). 인성을 입으신 주 예수 그리스도는 자기에게 있는 신성의 무한한 능력으로 이 땅에서 해야 할 모든 일들을 능히 감당할 수 있다는 것을 아셨다.

하나님께서 자기 백성들을 불러 위대한 일을 하게 하실 때 그 일

을 할 수 있는 힘도 주신다는 사실을 어떻게 알게 하시는지 성경은
잘 보여준다. 모세, 여호수아, 기드온을 생각해 보라. 하나님께서 이
스라엘을 불러 가나안 땅을 정복하게 하셨을 때 이스라엘 백성들이
어떠했는지 생각해 보라. 그리스도께서는 세베대의 아들들에게 자
기가 마실 잔을 마시고, 자기가 받은 세례를 받을 수 있는지 생각해
보라고 경고하셨다(마 20:22).

바울은 로마 교인들에게 그리스도인으로서 순종의 삶을 살라
고 격려하기 전에, 그들이 율법 아래 있지 않고 은혜 안에 있기 때
문에 죄가 그들을 더 이상 지배하지 못할 것이라고 확신시켰다(롬
6:13-14). 그는 마귀의 궤계를 대적할 수 있도록 하나님과 그분의
능력 안에서 강건하라고 말한다(엡 6:10-11). 요한은 신자들이 이
미 강하고 악한 자를 이겼기 때문에 세상과 세상에 속한 것들을 사
랑할 필요가 없다고 격려한다(요일 2:14-15). 하나님의 부르심을
받아 이적을 베푸는 사람들은 하나님께서 능력을 주셨기 때문에 그
렇게 할 수 있다. 자기에게 능력이 있다는 사실을 알지 못하는 사람
은 그렇게 할 엄두를 내지 못한다! 마찬가지로, 이전에 죄로 말미암
아 죽었던 우리가 거룩한 삶을 살도록 부르심을 받았다. 우리가 거
룩한 삶을 살 수 있다는 것 자체가 큰 이적이다! 하나님께서는 거룩
한 삶을 살 수 있는 능력이 이미 우리에게 있다는 것을 우리가 알기
원하신다. 하나님께서 주신 능력으로 거룩하게 살아가라고 우리를
독려하신다.

복음이 이끄는 경건한 삶을 위한 자질 61

세 번째 원리

복음이 이끄는 거룩한 삶의 비결
_그리스도와의 연합

신자는 그리스도와의 사귐을 통해 그리스도의 충만하심을 받아 하나님의 율법을 준행할 수 있는 능력을 받는다. 그리스도와의 사귐을 누리기 위해서는 반드시 그리스도와의 연합이 있어야 한다. 내가 그리스도 안에, 그리스도가 내 안에 있어야 하는 것이다.

거룩한 삶을 사는 비결은 **그리스도와의 연합**이다. 그리스도와의 연합은 위대한 신비다. 이 경건의 신비가 얼마나 위대한지! 그 누구도 생각하지 못한 일이다. 하나님은 초자연적 계시를 통해서 그 신비를 알리셨다. 그러나 성경에 계시되었다 해도 그리스도인이 아닌 사람들은 그 신비를 볼 수 있는 눈이 없다. 그저 어리석은 말로만 들릴 뿐이다. 하나님이 아주 단순하고 명백하게 이 신비를 보이셨음에도 불구하고, 사람들은 하나님이 난문이나 은유와 같은 것을 통해 복잡하게 말씀하신다고 믿는다. 우리 가운데 누군가가 이 사실에 대해 가장 탁월하게 안다고 해도 다만 부분적으로 알 뿐이다.

하나님의 율법을 준행하기 위해서는 우리 영혼이 그리스도의 충만으로부터 능력을 입어야만 한다. 신자를 위해 그리스도 안에 감추어져 있는 거룩한 삶을 사는 능력은 그리스도를 통해 우리에게 주어진다. 이런 점에서 성화는 칭의와 유사하다. 칭의는 그리스도께서 우리를 위해 획득하신 의로서, 이로 말미암아 우리가 의롭게 되고 우리의 의가 된다. 성화는 우리가 우리를 위해 완전한 삶을 사신 그리스도 안에 살 때 그분의 거룩한 본성을 받는 것이다.

이렇게 생각해 보자. 첫째 아담이 죄로 타락했고, 인류의 머리인 아담과 연합된 인간은 죄악된 본성을 그대로 물려받았다. 하지만 이제 우리는 그리스도와 연합했고, 그분이 자신의 경건한 본성을 우리에게 나누어 주신다. 다시 말해, 우리 스스로는 거룩한 본성을 가질 수 없다. 그리스도께 받아서 갖게 되는 것이다. 그분과의 사귐을 통해 그분의 거룩한 사고방식을 받는 것이다. 이것은 측량할 수 없는 놀라운 신비다.

이 대목에서 많은 사람들이 끔찍한 실수를 저지른다. 경건하다는 많은 사람들이 죄악된 본성을 죽이고 거룩한 마음을 가지고자 자신을 괴롭게 한다. 죄악된 정욕을 이기고 경건한 삶을 살려고 애쓴다. 그러나 이는 돌에서 기름을 짜내려고 하는 격이다! 많은 그리스도인들이 쉽게 이 오류에 빠진다. 자신이 전적으로 그리스도의 의를 힘입어 의롭게 되었음에도 불구하고, 거룩함을 자신의 노력을 통해 이루려고 한다.

물론 이들도 하나님이 은혜를 주셔야만 거룩하게 살 수 있다는 사실을 인정한다. 그러나 "하나님은 스스로 돕는 자를 돕는다"는 말처럼, 이 은혜를 받기 위해서는 스스로 애를 써야 한다고 생각한다. 결과적으로, 경건한 삶은 고달프고 재미없는 것이 되고 만다. 자신의 마음과 욕구를 바꾸기 위해 발버둥쳐야 하기 때문이다. 이런 식으로는 결코 경건한 삶을 살 수 없다는 사실을 먼저 알아야 한다. 죄를 죽이고 의를 위해 사는 유일하고 참된 길은 그리스도의 충만에서 비롯되는 새로운 본성을 받는 것이라고 하는 은혜의 복음을 이해해야 한다. 우리 스스로는 이런 새로운 본성을 절대 가질 수 없다. 이 사실을 깨달을 수만 있다면, 쓰라린 고통과 무거운 짐에서 벗어날 수 있고 더 이상 시간을 허비하지 않아도 된다. 더욱 즐겁고 성공적인 거룩한 길에 힘을 쏟게 되는 것이다!

성화에 있어서 또 다른 신비한 부분은, 그리스도와의 연합을 통해 받은 새로운 마음으로 그리스도와 누리는 영광스러운 사귐이다. 거룩하게 사는 열쇠는 **그리스도와의 연합**이라는 복음의 진리다. 신자가 그리스도 안에, 그리스도가 신자 안에 있다. 긴밀한 연합으로 그리스도 안에 있는 신자는 실제로 그리스도와 한 영이다. 다시 말하지만 이것은 신비다. 그래서 이 연합을 "신비적 연합"이라 부른다. 바울 자신도 에베소서 5:32에서 신부인 교회와 그리스도와의 관계를 말하면서 이 연합을 위대한 신비라고 부른다. 세 위격이 한 신성 안에서 연합하는 삼위일체의 신비나, 한 인격 안에서 인성과 신성이 연합하는 예수 그리스도의 신비와도 비슷하다.

그리스도와의 연합이 신비이기는 하지만, 성경은 이에 대해 아주 분명히 말한다. 그리스도와의 연합은 그리스도가 신자 안에, 신자가 그리스도 안에 사는 것이다(요 6:56, 14:20). 그리스도와 신자는 한 영으로 긴밀한 연합을 이룬다(고전 6:17). 신자는 그리스도의 몸의 지체요, 그분의 뼈와 살이다. 그리스도와 교회는 한몸이다(엡 5:30-31).

성경은 또한 신자와 그리스도의 연합을 다양한 모습으로 그린다. 성부와 성자의 연합에 비기기도 하고(요 14:20, 17:21-23), 포도나무와 가지의 연합으로 그리기도 한다(요 15:4-5). 머리와 몸의 연합으로 말하고(엡 1:22-23), 떡과 떡을 먹는 사람이 이루는 연합으로도 표현한다(요 6:51-54). 그리스도와 신자의 연합은 신자가 믿음으로 그리스도를 먹고 마시는 성찬으로 인쳐진다. 그리스도는 하늘에 계시고 우리는 이 땅에 있지만, 복음을 통해 우리 영혼을 자신과 하나되게 하신다! 우리와 하나된 그분의 성령을 통해 그리스도께서 우리 안에 사신다. 성령이 우리를 그리스도와 하나되게 하시고, 그리스도와의 친밀하고 긴밀한 연합으로 우리를 끊임없이 데려가신다.

이 신비에 대해 오해하지 말기를 바란다. 그리스도와의 연합을 통해 그리스도와 한 인격이 되는 것이 아니다. 성부와 성자가 연합한다고 해서 한 위격이 되지 않는 것과 같은 이치다. 이 연합으로 우리가 하나님이 되는 것은 아니다. 우리는 하나님의 성전일 뿐이다. 더 위대한 의미에서 그리스도께서 하나님의 성전인 것과 같다. 더욱이 우리는 이 땅에서 결코 완전한 거룩에 이를 수 없다. 천국에서야 비로소 완전해진다! 이 땅에서는 그리스도가 우리 안에 사심으로 거룩해져 가는 것이다.

그리스도와의 연합과 같은 위대한 선물을 누리는 것을 당연하게 여기는 사람이 있을지 모르겠다. 그러나 우리를 구속하기 위해 그리스도께서 보혈을 흘리셔야 했다는 사실을 잊지 말자. 이 보혈이 그리스도와의 연합을 통해 거룩에 있어서 놀라운 진보를 이루게 한다. 그리스도와의 연합은 우리의 진실된 순종이나 거룩을 향한 노력으로 얻는 특권이 아니다. 오히려 그리스도와의 연합은 우리가 처음 그리스도인이 될 때 하나님께서 주시는 특권이다! 이 연합이

복음이 이끄는 거룩한 삶의 비결 67

우리의 모든 순종과 거룩의 토대다. 그리스도인으로서 우리가 하는 모든 선행은 이 연합에서 나온다. 율법에 대한 모든 순종은 그리스도와의 연합의 결실이다.

그리스도와의 연합이라는 진리는 신비이지만, 성경은 다양한 방식으로 이 진리를 명확하게 가르치고 있다. 첫째, 성경 여러 곳에서 신자와 그리스도의 연합에 대해 분명히 말한다. 우리의 구원을 위한 모든 것이 그리스도 안에 모든 충만으로 우리를 위해 있다고 말하기도 한다(골 1:19). 성부께서는 모든 충만으로 그리스도 안에 머물기를 기뻐하셨다. 골로새서 2:11-13에서 바울은, 신자로 하여금 하나님을 향해 살 수 있도록 하는 거룩한 본성은 그리스도의 죽음과 부활을 통해 신자에게 주어진 것이라고 한다. "그 안에서 너희가 손으로 하지 아니한 할례를 받았으니 곧 육의 몸을 벗는 것이요 그리스도의 할례니라. 너희가 세례로 그리스도와 함께 장사되고 또 죽은 자들 가운데서 그를 일으키신 하나님의 역사를 믿음으로 말미암아 그 안에서 함께 일으키심을 받았느니라. 또 범죄와 육체의 무할례로 죽었던 너희를 하나님이 그와 함께 살리시고 우리의 모든 죄를 사하시고."

"하나님 곧 우리 주 예수 그리스도의 아버지께서 그리스도 안에서 하늘에 속한 모든 신령한 복을 우리에게 주시되"(엡 1:3). "모든 신령한 복"에는 거룩한 사고방식도 포함된다. 이런 복—이 땅에 사는 신자들을 위해서 그리스도 안에 충만히 예비되어 있는—은 하나님이 그리스도 안에서 우리에게 주시는 것이다. 우리에게 있는 새로운 마음과 거룩한 마음의 성향은 오직 그리스도로부터 올 수 있다!

68 성화의 신비

고린도전서 1:30을 보자. 신자가 거룩한 삶을 살 수 있도록 그리스도께서 우리의 거룩이 되셨다고 말한다. 그리스도는 신자에게 구원에 이르는 지혜를 주신다. 그리스도는 신자가 갖는 의다. 그리스도의 의가 칭의를 통해서 우리 것이 되었다. 그리스도는 신자의 구속이 되신다. 이를 통해 모든 비참함에서 구원받고 천국의 영광과 복락을 즐거워할 수 있게 되었다.

성경은 우리가 그리스도와의 사귐을 통해 그분의 충만한 데서 비롯되는 거룩을 받는다고 말한다. "우리가 다 그의 충만한 데서 받으니 은혜 위에 은혜러라"(요 1:16-17). 이 은혜에는 우리의 성화도 포함된다. "우리의 사귐은 아버지와 그의 아들 예수 그리스도와 더불어 누림이라.…… 하나님은 빛이시라.…… 그가 빛 가운데 계신 것 같이 우리도 빛 가운데 행하면 우리가 서로 사귐이 있고……"(요일 1:3-7). 그리스도와 사귀는 것은 우리가 그분의 빛 가운데 거룩과 의로 살아가는 것도 포함된다.

성경은 신자를 위한 신령한 본성이 그리스도 안에서 먼저 준비되고 신자는 그리스도와의 연합을 통해서 그것을 받아 누린다고 말한다. "새 사람을 입었으니 이는 자기를 창조하신 이의 형상을 따라 지식에까지 새롭게 하심을 입은 자니라.…… 오직 그리스도는 만유시요 만유 안에 계시니라"(골 3:10-11). "주와 합하는 자는 한 영이니라"(고전 6:17). "이제는 내가 사는 것이 아니요 오직 내 안에 그리스도께서 사시는 것이라"(갈 2:20). "또 증거는 이것이니 하나님이 우리에게 영생을 주신 것과 이 생명이 그의 아들 안에 있는 그것이라. 아들이 있는 자에게는 생명이 있고 하나님의 아들이 없는 자에게는 생명이 없느니라"(요일 5:11-12). 이보다 어떻게 더 분명할 수 있겠는가? 새 사람은 그리스도 안에서 충만해진다! 신령한 새 본성을 따라 거룩한 삶을 사는 유일한 길은, 그리스도와의 연합으로 우리 안에 그리스도께서 살아가시도록 하는 것뿐이다.

신령한 새 본성과 거룩한 삶을 살 수 있는 능력이 어떻게 그리스도와의 연합과 사귐을 통해 신자에게 주어지는지, 하나님께서는 다양한 예를 통해 보여주신다. 다음 예들을 잘 살펴보자.

- 그리스도께서 인간의 본성을 입으셨을 때 하나님을 힘입어 사신 것처럼, 신자는 이 땅에서 그리스도를 힘입어 산다(요 6:57).

- 첫째 아담으로부터 원죄와 사망을 물려받은 것처럼, 신자는 둘째 아담으로부터 은혜와 의의 선물을 넘치게 받아 살아간다 (롬 5:12-21).

- 육신의 몸이 머리로부터 감각과 행동과 모든 필요한 것을 공급받는 것처럼, 신자는 머리 되신 그리스도로부터 모든 것을 공급받고 산다(골 2:19).

- 가지가 포도나무에서 수액과 자양분을 공급받고 자라는 것처럼, 신자도 포도나무 되신 그리스도로부터 모든 필요한 것을 받아 열매를 많이 맺는다(요 15:1-7).

- 신랑 신부가 서로의 사랑과 연합을 통해 결실하듯이, 신부인 신자는 신랑이신 그리스도와의 사랑과 연합으로 거룩한 열매를 맺는다(롬 7:4).

- 모퉁이돌과 연락한 돌들이 든든한 기초 위에 거룩한 성전으로 지어지는 것처럼, 신자는 보배로운 모퉁이돌 되신 예수 그리스도와 연락하여 신령한 집으로 세워진다(벧전 2:4-6).
- 사람이 빵과 포도주를 먹어서 그 속에 있는 자양분으로 살아가는 것처럼, 신자도 생명이신 그리스도를 먹고 마심으로 신령한 삶을 살아간다(요 6:51-57). 성찬을 통해 누리는 그리스도와의 사귐도 이와 같다.

이 모든 비유는 신자가 그리스도와의 연합을 통해 그리스도 안에 있는 새 생명과 거룩한 본성에 참여한다는 사실을 말하고 있다. 신랑 신부의 연합과 유사하다. 첫 번째 여인이었던 하와가 아담의 뼈 중의 뼈요 살 중의 살이었던 것처럼, 그리스도와 연합한 교회도 그리스도께 그와 같다(창 2:22-24, 엡 5:30-32). 그리스도와 합한 자는 육체가 아닌 영으로 그분과 하나다.

그리스도의 성육신과 죽음과 부활의 전체 목적은 그리스도를 통해 거룩한 본성을 창조하시는 것이다. 그리스도와의 연합과 사귐을 누리며 사는 신자에게 이 거룩한 본성을 나누어 주신다. 우리 자신의 노력으로 새로운 본성을 갖는 것이었다면, 그분이 고난당하시고 죽으시고 다시 살아나실 이유가 없었다! 만약 인간 스스로 그렇게 할 수 있었다면, 그리스도의 죽음과 부활은 헛된 것이다!

성육신을 통해 예수님은 완전히 거룩한 인간이 되셨다. 어떤 인간도 예수님처럼 거룩한 적은 없었다. 아담 안에서 우리는 전적으로 타락한 죄인이었다. 예수님은 완전히 거룩했다. 신성과 인성이 나누어지지 않고 긴밀하게 연합되어 있었다. 이 땅에 살면서도 예수님은 성부와 완전한 연합을 누렸다. 그분의 말 한마디 한마디는 단순히 인간의 의지와 능력으로 한 것이 아니었다. 성부께서 그 안에 사셨고, 그리스도는 성부의 일을 하셨다(요 14:10).

그리스도는 또한 우리를 살리시려고 사람이 되셨다. 사람이 본래 땅에 속한 사람의 형상을 가지고 태어난 것처럼, 신자는 하늘에 속한 사람의 형상을 가시게 될 것이다(고전 15:45, 49). 이생에서는 거룩이요, 내생에서는 영광이다. 그리스도께서는 임마누엘—우리와 함께하시는 하나님—로 나셨다. 이 땅에 참 사람으로 머무는 동안 그분께는 모든 거룩과 신성의 충만함이 있었다(마 1:23, 골 2:9-12). 그분은 하늘로부터 오신 산 떡이다. 그분을 먹는 자는 그분으로 말미암아 산다(요 6:52, 56).

십자가 죽음을 통해 그리스도께서 짊어지셨던 우리의 모든 죄책이 풀어졌다. 그분은 우리의 죄악을 짊어지고 십자가로 가셨다. 그분이 죽으실 때 우리의 죄가 그분의 머리에 가득 쌓여 있었다. 자신의 죽음으로 우리의 자유를 예비하신 것이다. 우리가 본성적이고 죄악된 상태에서 벗어나 자유롭게 살도록 하기 위해 죽으신 것이다. 성경은 이를 두고 죄의 몸을 멸하기 위해 우리의 옛 사람이 그리스도와 함께 십자가에 못 박혔다고 말한다. 죄의 몸은 인간이 자의적으로 가하는 고통이나 상처로 사라지는 것이 아니다. 그리스도의 죽음을 통해 죄의 몸에서 떠나 죄의 몸에 대하여 죽음으로써 자유를 맛보게 된다. 죄의 몸에 대하여 우리가 죽을 때 그렇게 된다. 우리가 죄에 대하여 죽었다는 사실은 우리가 받는 세례를 통해 증거된다.

세례는 그리스도의 죽음을 자신의 죽음으로 받아 그와 함께 장사되는 것이다(롬 6:1-11).

바울도 이렇게 말한다. "율법이 육신으로 말미암아 연약하여 할 수 없는 그것을 하나님은 하시나니 곧 죄로 말미암아 자기 아들을 죄 있는 육신의 모양으로 보내어 육신에 죄를 정하사 육신을 따르지 않고 그 영을 따라 행하는 우리에게 율법의 요구가 이루어지게 하려 하심이니라"(롬 8:3-4). 두 가지 핵심 진리를 주목하자. 첫째, 율법을 통해 얻는 우리 자신의 의가 아닌, 믿음을 통해 얻는 하나님의 의로 우리를 의롭다 하기 위해 그리스도가 죽으셨다(롬 10:4-6, 빌 3:9). 둘째, 그리스도 안에 있는 자로서 우리가 성령을 따라 행할 때, 우리 안에서 율법의 의가 성취되도록 하기 위해 그리스도가 죽으셨다(롬 8:3-4). 칭의와 성화는 긴밀히 연결되어 있다. 신자는 그리스도와의 연합을 통해 십자가로 의롭게 되고, 그리스도와의 연합을 통해 성령으로 거룩하게 된다.

그리스도는 많은 결실을 내어 자신의 본성을 재생산하려고 땅에 떨어져 죽는 한 알의 밀알에 비유된다(요 12:24). 유월절을 위해 도살당하는 어린양과(고전 5:7-8, 9:24) 마실 물을 내는 신령한 반석에 비유되기도 한다(고전 10:4). 유대인과 헬라인을 자기 안에서 새로운 한 사람으로 지으려고 죽으셨다(엡 2:15).

이 성경 본문들은 모두 우리 힘으로 거룩한 본성을 일굴 수 있도록 하기 위해 그리스도가 죽은 것이 아니라고 한다. 그리스도가 죽은 것은, 그리스도와의 연합과 사귐을 통해 우리가 그리스도 안에 예비된 거룩한 본성을 받아 누리기 위함이라고 말한다.

부활을 통해 그리스도는 신령한 생명을 얻었다. 우리에게 그 생명을 주시려고 받으신 것이다. 그분이 죽고 부활하심으로 그 생명은 이제 우리 것이 되었다. 죄와 허물로 죽어 있던 우리가 그리스도와 함께 살림을 받았다고 바울은 말한다. 그리스도와 함께 일으킴을 받았고, 우리의 머리이신 그리스도 예수 안에서 함께 하늘에 앉혔다(엡 2:1-10). 이 모든 일은 우리가 이 땅에 사는 동안 일어난다! 아담의 영적 죽음이 우리의 영적 죽음이었던 것처럼, 그리스도의 부활은 거룩한 삶을 위한 우리의 부활이기도 하다. 신자에게 있는 원죄가 우리 자신이 지은 것이 아닌 것처럼, 우리에게 있는 거룩한 본성 역시 우리 힘으로 만들어 낸 것이 아니다! 오히려 이 두 본성은—죄악된 본성은 아담을 통해서, 새로운 본성은 그리스도를 통해서—이미 다 지어져 있었다.

우리는 이 세상에 태어나자마자 자동적으로 아담의 원죄를 짊어진다. 거듭나서 하나님 나라에 들어감으로써 신자는 그리스도의 본성에 참여한다. 그리스도와의 연합을 통해 신자는 그리스도께서 부활을 통해 얻으신 신령한 생명을 경험한다. 이 연합의 결과로 거룩한 삶의 열매를 맺을 수 있게 된 것이다. 이것이 바로 "죽은 자 가운데서 살아나신 이에게 가서 우리가 하나님을 위하여 열매를 맺게 하려 함이라"는 말씀의 정확한 의미이다(롬 7:4). 다시 말하지만, 이 진리는 신자의 세례를 통해 증거된다. 우리는 그리스도 안에서 죽었고, 새 생명 가운데 행하도록 다시 살리심을 받았다. 그리스도가 죄에 대하여 단번에 죽으시고 하나님에 대하여 사셨기 때문에, 우리 또한 주 그리스도 예수 안에서 자신을 죄에 대하여는 죽은 자요 하나님께 대하여는 산 자로 여겨야 한다(롬 6:4-11).

성령께서 신자의 성화를 이루어 가신다. 우리가 그분 안에 그분이 우리 안에 살면, 우리는 거룩함으로 사는 것이다(롬 15:16, 갈 5:25). 성령이 먼저 그리스도 안에 계셨기 때문에 그리스도께서 우리에게 성령을 부어 주실 수 있었다. 예수께서 세례를 받으실 때 하늘이 열리고 성령이 그 위에 비둘기같이 내려앉은 사건은 바로 이것을 말한다(요 1:22-23). 성령께서 신자를 거룩하게 하시고 세례를 주어 연합하여 그리스도와 한몸 되게 하신다(고전 12:13). 성경은 신자 안에 그리스도의 성령이 계신 것과 그리스도가 신자 안에 계신 것을 같은 일로 여긴다(롬 8:9-10). 성령은 그리스도를 영화롭게 하신다. 그리스도께 속한 것은 무엇이나 다 받으시고, 그것을 신자에게 알리신다(요 16:14-15). 성령은 그리스도의 성육신과 죽음과 부활을 통해 신자를 위해 준비하신 모든 신령한 복을 체험하게 하신다.

지금까지 언급한 것을 잘 기억하자. 하나님의 율법은 온 마음 다해 하나님을 사랑할 것을 요구한다. 문제는 우리의 죄악된 본성이 그것을 가로막는다는 것이다. 그러므로 우리가 거룩한 삶을 살기 위해서는 하나님이 힘을 주셔야 한다. 우리는 다음 네 가지 자질을 받아야 한다. 첫째, 경건한 삶을 살고자 하는 자발적인 바람, 둘째, 하나님과 화목하게 되었다는 확신, 셋째, 복되고 영원한 삶에 대한 확신, 넷째, 하나님이 우리에게 요구하시는 것을 하고자 하는 마음과 그렇게 할 수 있는 충분한 능력을 받아야 한다.

이 모든 신령한 복은 그리스도의 충만에서 나온다. 그리스도께

복음이 이끄는 거룩한 삶의 비결 75

서 우리를 위해 이 복을 소중히 간직하신다. 우리는 그리스도와의
연합과 사귐을 통해서만 이 복을 받는다. 우리가 그리스도와 합하
여 하나가 되었다면, 우리 마음은 더 이상 죄악된 성향의 지배만 받
는 것이 아니다. 우리는 더 이상 선과 악에 무관심할 수 없다. 우리
가 그리스도 안에 있다면, 우리 안에 거하시는 그리스도의 성령께
서 거룩한 삶을 살 소원과 능력을 주실 것이다. 육체의 소욕과 싸우
고 성령의 일을 추구하도록 우리를 감동시키시는 분은 바로 우리 안
에 거하시는 그리스도이시다(롬 8:1-5, 갈 5:17).

하나님께서는 그리스도 안에서 우리와 완전히 화해하셨다. 우
리는 온전히 하나님의 은총 아래 있다. 우리는 그리스도께서 죽기
까지 순종하심으로 우리를 위해 획득하신 하나님의 의를 가지고 있
고, 이로 인해 의롭게 되었다. 이 의를 "하나님의 의"라고 하는 이유
는, 참 하나님이시고 참 사람이신 예수께서 그것을 이루셨기 때문
이고, 우리의 모든 죄에 대한 하나님의 정의를 만족시킬 만큼 충분
한 가치가 있기 때문이다. 이는 하나님의 사하심을 받고 그분의 가
장 큰 은택을 받을 만큼 온전히 충분한 의다(고후 5:21, 롬 5:19).

은혜로 죄를 용서받는다는 것은 사람들이 아주 믿기 힘들어 하
는 진리다. 그래서 그리스도로 말미암아 하나님을 "아바, 아버지"라
고 부를 수 있는 양자의 영을 받아야 한다(롬 8:15). 그렇게 해야 이
경이로운 용서를 온전히 확신하게 된다. 장래에 누릴 영원한 복락
을 확신하게 하시는 분은 성령이다. 성령은 하나님께서 바라시는
것들을 소원하고 행할 수 있는 충분한 능력을 갖게 될 것이라고 증
거하신다. 하나님의 자녀면 또한 하나님의 후사요, 그리스도와 함

께한 후사라고 양자의 영이 가르쳐 주신다. 그리스도 예수 안에 있는 생명의 성령의 법이 우리를 죄와 사망의 법에서 풀어 주셨다고 말씀하신다. 무엇도 우리를 대적할 수 없고, 어떤 것도 그리스도 안에 있는 하나님의 사랑에서 우리를 끊을 수 없다고 가르쳐 주신다. 어떤 저항과 어려움을 만나도 우리는 우리를 사랑하시는 분으로 말미암아 넉넉히 이길 수 있다(롬 8:17-39).

많은 사람들이 생각하는 것과 달리, 죄사함과 영생에 대한 놀라운 확신은 결코 신자를 방탕한 삶으로 이끌지 않는다. 왜 그런가? 이 놀라운 복락은 오직 그리스도와의 연합을 통해서만 주어지기 때문이다. 그리스도의 성령께서 복락과 성화의 선물이 나뉘지 않도록 하나로 묶으신다. 그리스도가 없는 사람은 결코 의롭다 함을 얻을 수도 없고, 그리스도 안에서 어떤 특권도 누리지 못한다. 자연히 그리스도의 거룩하심을 받아 누리지도 못한다.

칭의와 성화는 다르다. 칭의는 죄책과 관련되고 성화는 죄의 권세와 관련된다. 그러나 칭의와 성화 모두 그리스도와의 연합으로부터 나온다. 로마서 8:1은 이 둘을 이렇게 하나로 묶는다. "그러므로 이제 그리스도 예수 안에 있어 육신을 따라 살지 않고 성령을 따라 사는 자에게는 결코 정죄함이 없나니……"

그렇다면 그리스도가 오시기 전에 살았던 신자들이 어떻게 그리스도와 연합할 수 있었는지 궁금할 것이다. 그들이 어떻게 그리스도와의 연합과 교제를 통해 그분의 충만으로부터 나오는 새로운 본성을 받을 수 있었을까? 우리의 육신을 입으신 그리스도는 아브라함이 나기 전부터 계셨다는 사실을 기억할 필요가 있다(요 8:58). 그리스도는 세상의 기초가 놓이기 전부터 우리의 죄책에서 우리를 구속하실 흠 없는 어린양으로 드려지도록 예정되었다(벧전 1:18-20). 그때도 그리스도는 나중에 자신의 인성을 모든 충만으로 채우시고, 죽은 자 가운데서 그분을 살리신 성령과 함께 계셨다. 바로 그 성령을 교회에 주신 것이다(벧전 1:11, 3:18-19). 동일한 성령이 구약 신자들과 그리스도를 연합하게 하셔서 그리스도를 위해 사는 은혜를 주신 것이다.

시편 16:9-11에서 다윗은 그리스도의 죽음과 부활을 자신의 죽음과 부활인 것처럼 말한다. "이러므로 나의 마음이 기쁘고 나의 영광도 즐거워하며 내 육체도 안전히 살리니 이는 주께서 내 영혼을 스올에 버리지 아니하시며 주의 거룩한 자를 멸망시키지 않으실 것임이니이다. 주께서 생명의 길로 내게 보이시리니." 다윗 시대 이전부터 이미 신자들은 동일한 신령한 음식과 음료를 받아 마셨다. 우리가 연합하고 사귀는 그리스도와 그들도 연합하고 사귀었던 것이다. 이처럼, 구약성경의 신자들 역시 그리스도와의 연합이라는 놀라운 특권에 참여한 자들이었다(고전 10:3-4). 때가 차매 그리스도께서 육신을 입고 모든 백성의 머리로 오셨다. 그리스도의 교회는 사도와 선지자들의 터 위에 세우심을 입었고, 그리스도 예수께서 친히 모퉁이돌이 되셨다. "그의 안에서 건물마다 서로 연결하여 주안에서 성전"으로 지어져 간다(엡 2:20-21).

그리스도의 성육신과 죽음과 부활은 아담이 타락한 직후부터 지금까지 드러난 모든 거룩의 근거이고, 또 세상 마지막까지 이 땅에서 드러날 모든 거룩의 원천이다. 우리가 가진 모든 거룩한 태도나 행동도 오직 그리스도의 성령의 전능하신 능력으로부터 나온다. 그리스도의 성령의 임재와 능력은 신자의 것이다. 복음을 통해 그리스도를 머리로 모시는 그분의 지체가 되었기 때문이다. 그리스도와 연합한 것이다.

네 번째 원리

복음과 믿음으로
그리스도와 연합함

성령은 복음을 통해 신자를 그리스도와 연합시켜서 그분과의 교제와 거룩으로 이끌어 들이신다. 그리스도는 복음을 통해 신자의 마음에 믿음을 나누어 주신 다. 믿음은 그리스도와 그분의 모든 충만을 신자가 실제로 자기 마음 속에 모 셔 들이는 방편이다. 이 믿음조차 성령의 은혜다. 믿음을 갖게 된 사람은 복음 을 온 마음으로 믿는다. 믿음이 있는 사람은 그리스도가 주시는 모든 구원을 얻기 위해 복음을 통해 은혜로 계시되고 약속된 대로 그리스도를 믿는다.

지금까지 언급한 내용을 다음과 같이 정리해 볼 수 있다. 거룩한 삶을 살고자 하는 사람은 신비한 연합을 통해 그리스도가 자기 안에, 자기가 그리스도 안에 있어야 한다. 이 사실을 알게 되면, 거룩한 삶을 살고자 하는 인간적인 노력을 완전히 그만두게 된다. 왜 그런가? 인간 본성을 뛰어넘어 그리스도와의 영광스러운 연합과 교제 가운데로 들어가는 방법을 도무지 알 길이 없기 때문이다. 그러나 여기 좋은 소식이 있다. 하나님의 성령이 어떻게 신자를 그리스도와의 연합으로 들어가게 하시는지, 초자연적인 계시를 통해 알려 주셨다. 하나님께서 계시하신 두 가지 방편은 복음과 믿음이다. 그리스도의 성령이 신자 안에서 역사하실 때 신자는 복음과 믿음을 통해 그리스도와 연합하여 살 수 있게 된다.

그리스도와의 연합을 이루는 첫 번째 방편은 하나님의 은혜의 복음이다. 하나님께서는 복음을 통해서 그리스도의 측량할 수 없는 부요함과 신자 안에 계시는 그리스도와 영광의 소망을 알리셨다(엡

3:8, 골 1:27). 하나님께서는 사람들을 불러 그리스도를 믿고 구원을 받으라고 명령하신다. 그를 믿는 모든 자들에게 값없이 주시는 구원을 약속하셔서 이들을 격려하신다(행 16:31, 롬 10:9-11). 복음은 하나님께서 그리스도를 사람들에게 보내시는 방편이고, 그리스도의 구원으로 사람들을 복되게 하시는 수단이다(행 3:26). 복음은 성령의 사역이고 의의 역사다(고후 3:6-9). 복음을 들을 때 믿음이 생긴다. 그러므로 복음은 그리스도 안에서 거듭나는 방편이고, 신자 안에 그리스도가 지어져 가는 방편이다(롬 10:16-17, 고전 4:15, 갈 4:19).

'그리스도의 죽음과 부활에 참여하기 위해서는 그리스도와 연합해야 하는데, 누가 나를 위해 하늘로 가서 그리스도를 데려올 수 있단 말인가? 누가 깊은 곳으로 내려가 그리스도를 죽은 자들 가운데서 데려올 수 있단 말인가?' 하고 생각할 필요가 없다. 은혜롭게도 믿음의 말씀인 복음을 통해 그리스도께서 기꺼이 신자에게 오신다. "말씀은 네 바로 곁에 있고, 네 입에 있고, 네 마음에 있다." 진정으로 그리스도와 합하고자 하는 사람은 다른 곳으로 가지 않아도 이 복음의 말씀을 통해 그분께로 나아갈 수 있다(롬 10:6-8).

하나님께서 신자를 그리스도와의 연합과 교제로 불러들이시는 두 번째 방편은 복음을 통해 신자에게 생겨나는 믿음이다. 믿음으로 신자는 그리스도를 받는다. 믿음은 신자가 그리스도와 연합하는 방편이다. 믿음으로 신자는 그리스도와 그분의 모든 충만을 마음에 받는다.

믿음의 본질에 대해 좀 더 알아보자. 비그리스도인 철학자들도 믿음에 대해 말한다. 그러나 이들이 말하는 믿음이란 사고방식을 가리킨다. 권위 있는 사람이 말한 사실에 지적으로 동의하는 것을 뜻한다. 이와 유사하게, 예수님이 가진 권위를 기초로 그분의 말씀을 사실이라고 믿는 것을 그리스도를 믿는 믿음이라고 생각하는 사람들이 있다. 하지만 믿음은 단순히 진리를 인정하는 것 이상이다. 어떤 것을 사실이라고 믿는 것 이상이다. 사도 바울은, 신자를 의롭게 하는 믿음은 "그리스도의 피를 믿는 믿음"이라고 했다(롬 3:24-25). 단순히 진리를 증거할 권위가 그분께 있음을 믿는 것이 아니다.

믿을 만한 사실에 동의하는 정도의 믿음을 가진 사람은, 비그리스도인 철학자처럼 진리에 대한 지식을 얻을 수는 있을 것이다. 그러나 구원 얻는 믿음의 목적은, 복음이 약속하고 증거하는 그리스도와 그분의 구원을 지적으로 아는 것이 아니다. 바로 그리스도와 그분이 주시는 구원을 복음의 약속과 더불어 받아들이는 것이다. 그러므로 구원 얻는 참된 믿음에는 두 가지 의미가 포함된다. 첫째, 복음의 진리를 믿는 것이고, 둘째, 온전한 구원을 위해 복음이 약속하는 그대로 그리스도를 인격적으로 믿는 것이다.

복음 진리를 믿는 것은, 그리스도를 아는 지식을 더해 주는 진리를 받아들인다는 말이다. 그리스도를 믿는 것은 그리스도 자신과, 복음 진리가 말하는 그리스도로 말미암는 구원을 받아들이는 것이다. 이렇게 비유해 보자. 포도주가 가득 담긴 잔을 받아 드는 것과 그 잔을 마시는 것은 별개다. 그러나 포도주를 마시고 싶다면, 이 두 가지 행위가 모두 필요하다. 잔을 받아 들고 마시는 것이다.

구원 얻는 참된 믿음에는 이 두 요소가 다 있어야 한다. 첫째, 전

심으로 복음 진리를 믿고 사랑해야 한다. 둘째, 다른 무엇보다 그리
스도와 그분이 주시는 구원을 갈망하며 전심으로 그분을 영접해야
한다. 입맛이 있어야 떡과 포도주를 먹고 마실 수 있는 것처럼, 생명
의 떡과 포도주이신 그리스도를 먹고 마시고자 하는 "신령한 욕구"
가 있어야 한다. 영적으로 말하면, 믿음은 맛있는 음식을 먹는 것처
럼 그리스도를 먹는 것이다.

구원 얻는 참된 믿음은 진리를 믿느냐 안 믿느냐 하는 단순한 문
제가 아니다. 악한 사람들, 심지어 마귀조차 진리를 믿을 수 있다.
오히려 그들이 복음이 진리가 아니었으면 하고 안타까워할 정도다!
또한 구원 얻는 참된 믿음은 지옥에 안 가려고 그리스도를 믿는 차
원의 믿음과도 다르다. 믿음은 그리스도를 사랑하고 기뻐하기를 원
치 않는 사람이 심판을 피하려고 추구하는 것이 아니다. 구원 얻는
참된 믿음을 가졌다는 것은 그리스도가 얼마나 귀하신 분인지 깊이
확신하는 것이다. "주 예수 그리스도를 아는 지식이 가장 고귀하므
로 그리스도를 얻고 그 안에서 발견되고자 그 밖의 모든 것은 배설
물로 여기는" 것이다(빌 3:8-9, 살후 2:10). 하나님께서 모든 충만으
로 그 안에 거하시는 그리스도를 자신의 모든 구원과 행복으로 발견
하는 것이다(골 1:19).

구원 얻는 참된 믿음이란 그리스도로 말미암은 구원의 모든 부
분—죄사함뿐만 아니라 거룩—을 사랑하는 것을 말한다. "주의 얼
굴을 내 죄에서 돌이키시"는 것뿐 아니라, "내 속에 정한 마음을 창
조하시고 내 안에 정직한 영을 새롭게" 하시기를 바라는 것이다(시
51:9-10). 지옥을 모면하는 것이 최고의 관심사인 사람들과 같아서

는 안된다. "의에 주리고 목마른 자는 복이 있나니 그들이 배부를 것임이요"(마 5:6).

구원 얻는 믿음의 두 요소—복음 진리를 믿고 그리스도를 인격적으로 영접하는 것—가 어떻게 서로 조화를 이루는지 이제 알았을 것이다. 그리스도를 인격적으로 영접하기 위해서는 반드시 복음 진리를 알아야 한다. 이 두 요소는 이렇게 역사한다. 사람이 일단 복음 진리를 깨달으면, 마음에 그리스도를 인격적으로 모시기를 열망한다. 마음으로 복음 진리를 믿고 그것을 소중한 진리로 받는 사람은, 구원 얻기 위해 중심으로 그리스도를 믿게 된다. "여호와여, 주의 이름을 아는 자는 주를 의지하오리니"(시 9:10).

성경은 구원 얻는 믿음을 두 가지 방식으로 표현한다. 복음을 믿는다고도 하고, 그리스도를 믿는다고도 한다. "네가 만일 네 입으로 예수를 주로 시인하며 또 하나님께서 그를 죽은 자 가운데서 살리신 것을 네 마음에 믿으면 구원을 받으리라"(롬 10:9). "예수께서 그리스도이심을 믿는 자마다 하나님께로부터 난 자니"(요일 5:1). "내가 하나님의 아들의 이름을 믿는 너희에게 이것을 쓰는 것은 너희로 하여금 너희에게 영생이 있음을 알게 하려 함이라"(요일 5:13).

믿음의 본질에 대해 우리가 알아야 할 사실이 있다. 그리스도를 믿는다는 것은 성부 하나님, 성자 예수 그리스도, 성령 하나님을 믿는 것이다. 왜 그런가? 삼위 하나님은 무한하고 동일한 한분 하나님이시기 때문이다. 신자와 하나님 사이의 유일한 중보이신 그리스도 안에서 신자의 구원을 이루기 위해 모든 일에 함께하시기 때문이다. "하나님의 약속은 얼마든지 그리스도 안에서 예가 되니"(고후

1:20). 신자는 하나님과의 중보이신 그리스도 안에서, 그를 죽은 자들 가운데서 살리시고 그에게 영광을 주신 하나님을 믿고 하나님께 소망을 둔다(벧전 1:21).

이 구절들은 하나님을 신뢰하고 믿는 것이 무엇인지 잘 보여준다. 이는 성경 전체가 강력하게 촉구하고 있는 바다. 구약성경 역시 신약성경과 마찬가지로 그리스도에 대해 말하고 있다. 다만 차이가 있다면 그리스도를 아직 이 땅에 오시지 않은 약속된 구원자로서 말하고 있다는 것뿐이다. 신약성경은 육신을 입고 이미 이 땅에 오신 그리스도를 말한다. "주님을 믿는다"와 "그분의 구원을 의지한다"는 같은 말이다. 서로를 설명해 준다.

이성의 빛으로 보고 아는 것—지혜, 능력, 부, 권세나 다른 육체의 무기—을 의지하는 사람은 실제로 그것을 "믿고" 있다. 그러나 구주를 의지하는 사람은 구주를 믿는다. 성경에 나오는 "하나님을 의지한다", "하나님께 맡긴다", "하나님 안에 거한다", "하나님을 바란다"는 말과 같은 뜻이다. 믿고 의지하는 것은 장래의 구원뿐만 아니라 현재의 구원을 위한 것이다. 신약성경이 그리스도를 믿는 것에 대해 말하는 이유는, 신약성경을 기록할 당시 성경 기자들이 복음을 통해 새롭게 드러나는 증거를 믿으라고 사람들에게 촉구했기 때문이다.

구원 얻는 믿음의 참된 본질이 무엇인지 깨달은 사람은 자신의 구원에서 믿음이 얼마나 중요한지를 안다. 믿음을 통해서 실제로 그리스도를 영접하고 그분의 모든 충만을 마음으로 받는다. 사람들은 믿음의 중요성을 심각하게 오해하기도 한다. 중요한 일을 이루는 방편으로 삼기에는 믿음이 너무 미미하고 사소한 것이라고 생각한다. 나병을 고치기 위해 요단 강으로 내려가는 것은 전혀 자기 품격에 맞지 않다고 여겼던 나아만과 같은 사람들이다! 이들은 하나님 나라의 좁은 문으로 나 있는 구원의 참된 길인 믿음을 무시한다. 너무 쉽고 단순하게 보이기 때문이다! 그러나 이렇게 생각하는 사람들은 역설적으로 하나님 나라에 들어가기 어려울 뿐 아니라 들어갈 수가 없다.

믿음이 하나님 앞에서 의롭게 되고 그리스도 안에서 구원을 얻는 유일한 길이라는 복음의 가르침이라고 인정하면서도, 성화는 믿음만으로 안된다고 생각하는 사람들이 있다. 성화에 있어서 만큼은 믿음이 전부가 아니라는 것이다. 믿음만으로 성화를 이룬다는 생각은 사람들을 불경건으로 이끈다고 생각한다. 거룩한 삶을 살기 위해서는 믿음 외에 무언가가 더 있어야 한다는 것이다. 믿음으로 구원받는다는 가르침은 임종을 맞이하여 위로가 필요한 사람들이나 항상 죄책감으로 시달리는 사람들에게는 어울릴지 모르지만, "정상적인 그리스도인"에게는 적합하지 않다는 것이다. 여기서 더 나아가, 목사들은 믿음에 대한 설교를 남발해서는 안된다고 주장한다! 혹시 믿음에 대한 설교를 하게 되더라도, 믿음이 유발하는 불경건한 삶이라는 독을 해독할 수 있는 처방도 곁들여야 한다는 것이다.

이들이 믿음에 대한 해독제라고 공통적으로 내놓는 처방은 이렇다. "구원을 위해서는 칭의만큼이나 성화가 꼭 필요하다. 믿음으로 의롭게 되었다 할지라도 거룩해지려면 율법을 지켜야 한다." 본질적으로 이들은 행위를 통한 구원의 체계를 세운다. 의롭게 하는 은혜는 완전히 무시한다. 하나님께 용납받았다는 확신을 주어 사람들을 위로하는 은혜의 능력을 폐기해 버린다.

그러나 이는 크게 잘못된 일이다. 무엇보다도 거룩한 하나님께서 믿음으로 의롭게 된 사람들이 방종에 빠질 만한 방법으로 사람들을 구원하실 리 없다! 이들의 말이 맞다면, 이신칭의 교리는 전혀 위로가 되지 못한다! 이들은 이신칭의를 말하는 복음의 가르침을 완전히 "개조"하려고 한다. 진정으로 하나님께 용납되고 싶다면 그리스도를 믿어야 할 뿐 아니라 의로운 삶을 살아야 한다고 강조한다. 이것이 바로 그들이 말하는 구원 얻는 참된 믿음이다! 하지만 그것은 일종의 "조건적 믿음"일 뿐이다. 구원을 얻기 위해 하나님이나 그리스도를 의지하는 것이 하나님께서 받으시는 주된 방편은 아니라고 말한다. 이들이 보기에, 구원을 위해 가장 우선적으로 해야 할 것은 율법을 지키는 것이다. 율법을 지킬 때 비로소 그리스도를 믿을 준비가 된다는 것이다.

사람들은 왜 이신칭의 교리를 바꾸려고 하는가? 그들은 하나님과 그리스도를 믿는다고 말하면서 방탕한 삶을 이어가는 악한 사람들을 예로 들면서, 행위를 통해 구원받는 교리만이 사람들을 거룩한 삶으로 이끈다고 말한다. 그리스도에 대한 자의적인 믿음과 거짓된 확신이 사람들을 더 완고하게 하여 방탕한 생활을 조장한다는 것이다.

이 상황을 타개하기 위해 사람들은 그리스도의 율법을 준행하는 것을 구원의 조건으로 삼는다. 누구도 그리스도의 율법을 완전히 준행할 수 없다는 것은 이들도 잘 안다. 그렇기 때문에 그리스도의 율법을 준행하기로 결심하는 것만으로도 충분하다고 말한다. 그리스도를 주님으로 인정하고, 모든 일에 있어서 그분의 주되심에 복종하겠다고 약속하기만 하면 구원을 받는다는 것이다. "주님을 신뢰하는 것"을 무가치한 일로 여길 때, 성경의 가르침은 이렇게 무시를 당한다! 사람들은 신자들에게, 믿는 주체는 사람이기 때문에 실제로는 자기 스스로가 구원하는 것이라고 말한다. 이렇게 해서 신자들을 믿음에서 떠나게 한다. 그러나 그것은 사실이 아니다. 그리스도를 믿을 때 우리는 하나님께서 주시는 구원을 받기만 할 뿐이다. 그러므로 모든 영광은 **하나님께만** 돌아간다.

성경이 믿음에 대해 가르치고 있는 것을 이해한다면, 믿음에 대한 오류를 피할 수 있다. 믿음은 단순히 "도구"일 뿐─그리스도를 마음에 모시는 방편─이라고 성경은 말한다. 믿음으로 그리스도와의 연합과 교제로 들어간다. 그리스도와의 연합은 신자를 의롭게 할 뿐 아니라, 그의 마음과 삶을 거룩하게 해준다. 성경이 믿음에 대해 하는 말을 잘 생각해 보라.

믿음이 있는 신자는 실제로 그리스도를 소유하고 누린다. 죄사함뿐 아니라 생명과 행복을 누린다. "믿음으로 말미암아 그리스도께서 너희 마음에 계시게 하시옵고"(엡 3:17). "이제는 내가 사는 것이 아니요 오직 내 안에 그리스도께서 사시는 것이라"(갈 2:19-20). 하나님의 아들을 믿는 자는 아들을 가졌고, 그 안에 있는 영생을 얻는다(요일 5:12, 요 3:36). "내 말을 듣고 또 나 보내신 이를 믿는 자는 영생을 얻었고 심판에 이르지 아니하나니 사망에서 생명으로 옮겼느니라"(요 5:24).

이 구절들은 이제까지 믿음에 대해 말한 것을 정확하게 뒷받침하고 있다. 믿음은 단순히 그리스도를 누릴 자격이나 권리를 주는 것이 아니다. 믿음을 통해 신자는 실제로 그리스도 안으로 들어가고 그리스도를 소유한다. "그로 말미암아 우리가 믿음으로 서 있는 이 은혜에 들어감을 얻었으며 하나님의 영광을 바라고 즐거워하느니라"(롬 5:2).

성경은 또한 믿음으로 그리스도를 영접할 때, 그리스도로 옷 입고 그리스도 안에 터를 잡고 뿌리를 박는다고 말한다. 그리스도를 믿을 때 성령을 받고, 죄사함을 받고, 거룩하게 된 무리 가운데 기업을 얻는다(요 1:12, 갈 3:26-27, 골 2:6-7, 갈 3:14, 행 26:18). 성경은 그리스도를 영접하는 것을 먹고 마시는 것으로 묘사한다. 그리스도를 믿는 자는 성령의 생수를 마신다(요 7:37-39). 그리스도는 생명의 떡이다. 그의 살은 고기요, 그의 피는 음료다. 그리스도를 먹고 마시는 것은 곧 그분을 믿는 것이다. 그리스도를 믿음으로 신자는 그리스도 안에 살고, 그리스도가 그의 안에 살아 영생을 얻는다(요 6:35, 47, 48, 54, 55, 56).

이보다 어떻게 더 분명할 수 있겠는가? 사람이 먹고 마심으로 음식을 몸 안에 받아들이는 것처럼, 믿음으로 그리스도를 영혼에 모신다. 먹고 마신 음식이 소화되어 몸과 일체가 되는 것처럼 그리스도와 하나가 된다. 믿음은 단순히 장래에 그리스도를 누릴 수 있는 "권리"나 "자격"을 얻기 위한 것이 아니다. 이런 믿음과 성경이 말하는 믿음은 나중에 음식을 먹을 "자격"을 갖는 것과 지금 그것을 먹고 마시는 것이 다른 것처럼 다르다! 실제 음식을 먹고 마시는 것처럼, 믿음은 실제로 그리스도를 받는 것이다!

믿음이 중요한 또 다른 이유가 있다. 그리스도와 그분의 모든 구원이 하나님의 은혜로 그분을 믿는 모든 사람에게 제공된다. "그 은혜에 의하여 믿음으로 말미암아 구원을 받았으니 이것은 너희에게서 난 것이 아니요 하나님의 선물이라"(엡 2:8-9). 그 피를 믿는 믿음을 통해 그의 은혜로 값없이 의롭다 함을 받은 것이다(롬 3:24-25). 그리스도와 신자를 하나로 묶어 주는 성령은 선물이다(행 2:38). 은혜의 선물은 사람이 자신의 공로로 사거나 얻을 수 있는 것이 아니다. 행위가 그 사람에게 은혜의 선물을 받을 자격을 주는 것이 아니라는 말이다. 믿음은 신자에게 은혜를 가져다준다. "만일 은혜로 된 것이면 행위로 말미암지 않음이니 그렇지 않으면 은혜가 은혜되지 못하느니라"(롬 11:6).

값없이 주는 선물은 그저 "받으라"고만 말할 뿐이다. 선물을 얻기 위해 단 한 푼이라도 지불한다면 그것은 더 이상 값없이 받는 선물이 아니다. 그리스도께서는 구원을 값없이 주신다. 믿음으로 그리스도와 그분이 주시는 구원을 우리 것으로 받는다. 믿음으로 그리스도를 선물로 받은 사람은 믿음이 무엇인지 안다. 믿음 자체에 무슨 권세나 힘이 있는 것이 아니다. 믿음은 그리스도를 받는 도구일 뿐이다. 믿음은 그리스도와 그분이 주시는 모든 복을 받는 빈손이다.

우리는 이미 성경을 통해 모든 신령한 삶과 거룩은 그리스도의 충만하심에 간직되어 있고, 신자는 그리스도와의 연합으로 그것을 받는다는 것을 살펴보았다. 그러므로 그리스도와의 연합으로 나아오는 것이 구원 얻는 은혜를 위한 첫 번째 일이다. 믿음 자체는 거룩한 은혜요, 신령한 삶의 핵심이다. 그리스도와의 연합으로 나아올 때 믿음을 얻는다. 믿음은 그리스도와 연합할 자격을 얻기 위해 "해야" 하는 어떤 일이 아니다. 믿음은 신자가 실제로 그리스도를 영접하고 받아 누리는 통로일 뿐이다. 우리가 믿을 때 그분이 오셔서 우리 영혼에 거처를 삼으셨다는 것을 기억하자.

구원 얻는 참된 믿음은 그리스도와 그분의 구원을 영접하고 그분과 연합할 수 있도록 영혼에게 특별히 주어진 것이다. 또한 신자가 그리스도와 연합하여 살면서 거룩한 삶으로 결실할 수 있도록 신자의 영혼에 새롭고 거룩한 본성을 심어 주기 위한 것이다. 하나님께서는 사람의 몸에 지체들을 만드셔서 각기 특별한 기능을 수행하도록 하셨다. 각 지체들이 움직이는 것을 보면 각각 무엇을 위해 만들어진 것인지 알 수 있다. 마찬가지로, 하나님께서 믿음을 만드신 특별한 목적이 있다. 믿음은 그리스도를 영접하고, 그분 안에서 거룩한 삶을 살도록 하기 위한 것이다. 우리는 믿음이 얼마나 소중한 선물인지 알아야 한다! 우리가 그리스도와 연합하여 거룩한 삶을 살 수 있도록 하나님께서 우리에게 어떻게 믿음을 주셨는지 정확히 볼 수 있기를 바란다.

여기서 하나님이 왜 믿음으로만 그리스도와 그분의 구원을 받게 하셨는지 알 수 있다. 중심으로 그리스도를 믿는 사람은 그리스도와 멀어지게 하는 다른 모든 것들을 버린다. 자신의 능력과 노력과 공로와 특권에 대한 기대 또한 버린다. 세상적인 즐거움과 이득과 영예를 신뢰하지 않는다. 구원과 행복을 위한 어떤 인간적인 도움도 기대하지 않는다. 왜 그런가? 이런 것들에 마음을 두면, 그리

복음과 믿음으로 그리스도와 연합함 93

스도만 의지하는 일이 불가능해진다는 것을 잘 알기 때문이다.

그리스도를 의지하기 시작한 바울은 더 이상 자신의 육체를 신뢰하지 않았다. 종교적인 특권을 포기하고 의로운 행위에서 오는 찬사를 거부했다. 그가 누릴 수 있었던 세상과 종교적인 모든 것들을 "그리스도를 얻고 그 안에서 발견되기 위해 배설물로" 여겼다(빌 3:3-9). 믿음은 이렇게 말한다. "우리가 앗수르의 구원을 의지하지 아니하며 말을 타지 아니하며 다시는 우리의 손으로 만든 것을 향하여 너희는 우리 신이라 하지 아니하오리니 이는 고아가 주로 말미암아 긍휼을 얻음이니이다"(호 14:3). 믿음은 또한 이렇게 말한다. "우리를 치러 오는 이 큰 무리를 우리가 대적할 능력이 없고 어떻게 할 줄도 알지 못하옵고 오직 주만 바라보나이다"(대하 20:12).

성경 곳곳에서 믿음은 자신을 비우는 은혜라고 말하고 있다. 믿음을 가지면, 그리스도가 아닌 다른 것을 신뢰하지 않게 되기 때문이다. 모든 육체적인 신뢰를 넘어서 오직 그리스도만 신뢰하고, 그분을 유일한 구원과 행복으로 여긴다. 그리스도만을 믿는 것, 다시 말해 하나님만을 믿는 것이야말로 영혼이 그리스도께로 나아가는 유일한 길이다(요 6:35). 성경은 이렇게 말한다. "하나님께 가까이 함이 내게 복이라"(시 73:28). "주의 날개 그늘 아래서……피하리이다"(시 57:1). "여호와의 이름을 의뢰하며 자기 하나님께 의지할지어다"(사 50:10, 26:3). "영생을 취하라"(딤전 6:12). "나의 영혼이 주를 우러러 보나이다"(시 25:1). "네 길을 여호와께 맡기라.…… 네 짐을 여호와께 맡기라"(시 37:5, 55:22). 그리스도를 먹고 마시자.

94 성화의 신비

육신적 행위로는 그리스도와 그분이 주시는 구원을 볼 수도, 누릴 수도 없다. 그리스도와 그분의 구원은 오직 하나님의 말씀을 통해서 드러난다. 오직 하나님의 말씀을 믿고 그리스도를 신뢰함으로써 약속된 구원을 얻을 수 있다. 사람의 행위로는 그리스도와 그분이 주시는 구원을 얻지 못한다. 구원은 오직 믿음으로 받는다.

믿음에는 또 다른 중요한 특징이 있다. 믿음은 그리스도를 영접하는 유일한 방편이 될 뿐만 아니라, 그리스도의 충만에서 나오는 거룩한 본성과 영적인 사고방식을 가져다준다. 은혜로 약속된 구원을 위해 그리스도를 믿을 때, 자연스럽게 거룩한 삶도 갈망하게 된다. 또한 거룩한 삶을 살 수 있는 능력도 받게 된다. 어떻게 그렇게 되는가? 그리스도를 신뢰하게 되면, 그리스도를 통해 자신이 죄에 대하여 죽고, 옛 사람이 십자가에 못 박히고(롬 6:2-4), 성령으로 살고(갈 5:25), 죄를 용서받고, 하나님이 자기 하나님이 되시고(시 68:14), 주님 안에서 모든 것을 할 수 있게 하는 의와 능력을 받고(사 45:24, 빌 4:13), 장차 영광스런 복락을 누리고, 영원토록 그리스도를 즐거워할 것(빌 3:20-21)을 믿고 이해하기 시작하기 때문이다.

성경의 신자들이 자기에게 있는 영광스럽고 신령한 특권을 격찬하는 모습은 믿음이 무엇인지 잘 보여준다. 믿음은 하나님과 그리스도만을 의지하는 것이다. 믿음으로 신자는 그리스도의 충만으로부터 오는 모든 신령한 복을 받는다. 성경을 믿는 신자는 진정으로 그리스도를 사랑한다! 그리스도를 믿는 믿음을 통해 신자는 거룩한 삶을 살고자 하는 갈망과, 거룩한 삶을 살 수 있는 능력을 얻어 누린다.

믿음을 통해 신자는 거룩한 삶을 살 수 있을 만큼 강건해진다. 그렇기 때문에 신자는 거룩한 삶을 살 수 있다고 확신해도 좋다. 값없이 받은 구원의 선물로 그리스도를 믿게 된 신자는, 믿음을 통해 자신이 하나님을 사랑하는 것을 알게 된다. 하나님이 먼저 그를 사랑하셨기 때문이다(요일 4:19). 그리스도의 이름으로 하나님을 찬양하고 그분께 기도한다(엡 5:20, 요 16:26-27). 기쁨으로 인내하고, 고난 중에서도 하늘 기업을 얻도록 부르신 하늘 아버지께 감사를 드린다(골 1:11-12). 하늘 아버지를 사랑하는 사랑으로 하나님의 모든 자녀들을 사랑한다(요일 5:1). 그리스도께서 행하신 대로 행한다(요일 2:6). 자신을 위해 죽으신 사랑에 이끌려 모든 일을 그리스도를 위해 한다(고후 5:14). 우리 앞에는 믿음으로 놀라운 일들을 이루어 낸 증인들이 무수히 많다(히 11장).

믿음은 너무 단순한 일이라고 얕잡아 보는 사람들이 있다. 그러나 믿음이 이루지 못한 순종이 있다는 말을 들어본 적이 없다! 믿음이 하는 일들을 보라! 그리스도 안에 있는 사람으로서 신자는 선한 일을 하며 살아간다. 믿음으로 사는 사람은 "힘에 지나도록" 선한 일에 열심을 내며 살아간다. 다시 말하면, 신자는 자신이 본성적으로 할 수 있는 일을 따라 살지 않는다. 믿음으로 그리스도와 그분의 구원으로 나아오는 신자는 그분의 이름으로 그분의 영광을 위해 모든 것을 할 수 있다. 오직 기독교 복음만이 하나님을 향해 거룩하게 살아가도록 한다. 신자는 더 이상 자기 스스로 사는 것이 아니라, 그 안에 계시는 그리스도께서 사신다고 복음은 말한다(갈 2:20). 이에 비추어 볼 때, 복음을 믿음으로써 거룩하게 된다는 것은 신비가 아닐 수 없다. 거룩하게 사는 다른 길은 없다. 오직 복음만이 그리스도와 그분이 이루신 구원을 나타낸다.

신자로 하여금 거룩한 삶을 살 수 있도록 하는 믿음을 가리켜 성경은 "거룩한 믿음"이라고 한다. 그리스도를 의지하는 사람은 불경건한 삶으로 빠지는 것이 아니라 거룩을 향해 나아간다. 신자를 거룩에 뿌리내리게 하는 것은 다름 아닌 믿음이다. 믿음으로 사는 삶은 단순히 그리스도를 자기 삶의 주인으로 인정하는 것보다 훨씬 더 능력 있다. 믿음으로 사는 것이, 영생을 얻기 위해 율법을 준행하기로 결심하는 것보다 거룩한 삶을 사는 데 훨씬 더 큰 능력을 발휘한다. 믿음으로 하지 않는 것은 무엇이나 위선을 행하는 것이다. 이런 종류의 가짜 믿음—죽은 믿음—을 가진 사람들이 많다. 사실 이런 믿음은 믿음이라 부르지 않는다. "죽은 믿음"이 사람들을 불경건과 방탕으로 이끈다. 그러니 더 이상 참된 믿음을 탓하지 말라! 참된 믿음이 어떤 모습을 하고 있는지 잘 배우고 알면 가짜 믿음에 속지 않는다.

믿음으로 사는 것을 우습게 보고 믿음으로 살기를 거부하는 사람들이 있다. 그래서 나는 믿음으로 누리는 그리스도와의 연합에 대해 몇 가지만 언급하고 지나가겠다. 신자라면 누구나 그리스도를 믿는 믿음의 삶이 보기만큼 "단순"하고 "쉬운" 것은 아니라는 사실을 잘 알 것이다. 누가 믿음을 가져다주었는가? 그 믿음의 주인이 누구인가? 믿음으로 그리스도와 연합과 사귐을 가능하게 한 이는 누구인가? 바로 무한한 성령 하나님이시다! 하나님과 그리스도께서 성령으로 신자와 그리스도의 연합을 이루신다. "다 한 성령으로 세례

복음과 믿음으로 그리스도와 연합함 97

를 받아 한몸이 되었고 또 다 한 성령을 마시게 하셨느니라"(고전 12:12-13). "그의 영광의 풍성함을 따라 그의 성령으로 말미암아 너희 속사람을 능력으로 강건하게 하시오며"(엡 3:16). 믿음이 하는 일을 생각해 보라! 믿음은 신자가 본성적인 상태를 넘어서 살아가도록 일깨운다. 신자는 믿음으로 자기 안에 거하시는 그리스도와 성령을 따라 산다. 사람의 본성으로는 결코 이렇게 수준 높은 삶을 살 수 없다!

하나님께서 신자를 거룩하게 하실 때, 단순히 아담이 에덴동산에서 가졌던 자연적 본성을 회복시키시는 것으로 그치지 않는다. 하나님께서는 자신들의 죄 가운데 죽은 자들을 전능한 능력으로 살리신다. 거룩한 삶을 살기 위해서는 하나님의 전능한 능력이 필요하다. 이제 신자는 아담이 처음에 가졌던 삶의 원리보다 더 고상한 원리를 따라 산다. 신자 안에 거하시는 그리스도와 성령을 따라 사는 것이다.

본성적이고 육체적인 인간은 자신의 형상을 따라 자녀를 둔다. 창조 때에 하나님께서 명하신 대로 인간은 본성적 능력으로 생육하고 번성한다. 그렇게 생긴 자녀들은 하나같이 본성적이고 육체적이다. 둘째 아담이신 그리스도 역시 자신의 형상을 따라 자녀들을 낳는다. 이 자녀들은 "성령으로" 난 자들이다(요 3:5). "영접하는 자 곧 그 이름을 믿는 자들에게는 하나님의 자녀가 되는 권세를 주셨으니 이는 혈통으로나 육정으로나 사람의 뜻으로 나지 아니하고 오직 하나님께로부터 난 자들이니라"(요 1:12-13).

그리스도께서는 동정녀 마리아의 몸을 통해 인간 본성을 입으셨다. 성령이 마리아에게 임하셨고, 전능하신 이의 능력이 그녀를 덮었다(눅 1:35). 성령께서 세상을 창조하시던 때에 발휘하셨던 것과 동일한 능력이다. 같은 방식으로, 그리스도께서 신자를 자신과의 신비한 연합과 교제로 이끄신다. 이때도 역시 무한한 창조의 능력이 발휘된다. 하나님께서 그리스도 안에서 선한 일을 위하여 지으신 역사다(엡 2:10). "누구든지 그리스도 안에 있으면 새로운 피조물이라"(고후 5:17).

그리스도 안에 있는 새로운 피조물을 삼기 위해서, 하나님의 성령이 먼저 사람의 마음에 역사하신다. 이 역사를 통해 성령께서는 믿는 은혜를 주신다. 알다시피, 복음은 말씀을 통해 우리에게 오지만, 말씀으로만 오는 것이 아니다. 복음은 성령과 함께 능력으로 온다. 아무리 바울이 심고 아볼로가 물을 줘도, 성령의 임재와 능력이 없다면 아무것도 거둘 수 없다. 왜 그런가? 우리 스스로는 하나님의 성령의 일을 받을 수 없기 때문이다. 하나님의 성령이 그것을 깨닫게 하시기 전까지 사람의 눈에는 모두 미련하게 보일 뿐이다(살전 1:5, 고전 2:14, 3:6).

사람은 인간의 어떤 교훈으로도 그리스도께 올 수 없다. 성부 하나님의 말씀을 듣고 배워야 한다. 하나님의 성령이 그리스도께로 이끄셔야 한다(요 6:44-45). 하나님께서 구원 얻는 믿음을 주시면, 성령께서 우리에게 힘을 주셔서 이 믿음으로 그리스도를 붙들게 하신다. 우리가 믿음의 입을 벌려 그리스도를 받아먹게 하시고, 그리스도로 우리의 입을 채우신다. 참된 믿음은 바라는 것을 먹고 마시기를 꿈꾸는 것에서 그치지 않는다. 꿈이 깨면 여전히 허기지고 목

복음과 믿음으로 그리스도와 연합함 99

마르기 때문이다. 동일한 성령께서 놀라운 일을 할 수 있는 믿음을 주시고, 또 그 믿음을 통해 역사하신다. 구원 얻는 믿음도 주시고, 이 믿음이 바라는 바도 이루신다. 믿음을 통해 우리를 그리스도와의 연합과 교제 안으로 들이신다. 모든 일을 성령이 하시기 때문에, 믿음은 아무런 영광을 받을 이유가 없다. 모든 영광은 그리스도와 그분의 성령의 것이다.

잠된 믿음은 겸손하고 자기를 부정한다. 믿음은 그리스도를 영접하는 데에 있어 스스로 어떤 공로도 주장하지 않는다. 모든 공로와 영광을 오직 하나님의 은혜로 돌린다. 하나님께서는 모든 영광을 값없이 주는 은혜로 돌리기 위해 믿음을 통해 사람을 구원하신다. "상속자가 되는 그것이 은혜에 속하기 위하여 믿음으로 되나니"(롬 4:16). 사람의 본성이 가진 능력으로는 절대 그리스도와 연합할 수 없다. 신자와 그리스도의 연합에 있어서 믿음 그 자체로는 아무것도 이루지 못한다. 성령께서 믿음을 통해 역사하시기 때문에 신자가 그리스도와 연합하는 것이다.

그리스도와의 신비한 연합이라는 위대한 역사에 있어서, 신자는 처음에는 수동적이지만 그 다음에는 능동적이 된다. 그리스도께서 먼저 신자를 아시고, 그 다음에 신자가 그리스도를 안다. 그리스도가 먼저 믿음의 영을 주심으로 신자의 영혼으로 들어오시고 자신과 연합하게 하신다. 신자는 그리스도와 성령을 자신의 힘이 아닌 하나님의 능력으로 모셔 들인다. 깜깜하여 아무것도 볼 수 없을 때 태양이 떠올라 사람의 눈에 빛을 비추면, 사람이 이 빛으로 사물을 분간하며 살아가는 것과 같은 이치다.

믿음으로 얻는 구원은 참으로 하나님의 은혜가 얼마나 영광스러운지를 나타낸다! 신자가 그리스도와 연합하고 그분의 성령을 받을 때, 믿음의 영을 주시는 분은 그리스도이시다. 인간 스스로는 그리스도를 영접할 믿음을 가질 수 없다! 하나님께서 은혜로 이 믿음의 영을 주실 때에라야, 그리스도를 모셔 들이고자 하는 바람을 능동적으로 갖게 된다.

어린아이들도 그리스도와 연합할 수 있다는 사실을 전혀 의심할 필요가 없다. 왜 그런가? 하나님께서 이들에게도 믿음의 성령을 주시기 때문이다. 물론 어린아이들은 성인들과 달리 의식적으로 자기 믿음을 발휘하지 못한다. 자신의 총명을 온전히 발휘할 수 없다. 하지만 그들 마음에 역사하시는 그리스도로 말미암아, 그들도 그리스도와 연합한다. 믿음의 성령을 통해 수동적으로 그리스도와 합하게 된 그들은, 나이가 들수록 믿음을 통해 그리스도와 능동적으로 연합한다. 믿음으로 살기 시작함에 따라 그리스도와의 연합을 알고 누리게 될 것이다. 구원 얻는 믿음이 얼마나 위로 넘치는 것인지도 알게 될 것이다! 이렇게 믿음으로 살면 살수록 더욱더 거룩한 모습으로 변해 간다.

다섯 번째 원리

새로운 본성의 필요

옛 본성에 머물러 있는 한, 아무리 힘쓰고 노력해도 거룩한 삶을 살 수 없다. 거룩한 삶을 살기 위해서는 그리스도와의 연합과 교제를 통해 믿음으로 새 마음과 새 본성을 받아야 한다.

우리는 지금 구원 얻는 믿음이 얼마나 소중하고 능력 있는지 살펴보고 있다. 그러나 누구나 구원 얻는 믿음을 가진 것은 아니다. "악한 자에게 속한 온 세상"을 볼 때 구원 얻는 참된 믿음을 가진 사람은 아주 적다(요일 5:19-20). 오랫동안 구원 얻는 믿음과 상관없이 지내다가 나중에야 구원 얻는 믿음에 이르게 된 사람들이 많다(엡 2:12). 세례자 요한과 같이 태중에서부터 믿음의 영을 받은 사람도 있다(눅 1:15, 44). 하지만 거듭나게 하는 성령을 힘입어 신령한 사람이 되기 위해서는, 반드시 육체를 가진 존재로 잉태되고 태어나야 한다(고전 15:46).

　하나님 앞에서 인간은 서로 완전히 상반된 두 가지 상태로 살아간다. 새 생명을 받아 그리스도 안에서 믿음으로 새로운 피조물이 된 사람은 복된 상태에 있다. 그리스도의 의를 받아 의롭게 된 것이다. 또한 그 속에는 그리스도의 영이 사신다. 이 성령을 통해 신자는 이 땅에서 거룩하게 살고, 내생에서도 영원한 영광 중에 거룩하게

104　성화의 신비

살 것이다.

그리스도 안에 살지 않는 사람은 첫째 아담으로부터 받은 상태 그대로 사는 사람이다. 아담 안에서 잉태되고 태어난 사람은 죄악된 본성을 그대로 물려받는다. 이런 사람은 일생 동안 본성의 능력대로 산다. 인간의 이런 상태를 **본성적 상태**natural state라고 한다. 자연적 출산을 통해 얻은 본성의 능력으로만 살아가기 때문에 그렇게 부른다. 성경은 이런 상태에 있는 사람을 "육에 속한 사람"이라고 한다(고전 2:14).

이런 사람이 그리스도인이 될 때, **새로운 상태**new state에 들어가게 된다. 본성적인 것과는 상관없이 오직 그리스도 안에 있는 새로운 출생을 통해서만 이 상태에 들어갈 수 있기 때문에 이렇게 부른다. 그리스도를 통해서 살리시는 성령을 받는다. 성령에 속한 새 사람과 육신에 속한 옛 사람은 서로를 완전히 대적한다(고전 2:14-15). 이 두 가지 상태는 각각 전혀 다른 원리로 움직이지만, 모두 신자의 영혼과 관련이 있다.

불신자들과, 그리스도인이라 자처하지만 실제로는 본성에 속한 자들이 착각하는 것이 있다. 이들은 자신의 삶을 변화시켜 더 나은 사람이 되고자 한다. 심지어 하나님의 율법을 지켜서 더 나은 사람이 되려고 한다. 그들은 먼저 본성이 새로워져야 한다는 것을 모르고 있다. 죄악된 길에서 돌이켜 의로운 삶이 되려면, 먼저 자신의 본성이 의로워져야 한다는 것을 모르고 있다. 그리스도 안에 있는 새로운 상태에 있지 않으면서 자신의 삶을 변화시키려는 사람들이 아주 많다. 물론 그들이 항상 실패하는 것은 당연하다.

불신자들도 자신이 율법대로 살아야 한다는 것을 본성적으로 알고 있다. 그래서 율법대로 살려고 노력한다(롬 2:14-15). 이스라엘 사람들은 하나님과 경건에 대한 열망을 가지고 있었다. 비록 그들의 마음은 그리스도를 믿는 믿음을 대적하고 있었지만 율법을 준수하려고 애를 썼다! 그리스도인이 되기 전에는 살인자요 핍박하는 자였던 사도 바울도 스스로를 율법의 외적인 의로는 흠이 없는 자로 여겼다(엡 3:6).

하나님 나라에 아주 가까이 다가간 것처럼 보이는 사람들이 있다. 이들은 비록 그리스도인은 아니지만 하나님의 율법이 가진 신령함과 깊이를 이해하고 있다. 율법이 요구하는 것은 온 마음과 뜻과 힘과 정성을 다해 하나님을 사랑하고 이웃을 자기 몸과 같이 사랑하는 것이라는 사실도 안다. 하나님의 율법에 완전히—외적인 행위에서뿐 아니라 내면의 태도에 있어서도—순종해야 되는 것도 안다. 자기 이웃을 마음에서 우러나온 온전한 사랑으로 사랑해야 하는 것도 안다(막 12:33-34).

사람들은 거룩해지기 위해 필요한 모든 것을 하고 싶어 한다. 거룩해지기 위해 내면의 생각도 억누른다. 죄라고 알고 있는 모든 것을 피하려고 한다. 율법의 의무라고 생각되면 무엇이든 하려고 애쓴다. 종교적 실천에도 열심이다. 죄악된 욕망을 억누르기 위해서라면 몸에 해가 될 정도로 식음을 전폐하기도 하고, 어떤 고통스러운 일도 마다하지 않는다. 구원을 얻기 위해서는 거룩함이 있어야 하는 것을 안다. 영원한 멸망에 떨어질까 두려워한다. 그러나 복음의 진리만은 깨닫지 못한다. 순종하는 새로운 삶을 살기 위해서는 그리스도 안에 있는 새로운 본성이 있어야 한다는 것을 모른다. 그리스도를 통해서 자신의 본성적 상태를 넘어서려고 하기보다 본성적 상태를 바꾸려고 애쓴다. 그러나 허사가 된다. 많은 사람들이 자신의 정욕과 싸우며 수년을 보내지만 소용이 없다. 결국 크게 좌절하고 죄를 탐닉하는 삶으로 다시 빠져들고 만다.

괴롭고 무익하기만 한 이런 노력에서 벗어나기를 바란다! 이런 올무에 빠져들고 있다면, 본성적 상태에서 발휘하는 자연적인 능력으로는 절대 거룩해질 수 없음을 기억하라. 거룩하게 살고 싶다면, 그리스도를 믿는 믿음으로 누리는 새로운 본성이 있어야 한다. 그리스도 안에 있는 사람은 본성적 노력에서 비롯되는 염려와 수고가 없이도 새로운 삶을 살 수 있다! 그리스도 안에서 새로운 본성을 통해서만 거룩하게 살 수 있다는 사실을 확신하기 위해서는 성경이 말하는 여덟 가지 진리를 잘 알고 있어야 한다.

첫째, 믿음으로 누리는 그리스도와의 연합과 교제를 통해서만 거룩하게 사는 능력을 얻는다. 인간의 의지에서 나오는 본성적 능력으로는 거룩한 삶을 살 수 없다. 성령을 통해서 우리 영혼에 거하시는 그리스도의 능력으로만 거룩한 삶을 살 수 있다. 성령은 신자와 그리스도를 하나되게 한다. 그리스도와 상관없이 본성적인 상태에 머물고 있는 한, 아무리 노력하고 애써도 거룩하게 살 소망은 전혀 없다.

둘째, 본성적 상태에서 거룩한 삶이 불가능한 이유를 성경은 분명히 밝힌다. "사람이 물과 성령으로 나지 아니하면 하나님의 나라에 들어갈 수 없느니라"(요 3:5). "우리는 그가 만드신 바라. 그리스도 예수 안에서 선한 일을 위하여 지으심을 받은 자니"(엡 2:10). 새로운 출생과 창조가 없이도 율법이 요구하는 대로 하나님을 사랑하고 이웃을 사랑할 수 있을 것 같으면 한번 해보라! 그리스도께서도 말씀하신다. "그대로 행하여라. 그리하면 살 것이다"(눅 10:28, 새번역). 그러나 불행히도 사람은 새로운 출생과 창조가 없이는 거룩하게 살 수 없다!

새로운 출생과 창조를 통해서 하나님께서 하시는 일은 사람의 본성직 상태와 옛 본성을 개조하고 회복하는 것에서 그치지 않는다. 첫 번째 출생과 창조로 특정한 상태가 되었다면, 두 번째 출생과 창조로 인해서도 어떤 상태가 되었을 것이 분명하다. 첫 번째 출생으로 물리적 몸과 영적 상태를 가지게 된 반면, 두 번째 출생을 통해서는 몸은 그대로지만 전혀 새로운 상태의 영이 되었다. 처음 출생을 통해서 우리는 아담으로부터 완전히 타락한 본성을 물려받았다. 그런데 우리가 그리스도 안에서 거듭날 때, 우리는 새로운 피조물이 되고 영에 속한 사람이 된다. 하나님은 말씀하신다. "그런즉 누구든지 그리스도 안에 있으면 새로운 피조물이라. 이전 것은 지나갔으니 보라, 새 것이 되었도다"(고후 5:17).

셋째, 바울은 우리의 옛 본성을 가리켜 "육체"라고 한다. "육신[육체]에 있는 자들은 하나님을 기쁘시게 할 수 없느니라"고 분명히 말한다(롬 8:8). 많은 사람들이 육체에 있다는 것이 무슨 말인지 별로 깊이 생각하지 않는다. 때때로 죄를 짓거나 육체의 원하는 것을 과도하게 좇아 사는 것 정도로 생각한다. 그러나 바울이 뜻한 바가 무엇인지 잘 생각해 보자. 육체에 있다는 말은 단순히 가끔 죄악된 일에 빠지는 것을 말하지 않는다. 오히려 이 말은 죄를 지을 수밖에 없는 원인을 가리킨다. 성령 안에 있다는 것이 거룩한 삶을 살 수 있게 하는 원인이 되는 것과 마찬가지다. 죄는 육체에 상존하는 육체의 병기다(롬 7:18). 육체는 성령과 반대되는 것을 원한다(갈 5:17). 육체는 단순히 나쁜 습관을 갖는 것을 말하지 않는다.

넷째, 진리가 예수 안에 있는 것처럼 그에게서 듣고 그 안에서 가르침을 받은 사람들은, 유혹의 욕심을 따라 썩어져 가는 구습을 따르는 옛 사람을 벗어 버리고, 심령으로 새롭게 되어 하나님을 따라 의와 진리의 거룩함으로 지으심을 받은 새 사람을 입음으로, 일상의 죄악된 삶의 습관을 피하게 된다고 사도 바울은 증거한다(엡 4:21-24). 옛 사람을 벗어 버리고 새 사람을 입는다는 말은 육체를 따라 살지 않고, 성령을 따라 산다는 뜻이다. 다시 말하면, 그리스도와의 연합과 사귐을 통해 본성적인 상태를 벗고, 새로운 상태를 덧입는 것이다. 새 사람이란 "오직 그리스도가 만유시요 만유 안에 계시는" 복된 상태에 있는 사람이라는 것을 바울은 보여준다(골 3:11).

그리스도와는 아무런 관계도 없는, 인간의 본성적 상태를 옛 사람이라고 한다. 이런 상태를 옛 사람이라고 하는 이유는, 신자들은 그리스도 안에서 거듭남을 통해 새로운 상태로 들어간 사람들이기 때문이다. 성화는 삶의 방식을 "좀 더 개선시키는 것" 정도를 말하는 것이 아니다. 성화는 그리스도 안에서 전혀 새로워진 본성을 따라 사는 것이다.

옛 사람과 새 사람은 전혀 대비되는 두 가지 삶의 상태를 의미한다. 옛 사람은 죄악된 삶으로 몰아가고, 새 사람은 거룩한 삶으로 이끈다. 죄악된 행위를 그치기 위해서는 먼저 그리스도와 함께 십자가에 못 박힌 옛 사람을 벗어 버려야 한다(롬 6:6-7). 그리스도를 믿는 믿음을 통해 새로운 본성을 입기 전까지는 결코 새로운 삶을 살수 없다. 이것이 바로 주 예수 그리스도로 옷 입을 것을 촉구하는 로마서 13:12-13이 말하는 바다. 이것이 바로 정욕을 위하여 육신의 일을 도모하지 않는 가운데, 어둠의 일을 벗어 버리고 낮과 같이 단정히 행하는 유일한 길이다.

다섯째, 옛 본성이 전혀 거룩한 삶을 살 수 없는 이유가 있다. 본질적으로 옛 본성은 경건한 삶을 방해한다. 옛 본성을 따라 사는 사람에게 옛 본성이 할 수 있는 일은 죄악된 삶으로 사로잡아 가는 것뿐이다. 본성적 상태를 따라 사는 육체에 속한 사람의 삶은 거룩한 삶을 살지 못하도록 하는 몇 가지 특징으로 점철된다. 앞에서 말한 것처럼, 그리스도 안에 있는 사람은 경건한 삶을 사는 데 필요한 모든 것을 받은 사람이다. 그러나 여전히 본성적 상태에 있는 사람은, 그를 둘러싼 모든 것이 거룩한 삶을 살지 못하도록 대적한다. 육체를 특징짓는 것이 무엇인지 생각해 보자.

- **죄책** 아담이 처음 지은 죄가 가져다주는 죄책이고, 죄악된 삶을 살게 하는 타락한 본성이다. 사람은 본질상 진노의 자녀로(엡 2:3), 하나님의 저주 아래 있다. 육체 가운데 있는 한 정죄로부터 자유로울 수 없다. 오직 그리스도 안에 있을 때만 정죄로부터 자유로울 수 있다(롬 8:1, 엡 1:7). 하나님과 원수로 행하며 하나님의 저주 아래 있는 사람이 죄와 싸워 이길 수 있겠는가?

• **악한 양심** 악한 양심을 가진 사람은 자신이 지은 죄 때문에 하나님의 진노 아래 있다고 말하는 양심의 소리를 듣는다. 이런 사람은 죄로 더럽혀진 양심으로 인해 하나님을 아버지로 사랑하기보다 원수로 생각하고 미워한다. 눈먼 양심을 가진 사람은 더욱 완악해져 더 많은 죄를 짓는다.

• **악한 성향** 악한 성향은 사람을 항상 악으로 치닫게 한다. 우리는 이것을 사람 안에 역사하는 죄라고도 부르고, 사람을 강제로 죄의 종 노릇하게 하는 죄의 법이라고도 부른다(롬 7:20-23). 주저함 없이 율법을 대적하는 고정된 성향을 육체라고 한다. 이런 성향 때문에 사람은 아무리 노력해도 육체의 정욕을 막을 수 없다. "육신의 생각은 하나님과 원수가 되나니 이는 하나님의 법에 굴복하지 아니할 뿐 아니라 할 수도 없음이라"(롬 8:7). 마음과 생각이 완전히 죄에 종 노릇하는 사람이, 원하면 얼마든지 선한 일을 할 수 있다고 말하는 것은 얼마나 얼토당토않은 소리인가!

• **마귀의 권세에 굴복함** 마귀는 모든 불신자들의 마음을 어둡게 하는 이 세상의 신이다(고후 4:4). 마귀는 자기 영토에서 자기를 거스르는 모든 자들—여전히 그리스도와 연합하지 않고 자신의 옛 본성으로 잘 살아보려고 애쓰는 모든 자들—을 굴복시킨다.

새로운 본성의 필요 111

이런 육체의 특징들은 사람의 본성이 할 수 있는 일은 아무것도 없다는 것을 극명하게 보여준다. 사람의 본성은 죄 가운데 완전히 죽었기 때문이다(엡 2:1). 이 사실은 아담이 지은 처음 죄에 대한 선고로까지 거슬러 올라간다. "선악을 알게 하는 나무의 열매는 먹지 말라. 네가 먹는 날에는 반드시 죽으리라 하시니라"(창 2:17). 죄로 죽은 본성을 가지고 온갖 노력을 다해서 거룩에 이르겠다고 하는 것은, 시체를 닦고 잘 손질해서 살려 보겠다는 말과 같다! 자연인 스스로는 어떤 능력이나 은혜도 불러일으킬 수 없다. 그렇게 할 만한 힘이 없다(롬 6:6). 육체 가운데 살면서도 온 힘을 다해 노력할 수 있다. 그러나 할 수 있는 일이라고는 죄 밖에 없다. 왜 그런가? 바울이 자신의 경험을 통해 말한 대로, 자연인에게서 선한 것이라고는 도무지 찾아볼 수 없기 때문이다. "내 속 곧 내 육신에 선한 것이 거하지 아니하는 줄을 아노니"(롬 7:18).

여섯째, 옛 본성에 머무는 한 그리스도께서 자기에게 선한 일을 할 마음을 주시고, 그분을 기쁘시게 할 만한 일을 하게 하실 것이라는 기대는 하지 말아야 한다. 육신에 있는 사람은 경건한 일을 할 수 없다. 경건한 일을 할 마음조차 가질 수 없다. 그리스도께서 성육신과 죽음과 부활을 통해 본성적 상태에 있는 부패와 파멸을 치료하기만 하신 것이 아니다. 그분과의 관계를 맺고 사는 사람에게는 옛 본성을 훨씬 능가하는 새로운 본성을 주신다. 이 모든 일을 통해 신자가 하나님을 위해 살도록 하셨다. 사람의 자의적인 능력으로가 아니라, 속에서 살아 역사하시는 성령의 능력으로 살 수 있다.

우리가 알다시피, 사람의 옛 본성은 아무런 소망도 없고 회복도 불가능한 상태다. 구원자 그리스도는 옛 본성을 짜깁기해서 회복하시지 않는다! 육체는 거룩하지도 행복하지도 않다. 옛 본성이 남아 있는 한 몸은 전적으로 죄와 죄가 초래하는 비참함에 매여 있을 수밖에 없다. 예수님은 단순히 옛 본성이 지배하는 육체를 "땜질"하기 위해 오신 것이 아니다. 전혀 새로운 본성—성령이 거하시는 새 마음—을 주기 위해 오셨다.

"내가 만약 새 본성을 가졌다면, 여전히 죄와 씨름하는 이유가 무엇인가?"라고 묻는 신자도 있을 것이다. 죄와 계속해서 씨름하는 것 때문에 실망할 필요는 없다. 그리스도 안에 있는 새로운 피조물이라고 해도, 마음으로는 하나님의 법을 섬기지만 여전히 육신이 끌어당기는 것을 느낀다. 거듭난 신자들은 마음으로는 하나님의 법을 섬기지만, 육신으로는 죄의 법을 섬긴다(롬 7:25). 죄의 법이 남아 있는 한, 육신은 성령을 대적할 수밖에 없다(갈 5:17). 영은 의로 말미암아 살아 있다 할지라도, 육신은 죄로 인해 죽어 있다(롬 8:10). 신자가 이 세상을 떠날 때에라야 육신이 완전히 멸한다. 신자라 해도 이 세상에 사는 동안에는 그리스도 안에서 온전히 행복하거나 완전히 거룩할 수 없다.

창세기 3장에서 하나님이 아담과 하와를 에덴에서 쫓아내고 스랍들과 불칼로 길을 막으신 것에 이 진리가 잘 드러나고 있다. 아담과 하와는 죄 없는 처음 상태를 완전히 상실했고, 회복할 가능성도 전혀 없었다. 약속된 구속자를 통한 행복은 전혀 새로운 것이었다. 이처럼, 신자 안에 있는 옛 사람은 그리스도의 죽음으로 회복되거나 변화되지 않는다. 옛 사람은 그리스도와 함께 못 박혔다. 옛 사람은 그리스도의 죽음으로 파괴되고 멸망해야 한다(롬 6:6).

신자의 육체는 나병에 오염된 옷의 일부와 같다. 나병에 오염된 부분은 잘라 내야 한다. 치료가 불가능하기 때문이다. 잘라 내는 것만이 옷을 깨끗하게 하는 유일한 방법이다(레 13:56). "예수 그리스도께서 너희 안에 계신 줄을 너희가 스스로 알지 못하느냐. 그렇지 않으면 너희는 버림받은 자니라"(고후 13:5). 다시 말하면 하나님께 구원받지 못할 상태에 있다는 말이다. 하나님은 결코 죄악된 본성을 미워하지 않고 즐기는 사람을 거룩하게 하지 않으실 것이다. 죄악된 본성을 완전히 "잘라 내야" 한다. 거룩한 삶을 살기 위해서는 하나님께서 반드시 복음의 능력으로 옛 본성에서 건져 주셔야 한다!

일곱째, 불신자는 자신의 죄악된 삶을 핑계할 수 없다. 믿음으로 말미암은 그리스도와의 연합을 통해서 얻은 새로운 본성이 있어야만 거룩한 삶을 살 수 있다는 것을 성경을 통해 보았다. 그러나 이런 사실이 불신자를 궁지에서 벗어나게 하는 것은 아니다! 비그리스도인 역시 거룩한 삶을 살아야 한다. 하나님의 정의의 심판대에 섰을 때 그 역시 그가 지은 죄에 대해 책임을 져야 할 것이다. 날 때부터 죄악된 본성을 가졌다고 해서 죄를 일삼는 삶을 핑계할 수 있는 것은 아니다! 사람은 자신이 지은 죄의 원인을 하나님께 돌리고 하나님을 비난할 수 없다. 오직 자기 자신의 책임이다.

"하나님은 사람을 정직하게 지으셨으나 사람이 많은 꾀를 낸 것이니라"(전 7:29). 이 말씀을 잘 살펴보자. 처음에 인간은 바르게 지음 받았다. 그러나 하나님 앞에 의로운 삶을 살기보다는 자기 뜻대로 하고자 했다. 이 말씀에서 사람은 모든 인류를 가리킨다. 리브가

114 성화의 신비

의 태에 있었던 야곱과 에서가 두 나라를 대표했던 것처럼, 첫째 아담은 모든 인류를 대표한다(창 25:23). 우리도 우리의 처음 조상인 아담 안에서 하나님의 형상을 따라 지음 받았다. 아담은 처음에 하나님의 율법을 따라 살려고 했고, 또 그렇게 살 수 있었다. 그러나 그는 스스로 죄를 지었고, 하나님께서 그에게 경고하신 대로 사망을 선고받았다.

아담이 죄와 죄책으로 떨어졌을 때, 우리 역시 그와 함께 죄로 떨어졌다. "한 사람으로 말미암아 죄가 세상에 들어오고 죄로 말미암아 사망이 들어왔나니 이와 같이 모든 사람이 죄를 지었으므로 사망이 모든 사람에게 이르렀느니라"(롬 5:12). 아담은 모든 인류를 대표하고 있었다. 아담이 죄를 지었을 때, 모든 인류는 그의 후손으로 그와 함께 있었다. 히브리서 7:9-10이 아담의 대표성에 대해 잘 말하고 있다. 레위가 태어나기도 전에 아브라함 안에서 십일조를 드렸다고 성경은 말한다. 어떻게 그럴 수 있는가? 레위의 조상인 아브라함이 멜기세덱에게 십일조를 드릴 때, 레위도 아브라함의 자손으로 그와 함께 그 자리에 있었다.

복음서에서 하나님은 결코 부모의 죄 때문에 자녀를 벌하시지 않을 것이라고 약속하셨다. 이것은 그리스도의 피로 확증된 새 언약의 약속이다. 이 약속은 그리스도 안에서 신자에게 항상 예와 아멘이 된다. 오직 그리스도만이 자연적 부모로부터 물려받은 죄악된 본성이 아닌 새로운 본성을 주실 수 있다. 그러나 계속해서 옛 본성과 본성적 상태에 머문다면 이 복음의 약속이 주는 유익을 주장할 수 없다(렘 31:29-31, 고후 1:20).

새로운 본성의 필요 115

그리스도 안에 있지 않으면 우리는 경건한 삶을 살 능력이 전혀 없다. 그러나 순종할 능력이 없다고 자신의 죄악됨과 죄책에 대해 핑계할 수 없다. 자신의 죄책에 대해 핑계하려고 한다면, 그것이야 말로 죄 때문에 한 번도 겸비해져 본 적이 없다는 소리다. 모든 인간을 죄책 아래 있게 한 죄의 깊이—아담이 처음 하나님께 불순종한 자리까지 거슬러 올라간다—를 전혀 알지 못한다는 말이다.

이렇게 생각해 보자. 많은 유산을 받은 사람이 방탕한 생활로 유산을 다 탕진하고 도저히 갚을 수 없는 빚을 지게 되었다고 하자. 빚 갚을 **능력이 전혀 없다**고 해서 빚을 갚지 않아도 되는 것은 아니다! 그에게는 여전히 빚을 청산해야 할 책임이 있다! 핑계할 수 없다! 마찬가지로, 어떤 사람이 취한 상태에서 미친 듯이 죄를 지었을 때, 취한 상태가 죄악된 행동을 합리화해 주지 못한다. 오히려 술 취함으로 죄만 더해질 뿐이다.

마찬가지로, 하나님께 순종할 능력이 없다고 해서 하나님 앞에서 지은 죄를 합리화할 수 있는 것은 아니다. 순종할 수 없는 사람의 무능력은 두 가지로 이루어진다는 것을 기억하자. 첫째, 사람은 하나님께 순종할 능력도 권세도 없다. 둘째, 진정한 의와 거룩으로 살고자 하는 마음도 없다. 사람은 본성적으로 거룩한 삶을 **원하지 않는다**. 거룩을 좋아하지 않는다. 거룩과 반대되는 것을 원한다(갈 5:17). 사람은 본성적으로 빛을 미워한다(요 3:20). 하나님께서 영혼에 선한 일을 하셔야만 사람은 거룩을 사랑하고 거룩한 삶을 살 수 있다. 선한 역사를 시작하신 하나님은 시작하신 그 일을 온전히 이루신다(빌 1:6). 물론 참된 그리스도인도 살아가면서 거룩에 미치지 못할 때가 많다. 그럼에도 불구하고, 하나님은 그들에게 순종하고자 하는 마음을 주신다(고후 8:12).

여전히 본성적 상태에 머무는 사람은 정죄 받아 마땅하다. "빛보다 어둠을 더 사랑하기" 때문이다. 그리스도를 모른다면, 마귀와 함께 고통 받는 것이 마땅하다. 악한 정욕으로 살면서 그들과 짝했기 때문이다. 본성적 상태에 있기 때문에 선한 일을 할 수 없다고 해도 악한 정욕을 정당화하지는 못한다. 마귀를 정당화할 수 없는 것과 마찬가지다. 하나님 앞에서 삶에 대한 책임을 져야 한다. 지은 죄를 핑계할 수 없다.

여덟째, 한 가지만 더 생각해 보자. 불신자들은 죄 가운데 잃어버린 자들이고 하나님께 순종할 능력이 없기 때문에 이들에게 복음을 전하는 것은 아무 소용없다고 생각하는 사람이 있을지 모르겠다. 그러나 그렇지 않다! 불신자들에게 복음을 전하고, 회개를 촉구하고, 그리스도를 믿으라고 하는 것은 결코 쓸모없는 짓이 아니다. 비그리스도인들에게 복음을 전해야 그들이 그리스도께로 돌이키고 구원을 얻는다. 비그리스도인들에게 복음을 전해야 하는 이유는 그들이 자신의 옛 본성에 남아 있는 한 거룩에 이를 수 없기 때문이다. 이들에게 복음을 전하는 목적은 그들을 본성적 상태에서 일으켜—스스로가 아닌—"그리스도 안에서 완전한 자"로 세우기 위함이다"(골 1:28).

사람이 본성적 상태에 있는 동안에는 거룩한 삶을 살 수 없다는 것은 분명하다. 그러나 복음은 성령의 능력으로 그들을 돌이키게 하고 구원 얻게 하는 하나님의 능력이다. 복음이 선포되면, 성령께

새로운 본성의 필요 117

서 사람들 가운데 역사하신다. 죄 가운데 죽은 자들에게 생명을 주시고, 그리스도 안에서 새로운 피조물로 만드신다. 생명에 이르는 회개를 허락하시고, 그리스도를 믿는 참 믿음을 주신다. 복음은 말로만이 아니라 성령 안에서 권능으로 택한 자들에게 다가가고, 이런 확신 가운데 그들은 성령 안에서 기쁨으로 복음을 받는다(살후 1:5-6). 복음은 생명을 살리는 성령의 사역이다(고후 3:6-8). 하나님으로 인해 복음은 강력으로 역사한다(고후 10:4).

사람들을 그리스도께로 돌이키고 이끄는 데 있어서 복음이 사람의 의지를 빌리는 법은 없다. 사람을 살아나게 하고, 그리스도를 영접하고 순종하게 하는 능력을 주는 것은 복음이다. 그리스도께서는 죄 가운데 죽은 자들을 하나님의 음성을 듣고 살아나게 하신다(요 5:25). 죽은 자에게 "달리다굼" 하신 것처럼(막 5:41), "나사로야, 나오라" 하신 것처럼(요 11:43), 중풍병자에게 "일어나 네 침상을 가지고 집으로 가라" 하신 것처럼(마 9:6), 그리스도께서는 복음을 통해 죽은 자들에게 말씀하시고, 소망 가운데 회개하고 믿으라고 명령하신다.

아홉째, 이쯤 되면 한 가지 고민이 생길 만도 하다. 불신자들 중에도 아주 도덕적인 사람들이 있다. 철학자나, 유대인이나, 심지어 무신론자와 같이 그리스도를 아는 구원의 지식이 없는 사람들이 아주 착하게 사는 것을 볼 것이다. 매우 지혜롭고, 도덕적 성취도 상당하다. 삶에도 아주 성실하다. 이런 사람들을 보면 "이 사람들에게도 정말 복음이 필요할까? 하나님 앞에 저 정도면 되지 않을까?" 하는 의구심이 들 정도다.

그러나 그렇지 않다! 이들의 도덕적 성취는 하나님께 용납 받기에 전혀 충분치 않다! 하나님 앞에서는 단순한 도덕만으로 부족하다! 사도 바울을 생각해 보라. 그는 열심 있는 바리새인이었고, 높은 수준의 도덕적 삶을 살았다(적어도 그는 그렇게 생각했다). 당시에는 많은 유대인들이 바울처럼 율법에 열심이었다. 바울과 동료 유대인들은 어떤 비그리스도인 철학자도 이를 수 없을 정도로 참된 거룩에 가까이 갔다! 그러나 그리스도를 아는 지식을 얻은 후에 바울은 자신을 어떻게 보았는가? 그리스도인이 되기 전에 이루었던 모든 도덕적 성취에도 불구하고, 바울은 자신을 "죄인의 괴수"로 불렀다. 다른 사람들이 보기에 바울은 율법의 의로는 흠이 없었을 것이다. 그러나 자신의 의로운 행위가 하나님 앞에서는 전혀 충분하지 않다는 것을 알게 되었다. 전혀 새로운 방식으로—그리스도를 믿는 믿음으로—하나님을 향해 사는 것이 필요하다는 것을 깨달았다. 그 결과 그는 자신이 이루었던 모든 도덕적 성취를 버렸다. 그리스도를 얻기 위해 **배설물**로 여겼다(딤전 1:15, 빌 3:6-8).

의의 율법을 지키려고 했던 많은 유대인들 가운데 실제로 율법이 말하는 의를 성취한 사람은 아무도 없다. 왜 그런가? 그들은 "그리스도를 믿는 믿음으로" 율법을 준행하려고 하지 않았기 때문이다(롬 9:31-32). 가진 모든 것을 가난한 자에게 주고 자기 몸을 불사르게 내어 주는 것보다 더 위대한 일이 어디 있겠는가? 하지만 성경은 사랑이 없이도 그렇게 할 수 있다고 말한다. 마음과 삶의 참된 거룩이 없이도 외적으로 얼마든지 이런 일들을 할 수 있다는 것이다(고전 13:3).

새로운 본성의 필요 119

비그리스도인들도 때로는 하나님의 무한한 능력과, 지혜와, 정의와, 선하심에 대한 강한 확신을 가질 수 있다. 하나님께서 언젠가 그들을 심판하여, 경건한 자들은 복으로 들이시고 불경건한 자들에게는 형벌을 내리실 것을 그들도 안다. 이런 확신으로 믿음을 고백하기도 하고, 경건에 대한 위대한 말을 하기도 한다. 알고 있는 모든 죄를 피하려고 애를 쓰기도 하고, 정욕을 억누르고, 할 수 있는 한 하나님께 순종하고, 자신의 삶과 소유를 드려 하나님을 섬기려고도 한다. 그러나 하나님을 향해 마음에서 우러나는 참된 사랑이 없다. 그들이 바라는 것은 단지 자신의 선행과 노력으로 지옥의 형벌을 피하고 영생을 얻는 것이다.

그렇다면 그들의 사랑은 어떤 것인가? 하나님에 대해 그들의 사랑은 억지로 하는 가짜 사랑이다. 실제로는 하나님을 좋아하지 않고 섬기고 싶어 하지도 않는다. 하나님을 무자비한 주인 정도로 생각한다. 하나님의 계명은 골치 아프고 성가신 것일 뿐이다. 계명을 지켜야 하는 것 때문에 속으로는 불평하고 찡그리고 괴로워한다! 천국에서 하나님을 기뻐할 것이라고 기대하지 않는다. 영원한 지옥의 불을 피하고 싶을 뿐이다. 둘 다 놓치고 싶지 않은 것이다. 이 세상의 정욕을 누릴 대로 다 누리면서 지옥의 위험도 피하고 싶은 것이다! 이들의 주된 관심사는 "어디까지만 죄를 져야 천국에 무난히 갈 수 있는가?" 하는 것이다.

율법을 지키려는 불신자들이 하나님을 진실로 사랑할 수 없는 이유는 무엇인가? 그들은 육신을 따라 난 자들이기 때문이다. 그들에게는 새 마음이 없다. 아브라함의 가족 중에도 여전히 "여종에게서 육체를 따라 난 자"가 있었다(갈 4:23). 다른 많은 하나님의 자녀들보다 이들이 더 하나님을 열심으로 섬긴 것도 사실이다! 그러나 하나님은 이들의 섬김을 받지 않으신다. 아무리 최고의 섬김이라고 해도 이들의 섬김은 결국 노예가 하는 일이기 때문이다. 이들에게는 하나님의 자녀들이 갖는 사랑이 없다. 실제로 그들의 가장 탁월한 노력조차도 "겉만 번지르르한 죄악"일 뿐이다. 겉으로는 의롭게 행동하는 것처럼 보이지만 그들은 여전히 죄 가운데 있다. 하나님을 사랑해서 의로운 행동을 하는 것이 아니기 때문이다. 이들의 삶은 거룩의 모조품이 드러나는 것일 뿐이다.

어떤 면에서는 거룩의 모조품도 하나님으로부터 온다. 하나님께서 악으로 치닫도록 내버려 두지 않으시기 때문에 불신자들이 이만큼이라도 도덕적으로 사는 것이다. 만약 하나님께서 저들을 본성이 치닫는 대로 내버려 두시면 어떻게 되겠는가! 타락한 본성대로 살도록 내버려 두신다면, 사탄의 뜻대로 움직이도록 내버려 두신다면, 모든 외적인 신앙 표현과 도덕은 세상에서 완전히 자취를 감추게 될 것이다. 모든 사람들은 자신의 사악함에 강퍅해질 대로 강퍅해질 것이다.

그러나 하나님은 사람들을 내버려 두지 않으신다. 하나님—불을 끄지 않으시고도 타는 풀무불로 그분의 종을 사르지 못하게 하시고, 물의 본질을 바꾸지 않으시고도 흐르는 물을 막으시는—은 사람의 본성을 제하지 않으면서도 그 타락을 억제하신다. 다시 말해서, 하나님은 사람들의 악한 본성이 갈 수 있는 데까지 가도록 내버려 두지 않으신다. 일반 은총으로 그들의 사악함을 억제하신다. 지혜와 능력으로 원수를 복종시키신다(시 66:3). 그래서 하나님 앞에서 진실로 거룩한 일은 아무것도 하지 못하는 불신자들이라도, 겉으로 좋게 보이는 일들은 할 수 있다.

하나님께서 사람들의 본성적 타락을 억제하시는 몇 가지 방편이 있다. 율법, 양심의 두려움, 죄의 결과, 이 땅에서의 보상, 세상 지도자들, 음식을 포함해 살아가는 데 필요한 것을 얻기 위해 일을 해야 하는 체계 등이다.

복음은 비그리스도인들의 죄를 억제하는 데도 도움이 된다. 하나님께서는 교회를 보존하기 위해 죄를 억제하신다. 이로 인해, 복음이 세상에 전파되고 비그리스도인들도 복음을 잘 받아들일 수 있게 된다. 하나님께 택함을 받은 자들은 결국 회심하게 될 것이다. 진실로 회심하지 않은 사람들이라 할지라도 이 땅에서 하나님의 선하심을 어느 정도는 누리겠지만, 죽고 나면 말할 수 없는 고통을 당할 것이다. 비그리스도인들이 사는 세상은 비참하고 사악하다! 그러나 지금보다 더 사악하고 비참하지 않음으로 인해 하나님의 풍성한 선하심을 높이고 찬양함이 마땅하다!

요점이 무엇인가? 불신자들도 분명 도덕적인 생활을 한다. 이는 물론 도덕을 모르고 사는 것보다는 훨씬 낫다. 적어도 인간적인 측면에서는 그렇다. 그러나 이들의 도덕으로는 하나님의 은혜를 얻을 수 없다. 그리스도 밖에 있는 자들의 의로움이라 해봐야 하나님 앞에서는 더러운 누더기와 다르지 않기 때문이다. 이들이 가진 모든 외적인 도덕을 다 더해도 진실로 거룩한 삶을 살지는 못한다. 복음과 성령의 능력으로 본성이 새롭게 되지 못했기 때문이다.

이 장의 핵심을 요약해 보면 이렇다. 옛 본성을 가진 사람은 여전히 하나님께 순종할 수 없다. 타락한 옛 본성은 하나님을 기쁘시게 할 능력이 없다. 하나님께 순종하기 위해서는, 그리스도로부터 새 마음과 새 본성을 받아야 한다. 이 새 본성을 받을 때에라야 비로소 하나님께 순종하고자 하고, 또 순종할 수 있다. 그리스도와의 연합 없이는 사람은 절대 순종할 수 없다!

여섯 번째 원리

행위 구원을 논박함

구원받기 위해, 그리고 구원받았다는 확신을 얻기 위해 그리스도의 계명을 따르려는 사람은 율법의 행위를 따라 구원을 추구하고 있는 것이다. 이런 사람은 그리스도께서 복음을 통해 계시하신 대로 그분을 믿는 믿음으로 구원을 추구하는 것이 아니다. 자신의 참된 순종을 통해 구원을 얻으려는 사람은 아무리 애를 써도 구원을 얻을 수 없다.

종교적인 사람들은 우리가 거룩하고 의롭게 살아야 한다는 데 이의가 없다. 하나님의 은총과 영원한 행복을 누리기 위해서는 거룩하고 의롭게 살아야 한다고 대부분이 믿고 있다. 사람들에게 잘 알려진 주요 종교들은 대부분 이런 관점을 가지고 있다. 이교 철학자들도 다르지 않다. 그들은 언젠가 하나님의 심판이 있을 것이라고 믿는다. 하나님과 이웃을 사랑하라는 계명을 어기는 자들은 사형에 처해진다고 말한다. 이들은 자의적으로 정한 기준에 따라 양심의 가책을 받고 변명하기를 일생 동안 계속한다(롬 1:32, 2:14-15). 하나님이 정의로운 분이라는 것도 안다. 하나님께서 사람들에게 순종을 요구하신다는 것도 안다. 하나님의 진노를 피하고 은혜를 누리기 위해 착하게 살려고 애를 쓴다. 그럼에도 불구하고 자주 실패한다는 것을 부인하지 못한다. 나름대로 순종하려고 최선을 다했다고 생각하기 때문에, 하나님이 실패를 용서하고 용납하시기를 바란다.

자의적인 순종의 노력으로 구원에 이를 수 있다고 하는 사람은 타락한 세상의 지혜를 따라 생각하는 사람이다. 이런 사람은 하나님이 영광을 위해 세상을 지으시기 전에 미리 작정하신 신비한 하나님의 지혜를 따라 생각하지 않는다. 행위 구원을 말하는 가르침은 하나님의 성령의 지혜에서 나온 것이 아니다. 은혜의 복음 진리가 자연인에게는 어리석게 보인다. 자연인은 그것을 알지 못한다. 이런 일은 영적으로 분별되기 때문이다(고전 2:6, 7, 9, 14). 행위로 얻는 구원은, 하나님께서 믿는 자들의 구원을 위해 사용하기를 기뻐하시는 도구인 "전도의 미련한 것"을 통해 되는 것이 아니다(고전 1:21).

그리스도의 복음은 분명하다. 세상 지혜가 주는 구원의 길보다 더 나은 길이 복음에 나와 있다. 복음은 행위와 상관없이 하나님의 은혜로 주신 선물을 통해 하나님의 사랑을 입었다고 말한다. 복음에서 말하는 구원의 길은 분명하고 단순하지만, 사람들이 본성적으로 사로잡혀 있는 행위 구원에서 떠나게 하는 일은 너무나 어렵다. 인과율의 체계가 그들의 뼛속 깊이까지 박혀 있다. 생각이 완전히 행위 구원 체계에 사로잡혀 있기 때문에 이 체계를 벗어 버리기가 쉽지 않다. 복음을 계속해서 듣는 많은 사람들이 행위로 구원을 얻으려는 노력을 쉬지 않는 이유가 여기 있다.

이런 사람들은 진정으로 경건을 사랑할 수 없다. 이들이 할 수 있는 일은 옛 본성을 따라 살려고 애를 쓰고, 위선적인 순종에 몰두하는 것뿐이다. 자신의 노력으로 지옥을 피하고 천국에 가고 싶어 한다. 하나님에 대한 열심과, 경건과 잘 훈련된 생활을 위한 열심은 두려움에서 비롯된 것일 뿐이라고 계속해서 양심이 증거한다. 이들은 자신이 일한 삯을 받기 위해 일하는 일꾼들일 뿐이다.

이런 사람들은 행위를 통해 구원받으려는 노력을 포기하지 않는다. 값없이 주시는 은혜로 받는 구원을 얻기 위해 그리스도를 믿으면 경건과 열심의 불꽃이 사그라질까 두려워한다. 신앙대로 살지 않고 정욕을 따라 살다가 심판을 받게 될까 두려워한다. 이런 두려움이 있는 사람들은 값없이 주시는 하나님의 은혜를 말하는 설교를 듣지 않으려고 한다. 죄를 정죄하고, 더 잘 살아서 그리스도와 구원을 얻으라고 촉구하는 사람들의 설교만 듣는다. 이런 설교자들은 지옥과 죄인의 멸망에 대해서는 벼락 치듯이 설교하지만, 그리스도 안에 있는 하나님의 은혜로운 구원에 대해서는 한 마디도 하지 않는다.

물론 은혜의 교리를 악용하는 사람들이 있는 것은 사실이다. 그들은 은혜를 값싼 은혜로 둔갑시킨다. "이미 용서를 받았기 때문에 이제는 자기가 원하는 대로 살아도 된다"고 말하면서 복음을 무율법주의로 만든다. 은혜를 왜곡하는 가르침은 필연적으로 사람들을 죄악된 삶으로 이끈다. 정말 비극이다.

그러나 더욱더 비참한 것은 은혜의 복음을 믿는다는 사람들마저 오직 믿음으로 말미암은 칭의의 교리에서 물러나 뒤로 숨는다는 사실이다! 이신칭의의 가르침은 복음주의 개신교의 중심 교리였다! 이제 개신교인들마저 이 교리에서 떠나고 있다. 이들은 칭의 교리로 거룩하게 되는 것은 역부족이라고 생각한다. 심지어 성화를 파괴할 수도 있다고 여긴다! 선행을 구원을 위한 절대 조건으로 삼을 때만 사람들이 하나님께 순종할 것이라고 생각하고 행위 구원의 교리를 받아들인다.

갑자기 모든 삶의 규칙이 바뀌어 버렸다. 이제 구원받고 싶은 사람들은 누구나 할 것 없이 진심으로 순종하라고 하나님께서 요구하신다고 말한다. 우리 믿음의 중심 교리를 "개조"해 버렸다. 인간의 공로로 이루어지는 성화의 교리에 맞게 성경을 새롭게 해석한다. 순종을 위한 새로운 토대를 놓으려고 한다. 사람들에게 이렇게 말한다. "은혜의 복음에서 떠나라. 하나님께서 받아 주시기를 바라는 사람은 반드시 율법에 순종할 수 있어야 한다."

율법 교사들은 그리스도인의 삶이 자리한 기반을 바꾸어 버렸다. 하지만 이것이 하나님께서 놓으신 그리스도인의 삶의 토대는 아니다. 이것은 모래로 된 기초와 같다. 이런 취약한 기초는 기독교 신앙을 무너뜨린다. 이런 기초로는 누구도 거룩한 삶을 살 수 없다. 하지만 그럴 듯하게 들리기 때문에 많은 사람들이 미혹된다. 가증하고 혐오스러운 가르침이 아닐 수 없다. 사탄이 광명의 천사로 등장한 것일 뿐이다.

사탄은 지금 거룩에 관심이 있는 것처럼 가장하고 그리스도인들에게 이렇게 속삭인다. "믿음으로 받는 칭의는 거룩하게 사는 데 전혀 도움이 안된다. 그것을 버려라. 복음만으로는 더 나은 삶을 살 수 없다." 사도 시대에도 율법을 위해 사람들을 꼬드겨 복음을 핍박하게 한 이들이 있었다. 많은 율법적인 교회들이 이런 주장을 고수하고 퍼뜨린다. 종교개혁 당시 이신칭의 교리는 율법적인 교회에 치명상을 입혔다. 오늘날, 행위 구원을 주장하는 거짓말이 다시 일어나고 있다. 정말 위험한 것은 이런 거짓 가르침이 심지어 복음적인 개신교회에까지 흘러들어 복음을 오염시킨다는 사실이다.

이 교리의 가장 큰 문제는 복음과 그리스도를 믿는 믿음을 통한 구원이 아닌, 율법의 행위를 통한 구원의 길을 주장하는 것이다. 행위를 통한 구원을 말하는 사람들은 이것만이 구원 얻는 유일한 길이라고 할 것이다. 그러나 믿음을 통한 구원을 말하는 참 복음만이, 칭의와 성화와 온전한 구원을 이룰 수 있는 충분하고 능력 있는 길임을 의심하지 말라.

사람들은 행위 구원이라는 거짓 복음이 참 복음인 것처럼 보이게 하려고 많은 방법을 사용한다. 심지어 성경을 인용하기도 한다! 이들이 하는 말을 들어 보자.

"행위 언약은 율법의 모든 계명을 완벽히 준수해야 살 수 있다고 한다. 그러나 예수님이 이미 오신 지금, 우리는 그렇게 하지 않아도 된다. 우리가 할 수 있는 만큼 최선을 다하기만 하면 된다. 또한 모세의 율법을 그대로 순종할 필요도 없다. 그리스도께서 주신 계명에만 순종하면 된다."

"구원을 얻기 위해 그리스도와 상관없이 노력하라는 말이 아니다. 우리도 그리스도의 의와 공로로 구원받는다고 믿는다. 또한 율법을 순종해야 구원받는 것도 사실이다. 결국 예수께서 우리가 율법을 준행할 수 있도록 은혜를 주실 것이기 때문에 율법을 준수함으로 받는 구원은 여전히 그분의 은혜로 되는 것이 맞다."

"구원은 실제로 믿음으로 받는 것이다. 율법을 준수할 수 있도록 그리스도께서 믿음을 주시기 때문이다. 우리는 자신의 의지를 완전히 버리고 율법을 준행하여 구원받을 수 있게 하시는 그리스도를 부지런히 믿기만 하면 된다."

솔깃하게 들릴 수도 있지만, 이런 말에 따라가지 말자! 율법을 지켜야 구원을 얻을 수 있다는 자신의 믿음을 그럴듯하게 가장한 것뿐이다. 율법의 행위로 구원을 얻는다는 말이 왜 거짓인지 생각해 보자.

첫째, 선한 일에 진심으로 힘써서 구원을 얻겠다는 사람은 반드시 정죄 받을 수밖에 없다. 이렇게 하는 사람은 믿음이 아니라 율법의 공로로 의를 추구하는 것이라고 바울은 말한다(롬 9:32). 갈라디아서에 따르면, 율법으로 의롭게 되려는 사람은 그리스도의 은혜에서 떨어질 수밖에 없다(갈 5:4). 이 말이 맞다면, 행위 구원을 가르치는 교리가 거짓임이 분명히 드러날 수밖에 없다. 사람들이 이 사실을 안다면, 행위 구원의 교리로는 오직 정죄에 이를 수밖에 없다는 것도 알게 될 것이다. 행위 구원 교리를 따르는 사람들은 그리스도 안에 있는 구원에서 소외될 수밖에 없다는 것을 알고 결국 이런 잘못된 가르침을 버릴 것이다.

이 사실을 증명하기란 그리 어렵지 않다. 바울이 논박하고 있는 유대인과 유대교화된 그리스도인들은 율법에 완전히 순종해야 구원받을 수 있다는 사실을 잊고 있다. 이들도 자신들이 율법을 완벽하게 지킬 수 없다는 것은 알았다! 그래서 진심으로 최선을 다해 율법을 지키기만 하면 구원을 받을 줄로 생각했던 것이다. 외식하는 순종만 아니면 될 것이라고 생각했다. 이들 스스로 위선적인 순종

행위 구원을 논박함 131

과 진실한 순종의 차이를 안다고 생각했고, 그래서 이들은 진실하려고 애를 썼던 것이다.

유대교 신앙이 요구하는 것이 무엇인지 기억하자. 구약의 유대인들은 자신이 죄인인 것을 인정해야 했고, 스스로를 낮추는 대속죄일을 지켜야 했다(레 16장). 하나님의 말씀이 명하는 많은 의식들을 준수해야 했다(시 143:2, 잠 10:9, 전 7:20). 온 마음을 다해 진심으로 하나님을 의지하면 하나님께서 받으신다고 믿었다. 자신들은 완전하지 못하고 완전할 수도 없다는 것도 알았다. 할 수 있는 한 최선을 다해서 진심으로 율법을 지키는 것뿐이다.

이것이 바로 유대교화된 그리스도인들이 주장하는 바였다. 그들이 율법에 완벽하게 순종하지는 못해도 최선을 다해 진심으로 순종하면 된다고 말하는 것을 바울은 알았다. 바울은 그들에게 진정한 순종도 구원에는 턱없이 모자란다는 것을 알려 주기 원했다.

바울이 이 가르침을 비판한 또 다른 이유가 있다. 바울은 좀 더 일반적인 방식으로 이 가르침을 비판했다. 사람들이 자신의 행위를 통해 구원을 **추구**하고 있었기 때문이다. 바울은 이들과 "구원을 위해서는 율법을 어느 정도까지 지켜야 하는가" 하는 논쟁에 말려들고 싶지 않았다. 바울은 그들의 **사고방식**—자기 행위와 노력으로 구원받을 수 있을 것이라 생각하고 추구하는—에 집중했다.

구약성경의 신자들도 율법을 어느 정도까지 순종했다는 것을 바울은 알았다. 모세의 율법을 받기 오래 전에 살았던 아브라함이 진심으로 하나님께 순종하기도 했지만, 그렇다고 이런 순종 때문에 그가 구원받은 것은 아니다. 다윗은 모세의 율법 아래 살았지만, 그

132 성화의 신비

렇다고 그가 행위로 구원받은 것은 아니다. 물론 다윗 역시 하나님께 진실한 순종의 삶을 사는 때가 있었다. 그러나 이들의 사정도 우리와 별반 다르지 않았다—우리가 받은 구원은 우리의 행위로 된 것은 아니지만(롬 4:1-6), 우리 역시 평생에 그리스도의 율법을 순종하도록 부르심을 받았다.

유대교화된 그리스도인들이 완전히 그리스도를 부인하지는 않았고, 바울도 이 사실을 알았다. 이들은 결코 "구원을 위해 그리스도는 필요 없다"고 말하지 않았다. "구원 얻기 위해서는 그리스도의 은혜가 필요하다. 율법을 진지하게 준행하려고 할 때 그리스도의 은혜에 참여한다"는 것이 이들의 핵심 가르침이었다. 이들이 대놓고 예수님을 부정한 것은 아니다. 예수님뿐 아니라 자신의 행실이 있어야 구원을 얻는다고 믿었던 것이다.

바울 당시 많은 유대인들이 이와 비슷한 생각을 가지고 있었다. 일례로, 바리새인들은 하나님의 은혜에 자신이 행한 선행이 더해져서 구원받는다고 생각했다. 율법주의적 유대인들은 하나님의 은혜를 통해 주어지는 자신의 선행에 감사했다(눅 18:11). 이들 역시 자신의 구원이 하나님의 은혜라고 말한다. 오늘날 많은 사람들이 율법에 대한 순종을 구원받는 데 필요한 것으로 덧붙이면서도 여전히 자신이 구원받은 것은 하나님의 은혜라고 말하는 것과 다르지 않다.

요점은 이렇다. 구원을 위해서 율법을 완전히 준수해야 한다고 말하는 사람들이 있다. 그러나 성경에 나오는 어떤 인물도 그렇게 생각하지 않았다. 그리스도 때문에 걸려 넘어진 유대인들도 완전한 사람이 되려고 하지는 않았다. 율법을 진실하게 지키고자 했을 뿐이다. 그러나 율법도 그들을 정죄할 것이라고 바울은 말했다. 갈라디아 성도들도 마찬가지였다. 그들이 구원을 위해서는 완전한 사람이 되어야 한다고 말한 것은 아니다. 최선을 다해 율법을 지켜야 한다고 말했을 뿐이다. 그러나 그들을 향해 그리스도와 은혜로부터 떨어질 위험에 처했다고 한 바울의 말에 주목하자(갈 5:2, 4). 바울이 전한 복음과 다른 복음을 전한 사람들과 천사들을 향해 선포한 서주에 해당할 위험에 처한 것이다(갈 1:8-9).

그러므로 "율법을 완전히 지켜야 구원받는 것은 아니다. 진실한 마음으로 지키면 된다. 예수님을 믿고 진지하게 순종함으로 구원을 얻는다"고 말하는 사람들에게 속지 말라. 그럴듯하게 들리겠지만, 속지 말라. 거짓 복음을 가리는 가면일 뿐이다!

둘째, 율법과 복음의 근본적인 차이를 기억해야 한다. 율법은 **완전한 순종**, 복음은 **진실한 순종**을 요구하는 것이 아니다. 보다 근본적인 차이는 이렇다. 율법은 **行위**를 요구하고, 복음은 **행하지 말 것**을 요구한다. 복음은 구원과 생명을 위해 **믿으라**고 말한다. "계약의 내용" 자체가 전혀 다르다. "구원을 위해서 율법은 100퍼센트 순종을 요구하는 반면 복음은 단지 51퍼센트의 순종만 요구한다"는 말처럼 단순한 정도의 차이가 아니다. 그렇지 않다! 본질적인 내용이 다르다! 율법은 100퍼센트 **行위**를 요구한다. 복음은 100퍼센트 **행위와 상관이 없다!** 복음은 **믿음을 요구한다!**

갈라디아서 3:12에서 바울은 복음이 요구하는 믿음과 율법이 요구하는 **行위**를 대조한다. "율법은 믿음에서 난 것이 아니니 율법을 행하는 자는 그 가운데서 살리라." 로마서 4:5에서도 같은 말을 한다. "일을 아니할지라도 경건하지 아니한 자를 의롭다 하시는 이를 믿는 자에게는 그의 믿음을 의로 여기시나니."

행위로 구원을 얻으려고 하는 사람은 아무리 쉽고 가벼운 기준이라고 해도, 스스로를 율법의 조건 아래로 얽어매는 것이다. 이 조건이 무엇인가? 율법을 순종함으로 구원을 얻으려는 사람은 모든 율법을 완벽하게 지켜야 한다! 율법을 순종함으로 구원을 얻으려는 사람에게 하나님께서는 율법의 완전을 요구하신다. 율법이 요구하는 것이 무엇인지 생각해 보라. 자신의 행위를 포기하지 않은 채 예수님이 값없이 주시는 선물로서 구원을 추구하는 사람에게, 율법은 구원을 얻으려면 율법을 완전히 지켜야 한다고 말한다! 율법을 통해 살고자 하는 사람은 전적으로 율법을 의지하는 사람이다. 순종의 행위로 구원을 얻고자 하는 사람은 결국 율법으로 심판에 이르게 된다. 율법의 행위로 구원을 얻고자 하는 사람에게 하나님의 율법이 요구하는 것은 무엇인가? 절대적 완전이다!

셋째, 복음을 통해 그리스도께서 주신 모든 계명을 진지하게 준행하여 구원을 얻으려는 사람은 모세가 준 도덕법 역시 그대로 준행해야 한다. 이 두 가지를 나누어 서로 다른 것인 것처럼 말하는 사람들이 있다. 구원받기 위해서 그리스도의 계명은 지켜야 되지만, 모세의 율법은 더 이상 지키지 않아도 된다고 말한다. 모세의 율법을 통해 구원을 얻고자 하는 사람은 율법을 지키지 못하는 사람들에게 선언된 모든 저주를 당하게 될 것이라는 사실을 이들도 잘 안다(갈 3:10-12). 하지만 정작 이들이 간과하는 것이 있다. 옛날 많은 선한 그리스도인들은 도덕법과 의식법 모두를 지킬 의무가 있는 것으로 생각했다. 만약 그들이 선행을 통해 의롭게 되려고 했다면, 율법을 통해 그렇게 했을 것이다(행 20:20-21). 그러나 그들은 결코 "복음이 말하는 것들에 진지하게 순종해야만 의롭게 될 수 있다"고 말하지 않았다. 만약 그들이 구원의 핵심과 관련된 어떤 것에 잘못된 태도를 가지고 있었다면, 사도들이 그것을 언급하지 않았을 리 없다!

행위로 구원을 얻고자 하는 사람은 그리스도의 계명을 지키려고 진지하게 노력하는 것만으로는 부족하다. 모세의 율법도 완전히 지켜야 한다. 예수님은 어떤 경우에도 자신의 계명만 지키면 된다는 새로운 조건을 인정하신 적이 없다. 모세 율법의 권위 또한 부정하지 않으셨다. 예수님은 율법과 선지자를 폐하기 위해서가 아니라 완성하러 오셨다(마 5:17). 스스로 율법을 완전히 지키신 것이다. 예수님은 또 이렇게 선언하신다. "누구든지 이 계명 중의 지극히 작은 것 하나라도 버리고 또 그같이 사람을 가르치는 자는 천국에서 지극히 작다 일컬음을 받을 것이요 누구든지 이를 행하며 가르치는 자는 천국에서 크다 일컬음을 받으리라"(마 5:19).

예수님은 이렇게 명하신다. "무엇이든지 남에게 대접을 받고자 하는 대로 너희도 남을 대접하라. 이것이 율법이요 선지자니라"(마 7:12). 이 말씀으로 볼 때, 예수님은 우리가 모세 율법의 권위 아래서 스스로에 대해 생각해 보기를 바라셨던 것이 분명하다! 예수님은 제자들에게 바리새인들이 말하는 것은 무엇이나 행하고 지키라고 요구하셨다. 그들이 "모세의 자리"에 앉아 있었기 때문이다(마 23:2-3).

공생애 사역을 하시면서 예수님은 행위로 구원을 얻겠다고 생각하는 사람들이 던지는 질문에 대답하셨다. 행위로 구원을 얻으려는 사람은 구약의 모세 율법이 요구하는 모든 계명을 지켜야 한다는 것을 보여주셨다. "무엇을 하여야 영생을 얻으리이까"라고 물어 오는 사람에게 "율법에 무엇이라 기록되었으며 네가 어떻게 읽느냐.……이를 행하라. 그러면 살리라"라고 대답하셨다(눅 10:26-28).

마찬가지로, 사도들 역시 신자들에게 모세 율법이 정한 도덕적 의무들을 준행할 것을 요구했다. 사도 바울은 이렇게 요구한다. "서로 사랑하라. 누구든지 사랑하는 자는 이로써 율법의 요구를 이루기 때문이다"(롬 13:8 참조). 그는 또 이렇게 말한다. "네 아버지와 어머니를 공경하라. 이것은 약속이 있는 첫 계명이니"(엡 6:2). 사도 요한은 새로운 계명을 추가한 것이 아니라 옛 계명이 말한 대로 "서로 사랑하라"고 촉구하고 있다. 야고보 사도는 성경에서 "네 이웃을 네 몸같이 사랑하라"고 한 으뜸가는 법을 지키면 잘하는 것이라고 칭찬했다. 또한 야고보 사도는, "간음하지 말아라" 하신 분이 또 "살인하지 말아라" 하셨기 때문에 비록 간음하지 않은 사람도 살인을 하면 결국 율법을 어기는 것이므로 모든 율법을 다 지켜야 한다고 했다(약 2:8-11).

성경을 믿는 신자들은, 모세의 율법의 권위를 부정하는 사람을 두고 반율법주의의 우를 범하고 있다고 말한다. 우리의 새로운 대적들이 반율법주의를 붙들고 있는 것은 아니지만, 사실 이들은 오히려 더 심각한 오류에 빠진 사람들이다. 이들은 복음이 말한 것들을 행할 때 의롭게 된다고 생각한다. 나는 반율법주의도 처음에는 이렇게 시작했다고 생각한다. 율법에 대한 이런 이해는 크게 잘못되었다. 예수님은 결코 모세의 율법을 폐하신 적이 없다!

행위 구원을 논박함 137

다음 사실을 한 번 생각해 보자. 예수께서는 처음부터 모세 율법의 권위를 분명히 하셨다. 시내 산에서 이스라엘을 중보했던 모세의 손에 율법을 주신 이스라엘의 하나님이 바로 예수님이시다. 당시에는 이스라엘이 유일한 교회였다. 그러나 지금은 복음을 믿는 이방인인 우리가 "함께 상속자가 되고 함께 지체가 되고 함께 약속에 참여하는 자가" 되었다(엡 3:6). 물론, 예수님이 모세의 율법 중에 의식법과 재판과 같은 시민법을 폐지하신 것은 분명하다. 그러나 도덕법의 권위를 폐하신 것은 아니다. 오히려 더 온전하게 하셨다. 모세를 통해 주신 도덕법은 지금도 여전히 우리에게 도덕적 의무를 이행할 것을 요구하고 있다.

때로 의회는 이전에 통과되었던 법을 폐지하기도 한다. 그러나 폐지되지 않은 법들은 여전히 효력을 발휘한다. 이와 마찬가지로, 하나님께서는 모세를 통해 주셨던 의식법과 시민법을 "폐지"하셨지만, 도덕법은 폐지하지 않으셨다. 우리는 이 도덕법을 준수해야 한다!

십계명과 도덕법을, 그리스도를 통해 이미 폐기된 "율법 조문"이라고 하면서 반대하는 사람들도 있을 것이다(고후 3:7). 그러나 이것은 말씀을 잘못 해석한 것이다. 바울이 모세의 율법을 폐기된 조문이라고 한 것은 율법을 더 이상 완벽하게 지킬 필요가 없다는 의미로 말한 것이 아니다. 그리스도께서는 오히려 율법에 완전하라고 하신다(마 5:48).

바울이 말한 것은 생명을 얻고 사망을 피하는 조건으로서의 율법이 폐기되었다는 뜻이다. 옛 언약의 내용을 떠올려 보자. 옛 언약은 율법을 지키는 자에게는 생명을 약속하지만, 율법을 어기는 자에게는 저주를 선포한다(갈 3:10-12). 예수님은 시내 산에서 이스라엘 백성과 맺어진 언약을 폐지하셨다. 예수님 자신이 바로 새 언약의 중보자이시기 때문이다(히 8:8, 9, 13). 십계명은 더 이상 옛 언약의 방식 그대로 참된 그리스도인을 얽어매지 않는다. 율법을 통해 행위로 의롭게 되려는 사람들에게만 얽어매는 것으로 다가간다. 언약으로서의 율법은 자신의 행위로 구원을 얻으려 하는 사람들에게 항상 저주로 역사한다(갈 3:10). 십계명을 지켜 구원을 얻으려는 사람은 율법의 저주 아래 있을 수밖에 없다.

믿음으로 그리스도 안에 있는 사람들에게 십계명은 더 이상 옛 언약으로서의 율법이 아니다(갈 2:16, 20, 행 3:22-25, 행 15:10-11). 이 말은 그리스도 안에 있는 사람이 율법을 준수하는 것은 구원을 받기 위한 조건으로 행하는 것이 아니라는 뜻이다. 그러나 다른 의미에서 여전히 모세 율법을 지켜야 할 의무가 있다. 십계명은 원래 아브라함과 맺어진 은혜 언약 아래 있는 사람들에게 주어진 것이다. 십계명은 원래 하나님의 백성들의 삶의 지침으로 주어졌다. 십계명은 하나님 백성들에게 거룩하고, 의롭고, 선하고, 하나님을 기쁘시게 하는 것이 무엇인지를 보여준다.

우리에게도 마찬가지다. 우리 역시 모세 율법이 명하는 도덕법을 지켜야 한다(사실 마태복음 5-7장을 읽어 보면, 그 이상의 것이 요구되는 것을 알 수 있다). 그러나 법을 지키기 때문에 의롭게 된다는 생각은 버려야 한다. 율법을 의롭게 되는 조건으로서가 아니라 삶의 규칙으로 사용한다면, 율법은 더 이상 "죽게 하는 조문"이 아니다.

행위 구원을 논박함 139

완벽한 준수를 요구하는 모세 율법의 속성상 율법을 준수해서 구원을 얻는 것은 사실상 불가능하다. 그러나 모세 율법의 완전함은 신자에게 아주 중요한 영향을 미친다. 모세 율법은 우리가 목적으로 삼아야 할 완전에 대한 지침을 제공한다. 동시에 우리의 불완전을 드러낸다. 모세 율법의 권위를 벗어 던지지 말아야 한다. 모세 율법과 같이 하나님의 지혜로 충만하고, 권위 있고, 탁월하고, 완벽한 다른 도덕 체제를 가르쳐 줄 선생을 기다리느라 시간을 허비할 필요가 없다!

넷째, 그리스도의 모든 계명을 준수함으로 구원을 얻으려는 사람은 그리스도께서 주신 참된 구원의 길에 반하게 행동하는 것이다. 이런 사람은 지금 복음을 통해 계시된 은혜와 믿음을 거슬러 가고 있다. 말로는 은혜를 믿는다고 하지만, 실제로는 그렇지 않다.

왜 그런가? 그 이유는 단순하다. 이들이 오직 그리스도를 통해 얻는 구원의 길에 반하는 행동을 하기 때문이다. 이런 사람들은 사실 죄의 능력과 부패에서 스스로를 구원하고 치료하기를 원한다. 그리스도께로 나아가기 전에, 자신의 진실한 순종을 통해 하나님의 호의를 얻으려고 한다. 자신의 순종을 구원의 근거로 삼으려고 한다. 그리스도만을 구원의 토대로 삼아야 함에도 불구하고, 자신의 순종을 힘입어 그리스도를 누리려고 한다. 그리스도만이 유일한 의사요 구원자이신 것을 깨달아야 할텐데!

이들은 자신이 그리스도 안에 속했는지를 분명히 하기도 전에 스스로 거룩해지려고 한다. "자기 의를 세우려고" 그리스도 안에 있는 하나님의 의에 복종하지 않는다(롬 10:3-4). 이들은 종종 그리스도의 의를 자신이 노력해서 얻게 된 율법의 의로 착각한다. 자신의 행위를 복음적 의로 둔갑시켜 그리스도의 의롭다 하심을 받으려 한다. 그러나 성경을 읽어 보면, 사도 바울이 알고 있는 유일한 복음적 의는 그리스도의 의뿐이다. 바울은 이 의를 가리켜 "율법에서 난 것이 아닌 하나님의 의"라고 한다(롬 3:21-22, 빌 3:9).

이런 식으로 자기 의를 세워 가는 사람은 아무리 그리스도의 의를 받아들이는 척해도 사실은 그리스도의 의를 외면하는 것이다. 실제로 이런 사람들에게는 그리스도가 아무런 유익이 되지 못한다. "율법으로 의롭게" 되려는 사람들에게 그리스도는 아무런 가치를 갖지 못한다(갈 5:2-4). 그리스도를 통해 구원을 얻으려는 사람은, 자신이 그리스도의 의가 아니면 아무런 의를 얻을 수 없는 잃어버린 죄인, 죽은 죄인이라는 사실을 알아야 한다. 하나님께서 그리스도와의 연합과 교제로 이끄시지 않으시면 자신에게 생명도 없고 선을 베풀 능력도 없다는 것을 알고 받아들여야 한다.

성경은 은혜로 받는 구원과 행위로 얻는 구원은 완전히 반대라고 가르친다. 이 둘은 결코 조화를 이룰 수 없다. "만일 은혜로 된 것이면 행위로 말미암지 않음이니 그렇지 않으면 은혜가 은혜되지 못하느니라"(롬 11:6). 은혜로 값없이 받는 상급과 일한 삯으로 당연히 받아야 할 것을 받는 상급은 전혀 다른 것이다(롬 4:6). 율법을 통해 받은 행복의 약속과 은혜로 받은 행복의 약속은 전혀 다르다(롬 4:13, 16). 하나님은 값없이 주시는 은혜의 영광을 소중히 여기시는 분이기 때문에, 사람의 공로를 근거로 사람을 구원하지 않으실 것이다. 하나님께서 사람 안에서 친히 일하셔서 구원하심으로

행위 구원을 논박함 141

누구도 "자랑하지 못하게" 하신다(엡 2:9). 하나님은 행위로 사람을 구원하면 사람이 모든 영광을 하나님의 선하심과 은혜에 돌리지 않고 자기 자신에게 돌릴 것을 아신다.

그리스도의 율법에 순종해서 구원을 얻으려는 사람은 믿음으로 얻는 구원에 정반대로 행하는 것이다. 이미 살펴본 대로, 구원이 요구하는 믿음은 구원 얻기 위해 하는 행위와는 전혀 다르다. 율법과 복음의 참된 차이가 바로 여기서 생긴다. 믿음은 구원을 위한 **행위**와 엄연히 다르다. 구원을 위해 행하는 율법은, 구원을 얻었기 때문에 믿음으로 준행하는 율법과 전혀 다르다(롬 3:27, 4:5, 엡 2:8-9). 그러므로 믿음을 그리스도를 얻기 위한 의로운 행위로 여기지 말라. 직장에서 일하고 급여를 받는 것처럼, 믿음을 그리스도를 급여로 받기 위해 일하는 손 정도로 여겨서는 안된다. 믿음은 값없이 주어지는 그리스도를 받는 빈손일 뿐이다. 믿음은 그분을 먹고 마시는 굶주린 사람의 입일 뿐이다.

하나님께서는 복음을 값없이 받으라고 사람들을 초청하셔서, 그리스도와 그분의 구원을 받을 수 있도록 하신다. 하나님께서 사람들에게 요구하시는 유일한 일은, 값없이 주시는 선물이신 그리스도를 붙잡으라는 것뿐이다. 그러므로 구원의 영광은 결코 사람의 믿음이나 행위로 돌아가지 않는다. 오히려 이 영광은 오직 그리스도 안에서 값없이 주시는 하나님의 은혜로만 돌아간다. 구원이 은혜에 속하기 위해 믿음으로 주어지는 것이다(롬 4:16).

그리스도와 사도들은 구원의 조건으로 행위를 요구하는 복음을 가르친 적이 없다. 행위를 요구하는 복음을 가리키는 것처럼 인용된

성경 구절은 하나같이 잘못 해석된 것이다. 몇 가지 예를 들어 보자. 바울은 로마서 1:5에서 복음을 선포하는 위대한 목적으로 "믿음의 순종"을 말한다. 믿음으로 준행하는 율법이 행위로 구원을 얻기 위해 준행하는 율법과 상반되는 것과 같이, 믿음의 순종은 구원의 조건으로서의 진실된 순종과 전혀 다른 것이다(롬 3:27). 로마서 10:16에서도 바울은 복음의 증거를 믿는 순종에 대해 말한다. "그들이 다 복음을 순종하지 아니하였도다. 이사야가 이르되 주여, 우리가 전한 것을 누가 믿었나이까 하였으니."

믿음으로 의롭게 되는 것은 믿음 자체가 의로운 행위이기 때문이 아니다. 믿음은 행위와 전혀 관련이 없다. 믿음이 있다는 말은 자신의 어떤 의로운 행위도 신뢰하지 않는다는 말이다. 믿음이 있다는 말은 불의한 자를 의롭다 하시는 그분을 의지한다는 뜻이다(롬 4:5).

사람들은 종종 로마서 2:6-7은 행위 구원을 가리키는 말씀으로 착각한다. "하나님께서 각 사람에게 그 행한 대로 보응하시되 참고 선을 행하여 영광과 존귀와 썩지 아니함을 구하는 자에게는 영생으로 하시고." 바울이 복음을 구원을 위한 조건으로 선언하고 있다는 것이다. 그러나 이 말씀은 유대인이나 이방인이나 할 것 없이 다 죄 아래 있고 율법의 행위로는 누구도 구원을 얻을 수 없다는 것을 증명하기 위해서 구원의 조건으로서의 율법을 선언한 것이다(로마서 3:9-10이 말하는 것처럼).

야고보서 2:24 역시 사람들이 자주 오해하는 본문이다. "이로 보건대 사람이 행함으로 의롭다 하심을 받고 믿음으로만은 아니니라." 바울은 행위가 아닌 믿음으로 얻는 구원을 가르치고, 야고보는 행위로 의롭게 되는 것을 가르친다. 이런 면에서 야고보 사도가 바울보다 더 옳다고 말하는 사람들이 있다! 성경을 믿는 개신교인들은 야고보 사도가 구원 얻는 참된 믿음이 아닌 마귀도 가지고 있는 죽은 믿음에 초점을 맞추고 있다고 여겼다. 야고보 사도는 "어떻게 하나님께 구원받을 수 있는가" 하는 견지에서 의롭게 되는 것을 말하고 있는 것이 아니다. 오히려 신자의 삶에서 드러나는 열매를 통해 나타나고 증거되는 칭의에 대해 말하고 있다. 구원 얻는 진정한 믿음은 항상 선한 열매를 맺는다.

행위 구원을 말하는 본문으로 자주 인용되는 또 다른 구절은 요한계시록 22:14이다. "자기 두루마기를 빠는 자들은 복이 있으니 이는 그들이 생명나무에 나아가며 문들을 통하여 성에 들어갈 권세를 받으려 함이로다." 하지만 여기서 "권세"로 번역된 헬라어 명사는 "능력" 혹은 "특권"으로 해석할 수 있다(요 1:12). 이 말은 단순히 생명나무로 나아갈 수 있는 자격을 말하는 것이 아니라, 그 열매를 합당하게 취하는 것을 뜻한다. 이 본문은 성경을 믿는 모든 그리스도인들이 일반적으로 인정하고 있는 사실을 정확하게 지적하고 있다. 그리스도와 그분의 영광스러운 구원을 얻는 자격은 행위와 전혀 상관없이 신자에게 주어진 것이기는 하지만, 그리스도의 구원을 받은 신자는 선한 삶을 살아갈 수밖에 없다는 것이다.

천국에서 누리는 행복을 "상급"이라고 보는 사람들이 있다. 선행을 통해 천국의 행복을 얻는다는 것이다. 신자들이 선한 삶을 산 후에 천국을 누리게 된다는 의미에서는 천국의 행복이 상급인 것은 맞

144 성화의 신비

다. 또한 천국에서 누리는 행복이라는 상급은 이 땅에서 기대할 수 있는 그 어떤 상급보다 낫다. 그러나 이 상급 역시 은혜로 받는 것이지, 당연히 받을 삯을 받는 것은 아니다(롬 4:4). 수고의 대가로 주는 삯이 아니라 값없이 받는 선물이다(롬 6:23). "죄의 삯은 사망이요 하나님의 은사는 그리스도 예수 우리 주 안에 있는 영생이니라."

믿음으로 구원을 받는지 행위로 구원을 얻는지에 대한 논의에서 우리가 기억해야 할 또 다른 중요한 사실이 있다. 그리스도와 그분의 구원에 대한 자격을 얻기 위해 하나님께 순종하려고 하는 사람은 결코 진정으로 하나님께 순종할 수 없다는 것이다. 열심히 노력하고, 간절히 기도하고, 자주 금식하고, 많은 거룩한 일들을 하기로 맹세할 수는 있을 것이다. 이 맹세를 지켜야 할 많은 이유들—하나님의 무한하신 능력, 정의, 지식, 하나님의 선하고 공평한 계명, 그리스도의 구원, 영원한 복락과 비참함 등—을 떠올리며 스스로 분발할 수도 있을 것이다. 그 외에도 많은 동기들을 떠올릴 수 있다. 그러나 정작 본인이 얻고자 하는 참된 순종에는 이르지 못한다.

왜 그런가? 이런 동기에서 비롯된 순종은 하나님께서 인정하시거나 요구하시는 것이 아니기 때문이다. 타락한 본성을 어느 정도 억누를 수도 있고, 위선적이고 비굴하기는 하지만 어쨌든 많은 순종을 할 수도 있다. 심지어 사람들로부터 탁월한 성도라고 인정받을 수도 있다! 그러나 하나님께서 인정하시는 방식으로는 부패한 본성을 조금도 억누를 수 없고, 의무를 전혀 이행할 수 없다.

이런 삶의 방식을 정죄하는 것이 아니다. 다만 이런 삶이 불러오는 오류를 지적하는 것이다. 다행스럽게도, 일관성 있게 사는 사람들은 그리 많지 않다. 어떤 사람들은 설교는 율법적으로 하면서, 기도는 복음적으로 한다. 나는 설교할 때보다는 기도할 때가 이들의 진짜 마음 상태라고 확신한다. 베드로 자신도 때때로 얼마나 모순되었는지 모른다. 외양으로는 유대인으로 살았지만, 마음은 그리스인이었다(갈 2:11-14). 아무리 경건하다고 해도 잘못된 율법적인 동기를 통해서는 결코 참된 경건에 이를 수 없다.

이렇게 요약해 볼 수 있다. 성경이 말하는 이신칭의 교리를 바꾸려는 사람들이 교회에 있다. 그 이유가 무엇인가? 이신칭의 교리가 사람들을 순종으로 이끌지 못할 것이라고 믿기 때문이다. 교리를 바꿔야 사람들이 하나님께 순종할 것이라고 생각한다. 그 일환으로 구원을 받으려면 그리스도의 율법에 진심으로 순종할 것을 요구한다. 그러나 이렇게 율법과 복음을 혼동하면 오히려 상황을 더 악화시킬 뿐이다. 교회에 더 많은 분열을 일으킨다. 이들이 제시하는 치료책은 이들이 벗어나려는 질병만큼이나 악한 것이다! 행위 구원의 교리는 오히려 사람들을 불순종하게 만들 뿐이다. 은혜를 저버릴 때, 그 속에 있는 경건한 삶을 위한 유일한 능력도 함께 상실되기 때문이다!

더 많은 이유를 들어 행위 구원 교리를 논박할 수도 있지만, 한 가지만 더 언급하려고 한다. 이것 하나만으로도 이 교리를 주장하는 사람들은 스스로에게 분개할 수밖에 없을 것이다. 이제까지 이 교리를 가장 우선으로 가르쳐 왔기 때문이다. 행위 구원은 거룩한 참된 삶을 일구어 낼 수 없다. 왜 그런가? 행위 구원에서 진실한 순종을 통한 구원은, 복음이 아니라 율법에 따라 받는 구원이기 때문이다. 이제 율법의 행위로는 참된 거룩에 이를 수 없다는 사실을 보이려고 한다. 은혜의 복음이 아니고는 참된 거룩에 이를 수 없다.

첫째, 율법의 행위로 받는 구원은 거룩한 삶을 위해 필요한 것들을 완전히 파괴해 버린다. 하나님 앞에 의롭게 됨으로 하나님과 화평케 된 것을 확신하지 못하는 사람은 마음에서 나오는 순종을 할 수 없다. 자신의 영원한 안전을 확신할 수 있어야 하고 하나님께서 의무를 행할 의지와 힘을 주실 것이라고 확신해야 하는데, 이런 확신은 그리스도와 누리는 연합과 교제를 통해서만 가능하다. 그리스도를 믿을 때, 그리스도께서 모든 충만으로 우리와 연합하신다. 믿음은 그리스도를 얻을 자격을 가져다주는 행위가 아니다. 믿음은 신자의 마음에서 실제로 그리스도를 영접하는 방편일 뿐이다. 신자는 믿음이라는 유일한 방편을 통해 복음에서 약속하는 구원을 얻기 위해 그리스도를 의지한다.

신자가 누리는 신령한 삶과 행복은 그리스도의 복음이 주는 모든 복을 통해 이루어진다. 이런 복이 있는 사람은 이미 영생을 가졌다. 영생을 얻기 위해 거룩하게 사는 것이 아니다. 신자는 이미 영생을 가졌다. 하나님께서 복음 안에서 신자에게 주신 영생이 있기 때문에 신자는 거룩하게 살아갈 수 있다.

구원의 조건으로서의 율법은 거룩한 삶과는 완전히 대조를 이룬다. 율법 조항들은 거룩한 실천을 영생보다 앞에 둔다. 영생을 얻기 위한 조건이 되는 것이다. "거룩하게 살아야 영생을 얻는다." 모세는 다음과 같이 말했다. "율법으로 말미암는 의를 행하는 사람은 그 의로 살리라"(롬 10:15). 약속된 영생을 위한 자격을 얻기 전에

행위 구원을 논박함 147

먼저 율법의 조항들이 요구하는 거룩한 의무를 이행해야 한다. 더구나 이미 언급한 복음이 주는 복과 상관없이 거룩한 삶을 살아 내야 한다. 이들의 가르침대로 하면 아직 이런 복을 누릴 자격이 주어지지 않았기 때문이다.

이런 생각은 복음을 완전히 뒤집어 버렸다. 이 생각대로 하면 거룩하게 되는 참된 방편—복음으로 신자의 마음에 심겨진 생명의 원리—으로도 더 이상 거룩하게 되지 못한다. 오히려 수단이 거룩의 결과와 열매가 되어 버렸다. 이 견해에 따르면 거룩의 방편을 얻기 위해 애써서 일하기 전에는 그것들을 결코 얻을 수 없다! 결국 참된 거룩에 대해서는 아무것도 기대할 수 없게 되는 것이다. 참된 거룩을 산출할 수단을 전혀 기대할 수 없기 때문에, 그것을 이룰 기회도 완전히 사라진다. 사도 바울이 행위를 통한 구원의 방식이 믿음을 공허한 것으로 만들고, 약속을 무의미하게 한다고 했던 이유가 여기 있다. 행위를 통한 구원 교리는 그리스도의 죽음을 헛되게 하고, 하나님의 은혜를 무의미하게 한다. 은혜와 상관없는 사람들이 그리스도를 가치 없이 여기는 것처럼, 신자도 그리스도를 전혀 소중하지 않게 된다(롬 4:14, 갈 2:21, 5:2, 4).

그리스도의 계명에 진실하게 순종해서 구원을 얻는다는 교리는 이전부터 있었던 여러 형태의 행위 구원 교리들과 다르지 않다. 여느 행위 구원 교리들과 마찬가지로 파괴적이다. 이런 가르침으로는 아무도 거룩한 삶을 살 수 없기 때문이다. 거룩한 삶을 살 수 있는 능력을 소멸시킨다. 하나님의 은혜를 완전히 배제하기 때문이다. 거룩한 삶을 살아가는 능력과 방편을 얻기도 전에 하나님께 진실로 순종할 것을 요구한다. 이런 가르침에 따르면, 의롭게 되기 전에, 구원의 확신을 얻기도 전에, 그리스도와의 실제적인 연합과 교제를 누리기도 전에, 오직 믿음으로만 받을 수 있는 새로운 본성을 갖기도 전에 거룩해져야 하기 때문이다.

행위 구원 교리는 그리스도와 그분의 모든 은총을 실제적으로 받아 누리는 구원 얻는 믿음의 본질을 파괴하고 앗아 간다. 율법을 따라 온갖 노력을 다한 부자 관원에게 여전히 부족한 것이 있다고 예수님이 말씀하신 것처럼, 아무리 노력하고 힘써도 여전히 부족한 것이 있다고 말할 것이기 때문이다(막 10:21). 이 교리는 진실한 순종과 선한 삶으로 그리스도를 가질 자격을 얻기까지는 그리스도를 자기 것으로 삼을 수 없다고 가르친다. 조건적인 믿음이라는 거짓말로 사탄은 많은 불쌍한 영혼들을 종으로 부리고 있다. 마귀는 과연 그리스도를 가질 충분한 자격이 있을 만큼 제대로 행했는지 자기 마음을 살피는 데만 수년을 보내게 한다. 이런 가르침으로 많은 사람들과 그리스도 사이에 큰 담이 가로놓였다! 은혜로 얻는 구원을 아는 지식으로만 이 담을 무너뜨릴 수 있다.

구원을 얻고 거룩하게 살기 위해서는 행위 구원의 교리를 완전히 버려야 한다. 아무리 사소한 행위라도 그것이 구원 얻기 위한 노력의 일환이라면, 그것은 결코 사소한 것이 될 수 없다. 아름답고 호화로운 대저택에 살면서 겨우 동전 몇 개만 내놓는 사람들이나 마찬가지다. 가장 위대한 복을 얻기 위해 노력한다고 하면서 기껏해야 아주 미천한 일을 할 뿐이다. 세상에서 가장 뛰어나고 유능한 사람일지라도, 그가 하나님 앞에서 하는 선행은 동전 한 개의 가치만큼도 되지 않는다. 인간은 너무나 죄악되기 때문이다. 오직 은혜 복음의 능력으로 동전 한 개의 순종이라도 할 수 있다.

둘째, 율법의 행위를 통해 구원을 추구하는 사람들은 필연적으로 자기가 가진 본성 또는 옛 본성을 따라 살 수밖에 없다. 육체와 옛 사람을 따라 살아간다. 그리스도께서 거하시는 새로운 상태를 따라 살지 않는다. 물론 이들 중에도 그리스도 안에서 새로운 본성을 가진 참된 그리스도인이 있다. 하지만 참된 그리스도인이라도 여전히 육체를 가지고 있고, 육체를 따라 행동할 수 있다. 율법의 행위로 살아가는 신자는 육체 가운데 사는 사람이고, 본성대로 사는 사람이다. 바울은 율법적인 구원으로 뒷걸음질치는 갈라디아 교인들을 향해 어리석은 사람들이라고 했다. 성령으로 시작했으면서도 육체를 통해 완전해지려고 한다는 것이다(갈 3:3). 율법 아래 있고자 하는 사람들은 성령을 따라 난 것이 아니라 육체를 따라 났다는 사실을 보여주기 위해, 바울은 이들을 사라의 노예인 하갈의 소생, 이스마엘에 비교했다(갈 4:22, 23, 29).

아담이 죄 없는 순전한 본성을 가지고 있을 때 받은 율법은, 그가 복락을 계속 누리기 위해 무엇을 해야 하는지를 말해 준다. 그때 이래로 육체, 즉 본성적인 사람과 율법은 서로 하나가 되었다. 사람이 살아 있는 한 율법이 그를 지배할 수밖에 없다. 즉, 사람이 그리스도의 몸을 통해 자기의 육체적 상태에 대하여 죽고, 그를 죽은 자가운데서 살아나신 그분과 하나가 되기 전까지 사람은 율법의 지배를 받는다(롬 7:1-4). 그리스도인으로서 신자는 행위 언약인 율법 아래 있지 않다. 그리스도 안에서 신자는 새로운 상태가 되었기 때문이다. 그래서 바울은 이렇게 말한다. "너희가 법 아래에 있지 아니하고 은혜 아래에 있음이라"(롬 6:14). 그는 또 이렇게 말한다. "너희가 만일 성령의 인도하시는 바가 되면 율법 아래에 있지 아니하리라"(갈 5:18). 율법의 조항들을 준수하는 것으로 참된 거룩을 이룰 사람은 아무도 없다. 본성과 육체에 거하는 한, 경건에 이르는 것은 불가능하다.

육체를 따라 사는 사람이 할 수 있는 것이라고는 죄짓는 것 외에는 없다. 육체의 연약함 때문에 율법으로는 구원에 이를 수 없다. 육체는 결코 율법이 요구하는 의를 이룰 수 없기 때문이다(롬 8:3-4). 율법과 그에 반항하는 육체는 분리될 수 없다. 육체는 율법에 저항한다. 육체는 율법에 순종할 수가 없다(롬 8:7). 율법은 타락 이래로 인간이 감당할 수 없는 해묵은 순종의 빚 때문에 소송을 걸어 놓은 상태다. 그러나 여전히 율법은 인간에게서 아무런 순종도 되돌려받지 못한다. 육체는 하나님의 율법이 요구하는 것을 조금도 행할 수 없다.

그리스도의 계명에 진실로 순종함으로 구원을 얻는다고 말하는 사람은 율법주의자와 같다. 육체를 통해 완전—완전한 순종이 아니라 진실한 순종을 말한다—하게 되려고 했던 갈라디아 교인들과 다르지 않다. 진심 어린 순종으로 그리스도를 얻으려고 하는 것은 자신이 그리스도 안에 있지 않다는 사실을 드러내 줄 뿐이다. 이들은 그리스도 밖에 있는 사람들처럼 행했다. 그들이 그리스도를 얻으려고 했던 것도 바로 이 때문이다. 죽은 본성을 따라 살아가는 사람은 결코 온전한 순종에 이를 수 없다.

행위 구원을 논박함 151

셋째, 율법은 인간 본성의 무능력을 보여줄 뿐 아니라, 율법을 행할 어떤 능력도 주지 않는다. 갈라디아서 3:21에서 바울이 말하는 것이 바로 이것이다. "율법이 생명을 줄 수 있는 것이었다면, 의롭게 됨은 분명히 율법에서 생겼을 것입니다"(새번역). 율법이 요구하는 모든 것을 완전히 순종할 때까지 율법은 결코 생명을 약속하지 않는다. "율법으로 말미암는 의를 행하는 사람은 그 의로 살리라"(롬 10:5). 성경은 율법을 "말하는 소리"라고 말하고 있다(히 12:19). 왜냐하면 율법의 높고 고상한 말에는 생명을 주는 능력이 전혀 없기 때문이다.

이런 점에 있어서 진실한 순종으로 생명과 구원을 얻는다는 가르침 역시 율법보다 나을 게 없다. 이 가르침 역시 그리스도 안에서 생명과 구원을 얻기 위해서는 율법에 순종해야 한다고 한다. 어떤 생명도 약속하지 않는 가르침을 따라 사는 사람이 율법에 진실하게 순종할 수 있으리라 기대할 수 있겠는가? 율법은 아무것도 주지 않는다! 하지만 복음은 본질적으로 많은 것을 나누어 준다. 복음은 하나님께서 모든 육체에게 성령을 부으실 것이라고 약속한다(행 2:17). 성경은 "내 법을 그들의 생각에 두고 그들의 마음에 이것을 기록하리라"고 약속한다(히 8:10). 복음은 하나님의 약속을 이렇게 선포한다. "내 영을 너희 속에 두어 너희로 내 율례를 행하게 하리니 너희가 내 규례를 지켜 행할지라"(겔 36:27).

이 은혜의 말씀은 생명을 얻는 조건으로 우리가 거룩할 것을 요구하지 않는다. 오히려 값없이 주는 선물로서 거룩을 약속한다. 이런 교리라야 우리를 "능히 든든히 세우사 거룩하게 하심을 입은 모든 자 가운데 기업이 있게" 할 수 있다(행 20:32). 하나님께서 이 가르침을 믿는 신자들을 거룩으로 이끄신다고 하셨기 때문에, 우리가 믿는 이 교리의 특성상 하나님께서 우리 안에서 역사하실 것이라 기대해도 좋다.

넷째, 인간이 타락하여 완전히 부패한 것이 맞다면, 선행으로 생명을 얻고 행복해진다는 말은 더 이상 아무런 의미가 없다. 생명을 얻는 조건으로서의 선행은, 타락 이전에 누리던 생명을 보존하는 조건으로서는 의미가 있었다. 그때는 율법을 지킬 수 있었기 때문이다. 그러나 지금은 전혀 다르다. 거룩한 삶을 살라고 인간에게 명령하는 율법은 죄 가운데 죽은 인간을 살릴 수 없다. 온몸이 마비되어 누워 있는 사람에게 "누워 있지만 말고 일어나 많이 걸으면 건강해져서 걸을 수 있다"고 말하는 것이나 마찬가지다. 때로 길을 가다가 넘어진 자녀에게 "이리 오렴, 그럼 아빠가 도와줄께" 하고 말하면, 아이들은 실제로 일어나 아빠에게 간다. 그러나 온 몸이 마비되어 침상에 누워 있는 환자에게 그렇게 말한다면, 불쌍하고 고통 받는 사람을 모욕하고 조롱했다는 비난을 면하기 어려울 것이다.

자신의 원죄와 생명 없는 본성의 상태를 아는 겸손한 사람은, 거룩한 삶을 살려면 먼저 성령으로 살아나야 한다는 것을 잘 안다(갈 5:25). 이런 사람은 "어떻게 하면 율법이 요구하는 의무를 준행할 능력을 가질 것인가?" 라고 묻는다. "하나님과 그리스도를 의지하라"고 말해 주는 것이 이들을 돕는 길이다. 죽은 사람이 스스로 일어나 무덤에서 나올 수 없는 것처럼, 자기는 중심으로 하나님께 나아갈 수 없는 사람이라는 것을 이들은 잘 알고 있다.

다른 예를 들어 보자. 행위 구원이 말하는 원리는 하나님을 사랑해야 하나님의 사랑을 받는다는 것이다. 그러나 성경은 전혀 다르게 말한다. "우리가 사랑함은 그가 먼저 우리를 사랑하셨음이라"(요일 4:19). 만약 하나님을 사랑하는 것이 하나님의 사랑을 받기 위함이라면, 하나님을 사랑하는 우리의 사랑은 절대적인 사랑일 수 없다. 우리가 받아 누리는 생명도 조건적인 것임은 두말할 필요도 없다. 하나님이 내건 조건을 선혀 충족시킬 수 없는 우리는, 결국 하나님을 향해 증오와 분노를 가득 품게 될 것이다.

다섯째, 율법은 인간의 죄악과 부패를 치료하지 못할 뿐만 아니라, 율법의 공로로 구원을 추구하는 사람들의 마음에 죄악된 성향과 행위를 불러일으킨다. 왜 이런 일이 일어나는가? 정의로운 하나님의 율법이 우리의 부패한 본성을 고치는 것이 아니라 오히려 대적하고 미워한다는 것을 알게 되면, 부패한 본성이 더욱 솟구쳐 오르기 때문이다. 물론 율법 때문이 아니라 인간의 잘못된 마음 때문에 그렇게 된다.

아직 이 사실을 경험하지 못했다면, 자신의 경험을 통해 이것을 가르치고 있는 사도 바울의 말을 믿어야 할 것이다(롬 7:5, 14). 바울은 육신에 머무는 사람은 율법을 통해 오히려 죄가 그 속에 살아나게 된다고 말한다. 율법의 계명이 오히려 죄를 불러일으킨다. "탐내지 말라"는 계명은 바울의 마음에 각양 탐심을 불러일으켰다. 율법이 그를 기만하고 살해했고, 그는 지극히 죄악된 사람이 되었다. 율법을 몰랐을 때 죄는 잠잠하고 그가 살았지만, 율법을 깨닫게 되자 그는 죽고 죄가 살아났다. 바울은 자신의 죄악된 본성과 율법 사이에 화해할 수 없는 적의가 존재하는 이유를 말해 준다. "우리가 율법은 신령한 줄 알거니와 나는 육신에 속하여 죄 아래에 팔렸도다."

진심으로 율법에 순종하면 구원을 얻는다는 가르침 역시 같은 결과를 가져올 수밖에 없다. 타락한 인간 본성은 완전한 순종은커녕, 진정한 순종과도 완전히 반대되는 것이다. 진정한 순종을 구원의 조건으로 삼는다면, 죄가 살아날 것이다. 죄가—성향과 행실에서 모두—극도로 악하게 드러날 것이다. 구원받지 못한 본성적인 사람에게 율법주의적 교리를 들이대면, 정확히 잠언 9:8에서 말하는 것을 보게 될 것이다. "거만한 자를 책망하지 말라. 그가 너를 미워할까 두려우니라." 거만한 자를 꾸짖어 보라. 그는 더욱 격분할 것이다.

아담의 죄 때문에 바른 마음을 잃어버린 자연인이 신령한 일을 대하는 방식이 이렇다. 경험으로 보건대, 행위 구원의 원리에 몰입해 있는 사람들은 대개 참된 거룩을 설교하고 가르치는 사람들을 미워한다. 참된 거룩을 설교하는 것은 곧 행위 구원을 믿는 사람들의 양심을 괴롭히는 것이다. 이들은 율법을 무시함으로써 숨을 곳을 찾는다. 율법을 모르면 모를수록 하나님 앞에 책임질 일이 적어진다고 생각한다. 사람들이 참된 하나님의 말씀을 듣지 않으려고 하는 이유가 여기 있다(사 30:10). 이런 사람들로 가득 찬 세상은 대부분 참된 거룩이 무엇인지 모른다. 오직 성경의 계시를 통해서만 참된 거룩의 본질을 알 수 있기 때문이다.

율법주의를 가르치는 사람들이 오히려 하나님의 율법에 대한 참된 인식을 훼방한다. 자기들의 죄를 변명하고 빠져나갈 구멍을 만들어 둔다. 예수님 당시의 바리새인과 서기관들이 그랬다. 예수님은 산상수훈을 통해서 율법의 왜곡된 해석과 타락을 바로잡으셨다(마 5-7장). 그리스도 안에 있는 하나님의 은혜를 통해서 거룩과 구원을 추구하는 사람들만큼 율법의 순전함과 완전함을 제대로 이해하는 사람들도 없다. 율법에 순종해서 구원을 얻으려는 사람은, 참된 순종의 본질을 완전히 상실할 정도로 하나님의 율법의 완전성을 축소하고 단순화할 수밖에 없다.

행위 구원의 원리를 따라 사는 사람들은 그리스도의 계명을 지키고자 하는 열망과, 그리스도가 자신의 주님이 되어야 한다는 사실에 대한 인식과, 실제적인 거룩의 실천도 없이 그리스도의 계명에 순종하기로 하는 결심 정도로 참된 순종을 축소한다. 이런 정도를 가지고 구원을 얻어 누릴 수 있게 하는 진실한 순종이라 여기는 사람들이 얼마나 많은지 모른다. 그런 마음이 있다는 이유만으로 사람들은 자신을 복음 언약을 따라가는 사람으로 여긴다. 자기에게 필요한 것은 최선을 다해 그리스도의 계명에 순종하고자 힘쓰는 것—실제로 선한 일이라고는 아무것도 한 것이 없는데도—이라 여긴다.

행위를 통한 구원에 열심인 사람일수록 미신적인 일에 몰두한다. 이들이 가진 육체적인 본성에는 하나님과 그리스도의 계명보다 미신이 더 잘 들어맞는다. 세상에 많은 미신이 판치는 이유가 여기 있다. 종교개혁 시대에는 오직 믿음으로 말미암는 구원 교리로 많은 미신이 혁파되었다. 그러나 여전히 많은 사람들이 미신적인 행위로 죄책에 시달리는 양심을 잠재우려고 한다. 부지런히 노력할 뿐 아니라 자기에게 있는 정욕을 죽인다며 금식으로 자기 몸을 상하게까지 한다. 그러나 정욕은 이들에게 어느 때보다 강력하다. 이들은 마치 하나님의 율법이 잔혹한 주인 행세라도 하는 것처럼 불평하고 투덜대면서, 자신들이 얼마나 율법을 미워하는지를 극명하게 드러낸다. 비굴한 두려움으로 외적인 행실을 억제하려고 할 뿐이다. 여기에 참된 순종이 들어설 자리는 없다.

이런 사람들이 일단 율법의 영적인 본질을 알게 되면, 하나님께서 자신의 노예적인 순종을 진실한 순종으로 받지 않으실 것을 알고 절망한다. 이것은 구원에 대한 절망이다. 하나님의 호의를 얻으려고 율법을 지키려고 했던 모든 노력이 구원에 전혀 도움이 되지 않는다는 것을 알게 될 것이다. 율법에 대해서 분개할 뿐 아니라, 심지어 자신의 노력으로 구원을 받지 못할 정도로 구원을 어렵게 만들어 놓은 하나님에 대한 증오와 분노로 마음이 가득 차게 될 것이다. 하나님의 율법을 지키지 못한 사람에게 주어지는 정죄가 자기에게 영원히 드리워진 것을 알게 될 것이다. 이런 사람들은 하나님과 그리스도에 대한 불경한 생각과 언사를 서슴지 않는다. 하나님께서 이런 끔찍한 마음 상태에 이른 사람들에게 오직 믿음을 통해 값없이 주어지는 구원을 은혜로 계시하지 않으신다면, 이들은 양심이 굳어져서 더 이상 자신의 죄를 두려워하지도 않게 될 것이다. 이들은 복음과 같이 자신의 양심을 힘들게 하는 것은 무엇이나 저버리려고 할 것이다. 이와 달리 양심이 아직 살아 있는 사람은 하나님을 증오하고 욕하거나, 계속되는 두려움 가운데 살기보다는 사탄의 꾐에 빠져 스스로 목숨을 끊기도 한다.

율법주의적 가르침은 육신적인 마음에 끔찍한 영향을 끼친다.

행위 구원을 말하는 교리는, 사람에게 있는 부패라고 하는 잠자는 사자를 건드려 발광하게 한다. 사람은 어떤 식으로든 자신의 부패한 본성을 죽일 수 없다. 자신의 행위로 구원을 얻으려고 애쓰는 사람들이 한결같이 경험하는 슬픈 현실이다. 진실한 순종을 통해 구원을 얻는다는 가르침은 가장 사악한 반율법주의적 오류와 맞닿아 있다. 이런 가르침으로는 누구도 거룩하게 살 수 없다. 나 역시 경험을 통해 죄의 지배와 권세에서 벗어나는 유일한 길은 율법 아래 있지 않고 은혜 아래 있는 것뿐이라는 진리를 확인하게 되었다(롬 6:14).

여섯째, 행위를 통한 구원의 길은 첫째 아담에게 선언된 저주로 완전히 파괴되었다. 행위 구원의 가르침은 전혀 생명을 주지 못한다. 그저 우리를 죽게 할 뿐이다. 율법이 요구하는 것은 모든 일에 있어서 하나님을 향한 완전하고도 진실한 순종이라는 것을, 아담은 처음부터 잘 알았다. 이를 통해 아담은 하나님이 주시는 복락을 누리고 살 수 있었다. 금지된 실과를 먹지만 않았어도 율법을 통해 복을 누렸을 것이다. 그러나 아담이 범죄함으로 자신과 후손들을 "정녕 죽으리라"는 끔찍한 선고 아래로 몰아넣었고, 동시에 이 복은 저주로 바뀌었다.

타락 이전에는 아담이 율법에 온전히 순종하는 한 하나님을 아는 지식과 율법은 계속해서 그에게 생명을 주었다. 하지만 아담이 죄를 짓자, 하나님을 아는 지식과 율법은 전혀 다른 것을 주었다. 생명이 아닌 사망—죄로 인한 몸과 영혼의 죽음—을 가져다준 것이다. 죄를 지은 아담이 원수를 피하듯 재빨리 하나님으로부터 달아나 숨은 것도 이 때문이다. 마치 하나님께서 "네가 가진 모든 지식과 빛은 이제 더 이상 너에게 생명을 주지 못할 것이고, 생명을 회복하게도 못할 뿐 아니라, 오히려 너를 죽음에 이르게 할 것이다"라고 말씀하신 것 같다.

본성적 상태로 여전히 첫 아담의 죄책과 저주 아래 있는 사람에게, 하나님을 아는 지식과 그분의 성품과 율법은 저주로 드러날 뿐이다. 인간은 더 이상 하나님을 아는 지식과 율법을 선용할 수가 없다. 오직 구원을 얻기 위한 자신의 공로로 오용할 뿐이다. 하나님께서는 이제 "순종하면 복을 받을 것이나, 불순종하면 저주를 받을 것이다"라고 하는 첫 번째 생명 언약과는 전혀 다른 방식으로 구원을 주신다. 자연인에게는 미련하게 보이는 방식으로 구원을 주신다.

하나님께서는 사람이 자신의 행위로 혹은 본성적인 사람이 얻을 수 있는 지혜나 지식으로 사는 어떤 방식도 멸하기를 원하신다. "기록된바 내가 지혜 있는 자들의 지혜를 멸하고 총명한 자들의 총명을 폐하리라 하였으니 지혜 있는 자가 어디 있느냐. 선비가 어디 있느냐. 이 세대에 변론가가 어디 있느냐. 하나님께서 이 세상의 지혜를 미련하게 하신 것이 아니냐. 하나님의 지혜에 있어서는 이 세상이 자기 지혜로 하나님을 알지 못하므로 하나님께서 전도의 미련한 것으로 믿는 자들을 구원하시기를 기뻐하셨도다"(고전 1:19-21). 본성의 빛을 통해 얻는 지식만으로는 거룩한 삶을 살 수 없다. 율법주의적 구원을 위해 복음의 능력을 저버릴 때 복음의 능력은 오용될 수밖에 없다.

일곱째, 하나님께서 모세에게 율법을 주신 것은, 그것을 완전히 지켜 거룩해지거나 구원을 얻으라고 주신 것이 아니다. 만약 하나님께서 율법의 행위를 통한 구원의 길을 주셨다면, 구원은 모세의 율법에 대해 순종하는 것으로 이루어졌을 것이 분명하다.

모세를 통해 율법을 주신 정황을 기억하자. 당시 하나님은 언약의 조항으로서만이 아니라 교회가 살아가는 삶의 규칙으로서 모세의 율법을 주셨다. 그러나 모세에게 율법을 주시기 전에 하나님은 아브라함과 이삭과 야곱에게 또 다른 언약을 주셨다. 약속의 씨인 그리스도로 말미암아 값없이 누리는 복을 약속하는 은혜 언약을 주신 것이다. 구원 얻을 유일한 길로서 은혜 언약을 선포하신 것이다. 율법 언약이 더해진 것은 그 이후였다. 이로써 교회는 자신의 죄악됨과 하나님의 진노와 사망 아래 있는 자신의 모습을 볼 수 있게 되었다. 하나님께서는 교회에게 자신의 노력으로는 결코 거룩함이나 생명에 이를 수 없다는 사실을 가르쳐 주고자 하셨다. 행위 언약을 주신 목적은, 교회가 자신의 구원을 위해 오직 값없이 주시는 은혜의 약속만을 의지하도록 하는 것이었다. 행위 언약은 또한 약속된 씨인 예수 그리스도가 오시고 그리스도를 통해 성결케 하시는 성령이 부어지기 전까지, 종의 영으로 죄를 억제하기 위해 주어졌다. 갈라디아서 3:15-24과 로마서 5:20-21과 로마서 10:3-4에서 사도 바울이 가르치는 바가 바로 이것이다.

구약성경의 이스라엘 백성 중에 모세를 통해 받은 시내 산 언약으로 구원받은 사람은 단 한 명도 없다. 어느 누구도 시내 산 언약을 통해서는 거룩해지지 못했다. 이들 가운데 비록 완전하게는 아니더라도 진심으로 율법을 준행한 사람들이 간혹 있었다. 그러나 그마저도 먼저 믿음으로 의롭게 된 사람들이었다. 아브라함과 이삭과 야곱과 맺은 더 나은 언약을 통해 생명과 거룩함에 참여한 사람들이었다. 이 언약은 근본적으로 그리스도의 피로 세운 새 언약과 동일하다. 시내 언약보다 더 나은 이 언약이 없었다면, 시내 언약이 이들을 죄와 비참과 좌절과 파멸로 몰아갔을 것이다. 율법을 준행하는 행복을 전혀 누리지 못했을 것이다. 그 자체로 시내 산 언약은 "사망과 정죄에 이르게 하는 율법조문"이다. 그래서 하나님께서 그것을 파하신 것이다(고후 3:6-11).

그리스도의 보혈로 종의 멍에에서 교회를 구원하신 하나님을 찬양하자! 은혜의 새 언약을 진지한 행위 언약으로 뒤바꿔서 끔찍하고 비참한 멍에를 짊어지게 하려는 사람들의 일을 거부하고 책망하자. 이들은 이스라엘이 짊어진 것과 같은 멍에를 우리에게 지우려는 자들이다. 이런 행위 언약을 통해서는 전혀 안식할 수 없다!

일곱 번째 원리

구원을 위해 인간이 미리
준비할 수 있는 것은 아무것도 없다

죄악된 마음이 먼저 거룩한 마음으로 되어야 그리스도를 믿고 구원을 누릴 수
있다는 생각은 잘못되었다. 그리스도를 믿고 구원받기까지는 조금도 거룩해
질 수 없다.

사람은 본성적으로 자신의 행위를 구원의 근거로 삼으려고 한다! 행위를 통해 구원을 얻으려고 하지는 않아도, 믿음으로 그리스도와 그분이 주시는 구원을 받을 수 있도록 스스로 준비하는 일은 괜찮다고 생각한다. 대부분의 사람들이 이런 생각을 은혜로 받는 구원 교리에 비추어 별로 문제가 없는 것으로 여기기 때문에 쉽게 여기에 동조한다. 그들은 이렇게 말한다.

"우리가 할 수 있는 일은 하나님의 선물을 받을 수 있도록 바른 태도로 자신을 준비시키는 것뿐이다. 값없이 주는 선물을 받으러 대통령 앞에 나아간다고 생각해 보자. 걸맞는 태도와 합당한 마음으로 나아가지 않겠는가? 몸을 깨끗이 하고 좋은 옷으로 갈아입을 것이다. 감옥에서 풀려나 바로를 알현했던 요셉처럼 말이다. 죄로 끔찍하게 더럽혀진 옷을 그대로 입은 채 하나님 앞으로 나아간다고 생각해 보라. 이것은 그리스도와 하나님의 거룩하심과 의로우심에 대한 크나큰 모독이다. 어떻게 감히 엄위하신 하나님 앞에 상처를 깨끗이 싸매지도 않고 나아간단 말인가! 어떻게 온전히 거룩하신 분을 정돈되지 않은 더럽고 죄악된 마음의 방으로 모셔 들일 생각을 할 수 있는가! 예복도 없이 혼인 잔치에 왔다가 손발이 결박된 채 바깥 어두운 곳으로 쫓겨나는 사람의 비유가 가르치는 것이 바로 이것이다(마 22:11-13). 이는 사람들이 하나님 앞에서 갖는 착각에 대한 경고다."

지금 이 사람들이 무엇을 말하는 것인지 알겠는가? 사람이 행위로 구원받는 것은 아니지만, 행위를 통해 그리스도를 영접하기에 합당하게 준비되어야 한다는 것이다. 이런 생각은 많은 끔찍한 결과들을 초래했다. 사람들이 구역질 나는 추악한 자기 마음을 분명히 보아도 즉시 그리스도께 나오려고 하지 않는 이유가 여기 있다. 아직 그리스도께로 나올 준비가 안되어 있다고 생각하기 때문이다. 전능하신 성령의 조명을 받기까지는 그리스도께로 나오지 않을 것이다. 구원에 이르게 하는 복음을 믿지 않는 사람들이 아주 많다. 자신은 아직 복음에 합당하게 준비되지 않았다고 믿는다. 믿음이 약한 많은 신자들이 이 같은 이유로 수년 동안 성찬상으로 나아오기를 꺼린다. 살아 있는 동안에는 아예 성찬을 받지 않을지도 모른다. 이런 생각을 따라가는 사람들 중에는, 유아세례를 받지 않았다면 평생 동안 세례를 받지 않고 살아갈 사람들도 분명히 있을 것이다! 이런 생각을 논박하기 위해 다음 사실들을 잘 생각해 보자.

첫째, 이런 오류는 우리가 앞 장에서 살펴본 것과 똑같은 방식으로 거룩한 삶과 구원을 파괴한다. 그 이유도 앞 장에서 제시한 것과 다르지 않다. 그리스도를 통해 구원 얻기 위한 조건으로 거룩을 생각하는 것이나, 그리스도를 영접하기 위한 자격 조건으로 거룩을 생각하는 것이나 다 같은 말이다. 이렇게 생각하는 사람은 율법 아래 사는 사람으로, 생명을 얻기 위해서는 먼저 율법을 준수해야 한다고 생각한다. 그에게는 거룩을 이룰 능력이 전혀 없다. 왜 그런가? 그리스도와의 연합과 교제와 상관없이 거룩한 삶을 살려고 하기 때문이다.

기억하자. 오직 그리스도와의 연합을 통해서만 거룩한 삶을 살 능력을 받는다. 거룩하게 살고 싶다면 먼저 그분과 연합해야 한다. 그리스도와 연합하지 않은 사람은 여전히 자기 본성의 지배 아래 있으며 저주를 받을 것이다. 죄악된 부패를 죽이기는커녕 더 왕성하게 일어나게 할 뿐이다. 이런 상태에 남아 있는 사람은 절대 그리스도를 영접할 수 없다! 좀 더 거룩하게 준비되어서 그리스도께로 가려는 사람은, 온갖 걸림돌에 걸리고 깊은 수렁에 빠져 구원을 얻는 데 큰 방해를 받을 것이다. 사람은 결코 그리스도를 영접할 만큼 선해질 수 없다.

둘째, 하나님의 말씀과 복음은, 믿음으로 그리스도를 영접하여 구원을 받기 전에 먼저 죄악된 마음을 거룩하게 바꾸라고 요구하지 않는다. 그리스도는 악한 죄인이 즉시 구원으로 나아오기를 바라신다. 그리스도께서 죄인들에게, 자기에게 나아올 준비를 하고 난 후에 나아오라고 말씀하신 적이 없다. 빌립보 간수가 "내가 어떻게 하여야 구원을 받으리이까" 하고 물어봤을 때, 바울은 "즉시 주 예수를 믿으라"고 할 뿐 아니라 그 자리에서 구원을 약속했다. 그 간수는 곧바로 믿었고, 모든 가족들과 더불어 세례를 받았다(행 16:30-33). 바울은 그에게 그리스도를 믿기 전에 먼저 마음을 준비하라고 하지 않았다. 바로 전까지만 해도 그가 바울과 실라를 착고에 채우고 자살을 시도하는 등 어찌할 바를 몰랐음에도 불구하고 바울은 그렇게 하지 않았다!

성경에는 또 다른 예도 있다. 베드로의 설교를 듣고 한꺼번에 그리스도께로 돌이켜 세례를 받고 교회의 일원이 되었던 삼천 명의 유대인들은, 얼마 전까지만 해도 그리스도를 죽이는 일로 자신을 더럽혔던 사람들이다!(행 2:41) 하지만 베드로는 이들에게 그리스도를 영접하기 위해 시간을 갖고 준비하라고 하지 않았다. 그리스도를 영접하라고만 했다! 그리스도께서는 자기 종들에게 빨리 거리로 나가서 가난한 자, 다친 자, 저는 자, 앞을 못 보는 자들을 잔치자리로 데리고 오라 하셨다. 그들은 즉시 거리로 나가 그런 사람들을 데리고 왔다. 그리스도께서는 그들이 자기 다친 데를 고치고, 상처를 깨끗이 하고, 누더기를 벗고, 스스로 깨끗이 하여 때를 다 없애면 데려오라고 하지 않았다.

하나님께서는 우리가 불의한 자를 의롭게 하는 그리스도를 믿기를 바라신다. 믿기 전에 먼저 경건해지라고 하지 않으신다(롬 4:5). 예수님은 병든 자를 위한 의사로 우리에게 오셨다. 자기에게 나아오기 전에 먼저 건강해지라고 하지 않으신다(마 9:12). 가장 악한 죄인이야말로 죄를 용서하시고 은혜로 구원하시는 하나님의 풍성한 은혜를 나타내는 자, 복음을 위해 적합하게 준비되고 예비된

구원을 위해 인간이 미리 준비할 수 있는 것은 아무것도 없다 167

자다(엡 2:5-7). 이것이 바로 죄를 더하는 모세 율법을 주신 이유다. 죄가 더하는 곳에 은혜가 넘친다(롬 5:20).

예수님은 가장 혐오스럽고 부패한 죄악 가운데 있는 우리를 사랑하셨고, 우리를 위해 죽으셨다. 예수님은 피로 값 주고 사신 구원을 얻기 위해 우리가 그분께로 갈 때 우리를 받으실 것이다. 하나님께서 죄인들에게 요구하시는 정의를 예수님이 온전히 만족시키셨기 때문에, 그분과 믿음으로 연합하고 교제하는 사람들은 누구나 그분을 통해 구원과 의로움과 거룩함을 얻는다. 이것은 그리스도를 모욕하는 일이 아니다. 타락한 죄인으로 그리스도께 나아오는 것은 하나님의 정의와 거룩을 무시하는 것이 아니다. 오히려 그분을 영접하기 전에 스스로를 의롭고 거룩하게 하려고 함으로써 그분의 은혜와 긍휼의 풍성함을 멸시하는 것이야말로 그리스도에 대한 모욕이다! 오직 그리스도를 믿는 믿음을 통해서만 얻을 수 있는 의로움과 거룩함을 받기 전에 스스로를 개선하려고 하는 것이야말로 하나님의 정의와 거룩하심을 부정하는 것이다. 예수님은 나병에 걸린 사람을 만지기를 주저하지 않으셨다. 기꺼이 제자들의 발을 씻기셨다. 예수님은 나병에 걸린 사람에게 자신이 만질 것이니 환부를 치료하고 오라고 하지 않으셨다. 제자들의 발을 씻을 계획이니 각자 발을 깨끗이 씻고 오일을 바르고 오라고 하지 않으셨다!

셋째, 진실한 믿음으로 그리스도를 영접하는 사람은 하나님 앞에서 입을 예복이 없을 수가 없다. 하나님이 보시기에는 믿음 자체가 소중하고 가장 거룩하다(벧후 1:1, 유 20). 하나님은 믿음을 사랑하신다. 믿음은 구원의 영광을 오직 하나님의 은혜에만 돌리기 때문이다. 믿음이 있는 사람은 그리스도를 얻고 그리스도께 용납되기 위해 자기가 할 수 있는 일들을 의지하지 않는다. 믿음이 있는 사람은 구원자 되신 그리스도를 사랑한다. 구원에 주리고 목마른 사람에게 믿음은 그리스도를 먹고 마시는 영혼의 입이다. 죄인들이 가져올 예복으로 믿음보다 더 좋은 것은 없다! 하나님의 목적은 친히 베푸시는 혼인잔치에서 자기에게 있는 영광스런 은혜의 부요함을 나타내 보이시는 것이다!

하나님께서는 자기 백성을 사랑하신다. 그들이 그리스도를 사랑하고, 그리스도가 하나님께로부터 오신 것을 믿기 때문이다(요 16:27). 믿음이 중요한 이유가 바로 여기 있다. 믿음이 있는 사람은 하나님께 용납되기 위해 자신이 할 수 있는 일이 아무것도 없다는 것을 잘 안다. 믿음 자체가 혼인예복은 아니다. 믿음으로 그리스도께 흰옷을 받아 입고 벌거벗은 수치를 가린다(계 3:18). 믿음이 있는 사람은 거룩을 사랑하고 열망한다. 믿음이 있는 사람은 그리스도께로 나아오기 전에 새롭고 거룩한 본성을 얻으려고 거룩한 일을 하지 않는다. 믿음이 있는 사람은 그리스도로 옷 입고, 그리스도 안에서 생명과 경건에 관한 모든 것을 취한다. 모든 참된 신자는 "의의 태양"이신 예수 그리스도로 옷 입는다(계 12:1). 예수님은 기쁨으로 친히 신자의 혼인예복과 잔치가 되시고, 그들에게 모든 신령하고 영원한 복락이 되신다.

자신의 죄악을 깨닫고도, 자신을 깨끗하게 하기 전까지는 그리스도를 의지할 자격이 없다고 생각하는가? 죄악된 삶에서 거룩한 삶으로 변화되어야 그리스도께로 갈 수 있을 것이라고 생각하는가?

그렇다면 다음 몇 가지를 생각해 보기 바란다. 그리스도를 믿고 영접하기 위해 알아야 할 몇 가지가 있다. 그러나 이 모든 것은 믿음의 열매요 결과라는 것을 먼저 밝혀 두고 싶다. 실제로 이런 것들은 믿음으로 그리스도를 믿고 구원받기 전까지는 가질 수 없는 것들이기 때문이다.

첫째, 회개는 구원에 절대적으로 필요한 일이기 때문에, 그리스도를 믿고 구원받기 전에 먼저 회개가 필요하다고 생각할 수도 있다. "너희도 만일 회개하지 아니하면 다 이와 같이 망하리라"(눅 13:3). 또한 "회개하고 복음을 믿으라"는 말씀에서도 회개를 믿음보다 앞서 말씀하셨다(막 1:15).

하지만 우리가 알아야 할 사실이 있다. 그리스도께서는 추구해야 할 목표로서 회개를 먼저 말씀하시고, 그 다음에 회개에 이르는 수단으로 믿음을 말씀하셨다. 그렇다. 믿음과 회개 모두 필요하다. 하지만 믿음이 없는 사람은 회개할 수 없다! 그렇다면 회개가 무엇인가? 회개는 마음으로부터 죄에서 돌이켜 하나님께로 나아가 그분을 섬기는 것이다. 그리스도가 아니면 누구를 통해 하나님께로 가며, 누가 우리의 길과 진리와 생명이 되겠는가? 그분이 없이는 누구도 하나님께로 갈 수 없다(요 14:6). 믿음 말고 그리스도께로 나아갈 길이 어디 있는가?

하나님께로 바르게 돌이키기 위해서는 먼저 믿음으로 그리스도께로 나아와야 하기 때문에, 믿음이 회개보다 먼저 올 수밖에 없다. 믿음은 회개에 이를 수 있도록 하나님께서 신자에게 주시는 도구다. 죄인은 본질적으로 하나님께 회개해야 할 의무가 있다. 여기서 중요한 문제는 어떻게 죄인이 회개할 수 있는가 하는 것이다. 그리스도의 복음만이 답이다. "회개하고 믿으라." 회개에 이르는 참된 길은 복음을 믿음으로 열린다. 회개의 세례를 통해 세례 요한이 보여준 위대한 가르침은 "내 뒤에 오시는 이", 즉 그리스도 예수를 믿으라는 것이었다(행 19:4).

둘째, 우리가 알다시피, 구원받기 위해서는 반드시 거듭나야 한다(요 3:3). 그러므로 그리스도를 믿어 구원받기 전에 먼저 자신의 중생을 위해 애써야 한다. 그렇다면 중생이란 무엇인지 생각해 보자. 중생은 새로운 출생으로 그리스도 안에서 새로운 피조물이 되는 것이다(고전 4:15, 엡 2:10). 그리스도 안에서 신자는 아담으로부터 물려받은 본성과는 전혀 다른 신의 성품에 참여한다. 믿음은 신자를 그리스도와 연합하게 하는 은혜다. 이를 통해 그리스도께서 신자 안에, 신자가 그리스도 안에 산다. 그러므로 믿음은 중생을 통해 신자가 누리는 첫 번째 은혜다. 바로 이 믿음을 통해 다른 모든 은혜를 갖게 된다. 그러므로 진실로 믿는 사람은 거듭난 사람이다. 하지만 거듭나기 전까지는 진실로 믿을 수 없다. 믿음으로 그리스도를 영접한 사람들만이 "혈통으로나 육정으로나 사람의 뜻으로 나지 아니하고 오직 하나님께로부터 난" 하나님의 자녀들이다(요 1:12-13).

셋째, 그리스도를 구주로 영접하기 위해서는 먼저 그분의 주되심에 진지하게 굴복하고, 그분의 율법을 따르기로 결심하고, 그리스도를 자신의 주요 율법의 주인으로 영접하는 것이 필요하다고 생각하는 사람들이 있다. 이는 구원에 대한 새로운 이론을 가르치는 많은 교사들이 말하는 교훈 가운데 하나다. 이들은 구원 얻는 믿음

구원을 위해 인간이 미리 준비할 수 있는 것은 아무것도 없다 171

은 그리스도를 주로 영접하는 것이라고 말한다. 영접하지 않으면서 믿음이 있다고 한다면 그것은 자의적인 추정일 뿐이라는 것이다. 먼저 그분의 왕 되심에 굴복해야 구원을 주실 것이라고 한다. 예수님은 사람들을 자신의 원수라고 하셨다. 그들이 왕 되신 예수님의 권세를 인정하지 않고 원하지도 않기 때문이다. 예수님은 이런 사람들을 끌어다가 죽이실 수밖에 없다(눅 19:27). 물론 그리스도는 자신을 비리고 그분의 왕 뇌심과 통치에 복종하는 사람들만 구원하신다. 그러나 먼저 예수께서 주시는 구원을 받지 못하면, 어떤 거룩한 포기나 진지한 순종의 결심도 있을 수 없다. 먼저 구원을 받아야 한다.

평소에는 자신을 죄 가운데 죽은 자로 여기지 않으면서, 위험에 처하거나 임종을 맞거나 성찬에 참여할 때는 하나님께 온전히 순종하겠다고 결심하는 사람들이 있다! 이런 때는 하나님과의 화평을 바라고 그리스도와 그분의 구원을 받아들인다! 하지만 이 모든 결심은 공허하고 위선적이다. 곧 이런 결심은 다 사라질 수밖에 없다!

자기 마음의 악함을 진실로 아는 사람들만이, 자신의 생각이 하나님의 율법과 그리스도를 대적하고 있고 복종할 수도 없다는 것을 발견한다(롬 8:7). 새 마음이 없이 그리스도께 순종하는 것보다 차라리 산을 옮기는 편이 더 쉽다는 사실을 이들은 잘 안다. 새 마음을 가져야만 하나님께서 받으실 만한 일을 바라고 행할 수 있다는 것도 안다. 물론 그리스도께서 죄인을 구하시러 세상에 오지 않으셨을지라도, 사람은 누구나 그리스도의 율법에 순종할 의무가 있다. 그러나 먼저 구원을 받아야 선한 일을 할 수 있다는 사실을 그리스도께서는 너무나 잘 아신다. 그리스도를 구주로 영접하기까지는 누구도 율법의 주인이신 그분께 순종할 수 없다는 것을 잘 아신다.

예수님은 구주이시다. 그리스도가 죄책과 죄의 권세로부터 구원해 주시는 것을 먼저 믿으라. 사탄의 지배에서 구원해 주시는 것을 믿으라. 새로운 영적인 마음과 생각을 주실 것을 믿으라. 그러면 "모든 사람을 대신하여 죽은" 그리스도를 위해 살도록 그분의 사랑이 우리를 사로잡아 갈 것이다(고후 5:14). 그제서야 우리는 비로소 진실한 마음으로 이렇게 말할 수 있을 것이다. "여호와여, 나는 진실로 주의 종이요 주의 여종의 아들 곧 주의 종이라. 주께서 나의 결박을 푸셨나이다"(시 116:16).

넷째, 그리스도를 믿고 죄 용서를 받기 전에도 어느 정도의 선행은 필요하다고 주장하는 사람들이 있다. 다른 사람의 죄를 용서해 주지 않으면, 천부께서도 그 사람의 죄를 용서하지 않으신다고 예수님도 말씀하셨다. 또한 "우리가 우리에게 죄 지은 자를 사하여 준 것같이 우리 죄를 사하여 주시옵고"라고 기도를 가르쳐 주신다(마 6:12, 15). 다른 사람에게 부당하게 이득을 취한 것이 있으면 속죄제로 희생을 드리기 전에 그것을 먼저 배상하고 관계를 회복하라고 하셨기 때문이라고 주장한다(레 6:5-7).

위와 같은 반론에는 이렇게 답할 수 있다. 물론, 다른 사람을 용서하고 자신이 가진 것으로 피해를 배상하라고 하신 것은 죄 용서와 밀접하게 연관된다. 바른 기도를 드리고, 죄사함의 은총을 기리는 성례를 위해서도 아주 필요한 일이다. 참된 믿음을 가진 사람은 이런 열매를 나타낼 것이다. 이런 노력이 없이는 바르게 기도할 수 없

구원을 위해 인간이 미리 준비할 수 있는 것은 아무것도 없다 173

고, 성례에도 믿음으로 참여할 수 없다. 그러나 그리스도의 죄사함과 구원을 믿기 전에 선행을 하려는 사람은 비굴하고 위선적으로 할 수밖에 없다. 하나님이 받으실 만한 거룩한 선행이 될 수 없다는 말이다. 다른 사람을 용서한다고 해도 그들을 진정으로 사랑해서가 아니라, 자기 자신과 하나님을 위해서 용서하게 될 것이다. 이러한 배상은 바로가 이스라엘을 떠나게 하고, 유다가 두려운 마음에 은 삼십을 다시 놀려주는 것과 같은 강제된 굴종일 뿐이다. 그러나 그런 두려움이 사라지면, 바로가 이스라엘을 다시 잡아들이려 했던 것처럼, 용서를 다시 거둬들이고 다른 사람을 부당하게 대하는 일을 계속할 것이다(출 14:5).

중심으로 다른 사람을 용서하고 싶은 사람은, 먼저 그리스도를 믿는 믿음을 통해 자신을 향한 하나님의 사랑을 깨달아야 한다. 그 사랑을 깨달아야 "서로 친절하게 하며 불쌍히 여기며 서로 용서하기를" 하나님이 그리스도 안에서 자기를 용서하심과 같이 할 수 있을 것이다(엡 4:32). 삭개오가 자신의 잘못을 배상할 수 있었던 것은 자기를 향한 그리스도의 사랑을 깨닫고 경험했기 때문이다. 그가 기쁨으로 그리스도를 자기 집으로 모셔 들였을 때, 그의 중심에 이미 그리스도를 믿는 참된 믿음이 있었다는 것이 드러났다.

다섯째, 사람들이 그리스도와 그분이 주시는 구원을 받기 위해 반드시 있어야 할 것으로 생각하는 몇 가지 자질에 대해 살펴보자. 많은 사람들이 이런 자질을 갖추려고 노심초사하며 오랫동안 많은 수고를 한다. 그러나 그것을 얻기는커녕, 비탄과 슬픔에 빠져 포기해 버리고 만다. 이렇게 상한 양심을 가진 사람들은 그리스도 안에 있는 하나님의 은혜가 주는 위로를 누리지 못한다. "너 곤고하며 광풍에 요동하여 안위를 받지 못한 자여." 도대체 얼마나 좋은 자질을 가져야 그리스도께 나와 그분을 붙들고 구원을 얻겠는가?

사람들은 아마 비통한 마음으로 이렇게 대답할 것이다. "내 마음에 하나님을 향한 사랑이 조금만 더 있고, 조금만 더 경건해지면 구원을 얻을 것이다. 하나님을 섬기지 않으려는 마음에서 지금보다는 더 자유로워져야 한다. 하나님과, 그분의 정의와 긍휼과 거룩에 대해서 좀 더 잘 받아들일 수 있어야 한다. 그래야 하나님이 나를 정죄하더라도 그분의 판단이 옳다고 생각할 수 있을 것이다. 더 이상 그분께 불평을 늘어놓지 않을 수 있으면 좋겠다. 내 안에 들끓는 정욕이 잠잠해지고, 더러운 내 마음의 방이 더 깨끗해져야 한다. 하나님에 대한 고통스런 두려움이 아니라, 하나님을 향한 거룩한 두려움과 경외가 필요하다. 하나님의 진노에 좀 더 민감하고, 하나님께 무정하지 말아야 한다. 내가 지은 죄 때문이라도 나는 좀 더 낮아져야 한다. 경건한 슬픔으로 죄를 혐오하고, 부끄러워하고, 유감스럽게 생각할 수 있어야 한다. 죄에 대한 심판이 두려워서가 아니라, 하나님의 성령을 근심시켜 드린 내 죄를 기꺼이 고백할 수 있어야 한다. 간절한 기도로 하나님께 내 영혼을 쏟아 놓을 수 있어야 한다. 진심으로 하나님을 송축하고 영화롭게 할 수 있어야 한다. 기도할 때 목석처럼 기도하지 않을 수 있어야 한다."

오, 불쌍한 영혼이여! 지금 이런 것을 바라고 있는가? 이런 문제로 고민하는 영혼에게 내가 줄 수 있는 최선의 위로는 (이렇게 되기를 바라는 것이 나쁜 것이 아니지만) 이것을 바라는 시점이 잘못되었다

구원을 위해 인간이 미리 준비할 수 있는 것은 아무것도 없다 175

는 것이다! 본성적 상태에 머물면서 죄책 아래서 하나님의 진노를 두려워하는 사람은 삶에서 이런 선한 자질과 행동을 기대할 수 없다. 그리스도의 대속을 받기 전에는 이런 것을 받아 누릴 수 없다. 그리스도의 이름을 믿는 믿음과 그리스도를 통해서 오는 새로운 영적 생명이 없이는 이런 것을 누릴 수 없다. 타락만 더 부추기고 마음을 더 완악하게 만들 뿐이다. 미련함으로 상처를 더 악화시킨다. 이런 선한 자질과 행동은 그리스도를 믿는 믿음이 있어야 받아 누릴 수 있는 것이기 때문이다. 구원을 위해 그리스도를 의지하기 전에는 전혀 누릴 수 없는 것이다.

이런 선한 자질과 행동을 어떻게 갖게 되는지 순서대로 한 번 생각해 보자. 하나님의 구원을 즐거워하기 위해서는 믿음이 있어야 한다. 믿음을 갖게 되면 자기 영혼을 향한 하나님의 사랑을 알게 되고, 이 달콤한 사랑에 이끌려 하나님을 사랑하고 섬기게 된다. "우리가 사랑함은 그가 먼저 우리를 사랑하셨음이라"(요일 4:19). 자신을 향한 하나님의 사랑을 깨닫기 전에는 하나님을 사랑할 수 없다. 하나님을 사랑하고자 하는 사람은 먼저 그분의 사랑을 받아야 한다. 하나님을 자기를 대적하고 미워하고 정죄하는 분으로 생각하는 사람은, 그 속에 있는 본유적 자기 사랑 때문에 하나님을 점점 더 증오하게 되고 적개심만 키운다. 율법의 목적이 되는 사랑이 거짓 없는 믿음을 통해 흘러나와야 한다(딤전 1:5).

하나님에 대한 사랑보다 적개심이 더 큰 사람이 어떻게 하나님을 좋게 생각할 수 있겠는가? 하나님을 모독하고 불평만 늘어놓을 뿐이다. 감정이 안 좋은 사람을 좋게 생각하고 그 사람에 대해 좋은 말을 할 리 없다. 우리가 하나님에 대해 최초로 가질 수 있는 거룩하고 바른 생각은, 그리스도 안에서 우리를 향해 보여주신 하나님의 은혜와 긍휼이다. 이런 생각은 오직 믿음의 은혜를 통해서만 가질 수 있다. 그리스도를 믿음으로 하나님의 은혜와 긍휼을 생각하게 된 사람은, 하나님을 향한 사랑과 하나님에 대한 모든 좋은 생각을 갖게 될 것이다! 이뿐 아니라 불평과 불경에서도 벗어나게 된다. "사랑은 앙심을 품지 않습니다"(고전 13:5, 공동번역). 하나님을 의롭고 긍휼이 많으신 분으로 알게 되고, 하나님의 은혜를 다른 사람에게도 알린다. 많은 사람들이 듣기 싫어하는 하나님의 거룩과 작정에 대해서도 좋게 생각할 수 있게 된다.

들끓는 정욕을 물리칠 수 있는 방법은 믿음이다. 믿음은 마음을 정결하게 하고, 사랑으로 능력 있게 역사한다(행 15:9, 갈 5:6). 믿음으로 하나님과 그리스도를 기뻐하지 않으면 세상적이고 육신적인 기쁨만을 좇게 된다. 믿음과 상관없이 정욕과 싸우면 싸울수록 정욕은 더 들끓게 된다. 죽을 힘을 다해 싸워 가까스로 정욕을 억눌렀다 할지라도 말이다. 불신앙 때문에 약속된 안식에 이르지 못할까 하는, 하나님을 향한 거룩한 두려움을 주시라고 하나님께 간구하라(히 4:1). 이런 두려움은 믿음의 요소다. 하나님과 그분의 선하심에 대해 어린아이와 같은 두려움과 경외심을 가져다줄 것이다(히 12:28, 호 3:5).

하나님의 진노를 대수롭지 않게 여기는 경박함에서 벗어나고자 한다면, 먼저 믿고 낙심하지 말아야 한다. 사람은 낙심하게 되면 될 대로 되라는 식으로 생각하게 된다. 마음이 불편해지는 것을 싫어

구원을 위해 인간이 미리 준비할 수 있는 것은 아무것도 없다 177

하기 때문에 자기가 마주할 괴로움을 최소화한다. "내일이면 죽을 터이니 먹고 마시자"(고전 15:32).

죄 때문에 겸손해지는 것은 믿음의 한 부분이기도 하고, 믿음의 열매이기도 하다. 믿음이 생기면 자기가 지은 죄를 아파하게 된다. "그때에 너희가 너희 악한 길과 너희 좋지 못한 행위를 기억하고 너희 모든 죄악과 가증한 일을 말미암아 스스로 밉게 보리라"(겔 36:31). 또한 자기 의를 기꺼이 부정하고 그리스도를 얻기 위해 배설물로 여긴다(빌 3:7-8). 거지는 더 좋은 옷이 생기기 전까지는 자기가 가진 누더기를 애지중지하는 법이다. 제대로 걷지 못하게 된 사람은 기댈 데가 있기 전까지는 목발을 놓지 않는 법이다.

용서하시는 하나님의 은혜를 믿을 때 죄에 대한 경건한 슬픔이 생긴다. 완악한 범죄자는 감옥을 두려워하지 않는다. 오히려 용서가 그를 눈물짓게 한다. 죄를 일삼던 여인이 눈물로 예수님의 발을 닦은 것도 바로 이런 연유다(눅 7:37-38). 하나님이 자신을 싫어하고 대적한다고 생각하는 사람은 결코 하나님을 슬프시게 하는 것 때문에 걱정하지 않는다. 하나님이 자기를 영원히 멸망시킬 것이라고 생각하는 사람은 자기 죄 때문에 슬퍼하지 않는다.

진심으로 죄를 자백하고자 한다면, 죄를 용서하시고 죄인을 용납하시는 하나님의 은혜를 믿어야 한다. 요단 강에서 세례 요한의 세례를 받은 사람들이 자신의 죄를 기꺼이 고백했던 이유는 죄 용서를 믿었기 때문이다(막 1:4-5). 절망에 빠진 사람이 하는 죄의 고백은 기꺼운 행위라고 할 수 없다. 고문당하는 사람이 고통을 피하려고 강제로 있지도 않은 사실을 자백하는 것과 다르지 않다. 사람의 입을 열어 죄를 자백하게 하는 것은 "자백할래 아니면 죽을래?" 혹은 "죄를 자백할래 아니면 유죄 평결을 받을래?" 하는 식의 위협이 아니라 용서다. 기꺼이 자기 죄를 고백하고 싶다면, 복음을 믿는 것이 우선이다! 그리스도 때문에 하나님은 미쁘시고 의로우사 우리 죄를 용서하신다는 것을 믿으라(요일 1:9).

진심으로 기도하고 하나님을 찬양하고 싶은가? 그리스도를 통해 하나님께서 우리의 기도를 들으시고 우리에게 가장 좋은 것으로 채우실 것을 믿으라(요 16:23-24). 그렇지 않으면 우리의 기도는 단지 입바른 말에 지나지 않는다. 믿지 않는 이를 향해 부르짖을 수는 없는 법이다(롬 10:14). 먼저 믿음으로 우리의 제단이 되시는 그리스도께로 나아가야 한다. 그러면 "예수로 말미암아 항상 찬송의 제사를 하나님께 드리"게 된다(히 13:10, 15).

마지막으로, 이 장 전체가 말하는 원리로 돌아가 보자. "어떻게 해야 하나님의 일을 할 수 있는가?"라고 묻거나 "어떻게 해야 구원을 얻을 수 있는가?"라고 물어 오는 사람에게 내가 해줄 수 있는 말은 모든 일 중에 으뜸인 믿음을 가지라는 것뿐이다. 훌륭한 자격과 자질을 바라기 전에 먼저 구원자이신 예수님을 바라보라. "하나님께서 보내신 이를 믿는 것이 하나님의 일이니라"(요 6:28-29).

여덟 번째 원리

복음이 이끄는 거룩

마음과 삶의 거룩을 추구할 수 있는 적절한 때가 있다. 바로 그리스도와의 연합으로 의롭게 되고 성령을 받은 이후이다. 이런 복을 받게 되거든 온 힘 다해 믿음으로 거룩을 추구하라. 거룩은 우리 구원의 핵심이다.

우리는 하나님이 우리를 거룩한 삶으로 부르셨다는 사실을 살펴보고 있다. 앞 장에서는 거룩한 삶을 살기 위해서는 먼저 그리스도를 믿어야 한다는 것을 보았다. 여기서 거룩은 신자의 전체 삶이 하나님의 도덕법에 부합하는 것을 가리킨다. 설령 그리스도를 통해 주어진 구원의 복음이 없었다 할지라도, 인간은 여전히 하나님의 율법을 따라 살 의무가 있다. 이 장에서는 거룩하게 살고자 하는 사람이 반드시 숙고해야 할 점 세 가지를 제시해 보겠다.

첫째, 구원의 신비에 있어서 거룩한 삶이 자리하는 위치가 어딘지 정확히 알아야 한다. 지혜로운 그리스도인은 하나님께서 주신 질서에 따라 거룩을 추구한다. 하나님은 질서의 하나님이시다. 모든 만물이 하나님께서 정해 놓으신 질서에 순응하고, 또 순응할 때에 세상이 이롭게 되는 것만 보아도 알 수 있다. 영적인 일에서도 마찬가지다. "하나님이 나로 더불어 영원한 언약을 세우사 만사에 구비하고 견고하게 하셨으니"(삼하 23:5). 구원받은 사람에게는 몇 가지 은택이 동시에 주어진다. 그러나 각각의 은택은 순서에 따라 서로 긴밀하게 연결되고 의존한다.

하나님께서 어떻게 신자들로 하나님의 도덕법을 준행할 수 있게 하시는지에 대해서는 이미 여러 차례 언급했다. 한마디로 요약하면, 하나님은 나무에 붙은 가지처럼 믿음으로 우리를 그리스도와 연합하게 하셔서 많은 열매를 맺게 하신다(요 15:4-5). 먼저 칭의를 통해 사망의 일에서 우리의 양심을 깨끗하게 하셔서 살아 계신 하나님을 섬길 수 있게 하신다(히 9:14). 우리를 성령 안에서 살리시고, 성령 안에서 살아가게 하신다(갈 5:25). 이것이 바로 복음이 정한 질서다. 복음은 구원하시는 하나님의 능력이다. 하나님은 복음으로 먼저 우리를 살리시고 순종할 수 있게 하신다. 복음은 항상 이렇게 말한다. "살아나라. 그리고 행하라."

물론 율법은 평생을 통해 거룩에 이르는 다른 길을 제시한다. 율법은 말한다. "행하라. 그러면 살 것이다." 먼저 계명을 지켜야 한다는 것이다. 계명을 지키면 의롭게 되고 살게 된다는 것이다. 하지만 율법이 말하는 계명을 지킬 수 없는 우리에게 율법은 우리의 사망을 담보해 줄 뿐이다.

그러나 복음은 거룩하게 살려고 하는 사람에게 율법보다 훨씬 더 나은 질서를 보여준다! 복음을 통해 얻는 유익과 복이 훨씬 많다. 그리스도 안에서 하나님께서 하신 일이 무엇인지 우리는 안다. 하나님은 우리를 사랑하셨고 용서하셨다. 우리를 은혜로 받으셨고, 우리에게 양자의 영을 주셨다. 하나님을 사랑할 수 있도록 그리스도를 통해 하나님의 영광의 소망을 값없이 주셨다. 우리를 그만큼

복음이 이끄는 거룩 183

깊이 사랑하신 것이다. 또한 이 사랑을 통해 다른 사람도 사랑할 수 있게 하셨다. 하나님을 기뻐하는 마음으로 즐겁게 계명을 순종하게 하셨다. 또한 우리는 사탄의 유혹과 우리 자신의 부패함에도 불구하고, 성령의 도우심을 받아 순종할 마음을 갖게 되고 또 순종할 수 있게 된다. 복음을 통해 거룩한 삶을 향해 항해할 수 있는 바람과 조류를 갖게 된 것이다.

그러므로 우리 안에 계시는 그리스도의 성령과 그분의 의로우심 없이 율법을 지켜보겠다고 나서는 것은 바람과 파도를 모두 거스르는 일이다! 죄로 더럽혀진 양심과 부패한 사망의 본성이 하나님을 사랑하고 섬기려는 모든 시도를 좌절시키고 헛되게 할 것이다. 죄악된 정욕만 더 왕성하게 일어날 뿐, 우리 스스로는 참된 순종으로 나아갈 수 없다. 기껏해야 비굴하고 위선적인 행위를 할 뿐이다.

오, 구원의 신비에 있어서 거룩한 삶이 자리한 위치를 알 수 있기를 바란다! 먼저 복음의 은혜를 발견하고 거룩을 추구하기를 바란다. 수많은 사람들이 무작정 경건에 이르려고 애쓰다가 실패한다. 하나님께서 정하신 질서를 따라 경건을 추구하지 않으면—웃사가 그랬던 것처럼—오랫동안 헛되이 수고할 뿐 결국 하나님과 상관없이 영원한 멸망으로 떨어진다. "우리가 그분께 규례대로 하지 않아서 그렇게 된 것입니다"(대상 15:13, 새번역).

둘째, 거룩은 우리가 그리스도를 믿음으로 받는 구원에 없어서는 안될 부분이다. 어떤 사람들은 율법주의적 행위 언약에 심취한 나머지, 우리가 선행을 구원과 아무 상관 없는 것으로 말한다고 비난한다. 이는 우리가 선행을 그리스도와의 관계를 누리기 위한 조건이나, 믿음으로 그리스도를 영접할 수 있도록 준비하는 조건으로 삼지 않기 때문이다.

믿음을 통해 은혜로 받아 누리는 구원을 악용하는 사람들도 있다. 성경이 구원은 행위와 상관없이 오직 믿음으로 받는다고 가르친다고 해서 율법에 대한 순종을 도외시한다. 율법을 더 이상 준행할 필요가 없는 것으로 여긴다! 심지어 율법을 전혀 순종하지 않아도 하나님은 자기을 여전히 구원하실 것이라고 생각한다. 실제로 반율법주의의 오류에 빠진 어떤 사람들은, 그리스도의 보혈을 통해 율법에서 해방되었기 때문에 자기가 원하면 언제든지 율법을 따르지 않아도 된다고 생각하기도 한다.

왜 사람들은 끊임없이 율법주의 아니면 무율법주의lawlessness라는 두 극단으로 빠지는 것일까? 왜 어떤 사람들은 천국을 얻기 위해 율법을 준행해야 한다고 하는 반면, 다른 사람들은 은혜로 구원받았기 때문에 더 이상 율법을 지키지 않아도 된다고 하는 것일까? 이는 사람들이 "구원"을 잘못 알고 있기 때문이다. 사람들은 구원을 단순히 지옥에 가지 않고, 천국에서 영원한 행복과 영광을 누리는 것으로 생각한다. 다시 말하면, 구원을 이 세상에서 자신에게 일어나는 어떤 일이라고 전혀 생각지 못하는 것이다. 이런 이유로 사람들은 전체 구원 계획에서 선행의 의미를 찾지 못한다.

이런 관점이 가진 문제는 구원을 너무 축소시킨다는 데 있다. 물론 구원은 천국의 영광을 누리는 것을 포함한다. 그러나 성경이 말하는 구원은 더 포괄적이다. "구원"은 타락한 본성적 상태로부터의 자유는 물론, 구주이신 그리스도로부터 받아 누리는 거룩하고 복된

복음이 이끄는 거룩 185

모든 선물—내생과 이생에서의—을 가리킨다.

"구원"을 포괄적으로 이해하는 사람은, 구원이 대부분 이 세상에서 누리는 은택으로 이루어진다는 것을 알게 된다. 칭의와 우리 안에 거하시는 성령의 선물인 양자됨의 특권은, 이 땅에서 우리가 누리는 구원의 모든 것을 포함한다. 거룩—하나님의 율법을 따라 마음과 삶이 새롭게 지어져 가는 것—은 또한 이 세상에서 누리는 구원에 없어서는 안될 아주 중요한 부분이다. 우리 삶이 "예수 그리스도로 말미암아 의의 열매가 가득"해지는 것이 거룩이다(빌 1:11).

그리스도는 우리를 지옥에서 건지실 뿐 아니라, 이 땅에 사는 동안 "중생의 씻음과 성령의 새롭게 하심"으로 죄악된 부패함에서 건지신다(겔 36:29, 딛 3:5). 그리스도를 구주 예수라 부르는 것도 그분이 "자기 백성을 그들의 죄에서 구원할 자"이기 때문이다(마 1:21). 이런 구원은 칭의와 성화를 통해 이 땅에서부터 시작되고, 오는 세상에서 영화glorification로 완성된다.

하나님께서 그리스도 안에서 우리를 위해 하신 다른 일도 살펴보자. 이런 일도 다 우리 구원의 한 부분이다. 하나님께서는 죄와 허물로 죽었던 우리를 살리셔서 하나님을 향해 살도록 하셨다. 타락으로 잃어버렸던 하나님의 거룩하고 의로운 형상을 우리 안에 회복하신다. 자신의 정욕과 사탄의 악한 종으로 살던 우리를 해방하셔서 하나님의 종으로 삼으셨다. 성령을 주시고, 성령을 따라 살면서 성령의 열매를 맺도록 하신다. 하나님께서 우리를 위해 하신 일을 통해 우리 마음과 삶은 거룩해지는 권세를 갖게 된 것이다.

이 모든 사실을 볼 때, 이 땅에서의 거룩은 구원에 절대 없어서

186 성화의 신비

는 안될 요소라는 것을 알 수 있다. 이제 이 사실에 대해서만큼은 다시 오해가 없도록 하자. 거룩은 어떤 목적을 이루기 위한 수단이 아니다. 우리의 선행이 우리를 구원하는 것이 아니다. 오히려 거룩은 그 자체로 목적의 일부분이다. 우리는 선한 일을 위해 구원을 받았다. "하나님께서 이렇게 미리 준비하신 것은 우리가 선한 일을 하면서 살아가게 하시려는 것입니다"(엡 2:10, 새번역). 선행 때문에 구원받는 것이 아니다. 선행은 구원 얻는 믿음이 내는 열매와 결실이다.

구원의 한 부분으로서 우리가 그리스도를 통해 행위 언약의 결박에서 풀려난 것은 분명한 사실이다. 그리스도 안에 있는 우리는 더 이상 구원받기 위해 율법을 지키는 것이 아니라는 말이다. 그러나 이 말이 곧 우리에게 죄를 지을 자유를 주셨다는 뜻은 아니다! 그리스도께서 우리의 결박을 푸시고 자유롭게 하신 것은, 최고의 법을 성취하고, 율법 조문의 묵은 것이 아닌 성령의 새로운 것으로 섬기게 하기 위한 것이다(갈 5:13, 롬 7:6).

거룩한 삶은 구원에 필연적인 요소다. 거룩으로 인해 우리가 "빛 가운데서 성도의 기업의 부분을 얻기에 합당하게" 되기 때문이다. 거룩이 없이는 하나님을 볼 수 없기 때문이다(히 12:14). 진창에서 뒹구는 돼지가 왕의 궁전에 합당하지 않은 것처럼, 거룩하지 않은 삶은 하나님의 영광스러운 임재에 전혀 합당하지 않다.

물론 죽을 때가 임박해서 그리스도께로 돌이키기 때문에, 이 땅에서 거룩한 삶을 훈련할 시간이 부족한 사람들이 많은 것도 사실이다. 그러나 성령의 은혜는 불꽃처럼 역동적이다(마 13:11). 성령의 은혜를 받는 즉시 하나님을 사랑하고 이웃을 사랑할 수 있게 된다. 이 성령의 역사는, 모든 사람을 그 행위대로 판단하시는 심판날에 그들을 능히 하나님 앞에 서게 할 만큼 충분하다. 물론 십자가에 달린 강도처럼 내면의 은혜가 삶으로 드러날 시간을 거의 갖지 못한 사람들이 있기 마련이다(눅 23:40-43). 그럼에도 불구하고, 대부분의 사람들은 죽기 전에 어떤 식으로든 열매를 맺는다!

셋째, 믿음으로 마음과 삶의 거룩을 추구해야 한다. 매주 복음을 선포하는 설교를 들으면서도 마음이 굳어져 영원한 멸망에 빠지는 사람들이 많다. 어떻게 그럴 수 있는가? 이들은 대개 구원에 대한 그릇된 이해를 가지고 있다. 구원에는 항상 거룩한 삶이 따른다는 것을 믿지 않는다. 죄를 용서받고, 영원한 심판을 면하는 것을 구원으로 생각한다. 죄의 심판은 피하고 싶어 하면서도, 거룩을 싫어하고 자기 안에 있는 죄악된 정욕을 따라 산다. 죄의 종으로 계속 남아 있고 싶어 한다.

어떻게 하면 이런 생각을 바로잡을 수 있겠는가? 믿음을 통해 은혜로 구원받는 사실을 부정해야 하는가? 그럴 수 없다! 오히려, 거룩한 삶을 위해 그리스도를 의지하지 않는 사람은 참된 구원을 위해서도 그리스도를 의지할 수 없는 사람이라고 말해야 한다! 이 땅에 사는 동안 거룩하고 의롭게 되기를 바라지 않는 사람은 참된 구원을 위해 그리스도를 진실로 의지할 수도 없다! 하나님께서 그리스도를 통해 우리를 구원하실 때, 거룩 역시 구원의 한 부분으로 드러나게 된다. 그리스도께서 더러운 죄를 씻겨 주시지 않는 사람은 그리스도와 상관이 없는 사람이다(요 13:8).

구원받은 사람이 거룩한 삶을 살려고 하지 않는다면 이 얼마나 희한한 구원인가! 사람들은 구원받기를 원하면서 정작 하나님의 생명에서 떠나 여전히 죄 가운데 죽어 있다. 그 안에는 하나님의 형상이 없고, 사탄의 형상으로 일그러져 있을 뿐이다. 사탄과 자신의 정욕에 종 노릇 한다. 이런 사람은 영광 중에 하나님을 즐거워할 자격이 전혀 없다. 이런 구원을 주려고 그리스도께서 보혈을 흘리신 것이 아니다. 구원을 받았다고 하면서 이런 식으로 구원을 생각하는 사람은 그리스도 안에 있는 하나님의 은혜를 악용하고, 호색거리로 바꾸는 것이다. 그리스도로 말미암은 구원은 받고 싶어 하면서 그리스도를 떠나 산다. 구원은 원하면서 육체적인 삶을 영위하고 육체의 상태에 머물고 싶어 한다.

구원은 이런 식으로 역사하지 않는다! 그리스도를 통해 정죄에서 벗어난 사람들은 "그리스도 안에서 육체를 따라 사는 것이 아니라 영을 따라" 산다(롬 8:1-4). 구원이 이런 것이 아니라면, 그것은 온전하신 그리스도를 나누는 것이다. 그리스도께서 주신 구원의 한 부분만 취하고 다른 한 부분은 내팽개치는 것이다. 하지만 그리스도는 나뉠 수 없다(고전 1:13). 그리스도를 반쪽만 취할 수 없다!

심판에 대한 두려움 없이 계속해서 하나님을 대적하기 위해 죄 용서를 바라는 사람들이 있다. 이들은 사랑 안에서 하나님과 동행하기 위해 죄 용서를 바라는 것이 아니다. "스스로 속이지 말라. 하나님은 업신여김을 받지 아니하시나니"(갈 6:7). 이들은 참된 구원이 무엇인지 알지 못한다. 자신의 참 모습을 본 적도 없고, 죄 가운데 있는 자신이 실제로 얼마나 악한지도 모른다. 그리스도를 믿고 있다는 이들의 생각은 터무니없는 착각이다. 단지 스스로가 만들어 낸 어떤 것을 위해서 그리스도를 의지할 뿐이다.

참된 복음적 믿음을 가진 사람은 타는 목마름으로 그리스도께 나아와 생수를 마신다. 생수는 거룩하게 하시는 성령을 가리킨다 (요 7:37-38). 참된 복음적 믿음을 가진 사람은 구원—지옥으로부터의 구원뿐 아니라 죄로부터의 구원—을 위해 하나님께 간절히 부르짖는다. "하나님이여, 내 속에 정한 마음을 창조하시고 내 안에 정직한 영을 새롭게 하소서"(시 51:10). 그리스도를 믿는 믿음으로 구원을 추구하는 사람에게 거룩이란 그리스도께서 값없이 주시는 구원의 아주 중요한 부분이다. 구원은 나눌 수 없다. 그리스도의 거룩하심만 쏙 빼놓고 받는 용서라는 것은 없다.

아홉 번째 원리

복음이 이끄는 순종

하나님의 율법을 진실하게 준행하려면 먼저 복음이 주는 위로를 누려야 한다.

하나님께서 처음 인간을 복된 상태로 지으셨을 때, 인간은 하나님께 온전히 순종할 수 있었다. 그러나 인간이 불순종으로 타락했을 때, 하나님께서는 그들이 순종할 수 있도록 독려해야 할 의무가 없었다. 그들의 죄로 사망이 선고되었다. 게다가, 두려움과 슬픔과 절망의 가시와 엉겅퀴가 거룩으로 난 길을 막아 버렸다. 하나님의 정의가 율법 언약을 통해 그들에게 드러났다. 율법은 인간이 하나님의 율법을 완전히 준행하기 전까지는 어떤 생명이나 위로나 행복도 주지 않을 것이라고 선언하고 있다. 이 언약은 특별히 시내 산에서 주신 계명에 분명히 드러나 있고, 구약성경 전체에 설명되어 있다.

본성적으로 인간은 율법적인 구원의 방법에 철저히 길들여져 있다. 심지어 복음을 믿고 그리스도인이 되고 나서도, 우리 마음은 여전히 행위 구원에 집착한다. 여전히 복음의 위로보다 율법의 의무가 앞선다. 구원은 우리 자신의 행위에 있지 않다는 것을 확신하면서도, 행위에 따라 복음의 위로와 복락이 좌우되는 것처럼 살아

192 성화의 신비

가려고 한다. 복을 바라고 무엇인가를 행하기도 전에 이미 모든 은혜를 다 받는다는 사실이 여전히 잘 믿기지 않는다. 일하기 전에 삯을 받는 것처럼, 파종하고 추수를 하기 전에 곡식을 얻는 것처럼 터무니없는 일로 들린다!

우리는 보통 하나님의 율법에 진지하게 순종하고 싶어 한다. 우리가 흔히 갖는 마음가짐이 그렇다. 자신이 율법을 잘 준행한다는 것을 분명히 해서 결국은 자신의 행위에 따라 하나님의 모든 복락이 좌우되는 것처럼 만들어 버리려는 것이다. 율법에 순종하기 전에 하나님의 복을 먼저 받으면 방심하는 마음이 생겨서 거침없이 온갖 죄를 일삼을 것만 같다. 심지어 복음이 주는 복락을 아예 누리지 않는 것이 더 낫다고 설교하는 사람들도 있다! 이들은 먼저 율법을 잘 지키면 하나님 앞에서 안전하고 행복할 수 있다고 한다. 그러나 우리는 이 길을 따라가는 한 결코 이 세상에서 구원을 누리지 못한다는 사실을 명심해야 한다!

그러나 성경의 가르침은 이와 다르다. 성경이 하는 말을 들어 보자. 복음이 주는 위로는 우리가 율법을 지키기도 전에 주어진다. 하나님은 우리가 율법을 지키기 전이나 후나 항상 우리를 위로하신다. 우리가 그리스도인이라면, 하나님께 순종한 이후에도 우리를 기쁘게 하실 뿐 아니라 하나님께 순종하기 전—이른바 "선지급"을 하신다—에도 우리를 위로하셔서 하나님께 순종할 수 있도록 하신다.

나는 누구도 거짓된 확신을 갖기를 바라지 않는다. 나는 지금 기독교 신앙을 고백하기 전과 별로 달라진 것도 없으면서 스스로 그리스도인이라 칭하는 사람들에게 말하는 것이 아니다. 죄 가운데 머

복음이 이끄는 순종 193

물면서 굳은 마음을 가진 사람들이 거짓된 확신을 갖는 것은 조금도 원하지 않는다. 우리는 성령을 통해서만 거룩한 삶을 살 수 있다. 성령은 우리를 좋은 열매 맺는 좋은 나무가 되게 하신다.

어떤 식으로든 율법을 준행하기 전에 반드시 복음이 주는 복과 위로를 받아 누려야 한다. 그러나 여전히 자신의 부패함과 죄악된 본성 안에 머무는 사람은 복음이 주는 복과는 아무 상관이 없다. 새롭고 거룩한 본성을 받은 사람만이 복음이 주는 복을 받는다. 성령으로 거듭나 새롭게 된 사람만이 이 복을 받는다. 이렇게 새롭고 거룩한 본성을 받은 사람은 즉시 거룩한 삶을 시작할 수 있다. 물론 이런 새로운 본성은 가장 먼저 복음을 통해 우리에게 온다. 구속으로 받은 복—칭의, 양자됨, 성령의 은사 등—으로 말미암아 거룩한 삶을 살 수 있게 되는 것이다. 이런 복은 우리가 본성적으로 가지고 있는 두려움과 슬픔과 절망을 없애 버린다. 하나님을 진심으로 순종하는 데 필요한 기쁨을 가져다준다.

하나님의 율법을 진정으로 준행하고자 하는 사람은 복음이 주는 위로를 누려야 한다. 그 이유를 살펴보자.

첫째, 지금까지 거룩에 대해서 내가 언급한 모든 것이 이 진리에 담겨 있다. 거룩한 삶을 살려고 하는 사람은 먼저 자신이 하나님과 화목하게 된 것과, 자기에게는 영원한 복된 소망과, 하나님께서 원하시는 것을 하고 싶은 갈망과 능력이 있다는 것을 확신해야 한다는 것을 이미 살펴보았다. 그리스도와, 그분의 성령과, 그분의 모든 충만함을 통해 이 확신을 누린다는 것도 함께 보았다. 그리스도를 영접한다는 것은 복음을 통해 주시는 구원의 약속을 믿고 그분을 의지하는 것이다. 음식을 먹고 마실 때 음식과 하나되는 것처럼, 믿음으로 그리스도를 먹고 마심으로 그리스도를 영접한다.

다음 질문들을 잘 생각해 보라. 하나님의 사랑과 영원한 복락과 하나님을 섬기는 능력을 확신하면서도 위로를 누리지 못할 수 있겠는가? 복음의 기쁜 소식을 믿고, 그리스도와 그분의 성령을 모신 후에도 여전히 두려움과 슬픔과 절망에 빠져 지낼 수 있겠는가? 그리스도의 구원이 자신을 위로하는가? 신령한 배고픔과 목마름으로 생명의 떡과 음료이신 그리스도를 먹고 마시는 것이 즐거운가? 하나님께서는 그리스도로 주리고 목마른 사람에게 이런 것을 누릴 수 있는 복을 주신다! 이런 복을 받을 때, 우리는 거룩한 삶을 살 용기와 힘을 얻는다.

둘째, 성경은 평강, 희락, 소망이야말로 신자의 순종이 흘러나오는 원천이라고 한다. 두려움과 억압된 슬픔은 순종을 방해한다. "모든 지각에 뛰어난 하나님의 평강이 그리스도 예수 안에서 너희 마음과 생각을 지키시리라"(빌 4:7). "근심하지 말라. 여호와로 인하여 기뻐하는 것이 너희의 힘이니라"(느 8:10). "주를 향하여 이 소망을 가진 자마다 그의 깨끗하심과 같이 자기를 깨끗하게 하느니라"(요일 3:3). "두려움에는 형벌이 있음이라. 두려워하는 자는 사랑 안에서 온전히 이루지 못하였느니라"(요일 4:18). 바울이 항상 주 안에서 기뻐하라고 한 이유가 이것이다(빌 4:4). 그리스도인으로서 힘겨운 삶을 살아내기 위해서는 용기가 있어야 함은 물론, 평강과 희락과 소망이 있어야 한다. 이러한 신령한 위로를 누리는 사람만이 하나님의 계명에 순종한다.

셋째, 성경이 복음 진리를 선포하는 방식은 이렇다. 하나님께서는 먼저 우리 마음을 위로하셔서 "모든 선한 일과 말에 굳건하게" 하신다(살후 2:17). 사도들의 서신을 보면 한결같이 이런 방식을 취한다. 먼저 그리스도 안에 있는 하나님의 풍성한 은혜를 교회에 선포하고, 그 다음에 그리스도 안에서 신자가 받아 누리는 신령하고 위대한 복이 무엇인지 보여준다. 사도들은 은혜의 복음으로 신자들을 먼저 위로하고 나서, 그들이 가진 위대한 복음의 특권을 근거로 거룩한 삶을 살라고 촉구한다.

하나님은 항상 자기 백성에게 거룩한 삶을 독려하셨다. 거룩하게 사는 은혜를 이미 주셨다. 먼저 마음으로 복음을 믿고 받아들여야 한다. 복음을 믿지 않고서는 하나님께 순종할 수 없다. 많은 성경 구절들이 이 사실을 언급하고 있다. 그중에서도 하나님의 은혜를 순종의 동기로 삼는 몇몇 구절들을 살펴보자.

우리가 순종하는 것은,

- 자신을 "죄에 대하여는 죽은 자요 그리스도 예수 안에서 하나님께 대하여는 살아 있는 자"로 여기기 때문이다(롬 6:11).
- 우리가 "법 아래에 있지 아니하고 은혜 아래" 있기 때문이다(롬 6:14).
- 우리가 "법 아래에 있지 아니하고 은혜 아래" 있고, "예수를 죽은 자 가운데서 살리신 이의 영이" 우리 안에 거하시기 때문이다(롬 8:9, 11).
- 우리 몸이 "그리스도의 지체"이고, 우리 안에 거하시는 "성령

의 전"이기 때문이다(고전 6:15, 19).

- "하나님이 죄를 알지도 못하신 이를 우리를 대신하여 죄로 삼으신 것은 우리로 하여금 그 안에서 하나님의 의가 되게 하려 하심"이라고 말씀하시기 때문이다(고후 5:21).

- "하나님께서 이르시되 내가 그들 가운데 거하며 두루 행하여 나는 그들의 하나님이 되고 그들은 나의 백성이 되리라", "너희에게 아버지가 되고 너희는 내게 자녀가 되리라"고 약속하셨기 때문이다(고후 6:16-18).

- 하나님이 그리스도 안에서 우리를 용서하셨고 사랑하시기 때문이며, 우리가 "전에는 어둠이더니 이제는 주 안에서 빛이" 되었기 때문이다(엡 4:32, 5:1, 2, 8).

- 우리가 "그리스도와 함께 다시 살리심을" 받았고, "우리 생명이신 그리스도께서 나타나실 그때에" 우리도 그와 함께 영광 중에 나타날 것이기 때문이다(골 3:1, 4).

- 하나님께서 "친히 말씀하시기를 내가 결코 너희를 버리지 아니하고 너희를 떠나지 아니하리라" 하셨기 때문이다(히 13:5).

- 우리가 하나님으로부터 많은 약속을 받았기 때문이다(고후 7:1).

성경을 죽 읽어 보면 위와 같은 주제가 성경 전체를 관통하고 있는 것을 보고 기뻐하게 될 것이다. 복음은 하나님께 순종하라고 우리를 격려한다. 구약성경 선지서에서도 동일한 주제를 발견할 수 있다.

이런 생각에 반대하는 사람들은 이렇게 말할 것이다. "사도들이 편지를 쓴 대상은 이미 하나님께 순종하는 그리스도인들이다. 사도들이 편지를 쓴 것은 그들이 하나님께 더욱더 순종할 수 있게 하기 위해서였다." 이런 반론에 대한 대답은 이렇다. "성숙한 그리스도인들에게 필요한 권면이었다면, 새롭게 신앙을 갖게 된 그리스도인들에게는 더더욱 필요한 권면이 아니겠는가! 갓 그리스도인이 된 사람들에게는 순종이 더 어렵게 다가갈 것이 분명하므로, 이런 권면이 더 많이 필요하다! 나는 사람들이 그리스도인으로 살기 시작하는 바로 그 순간부터 하나님의 은혜가 주는 위로를 바로 이해하고 붙들 수 있기를 바란다.

다음 사실도 생각해 보자. 복음은 아직 거룩한 삶을 전혀 살지 못하는 사람들에게도 은혜와 평강을 거저 주시겠다고 약속한다. 복음을 받아들인 사람은 죄에서 의롭게 변화될 것이다. 사도들은 어느 집에 들어가든지 "이 집이 평안할지어다" 하고 말했다(눅 10:5). 죄인들에게 설교할 때도 그리스도 안에 있는 구원의 기쁜 소식을 전했다. 누구나 값없이 주시는 선물인 구원의 기쁜 소식을 받을 수 있기 때문이다(행 3:26, 13:26, 32, 38, 16:30-31). 구원받기 위해 그리스도를 믿는 사람은 누구나—죄인의 괴수라 할지라도—구원을 받을 것이라고 사도들은 전했다. 복음을 받아들이는 죄인들로 하여금 신령한 은총을 누리게 하는 하나님의 은혜의 풍성함을 선포하는 것이 복음의 목적이다! 하나님은 우리가 선한 일을 할 수 있든 없든 상관없이 항상 복음의 복락을 주심으로, 우리의 행위를 통해서가 아니라 하나님께서 "우리를 사랑하시고, 영원한 위로와 좋은 소망을 은혜로" 거저 주시는 것을 우리가 알게 되기를 원하신다(살후 2:16).

넷째, 율법에 대한 순종의 본질은, 하나님께 순종하기 위해서는 우리 영혼이 먼저 복음의 위로를 얻어야 한다는 데 있다. 하나님께 순종할 수 있기 위해서는, 먼저 하나님과의 화해와 장래의 행복과 순종에 합당한 능력을 받아야 한다. 하나님의 종 모세가 명한 것을 행하기 위해 여호수아는 더 강해지고 담대해져야 했다(수 1:7). 복음의 위로를 받지 못하면 하나님께 순종할 수 없다.

한 번 생각해 보라. 하나님이 자신을 대적하고 있다고 생각하는 사람이 그 무엇보다 하나님을 더 사랑하고 기뻐할 수 있겠는가? 하나님이 자기를 사랑하고 불쌍히 여기신다는 것을 믿지 않는 사람이 하나님을 사랑할 수 있겠는가? 하나님을 사랑스러운 분으로 생각하지 못하는 사람이 그분에 대한 생각으로 기쁠 수 있겠는가?

하나님의 완전하심이 기쁘기는커녕 오히려 자신을 비참하게 만든다고 생각하는 사람은 하나님을 기쁨으로 찬양할 수 없다. 하나님께서 기도를 받으실 것이라고 확신하지 못하는 사람은 기도를 해도 마음에 없는 소리를 주절거릴 뿐이다. 하나님께서 자기를 돌보신다는 것을 믿지 못하는 사람이 어려움과 고민을 하나님께 털어놓고 자유로워질 수 있겠는가? 하나님과 화평하지도 못하고, 하나님이 주시는 영광의 소망을 즐거워하지 않는 사람이 고난 중에 인내하고 환난 중에 기뻐할 수 있겠는가?(롬 5:1-3) 지옥의 영원한 고통과 멸망에서 구원받았다는 것을 믿지 못하는 사람이 죽기까지 순종할 수 있겠는가?

다섯째, 그리스도인이 아닌 사람들이 하나님께 순종하려면 복음의 확신을 풍성히 받아야 한다. 불신자들이 서 있는 자리가 어디

복음이 이끄는 순종 199

인가! 그들은 죄 가운데 죽어 있고 하나님의 진노 아래 있다! 그뿐 아니라 온갖 거짓 복음에 목숨을 건다! 우리는 탁월한 "영혼의 의사"가 되어야 한다. 우리 앞에 있는 회심하지 않은 환자의 상태를 생각해 보자. 그에게는 하나님을 위해 무엇인가를 할 수 있는 생명도 능력도 없다!

사지가 마비되어 침대에 누워 있는 사람에게 누워 있지만 말고 일어나 운동도 좀 하라고 다그치셨는가? 그렇게 하는 사람은 결코 좋은 의사가 아니다! 영적으로도 마찬가지다. 어떻게 그리스도인이 아닌 사람에게 하나님을 사랑하라고 다그칠 수 있겠는가? 그가 알고 있는 것이라고는 자신은 하나님과 상관없이 하나님의 진노 아래 있고, 하나님과 원수라는 사실뿐이다. 일할 기력도 없는 사람에게 일을 다 마치면 힘이 생길 것이라고 말하겠는가? 확신과 기쁨이 있어야 일할 수 있는 힘이 생긴다(느 8:10).

율법은 사람들에게 순종을 요구한다. 그래서 율법은 "정죄하는 일"을 한다고 한다. 사람들이 율법에 순종할 수 없기 때문에 정죄를 당한다! 긍휼에 풍성하신 하나님은 가련하고 비참하고 속절없는 죄인이 절대 율법을 통해 구원받지 못할 것을 잘 아신다. 죄와 사망의 율법 아래서 종 노릇하게 하는 절망과 두려움에서 먼저 그들을 건져내야 한다는 것도 아신다. 건강하고 힘이 센 사람은 먼저 일을 하고, 그 일을 다 마친 다음 합당한 삯을 받아 양식을 산다. 그러나 힘 없고 병약한 사람은 그렇게 할 수 없다. 먼저 음식을 먹어 기력을 회복한 후에야 일을 할 수 있다.

여섯째, 하나님은 복음을 통해 주시는 은혜를 먼저 확신하게 하신 후에 사람들을 거룩한 삶으로 독려하신다. 이 사실은 성경과 경험이 잘 말해 준다. 자신의 죄 때문에 오랫동안 두려움 가운데 지내는 사람들도 있다. 이들에게는 그리스도가 주시는 구원이 훨씬 더 소중하게 다가갈 것이다. 이들은 복음의 소망으로 확신과 위로를 얻은 후에야 거룩한 삶을 살아가기 시작한다.

복음을 통해 얻은 확신은 신자가 거룩한 삶을 사는 원동력이다. 태초에 하나님은 아담이 하나님께 순종할 수 있도록, 사랑과 은혜로 얻는 위로와 낙원의 행복을 만끽하게 하셨다. 하지만 죄를 짓고 이런 복을 상실한 아담은 더 이상 하나님께 순종할 수 없었다. 이런 아담에게 하나님께서는 복음의 약속—하나님께서 약속하신 후손—을 주셔서 구원의 확신을 갖게 하셨다. 여호와 하나님을 항상 앞에 모셨던 둘째 아담인 그리스도는 하나님이 자기 우편에 계신 것을 분명히 알았고, 이 사실로 그의 마음과 영혼이 항상 기쁘고 즐거웠다 (시 16:8-9). 그가 죽기까지 복종하고 기꺼이 십자가에 달릴 수 있었던 것도 이 때문이었다(빌 2:8).

하나님께서는 이스라엘이 자신을 따르도록 "인정의 끈과 사랑의 띠로 그들을 묶어서 업고 다녔으며 그들의 목에서 멍에를 벗기고 가슴을 헤쳐 젖을 물렸다"(호 11:4, 새번역). 다윗은 자신이 거룩한 삶을 살 수 있는 원천을 이렇게 말한다. "주의 한결같은 사랑을 늘 바라보면서 주님의 진리를 따라서 살았습니다"(시 26:3, 새번역). "내가 주님의 구원을 기다리며 주님의 계명들을 따릅니다"(시 119:166, 새번역).

죄인이 그리스도를 영접함으로써 갖게 되는 기쁨에 대한 몇 가지 예가 신약성경에 나온다(행 2:41). 복음이 처음 데살로니가에 전해졌을 때, 데살로니가 사람들은 "많은 환난 가운데서 성령의 기쁨으로 말씀을" 받았다(살전 1:4-6). "이방인들이 듣고 기뻐하여 하나님의 말씀을 찬송하며 영생을 주시기로 작정된 자는 다 믿더라"(행 13:48). 사도 바울은 그리스도의 사랑의 강권함을 받아 그리스도를 위하여 사는 데 온 생을 바쳤다(고후 5:14-15).

각자의 경험을 생각해 보자. 하나님께서 자기를 얼마나 사랑하시는지 알지 못하면서 하나님을 섬기겠다고 자신을 드리는 사람이 있는가? 적어도 거듭난 사람은 그럴 수 없다!

일곱째, 순종하기에 앞서 먼저 복음의 확신이 있어야 한다는 사실을 믿지 않는 사람들에 대해 살펴보자. 이들은 맹목적이고 강압적인 신앙을 가지고 있다! 이들을 목양하는 목사는 이들의 자연적인 성향과 정반대되는 것들을 하라고 한다. 전적으로 부패하고, 두려움으로 가득 차고, 낙심해 있는 사람들에게 하나님을 순종하라고 말한다. 하나님께 순종하려는 노력을 하다 보면 그들이 어느 정도 확신과 위로를 얻을 수 있을 것이라고 믿는다.

선한 일을 할 수 있는 능력에 따라 확신을 가질 수 있다면, 세상에서 진정한 영적 확신이란 전혀 찾아볼 수 없을 것이다. 구원받을 수 있는 사람이 전혀 없을 것이기 때문이다. 하나님께 용납되었다는 확신을 얻으려면 율법대로 살라고 요구한다. 그러나 율법은 위로가 아닌 진노를 가져다줄 뿐이다(롬 4:14-15). 율법을 지켜서 구원을 얻으려는 사람들이 경건을 미워하는 이유가 여기 있다. 율법을 따라 사는 것은 괴로움과 고통만 준다고 생각하고, 죄가 주는 쾌락에 자신을 맡긴다. 위로를 전혀 얻지 못할 바에는 죄가 주는 쾌락이라도 누리자는 것이다.

이렇게 짓눌린 신앙생활을 하는 사람들은 마음에 자신의 상태에 대한 불평과 불만이 쌓여서 점점 더 지쳐 간다. 더 나은 신앙생활이 무엇인지 모르는 이들로서는 결국 율법을 따라 살고자 하는 노력을 완전히 포기하기에 이른다. 이런 신앙을 가르치는 사람들은 "나를 원망하지 마라. 나는 그리스도의 복음을 전했을 뿐이다"라고 말한다. 하지만 그렇지가 않다. 이들이 전한 것은 그리스도의 복음이 아니라 자신이 이해하는 복음이기 때문이다. 이들이 전한 것은 "온 백성에게 미칠 큰 기쁨의 좋은 소식"인 복음과는 본질적으로 거리가 멀다. "자비의 아버지시요 모든 위로의 하나님"이 주신 복음은 자녀들을 위로하지 못하는 강압적인 복음일 수 없다(고후 1:3). "이 스라엘의 위로"가 되시는 그리스도께서 전한 복음이 위로를 주지 못하는 복음일 리 없다. "위로자" 되시는 성령께서 이런 것을 복음이라고 전하셨을 리 없다(요 14:16-17).

하나님은 "기쁘게 공의를 행하는 자와 주의 길에서 주를 기억하는 자를 선대"하시는 분이다(사 64:5). 하나님은 백성들이 기쁨과 즐거움으로 그분을 섬기기를 바라신다. 오늘날의 교회와 마찬가지로, 구약성경에서도 하나님께서는 성전을 즐거운 음악으로 채우신다. 이런 사실은 그리스도께서 복음을 말씀하신 이유를 분명히 보여준다. "내 기쁨이 너희 안에 있어 너희 기쁨을 충만하게 하려 함이라"(요 15:11). 하나님께서 인정하시는 유일한 슬픔은 "경건한 슬픔"뿐이다. 우리를 향한 하나님의 사랑의 위로를 받을 때까지 우리

복음이 이끄는 순종 203

는 결코 경건한 슬픔을 알지 못할 것이다.

신앙은 위로와 확신이 넘치는 것이라는 말이 거슬리는 사람은 아직 진정한 신앙이 무엇인지 알지 못하는 사람이다. 진정한 신앙이 무엇인지 아는 사람은 "지혜의 길은 즐거운 길이요, 그 모든 길에는 평안이 있다"는 사실을 알기 때문이다(잠 3:17, 새번역).

열 번째 원리

복음이 이끄는 확신

율법에 순종할 수 있기 위해서는 복음이 주는 위로를 통해 얻는 구원에 대한 분명한 확신이 있어야 한다. 그리스도를 마음으로 믿고 영접하는 사람이 이런 확신을 얻는다. 그러므로 지체하지 말고 담대하게 그리스도를 믿으라. 하나님 이 약속하신 대로 그리스도를 믿는 즉시 그리스도와 인격적인 관계를 누리게 하실 것을 확신하라.

거룩한 삶을 살고자 하는 사람은 먼저 복음이 주는 위로를 누려야 한다는 사실을 앞 장에서 살펴보았다. 복음이 주는 위로를 누리기 위해서는 그리스도와의 인격적인 관계를 분명히 확신해야 한다. 자신이 진실로 그리스도의 구원을 받은 사람인지 알아야 한다는 것이다. 복음이 주는 위로가 무엇인지에 대해서는 앞에서 몇 가지로 언급했다. 정리해 보면, 자신이 하나님과 화목하게 된 것과, 천국에서 영원한 복락을 누릴 것과, 하나님께서 바라시는 것을 똑같이 바라고 그것을 행할 능력을 얻었다는 것을 아는 것이다. 하나님의 율법을 준행하고 거룩한 삶을 살기 위해서는 이런 확신이 절대적으로 필요하다. 이 장에서는 거룩한 삶에 필수적인 확신에 대해 좀 더 살펴보려고 한다. 오직 믿음—그리스도를 마음으로 영접하고 의롭게 된 바로 그 믿음—을 통해서만 이런 확신을 받아 누릴 수 있기 때문이다.

신자가 완전한 구원의 확신에 이를 수 있다는 사실을 누구나 믿는 것은 아니다. 기독교 신앙을 고백하는 사람들조차 이 사실을 믿지 않는다. 그러나 종교개혁자들은 분명히 완전한 구원에 대한 확신을 가르쳤다! 이들은 한결같이 "믿음이란 그리스도로 말미암아 자신의 구원을 전적으로 확신하는 것이다"라고 가르쳤다. 이 교리는 종교개혁 당시에 교회에 만연했던 많은 미신을 타파하는 큰 동력이었다. 성경 교사라고 하면서도 복음을 믿지 않았던 사람들의 주된 가르침 가운데 하나가 "자신의 구원을 의심하는 것"이었다. 바꾸어 말하면, 이들은 완전한 구원의 확신에 이를 수 있다는 사실을 가르치지 않았다! "자신의 구원에 대해 의구심을 갖도록 하는" 가르침이 참된 믿음에 얼마나 파괴적인 영향을 미쳤는지 모른다! 종교개혁으로까지 거슬러 올라가는 구원의 확신 교리는 신자의 믿음을 떠받치는 주된 기둥 가운데 하나이기 때문이다.

하지만 오늘날 많은 사람들이 구원의 확신 교리를 포기했다. 그들은 자신들이 종교개혁을 일구어 냈던 믿음의 선조들을 넘어섰다고 생각하지만, 그것은 잘못된 생각이다. 단지 자신의 사변에 눈이 가리워져 있을 뿐이다. 오늘날 많은 성경 교사들이 구원의 확신 교리를 가르치지 않는 이유가 있다.

그들은 구원이 결코 확실하게 약속된 것이 아니라고 생각한다. 구원은 항상 그리스도를 믿는 믿음을 조건으로 주어지기 때문에, 구원을 얻기 위해서는 먼저 그리스도를 믿어야 하고, 그 후에도 자기 안에 구원 얻는 믿음이 있는지를 분명히 하기 위해 항상 자기를 살피고 반추해야 한다는 것이다. 항상 자기에게 구원 얻는 믿음의 바른 증거와 열매가 있는지 분명히 해야 한다는 것이다. 그중에서도 특히 진실한 순종의 열매는 항상 있어야 한다고 말한다. 이런 식

복음이 이끄는 확신 207

으로 구원 얻는 믿음이 있다는 것을 확증한 후에야 비로소 구원을 확신할 수 있다는 것이다.

그들의 견해에 따르면, 일생 동안 구원의 확신을 전혀 맛보지 못한 사람도 종국에는 구원을 얻게 된다. 많은 사람들이 이런 생각으로 자기 성찰에 빠져 끊임없이 자신의 구원을 의심한다. '나는 정말 충분한 열매를 맺는가? 나는 충분히 순종하고 있는가? 구원을 정말 확신해도 되는가?' 분명한 사실은, 자신의 구원을 확실히 할 만큼 충분한 순종을 할 수 있는 사람은 없다는 것이다!

그들은 또한 자신의 경험과 성경을 증거로 들면서, 하나님의 많은 성도들 역시 자신의 구원 여부에 대해 자주 의구심을 가졌다는 결론을 내린다. 구원의 확신을 갖지 못한 그리스도인들이 많다는 것이다. 이 사실을 토대로 믿음의 확신이 신자에게 꼭 필요한 것은 아니라고 단정 짓는다. 진정으로 의롭게 된 그리스도인이라도 자신이 용서받고 의롭게 된 그리스도인이라고 분명히 확신할 필요는 없다는 것이다. 오히려 신자들이 참된 믿음의 확신을 가질 수 있다고 말하는 것은 자신의 신앙에 대해 의구심을 가진 많은 그리스도인들을 슬프게 하고 좌절하게 할 뿐이라는 것이다! 그러나 나는 그러한 그리스도인들을 좌절하게 하려고 믿음의 확신을 말하는 것이 아니다!

오늘날 "믿음의 확신은 구원 얻는 믿음에 있어서 본질적인 요소"라고 말하는 개신교 종교개혁자들의 주장이 잘못되었다고 생각하는 교사들이 많다. 진실로 구원받았음에도 자신의 구원을 확신하지 못하는 사람들이 많기 때문이다. 그렇다면 지금 우리가 그런 사람들이 구원받지 못했다고 말하는 것인가? 믿음의 확신을 강조하면 확신이 없는 사람들에게 이런 문제를 일으킬 수 있다고 생각하는 사람들은 영원한 안전과 확신 교리를 저버린다. 그러고는 이렇게 말한다. "구원 얻는 믿음이란 구원 얻는 유일한 길이신 그리스도를 의지하고 믿는 것으로, 꼭 확신이 필요한 것은 아니다. 어떤 사람은 그리스도를 의지하고 믿으려고 애를 쓸 때 구원 얻는 믿음이 생긴다. 하지만 여전히 자신의 구원에 대해서는 의구심을 가진다. 우리가 할 수 있는 최선은 그리스도 안에서 영원한 구원에 이르기를 간절히 바라는 것뿐이다."

믿음의 확신 교리에 대한 반론 중 또 하나는 "구원의 확신이 있는 사람들은 자기 성찰을 하지 않을 것이다. 믿음의 확신은 교만과 허영이라는 악한 열매를 낸다. 심판날이 오기도 전에 사람들은 천국에 자기 자리가 이미 마련되어 있는 것처럼 행동한다. 신앙의 의무를 가볍게 여기고, 거짓된 안전에 취해 모든 방탕한 것에 자신을 방임할 것이다." 바꾸어 말하면, 사람들을 겸손하게 하기 위해서라도 구원을 확신하지 못하도록 해야 한다는 것이다. 자신의 영생에 대한 의심을 떨치지 못하게 하는 것이, 부지런히 자기를 돌아보고 하나님에 대한 헌신과 선행에 힘쓰도록 하는 유일한 길이라는 것이다.

이제 이 모든 생각이 얼마나 잘못된 것인지, 그리고 이런 생각이 사람들을 그리스도인으로 자라가게 하는 데 얼마나 파괴적인 영향을 주고 있는지 증명하고자 한다. 그리고 이 모든 반론에 대항해서 믿음의 확신이라는 정통 교리를 변호하고자 한다.

첫째, 믿음의 확신은 그리스도인이 아닌 사람에게는 아무 소용

복음이 이끄는 확신 209

이 없다. 우리가 말하는 믿음의 확신은 그리스도와 그분의 구원을 받지 못한 사람에게는 적용할 수 없는 것이다. 믿음의 확신을 말하는 것이 곧 그리스도와 그분이 주시는 구원을 이 땅에서 실제로 다 받았다고 말하는 것도 아니고, 은혜의 상태로 이미 옮겨졌다고 말하는 것도 아니다. 다만 하나님의 확고한 약속에 주목하라는 것이다. 비록 우리가 아직은 죄와 사망의 영향을 받고 있지만, 하나님께서는 그런 우리에게 그리스도와 그분의 구원을 주시고, 우리를 은혜의 상태로 들이기를 기뻐하신다는 약속 말이다. 믿음의 확신 교리란 악하고 거듭나지 않은 사람들에게 그들의 상태가 이미 좋아졌다고 말해서 착각하게 하는 것이 아니다. 우리는 믿지 않는 사람들에게 "걱정 마십시오. 당신은 괜찮을 겁니다. 그리스도께서 구원해 주실 것을 믿으십시오"라고 말하지 않는다. 결코 그렇지 않다! 우리는 다만 하나님께 용납받기 위해서는 그리스도께로 나와야 하고, 또 나올 수 있다고 말할 뿐이다.

많은 사람들에게 자신의 상태가 괜찮은지 묻고 살피도록 가르쳐야 한다는 것에 전적으로 동의한다. 그리스도와 상관없는 사람의 상태는 전혀 선하지 않기 때문이다. 우리의 믿음이 진정한 믿음인지 분명히 하기 위해 항상 우리 자신을 살피고 점검해야 한다는 데도 동의한다. 믿음의 확신을 누리고자 한다면, 자신의 믿음이 순종의 열매를 내고 있는지도 살펴봐야 한다. 이런 과정을 통해, 구원받았다고 생각하는 많은 사람들이 자기 믿음이 참이 아니고 속고 있다는 사실을 발견하게 될 것이다. 나는 결코 거짓된 믿음이나 속이는 믿음을 독려하지 않는다.

나는 또한 믿음의 확신이 우리를 구원하고 의롭게 하는 믿음의 핵심은 아니라는 데도 동의한다. 다시 말하면, 구원 얻는 참된 믿음을 가지고 있으면서도 그것이 구원 얻는 참된 믿음인지 **확신하지 못할 수도 있다**. 참된 그리스도인들 가운데 믿음의 확신을 누리지 못하는 사람들도 많다. 이런 사람들은 항상 자신의 구원 여부에 대해 의구심을 갖는다. 심판날에 자신이 실제로 어떻게 될지 확신하지 못하는 그리스도인도 있다. 믿음의 확신을 누리다가 잃어버릴 수도 있다. 그럼에도 불구하고 믿음의 확신은 신자가 이 땅에서 실제로 누릴 수 있는 것이라고 나는 여전히 주장한다. 또한 믿음과 거룩에서 자라가기 위해서는 확신을 누리는 것이 아주 중요하다는 것 역시 분명하다.

참된 믿음의 확신은 그리스도인이 삶에서 선한 열매를 맺는 데 해가 되지 않는다. 종종 믿음의 확신 교리가 갖가지 비난을 받지만, 이런 비난은 잘못된 것이다. 내가 지금 말하고 있는 종류의 확신이 "나는 이미 은혜 가운데 있고 구원을 받았는가?" 하는 물음에 분명한 대답을 주는 것은 아니다. 나는 지금 모든 영혼이 반드시 답해야 하는 또 다른 중대한 물음에 대해 말하고 있다. "지금까지 이렇게 악하게 살았는데 그런 나에게 하나님께서 그리스도와 그분의 구원을 주시기를 기뻐하실까?"

예수 그리스도를 통해 하나님께서 우리를 기꺼이 자신의 긍휼의 팔에 품으신 것을 확신할 때 이 물음에 대답할 수 있을 것이다. 우리같이 악한 사람들에게 하나님은 약속하신다. "내가 내 백성 아닌 자를 내 백성이라 사랑하지 아니한 자를 사랑한 자라 부르리라.

복음이 이끄는 확신 211

너희는 내 백성이 아니라 한 그곳에서 그들이 살아 계신 하나님의 아들이라 일컬음을 받으리라"(롬 9:25-26).

둘째, 내가 말하는 구원의 확신은 무엇을 하든 어떻게 살든 상관 없이 자신의 구원을 철석같이 믿는 것이 아니다. 많은 어리석은 사람들이 거짓된 구원의 확신에 빠져 있다. 이들은 스스로 그리스도를 믿는다고 하면서도 결국에는 자신의 뜻대로 행한다! 이런 사람들은 심판을 면하기 어렵다. 구원은 이런 사람들과 상관이 없다.

내가 말하는 구원의 확신이란 진실로 그리스도께 나아오는 사람들에게 주어지는 것이다. 값없이 주시는 그리스도의 은혜로 나아오는 사람은 죄 용서를 받기 위해 나아올 뿐 아니라, 거룩한 삶을 살기 위해 나아오는 것이다. 신자는 하나님께 영광이 되는 거룩한 삶을 살도록 부름을 받았다. 이런 구원의 확신을 위해서는 자신의 죄와 비참함을 먼저 알아야 한다. 자신의 능력과 의는 단념해야 한다. 그리스도 안에서 의롭게 하고 거룩하게 하는 은혜를 갈구해야 한다. 하나님께 영광이 되는 거룩한 삶을 사는 다른 길은 없다. 성화 없는 칭의 같은 것은 없다!

그리스도를 영접하는 믿음은 확신에 찬 믿음일 뿐 아니라 거룩한 믿음이다. "하나님의 성령으로 봉사하며 그리스도 예수로 자랑하고 육체를 신뢰하지 아니하는" 것 때문에 우쭐해 하지 않는 한, 이런 믿음을 가진 사람은 더욱 겸손해진다(빌 3:3). 이런 믿음의 확신은 하나님에 대한 합당한 두려움을 저해하지 않을 뿐 아니라, 구원을 핑계로 육신적인 안정을 도모하지 않는다. 오히려 이런 확신으로 인해 자기의 유일한 피난처와 안전이 되시는 그리스도로부터 멀

212 성화의 신비

어지고 육체를 따라 뒤로 물러날까 두려워한다. 하나님께서 홍수에서 건져 주실 것이라는 확신으로 노아는 방주에 들어가 머물렀다. 방주 밖으로 나가기를 두려워했다. 방주 안에 머무는 것만이 홍수 심판을 면하는 유일한 길인 것을 노아는 알았던 것이다!

거룩한 길로 인도하는 구원의 확신에서 어떻게 영적인 게으름과 방종이 나올 수 있단 말인가? 이런 확신을 통해 신자들은 "견실하며 흔들리지 말고 항상 주의 일에 더욱 힘쓰는 자들이" 된다. 이는 자신들의 "수고가 주 안에서 헛되지 않은 줄을" 알기 때문이다(고전 15:58). 예수 그리스도 안에서 값없이 받은 하나님의 은혜를 진실로 확신하는 사람은 율법적인 노력을 통해 구원을 얻는 데는 전혀 관심을 두지 않는다. 사탄은 항상 이런 구원의 확신은 죄악된 나태함과 방종으로 이끌 뿐이라고 부추기지만, 신자들은 이런 말에 귀 기울이지 않는다! 이런 사탄의 거짓말을 믿는 것은 사랑으로 하나님을 섬기는 것이 무엇인지 모른다는 반증이다. 이런 사람들의 순종은 노예들이 갖는 두려움의 올무에서 비롯된 순종일 뿐이다. "무지한 말이나 노새 같이 되지 말지어다. 그것들은 재갈과 굴레로 단속하지 아니하면 너희에게 가까이 가지 아니하리로다"(시 32:9).

셋째, 믿음의 확신과 의심하는 것이 서로 배치된다고 생각하지 말라. 많은 사람들이 이런 오해로 구원의 확신 교리를 떠난다. 구원을 의심하고 그것 때문에 괴로워하는 사람은 구원받지 못한 것이 틀림없다고 생각한다! 믿음의 확신을 갖게 되면 전혀 의심하지 않는다는 것이다! 하지만 실제는 그렇지 않다. 주변의 많은 그리스도인들이 자신의 구원에 의구심을 갖는 것을 본 이들은 믿음의 확신 교리를 슬그머니 포기해 버린다. 자신들의 경험과 맞지 않아 보이는 것이다. 이렇게 의심하는 사람들 역시 참된 그리스도인이라는 사실을 부정하고 싶지 않기 때문이다!

물론 자신의 구원에 대한 완전한 확신을 가진 사람은 전혀 의심하지 않을 것이다. 하지만 누가 그런 확신을 가질 수 있단 말인가? 이 땅에서 가장 탁월한 성도라 할지라도 육체와 영의 싸움은 피할 수 없다(갈 5:17). 성도라 할지라도 그 지체 속에 마음의 법과 싸우는 죄의 법이 여전히 남아 있지 않은가?(롬 7:23) 진실로 믿는 사람도 "주여, 나의 믿음 없는 것을 도와주소서"라고 부르짖지 않는가?(막 9:24) 이 땅에 살면서 자신은 하나님의 모든 은혜를 항상 최고로 받아 누리기 때문에 이 은혜를 막아서는 모든 죄악으로부터 자유롭다고 말할 수 있는 사람이 누군가? 아무도 없다! 그렇다면 모든 의심으로부터 완전히 자유롭지 않으면 참된 확신이 아니라고 말할 수 없다. 믿음의 확신이 있으면서도 때로는 의심이 일어나지 않는가? 물론 그럴 것이다. 그럴 수밖에 없다!

바울은 데살로니가 성도들이 누리는 많은 확신을 그들이 누리는 큰 복으로 여겼다. 이 말은 참된 확신을 가졌으나 그것을 적게 누리는 사람들이 있다는 말이다(살전 1:5). 그리스도의 명령으로 물 위를 걸었던 베드로에게는 그분이 도우실 것이라는 분명한 확신이 있었다. 그러나 바람이 이는 것을 보고 이내 두려움이 엄습해 마음에 의심이 일었다. "믿음이 적은 자여, 왜 의심하였느냐"는 예수님의 말씀에서 알 수 있듯이, 비록 적은 믿음이었지만 베드로에게는 의심과 반대되는 믿음이 있었던 것이 분명하다(마 14:29-31).

육체와 마귀가 신자에게 있는 믿음을 공격하면서 의심을 불러 일으키려 하지 않는다면 그것이 더 이상할 것이다! 신자를 저주하는 것이 마귀의 주된 일이기 때문이다! 참된 그리스도인이라도 의심으로 힘겨워 할 때가 있다. 어떤 때는 구원의 확신을 전혀 누리지 못하기도 한다. 자신이 과연 천국에 이르게 될지도 전혀 장담할 수가 없다.

참된 신자는 자신 안에서 일어나는 의심을 이렇게 다룬다. 시편 기자처럼 스스로에게 이렇게 말한다. "내 영혼아, 네가 어찌하여 낙망하며 어찌하여 내 속에서 불안해 하는가. 너는 하나님께 소망을 두라. 나는 그가 나타나 도우심을 말미암아 내 하나님을 여전히 찬송하리로다"(시 42:11). 자기 안에 일어나는 의심을 정죄하고 스스로에게 이렇게 말한다. "이는 나의 연약함이라"(시 77:10). 이런 의심은 마귀와 지옥으로부터 오는 것이라고 생각한다. 하나님께 자신의 마음을 토로하고 하나님께서 정말 자신의 아버지인지 의구심을 갖는 중에도 여전히 하나님을 "아버지"라 부른다.

의심 속에서도 지금 자신이 누리지 못하는 아버지의 사랑을 확신하게 해주시라고 기도한다. 두려움과 의심을 물리쳐 주시도록 기도한다. 이런 상태에 있는 사람은 더 많은 확신을 누리도록 힘쓰고 애써야 하는 것이 마땅하지만, 그가 참된 확신을 가지고 있다는 사실은 부인할 수 없다. 하나님이 자기를 사랑한다는 확신이 없는 사람은, 자기 안에 일어나는 의심과 두려움을 정죄할 수 없기 때문이다. 또한 확신이 없는 사람은 결코 하나님을 아버지라 부르며 기도할 수 없다. 하나님이 정말로 자기를 사랑한다는 사실을 확신하지

복음이 이끄는 확신 215

못하는 사람이 무슨 수로 하나님의 사랑을 확신하게 해 달라고 기도한단 말인가!

참된 그리스도인은 자신의 구원에 대한 의심과 싸울 수밖에 없다! 의심과 싸우고 의심을 거부하는 것이 또한 구원 얻는 믿음의 본질이다. 참된 그리스도인은 자기가 여전히 하나님의 진노 아래 있기 때문에 느끼는 비굴한 두려움과 싸울 것이다. 진실로 구원받은 사람이라면 반드시 어느 정도의 확신이 있고 의심이 일어날 때마다 그 확신으로 저항할 것이다. 내가 말하는 구원의 확신이 의미하는 바를 조금이라도 이해하는 사람은 이 교리를 부정하지 않을 것이다. 전혀 의심하지 않을 것이라는 말이 아니다. 구원 얻는 진정한 믿음은 의심을 거부하고 항상 확신 가운데 머물려고 노력한다는 말이다.

넷째, 그리스도를 영접하는 사람마다 그리스도와 그분의 구원을 값없이 받아 누린다는 것이 바로 복음이 말하는 진리다. 우리가 복음을 믿기 **전부터** 이 사실이 진리로 다가왔기 때문에 이 진리를 확신하는 것이 아니다. 오히려 복음을 **받아들일 때**, 비로소 이 사실은 진리가 된다. 복음을 믿지 않는 한, 이 사실은 결코 진리로 다가오지 않는다! 그리스도인이 아닌 사람은 여전히 죄와 비참함 가운데 있고, 하나님의 진노와 저주 아래 있다. 이런 상태에 있는 사람에게 성경은 복음을 믿어 확신을 얻으라고 말한다.

복음을 믿는다는 것은 진리가 아닌 어떤 것을 진리로 믿는 것이 아니라, 이미 진리인 것을 진리로 믿는 것이다. 일생 동안 우리는 진리라는 증거를 가진 많은 사실을 믿으며 살아간다. 이런 사실은 우리가 믿는지 여부와 상관없이 진리로 남아 있다. 이런 사실이 진리라는 것을 거부하는 사람은 자신의 양심과 이성을 거스르는 것이다. 구원의 문제도 마찬가지다. 그리스도 안에 있는 사람은 실제로 구원받은 사람이다. 그리고 그것은 진리다. 그러나 이 진리가 믿기지 않을 때도 있다.

믿음의 확신을 얻는 일과 관련하여, 우리에게는 외적인 증거뿐 아니라 내적인 증거도 있다. 신자인 우리 안에는 항상 하나님의 성령께서 내주하신다. 우리 안에 거하시면서 우리가 하나님의 자녀라고 증거하신다. 하나님은 "없는 것을 있는 것으로 부르시는" 분이시다(롬 4:17). 바꾸어 말하면, 하나님은 이전에 존재하지 않던 것들을 존재하게 하신다. 구원의 확신의 문제에 있어서도 마찬가지다. 우리의 노력으로는 전혀 가질 수 없는 구원의 확신을 하나님께서 주신다. 하나님은 이 약속을 반드시 이루신다. "무엇이든지 기도하고 구하는 것은 받은 줄로 믿으라. 그리하면 너희에게 그대로 되리라"(막 11:24). 구원의 확신이 없다면 그것을 위해 기도하라! 하나님의 자녀가 구원의 확신을 누리는 것은 하나님께서 더 바라시는 일이다!

지금까지는 믿음의 확신이 의미하는 바가 무엇인지 알아보았다. 이제는 구원 얻는 믿음을 가진 사람이 구원의 확신을 누려야 하는 이유 몇 가지를 살펴보겠다.

첫째, 구원의 확신은 구원 얻는 믿음의 본질이다. 구원 얻는 믿음이란 무엇인가? 구원 얻는 믿음은 복음을 믿고, 복음에 약속된 대로 그리스도를 믿어 구원 얻도록 하는 성령의 은혜다. 그리스도를 믿는다는 것은, 구원을 위해 그리스도를 기다리고, 의지하고, 신뢰하는 것이다. 믿음을 묘사하는 이 표현들은 모두 확신을 포함한다. 하나님께서 값없이 구원을 주시기로 약속하셨기 때문에 구원에 대한 확신이 어느 정도는 있어야 구원을 위해 그리스도를 믿고 의지할 수 있다. 그리스도를 믿는다고 하면서 자신이 그리스도를 진실로 영접했는지 알기 위해 멀찌감치 떨어져서 의구심을 가지고 두고 보는 것을 믿음이라 할 수 없다! 다시 말해, 복음을 믿는다면 그것이 분명한 진리라는 사실도 믿어야 한다. 그렇지 않으면 복음을 믿을 수 없을 것이다.

믿음은 본질상 의심하고(마 14:31), 흔들리고(히 10:23), 두려워하고(막 5:36), 망설이는(롬 4:20) 것과는 상반되는 일이다. 믿음에 반대되는 이런 표현들을 통해 우리는 믿음에 대한 실마리를 얻는다. 믿음은 의심하지 않고 그것을 의지하는 것이다.

믿음과 관련하여 우리가 흔히 사용하는 다른 표현들―그리스도를 의지하고 그분께 기대는 것―은 확신을 함의하고 있다. 그리스도를 의지하고 그분의 도우심을 바라는 영혼은 두려움과 어려움과 염려와 절망을 대적할 힘을 갖게 된다. 주님을 의지하고 소망하는 사람은 모든 두려움과 의심 속에서도 주님이 자기의 하나님이신 것과 자기의 구원이심을 확신한다. "여호와여, 그러하여도 나는 주께 의지하고 말하기를 주는 내 하나님이시라 하였나이다"(시 31:14). "여호와는 나의 반석이시요 나의 요새시요 나를 건지시는 자시요 나의 하나님이시요 나의 피할 바위시요"(시 18:2). "보라, 하나님은 나의 구원이시라. 내가 신뢰하고 두려움이 없으리니"(사 12:2). "내 영혼아,…… 너는 하나님께 소망을 두라. 나는 그가 나타나 도우심으로 말미암아 내 하나님을 여전히 찬송하리로다"(시 42:11).

참된 소망은 오직 하나님께만 터를 잡는다. 하나님께서 복 주실 것과 "튼튼하고 견고한 영혼의 닻"이 되신 것을 믿는다(히 6:17-19). 그리스도를 의지하고 믿는다면서 그분이 자기를 구원할 것을 확신하지 못하는 사람은 그분을 마치 상한 갈대처럼 생각하는 것이다. 그분이 전능한 하나님이시라는 사실을 믿지 않는 것이다. 주님 안에 머물기를 바라는 사람은, 이사야 선지자가 말했던 것처럼, 그분을 자신의 하나님으로 알고 의지해야 한다. "여호와의 이름을 의뢰하며 자기 하나님께 의지할지어다"(사 50:10). 주님 안에 안심하고 싶은 사람은 여호와께서 자기를 후대하신다는 것을 믿어야 한다(시 116:7).

일이 잘 풀릴 때 사람들은 하나님 의지하는 것을 쉽게 생각한다. 그러나 막상 어려움이 닥치면 하나님에 대한 신뢰는 온데간데없이 사라져 버린다. 믿음처럼 보였던 것들이 수치로 남는다. 자신의 구원에 대해 이 정도로 의심하며 사는 사람은 전혀 그리스도를 의지하지 않는 사람이다. 이런 사람은 "마치 바람에 밀려 요동하는 바다 물결" 같고, "두 마음을 품어 모든 일에 정함이 없는 자"다(약 1:6, 8).

신자는 이렇게 의심할 필요가 없다! 자신의 구원을 확신해도 좋다. 왜 그런가? 하나님은 그리스도를 믿는 사람들을 능히 구원하실 만큼 전능하신 분이기 때문이다. 그뿐 아니라, 하나님은 우리에게 친절하시고 긍휼이 많으시다. 하나님은 결코 그분을 믿는 사람을 내어 쫓지 않으신다.

둘째, 성경은 곳곳에서 믿는 자들에게 구원을 확신하라고 한다. "확고한 믿음을 가지고 참된 마음으로 하나님께 나아"가자고 촉구한다(히 10:22, 새번역). 이런 믿음은 "의인"의 믿음이다(히 10:38). 또한 성경에서 "바라는 것들의 실상이요 보지 못하는 것들의 증거"라고 묘사하는 믿음이다(히 11:1). 믿음에 대한 이런 묘사에 확신이 내포되어 있지 않은가? 믿음은 구원이 이미 우리에게 주어진 것처럼 구원의 문제를 우리 마음의 눈 앞에 명료하게 해준다. 그리스도와 신자가 연합하게 하는 믿음을 "확신"이라고 부른다. "소망의 확신과 자랑을 끝까지 굳게 잡고 있으면 우리는 그의 집이라"(히 3:6, 14). 어떤 것을 확신한다는 것은 무슨 뜻인가? 그것이 사실임을 완전히 납득하는 것이다. 강한 신념만 있을 뿐, 분명히 납득하지 못하는 것은 확신이 아니다.

신자를 의롭게 하는 믿음은 아브라함이 가졌던 믿음이다. "아브라함이 바랄 수 없는 중에 바라고 믿었으니……그가 백 세나 되어 자기 몸이 죽은 것 같고 사라의 태가 죽은 것 같음을 알고도 믿음이 약하여지지 아니하고." 아브라함 자신의 형편과 능력으로는 아무 소망도 가질 수 없었다. 외적인 조건은 모두 그 믿음과 상반되는 것뿐이었다(롬 4:18-25). 아브라함에게 주어진 분명한 약속은, 아브라함이 그것을 믿었을 때 믿음의 확신으로 자리 잡았다. 우리도 마찬가지다. 우리가 예수 그리스도를 통한 구원의 약속을 믿는다는 것은 그것이 분명한 사실임을 확신하는 것이다.

야고보 사도는 의심하지 말고 믿음으로 하나님께 좋은 것을 구하라고 명령한다. 이 좋은 것 중에는 확신도 포함된다. 확신이 없이는 아무도 하나님께 무엇을 받을 줄로 생각하지 말라고 한다. 확신이 없이는 그리스도께서 주시는 구원을 받지 못할 것이다. 주님께

구한 것은 무엇이든지 의심하지 말라고 한다(약 1:6-7).

이 성경 본문은 우리가 믿을 때에 어느 정도 확신이 따를 수밖에 없다는 것을 충분히 보여준다. 확신이 없이는 구원을 전혀 누릴 수 없다. 자신의 구원을 의심하면서 사는 것이 겸손은 아니다. 오히려 교만한 불순종이다. 그리스도와 그분이 주신 약속의 충분함을 믿지 않는 것이다. 이런 사람은 실제로 구원의 확신을 그리스도께 두는 것이 아니라 자기 자신에게 두는 것이다.

셋째, 하나님께서는 처음부터 확신에 찬 믿음으로 그리스도께 나아오라고 하신다. 이제까지 얼마나 사악하고 못된 죄인이었든지 간에, 그리스도께 나오면 즉시 그리스도와 그분이 주시는 구원을 받는 것이 분명하다. 성경은 가장 악한 죄인들 역시 믿는 즉시 구원의 확신을 얻는다고 말한다. 하나님은 새로 그리스도인이 된 사람들을 두고 보시기 위해 유예기간을 갖지 않으신다. 구원의 확신을 얻으려면 먼저 "자신을 확증해 보이라"고 요구하지 않으신다. 사도행전 2:39과 3:26을 보라. 이 약속은 모든 사람을 위한 것이다. "누구든지 그를 믿는 자는 부끄러움을 당하지 아니하리라 하니 유대인이나 헬라인이나 차별이 없음이라"(롬 10:11-12). 이 약속은 세상을 위해 오셔서 십자가에 달리신 그리스도의 보혈로 확증된 것이기 때문에 그를 믿는 자마다 멸망치 않고 영생을 얻는다(요 3:16). 그리스도의 초청은 누구에게나 값없이 주어진다. "누구든지 목마르거든 내게로 와서 마시라"(요 7:37). 믿는 자는 누구나 이 물을 마실 것이라고 약속하셨다.

구원의 약속은 이전에 죄와 진노 가운데 살았던 사람들―그리스도인들을 잔인하게 핍박하고, 자살하려던 간수(행 16:31)를 예로 들 수 있다—에게 개인적으로 주어진다. 바울은 말한다. "주 예수를 믿으라. 그리하면 너와 네 집이 구원을 얻으리라." 하나님은 완전히 죄에 빠져 살던 사람들이 돌이키자마자 자기를 아버지로 부르도록 하신다(렘 3:4). 하나님께서는 그들을 향해 "너는 내 백성이라"고 하시고, 그들이 하나님께 "주는 내 하나님이시라"고 할 것이라고 말씀하신다(호 2:23).

하나님께서는 **구원**과 **확신**을 불가분의 관계로 맺으셨다. "너희가 돌이켜 조용히 있어야 구원을 얻을 것이요 잠잠하고 신뢰하여야 힘을 얻을 것이어늘"(사 30:15). 하나님의 은혜를 소멸하는 불쌍한 그리스도인들이 많다! 이들은 일정한 믿음의 조건을 성취해야 그리스도를 자기 것으로 확신할 수 있다고 생각한다. 바꾸어 말하면, 그리스도를 믿는 믿음의 확신을 가지려면 무엇인가를 해야 한다는 것이다. 그리스도를 확신하기 위해서는 어떤 조건도 필요 없다는 사실을 모른다. 우리가 할 일은 그분을 자기 소유로 영접하는 것—그분을 먹고 마시는 것—이다. 그분을 영접하면 그분은 즉시 우리와 하나가 된다.

아주 의로운 부자가 있다고 생각해 보자. 이 부자가 한 가난한 여인에게 와서 이렇게 말한다. "당신이 나를 받아들인다면 기꺼이 당신의 남편이 되겠소." 이 여인은 그의 말을 믿고 즉시로 "당신은 제 남편입니다. 제 남편이 되어 주십시오"라고 말할지언정, "당신 말을 믿을 수가 없습니다"라고 하지는 않을 것이다. 어떤 정직하고 존귀한 사람이 와서 "자, 이 선물을 받으세요. 당신 것입니다. 얼마든지 먹고 마시세요. 정말 괜찮습니다"라고 말한다고 생각해 보라. 주저하지 않고 그것을 받지 않겠는가? 이 선물을 미심쩍어 하며 받는다면, 주는 사람의 정직함을 폄훼하는 것이다. 그를 식언하는 사람으로 대하는 것이다.

마찬가지로, 하나님께서는 복음을 통해서 그리스도를 값없이 주신다고 약속하셨다. 확신을 가지고 그리스도께 나아오기를 주저하는 사람은 하나님의 미쁘심을 멸시하는 것이다. 우리를 구원하기 위해 하나님께서 값없이 내미신 모든 초청을 생각해 보자. 초청하시는 하나님을 정직하지 못한 분으로 여기는 사람은 하나님을 거짓말하는 자로 만드는 것이 아닌가? 이것이 바로 사도 요한이 하나님께서 독생자에 대해 하신 말씀을 믿지 않는 백성들을 가리켜 한 말이다. "증거는 이것이니 하나님이 우리에게 영생을 주신 것과 이 생명이 그의 아들 안에 있는 그것이라"(요일 5:10-11).

복음을 들었다고 모두가 믿는 것은 아니다. 그럼에도 불구하고 하나님은 복음을 믿는 모든 자가 복음을 받아들일 것이라고 약속하신다. 그리스도께 나아오는 사람 중에 복음을 거짓말로 발견하는 사람은 아무도 없을 것이다. 하나님께서는 "믿음"과 "구원"을 서로 떨어질 수 없게 하셨다. 하나님께서 모든 사람에게 확신 가운데 그분을 믿으라고 하시는 이유가 바로 여기 있다. 그렇게 할 때 우리는 그분의 진실함에 영광을 돌리게 된다. 그렇게 하지 않는 사람들은 불신앙으로 하나님을 모독했기 때문에 하나님께 거절당하고 심판받을 것이다.

구원의 확신에 관해서 말할 때, 하나님의 은밀한 작정을 알려고

복음이 이끄는 확신 223

애쓸 필요가 없다. 계시된 하나님의 계명과 약속을 보면 된다. 하나님은 광야에서 이스라엘 백성에게 가나안 땅을 주시겠다고 약속하셨다. 그들을 대신해 원수들과 친히 싸우겠다고 하셨다. 하나님께서 약속하신 것을 얻기 위해 두려워하거나 좌절하지 말라고 하셨다. 그러나 하나님께서는 이스라엘 백성이 가나안 땅으로 들어가도록 하지 않으셨다. 그들이 하나님의 약속을 믿지 않았기 때문이다. 죽을 때까지 광야에서 사십 년을 지내게 하셨다(신 1:20-30). 하나님을 신뢰하라는 명령이 항상 그들 앞에 있지 않았던가? 하나님께서 원수들을 물리치시고, 가나안 땅을 주실 것이라고 믿어야 했지 않은가? 이런 믿음을 가질 충분한 이유가 있지 않았던가? 불신앙으로 그들을 광야에서 스러지게 하신 분은 오직 하나님뿐이지 않은가? 그 외에 그들을 가나안으로 들이지 못하게 할 다른 존재가 없지 않았던가? "그러므로 우리는 두려워할지니 그의 안식에 들어갈 약속이 남아 있을지라도 너희 중에는 혹 이르지 못할 자가 있을까 함이라……. 우리가 저 안식에 들어가기를 힘쓸지니 이는 누구든지 저 순종하지 아니하는 본에 빠지지 않게 하려 함이라"(히 4:1, 11).

넷째, 성경에 나오는 경건한 사람들은 하나같이 구원의 확신을 가지고 그리스도와의 관계를 확신했다. 이들의 확신은 인간 본성에 있는 선한 자질에서 비롯된 것이 아니었다. 그들이 신뢰했던 하나님의 약속에 기반을 두고 있었다. 애굽에서 나오자마자 교회가 했던 고백을 생각해 보라. 당시 이들의 고백은 아주 순수하지 못한 것이었다. 그들 중에 극히 일부만이 자신이 은혜 아래 있음을 확신할 수 있었다. 그러나 그런 때조차 이스라엘 백성들은 모세의 승리의

찬가를 불렀다. "여호와는 나의 힘이요 노래시며 나의 구원이시로다. 그는 나의 하나님이시니……"(출 15:2). 모세는 이스라엘 백성에게 그들이 하나님의 구원받은 백성임을 확신할 수 있도록 이 노래를 가르쳐 부르게 했다. 그러나 당시 백성들은 모세가 이 노래를 자신들에게 가르쳐 부르게 한다고 그를 타박하지 않았다. 그들에게는 선한 자질이 없었지만, 하나님의 구원의 약속을 믿었기 때문에 그와 같은 노래를 부를 수 있었다.

하나님께서 구약 백성들에게 주신 시편과 노래 중에도 믿음의 확신으로 넘쳐나는 것들이 있다. 시편 23, 27, 44, 46편이 특별히 그렇다. 이 노래들에 담긴 확신은 시편 기자의 진실함에서 기인한 것이 아니라 하나님의 사랑에 근거한 것이다.

구약성경의 역사 전반을 보면 구름같이 허다한 증인들이 있다(히 11장). 이들은 믿음으로 살다가 고난당했고, 위대한 증거를 얻었다. 하나님께서는 이들을 우리의 모범으로 주셔서, 우리도 그들처럼 영혼 구원을 위해 믿음으로 살도록 하신다(히 10:39). 이들 대부분은 놀라운 확신을 포함하는 구원하는 믿음으로 우리를 이끌 것이다. 물론, 구약성경에서 성도들의 삶을 읽다 보면 그들이 의심과 두려움에 빠진 것도 보게 된다. 그러나 믿음을 방해하는 의심과 두려움을 이들이 어떻게 다루었는지도 보게 될 것이다(시 42:11, 31:22, 78:7, 10). 성경에서 가장 슬픈 시편조차 확신에 찬 외침으로 시작하지 않는가!(시 88:1)

또한 구약성경의 성도들이 의심했을 때는 대개 특별한 고통을 당하거나 자신들이 끔찍한 죄를 저질렀기 때문이었다는 것을 알아

복음이 이끄는 확신 225

야 한다. 일상적인 실패나 죄악된 본성 때문에 의심한 것이 아니다. 이들이 의심에 빠진 것은 주로 비상한 고통의 때였다.

그리스도의 구원이 계시된 사도 시대에 교회는 큰 확신을 누렸을 것으로 짐작해 볼 수 있다. 하나님께서는 교회에 양자의 영을 풍성히 부어 주셨고, 옛 언약이 주는 끔찍한 율법적 두려움의 굴레에서 교회를 해방하셨다. 바울은 초대 그리스도인들에게 "너희가 아들이므로 하나님이 그 아들의 영을 우리 마음 가운데 보내사 아빠 아버지라 부르게 하셨느니라"고 했다(갈 4:6). 성령이 우리의 영과 더불어 우리를 하나님의 자녀라고 증거하신다(롬 8:15-17). 바울은 에베소 교인들에게 그들이 그리스도를 믿은 후, 그들이 누릴 기업의 보증이 되시는 성령의 인치심을 받았다고 했다(엡 1:13-14). 이들은 복음을 믿자마자 인치심을 받았다.

그렇다면 왜 성령께서는 우리를 신자로, 하나님의 자녀로 증거하시는가? 왜 우리로 하나님을 "아빠, 아버지"로 부를 수 있게 하시는가? 우리에게 그럴 자격이 있기 때문인가? 아니다! 우리는 그럴 자격이 전혀 없다. 다만 성령께서 우리 안에 확신을 주시기 때문이다. 성령께서 구원 얻는 믿음을 주신다. 확신에 찬 믿음으로 그리스도를 믿게 하신다. 하나님의 양자된 자녀인 것을 깨닫게 하신다. 우리 자신의 어떠함(우리에게는 전혀 그럴 자격이 없다!)을 보지 않고 하나님을 아버지로 부를 수 있게 해주신다. 성령은 그리스도를 영접하는 모든 이들에게 위로와 양자의 영이시다. 신자가 갖는 믿음의 확신은 자신이 얼마나 진실한가에 좌우되는 것이 아니다. 신자의 마음에서 역사하시는 성령의 증거에 달렸다.

구원의 확신 없이 살아가는 이 시대의 많은 그리스도인들을 예로 들면서, 지금까지 말한 모든 것에 반대하는 사람들도 있을 것이다. 그들은 확신이 구원에 꼭 필요한 것은 아니라고 주장한다. 때때로 의심에 빠졌던 신약과 구약의 많은 성도들이 어떤 태도를 취했는지를 보여주는 예를 이들은 간과하고 있다. 오늘날 구원의 확신을 누리는 사람이 거의 없다는 사실에는 나도 동의한다. 예전보다도 훨씬 적어졌다. 이런 상황이 되기까지 성경 교사들이 일조한 바가 크다. 이들은 믿음의 선진들이 가르쳤던 확신의 교리를 저버렸다. 어떻게 확신의 교리를 부정할 수 있단 말인가? 이들은 의심에 빠진 그리스도인들을 예로 들면서 참된 그리스도인이라 할지라도 꼭 확신을 누리는 것은 아니라는 것을 증명하려고 한다. 그러나 나는 여전히 구원 얻는 진정한 믿음은 항상 어느 정도의 확신을 수반한다고 말할 수밖에 없다. 참된 그리스도인들도 의심에 빠질 때가 있지만, 그렇다고 이들이 의심을 당연하게 생각하는 것은 아니다. 오히려 의심을 거부하고 정죄한다. 의심을 물리치기 위해 기도한다. 확신 가운데 주님을 의지하려고 한다. 여전히 하나님을 "아버지"라 부른다.

사람들이 스스로에 대해 평가하는 것을 너무 믿지 말라. 자신을 잘못 판단하는 사람들이 많다. 의심이 있다는 이유로 자신은 구원의 확신을 누릴 수 없다고 생각하는 사람들도 있다. 이들이 좀 더 알 수만 있다면, 자기에게도 어느 정도 믿음의 확신이 있다는 것을 알게 될 것이다.

한 가지 덧붙이면, 그리스도인이 아닌 사람들을 그리스도인으로 생각하지 않도록 조심해야 한다. 하나님 나라에 가까이 이르기

복음이 이끄는 확신 227

는 했지만, 아직 진실로 거듭나지 못한 사람들이 많다. 복음을 믿지 않고 그리스도를 의지하지 않는 비그리스도인이 분명한데도, 그들에게 하나님께서 용납하셨다고, 이제 안전하다고 말하는 사람들이 있다. 사랑이라는 미명하에 비그리스도인들에게 거짓된 안정감을 심어 주지만, 그리스도를 믿는 구원 얻는 믿음을 통해 위로를 얻으라고 촉구하지는 않는다. 이런 사람들이 수많은 영혼을 영원한 파멸로 몰아넣고 있다!

다섯째, 믿음의 궁극적인 목적은 그리스도와 그분이 주시는 구원을 마음으로 받아들이는 것이다. 마음에 그리스도를 실제로 영접할 것이라는 확신이 없는 사람은 결코 믿음에 이르지 못한다. 손과 입을 통해 몸이 음식을 받아들이는 것과 마찬가지로, 우리 영혼도 믿음으로 예수 그리스도를 받아들인다. 예수 그리스도를 영접하는 방편이 믿음이다. 하나님께서 그리스도를 자기에게 주셨다는 사실을 확신하지 못하는 사람은 그리스도를 누리지 못한다. 그리스도가 자신과 관계 맺기를 원하신다는 사실을 믿지 못하는 사람이 어떻게 그리스도를 누릴 수 있겠는가? 한 남자가 자기의 남편 되기를 기뻐하는지 확신하지 못하는 여인이, 어떻게 그 남자를 자기 남편으로 맞아들일 수 있겠는가?

우리가 구원 얻는 방식도 마찬가지다. 하나님께서 자신의 모든 죄를 용서하셨다는 것을 믿지 못하는 사람은 깨끗한 양심을 가지고 살아갈 수 없다. 하나님께서 내 아버지 되기를 기뻐하시고, 나를 자녀 삼아 후사가 되게 하기를 기뻐하시는 것을 굳게 확신하기 전에는 마음으로부터 구원을 누리지 못한다. 하나님께서 항상 자기와 함께

하시고, 결코 자기를 버리지 않는다는 사실을 믿지 못하는 사람은 어려움이 닥쳤을 때 거룩하게 살아갈 수 없다. 믿음으로 구원받기를 바라면서도 확신을 추구하지 않는 사람은 스스로 속고 있는 것이다. 타락한 본성적 상태로 구원받으려고 하는 것이기 때문이다. 실제로는 주 예수 그리스도와 그분의 구원을 붙잡지도, 영접하지도 않고 있다.

여섯째, 그리스도께서 우리 안에 거하시면, 믿음을 통해 우리 마음은 깨끗해지고 거룩한 삶을 살 수 있게 된다. 그리스도와의 관계를 확신할 때 우리에게 이런 일이 일어난다. 자기 안에 거하시는 그리스도로 말미암아 더 이상 자신을 위해 살지 않고 그리스도를 위해 살고자 하는 사람은, 바울이 말한 것을 스스로 확신할 수 있어야 한다. "이제는 내가 사는 것이 아니요 오직 내 안에 그리스도께서 사시는 것이라"(갈 2:20). 성령의 생명을 얻은 우리는 성령의 인도하심을 따라 살도록 배웠다(갈 5:25). 성령을 따라 사는 것을 확신하지 못하는 사람이, 본성의 능력을 넘어서 성령을 따라 살 수 있다고 생각하는 것은 착각이다!

하나님의 은혜를 확신하지 못하는 사람은 거룩한 삶을 살도록 하는 하나님의 은혜를 누리지 못한다. 그리스도로 말미암아 죄에 대하여 죽고 하나님에 대하여 산 것을 믿지 않으면 거룩한 삶을 살수 없다. 더 이상 율법 아래 있지 않고 은혜 아래 있다는 것을 믿지 못하면 거룩하게 살 수 없다. 자신이 그리스도의 지체요, 성령의 전이요, 하나님의 사랑받는 자녀라는 것을 믿지 않는 사람은 거룩하게 살 수 없다.

복음이 이끄는 확신 229

"거룩한 삶을 살도록 독려하되, 구원의 확신 교리를 가지고 독려하지는 마십시오. 이 교리는 거룩하게 사는 데 전혀 도움이 되지 못합니다. 구원의 확신이 없는 저로서는 이 확신에 따라 살 수 없습니다. 하나님의 정의와 진노하심을 설교해 주십시오. 순종하고 바르게 행할 때에 하나님께서 베풀어 주실 긍휼을 설교해 주십시오. 실제적이지 않은 구원의 확신 교리보다 이런 가르침에 더 큰 도전을 받습니다."

이렇게 말하는 사람의 믿음은 얼마나 비참한지 모른다! 은혜의 복음이 아닌 율법의 원리에 기대어 살기 때문이다. 이렇게 사는 사람은 결코 사랑하는 마음으로 하나님을 섬길 수 없다. 복음의 원리대로 하나님께 순종하지 않는 사람은 하나님께 순종하는 것이 아니다. 참된 순종의 삶을 살기 위해서는 하나님의 사랑을 확신해야 한다.

그리스도인으로서 마땅히 행해야 할 모든 의무는 율법주의가 아닌 하나님의 사랑에 기반을 둔 것이어야 한다.

- 주 안에서 항상 기뻐함
- 부끄럽지 않게 하는 소망을 품음
- 여호와 하나님을 주와 구주로 고백함
- 하늘에 계신 아버지께 기도함
- 몸과 영혼을 하나님이 받으실 산 제사로 드림
- 몸과 영혼과 모든 염려를 주께 맡김
- 모든 상황에 만족하고 감사함
- 주님만을 자랑함

- 찬송 중에 승리함
- 환난 중에 기뻐함
- 세례를 통해 그리스도를 덧입음
- 성찬을 통해 그리스도의 살과 피를 먹고 마심
- 우리의 구속주이신 하나님께 언제라도 자신의 영혼을 드림
- 복된 소망을 가지고 그리스도의 재림을 사모함

자신이 그리스도인이 맞는지 의심이 일어날 때는 확신을 가지고 그리스도를 신뢰함으로 의심을 벗어 버려야 한다. 그리스도를 의지하지 않으면, 우리가 부름받은 일을 전혀 할 수 없다. 예를 들어, 자신의 구원을 확신하지 못하는 사람은 성찬에 나아갈 수도 없고, 그렇게 나아간다 해도 온전히 떡을 뗄 수 없다. 성찬에 참여하기 위해서는 확신이 필요하다. 그리스도인으로서 다른 의무들을 행하기 위해서도 확신이 필요한 것은 마찬가지다. 확신이 없이는 행할 수 없다.

이런 열매를 맺는 구원 얻는 믿음을 나에게 달라! 이런 믿음만이 사랑으로 역사할 수 있다(갈 5:6). 야고보 사도는 행위로 우리에게 있는 믿음을 보이라고 한다(약 2:18). 하나님이 자기 백성을 불러 믿음을 통해 역사하신 것을 볼 때, 그들이 가진 믿음으로 모든 것이 가능했다. 믿음은 영적인 역사라고 할 수 있는 의의 역사를 수없이 일구어 냈다. 온 역사를 통틀어 모든 하나님의 백성은 믿음으로 하나님께 순종했고, 하나님을 위해 고난을 감내했다. 우리의 영적인 조상들이 당했던 불같은 시험을 우리도 당해야 한다면, 그들이 가졌던 확신의 교리야말로 고난을 지나가는 우리에게 가장 큰 위로

가 될 것이다.

일곱째, 확신의 교리를 반대하는 사람들은 구원 얻는 믿음이 확신을 주기는커녕 악을 일삼게 한다고 가르친다. 이런 가르침 때문에 사람들은 구원의 확신이 주는 위로가 무엇인지 알지 못한다. 이 가르침대로 한다면, 하나님께 순종할 때만 확신을 가질 수 있기 때문이다. 물론 이것은 불가능한 일이다. 우리의 순종으로는 결코 확신을 얻을 수 없다. 결국 구원을 항상 의심하고, 하나님의 진노 아래 있을 것 같은 두려움에 힘들어 할 수밖에 없다. 노예와 같이 비굴하고 위선적인 순종만 할 뿐이다. 고백성사와 채찍질과 자학과 성지순례와 면죄부와 같은 것들로 가득한 율법적인 신앙만이 활개 치게 될 것이다. 구원의 확신을 포기한 사람은 절망의 나락으로 떨어지지 않기 위해 지푸라기라도 잡으려고 할 것이기 때문이다.

구원의 확신이 없는 영혼들은 온갖 상처로 만신창이가 되었다. 이들은 어떤 견고한 위로도 누릴 수 없다. 자신에 대해서 선한 생각은 조금도 할 수 없다. 자신은 전혀 거룩하지 않고 죄 가운데 죽어 하나님의 진노와 저주 아래 있는 존재라고 생각한다. 이들에게 "그저 하나님께 순종하십시오. 최선을 다하십시오. 바른 일을 한다면 하나님께서 은혜와 사랑을 주십니다"라고 말하는 것은 더욱 처참한 상처를 안기는 셈이다. 이들에게 전혀 도움이 안된다. 하나님의 도우심 없이는 하나님께 순종할 수도, 하나님을 믿을 수도 없다는 것을 이들은 잘 알고 있다. 이들을 위로하려면 더 나은 방법이 필요하다! 죄인의 괴수라도 그리스도를 믿기만 하면 구원의 약속을 거저 받는다고 말해 주라. 이 약속을 받아들이도록 이들을 격려하라. 죄사함과 거룩과 영원한 영광을 위해 담대히 그리스도를 의지하라고 촉구하라. 온 마음으로 그것을 원하기만 하면, 하나님께서 그들을 도와 그리스도를 믿게 하신다는 사실을 확증하라. 이를 믿는 것은 하나님의 명령일 뿐 아니라 그들의 의무라고 말해 주라.

확신을 말하지 않는 가르침은 수많은 악을 초래한다. 사람들은 자신의 죄가 얼마나 악한지 인정하려 하지 않을 것이다. 실제 모습보다 자신을 더 낫게 여기면서 낭패를 당하지 않을 줄로 생각한다. 그리스도와 바른 관계를 맺고 있는지 한 번도 생각해 보지 않고 스스로 만족하며 지내는 사람들도 있을 것이다. 이런 생각은 구원과 전혀 상관없는 것이라고 여긴다. 실제로 구원의 확신을 얻어 누리는 사람들이라고 해봐야 소수의 탁월한 그리스도인들뿐이라고 생각한다. 이렇게 자신의 형편을 합리화하는 사람들에게서는 그리스도나 자기 영혼에 대한 사랑을 거의 찾아볼 수 없다. 구원을 확신하지 않고 의심하는 것을 겸손인 양 생각하는 사람들도 있다. 이들은 겉으로만 의심 때문에 괴로워하고 불평한다. 많은 이들이 자신이 그리스도와 관계를 맺고 있는지 확인하기 위해 자기 내면을 들여다보느라 여념이 없다. 믿음으로 그리스도를 영접하고 누리고 그분과 동행해야 할 시간에 그렇게 하고 있는 것이다.

자신이 과연 하나님을 "아버지"로 부를 수 있는지 고민하는 사람들도 있다. 기도는 하지만 하나님을 아버지로 부를 자격이 있는지 의구심이 가시지 않는다. 목사가 공기도를 통해 하나님을 아버지라 부르는 것이 못마땅하다. 사람들이 하나님을 "아버지"로 부르고, 그리스도를 "나의 구주"라고 부르는 것 역시 못마땅하다. 하나님을 이렇게 부르는 많은 시편들 때문에 마음이 불편하다. 그리스도와의 관계에 대한 확신이 없는 사람들은 성찬에 참여하는 것조차 꺼린다.

참된 신자는 믿을 때에 믿음의 확신을 갖는다. 하지만 신자라 해서 당연히 구원의 확신을 누릴 자격이 있는 것은 아니라는 그릇된 가르침 때문에, 많은 신자들이 확신을 잃어 가고 있다. 온갖 의심에 둘러싸여 이들의 영혼은 괴로워한다. 일생을 두려움과 의심으로 허비한다. 이런 사람들에게 하나님을 향한 용기와 열정이 일어날 리 없다! 이들이 이 땅의 것에 몰두하느라 시간을 낭비하고 고난과 죽음에 대한 두려움에서 헤어 나오지 못하는 이유가 여기 있다.

이 모든 죄악을 피하는 길은 구원의 확신을 견고하게 하는 것이다. 담대하게 주의 이름을 신뢰하고 하나님께 자신을 맡김으로써 이 확신을 지키고 새롭게 하라. 죄에 빠져 빛을 잃었을 때에도 계속해서 복음을 믿으라(사 50:10). 성숙한 그리스도인들의 삶은 이것이 진리라는 것을 잘 보여준다.

열한 번째 원리

즉각적인 믿음의 필요

지체하지 말고 그리스도를 믿으라! 계속해서 믿음에 자라가라. 그러면 그리스
도와의 관계가 점점 더 분명해지고 거룩하게 살 힘을 얻을 것이다.

지금까지는 신자가 거룩하게 살 수 있는 유일한 길이 무엇인지 살펴보았다. 이제부터는 어떻게 이 원리들을 우리 일상에 적용할 것인지 알아보겠다. 그리스도를 믿는 믿음이 거룩한 삶의 토대라는 사실은 이제 어느 정도 분명해졌을 것이다. 그리스도를 믿는 믿음은 모든 순종의 견고한 반석이고 기초다.

어떻게 믿음으로 그리스도를 마음에 영접하는지도 성경을 통해 살펴보았다. 그리스도를 믿을 때 우리는 거룩하게 살 능력을 그리스도에게서 받는다. 믿음은 그리스도와 신자를 하나되게 하는 은혜다. 믿음을 통해 신자는 그리스도와 신비로운 혼인을 하게 된다. 믿음으로 신자는 그리스도라는 포도나무의 가지가 된다. 믿음으로 신자는 그의 몸의 지체가 되어 그리스도를 머리로 모시고 살아간다. 믿음으로 신자는 그리스도의 신령한 전의 산 돌이 된다. 믿음으로 신자는 세상에 생명을 주기 위해 오신 생명의 떡과 생수를 먹고 마신다. 믿음을 통해 신자는 타락한 본성의 상태에서 그리스도 안에 있는 새로운 거룩한 상태로 옮겨진다. 죄로 말미암은 사망에서 의로운 생명으로 옮겨진다. 믿음은 신자를 위로하여 모든 선한 말과 행실에 든든히 서게 한다.

"어떻게 하여야 하나님의 일을 하오리이까" 하는 물음에 그리스도는 "하나님께서 보내신 이를 믿는 것이 하나님의 일이니라"고 하셨다(요 6:28-29). 믿는 일을 먼저 말씀하신다. 믿음은 모든 일의 으뜸이다. 모든 선한 일은 믿음에서 나오기 때문이다. 지금부터 믿음으로 사는 삶과 관련하여 네 가지를 당부하려고 한다.

첫째, 그리스도를 믿는 일에 부지런히 힘쓰라. 믿음을 얕보는 사람들이 많다. 믿음을 다른 많은 도덕적 의무들과 같이 보고 이성의 빛으로 그것을 이해하려 한다. 그러나 믿음이 무엇인지에 대해서는 초자연적인 복음의 계시를 통해서만 깨달을 수 있다. 자연인에게 믿음은 어리석은 것일 뿐이다. 자신의 죄를 새롭게 발견하고는 놀라 스스로를 엄밀하게 살피고, 죄의 목록을 적어 놓기까지 할 것이다. 그러나 모든 죄 중에 가장 큰 죄—그리스도를 믿지 않는 죄—에 대해서는 생각하지 않는다. 불신앙의 죄는 이들이 적어 놓은 죄의 목록에 들어 있지도 않다.

그리스도를 믿어야 한다고 깨달은 사람들조차 불신앙의 죄에 대해서 생각하지 않는다. 믿음을 대수롭지 않게 여겨서일 수도 있고, 성령의 도우심 없이 인간의 힘으로는 할 수 없는 일이기 때문이기도 하다. 실제로 믿는 것을 어렵게 생각한 나머지, 마음에 성령의 역사를 느끼기 전에 믿으려고 노력하는 것은 어리석은 짓이라고 생각하는 사람들도 있다. 혹은 하나님의 택하심을 받은 자라는 것을

즉각적인 믿음의 필요 237

알기 전에 자의로 그리스도를 믿는 것은 주제넘은 짓이라고 생각하기도 한다. 그러나 믿기 위해 온 힘을 다하라. 믿음은 그리스도인의 삶에서 너무나 소중하고 필요한 것이기 때문에 노력할 만한 가치가 있다.

본성으로는 하나님의 구원 계획을 도무지 알 수 없다. 그러므로 하나님께서 성경을 통해 계시하신 구원의 방식을 무시하지 말라. 복음을 전하는 이유는 모든 사람이 믿음에서 나는 순종으로 나아오게 하기 위함이다(롬 1:5). 하나님은 사람들이 그리스도께 나아와 모든 순종에 이르는 것을 보기 원하신다. 성경을 주신 이유는 "그리스도 예수 안에 있는 믿음으로 말미암아 구원에 이르는 지혜가 있게" 하기 위함이다(딤후 3:15). 모세의 율법의 목적은 "모든 믿는 자에게 의를 이루기 위함"이다(롬 10:4). 그리스도는 의를 이루는 통로다. 하나님의 도덕법이 계시된 이유도 그리스도 안에 있는 구원이 우리에게 얼마나 절실한가를 보여주기 위함이다. 도덕법 자체로는 타락한 인간의 구원에 아무 도움이 안된다. 인간에게는 그것을 지킬 능력이 없기 때문이다.

믿음을 얕잡아 보고 미련한 것으로 여기는 사람은, 성경에 계시된 하나님의 전체 경륜을 멸시하는 것이다. 이런 사람에게 율법과 복음과 그리스도는 아무런 유익이 되지 못한다. 믿음 없이 맺는 열매는 위선적인 도덕 행위와 비굴한 실천뿐이다. 이 모든 것은 심판 날 하나님 앞에서 누더기로 드러날 뿐이다.

많은 사람들이 사로잡혀 있는 이 올무에 빠지지 말라. 불신앙의 죄를 가볍게 보지 말라. 사실 불신앙이야말로 가장 파괴적인 죄다!

불신앙은 만 가지 죄의 뿌리다. 아무리 많은 순종과 실천을 해도 불신앙 때문에 이 모든 것은 하나님 앞에 기쁜 것이 되지 못한다(히 11:6). 바로 지금 불신앙의 죄에 주목하지 않으면, 결국 하나님께서 그 죄를 주목하게 하실 것이다. "아들을 믿지 않는 사람은 생명을 얻기는커녕 오히려 하느님의 영원한 분노를 사게 될 것"이기 때문이다(요 3:36, 공동번역). "주 예수께서 자기의 능력의 천사들과 함께 하늘로부터 불꽃 가운데에 나타나실 때에 하나님을 모르는 자들과 우리 주 예수의 복음에 복종하지 않는 자들에게 형벌을 내리시리니"(살후 1:7-8).

둘째, 그리스도를 믿는 일에 전심전력해야 한다. 불신앙의 본을 따르다가 믿음에서 떨어지지 않도록 안식에 들어가기를 힘써야 한다(히 4:11). "너희 각 사람이 동일한 부지런함을 나타내어 끝까지 소망의 풍성함에 이르러 게으르지 아니하고 믿음과 오래 참음으로 말미암아 약속들을 기업으로 받는 자들을 본받는 자 되게 하려는 것이니라"(히 6:11-12). 믿기 위해서는 힘과 노력이 필요하다. 그러므로 우리는 성령으로 말미암아 속사람이 능력으로 강건하게 되고, 믿음으로 말미암아 그리스도께서 우리 마음에 계시도록 해야 한다(엡 3:16-17). 믿는 것은 본질적으로 쉽고 즐거운 일이다. 믿음은 마음의 일이기 때문이다. 물리적으로 힘쓰고 기진할 필요가 없다. 믿음은 그리스도와 그분의 구원을 취하는 길이다. 풍성한 위로가 있는 즐거운 일이다. 이런 즐거움으로 인해 힘들고 어려운 일도 쉽고 기쁘게 해낸다. 순종이 어려운 이유는 우리 내면의 부패함과 사탄의 유혹 때문이다.

즉각적인 믿음의 필요 239

죄책과 하나님의 진노를 짊어진 채 구원을 위해 그리스도를 영접하기란 쉽지 않다. 특히 구원을 얻기 위해 오랫동안 노력해 온 사람이라면 더욱 그렇다. 값없이 주시는 은혜로 받는 구원을 어리석고 하찮게 여기는 사람은 그리스도를 믿기가 여간 어려운 것이 아니다. 세상과 육체가 주는 즐거움에 빠져 있는 사람 또한 그리스도를 믿기 어렵다. 사탄은 있는 힘을 다해 사람들이 그리스도를 믿지 못하도록 할 것이다.

쉽게 보이는 일이 특정한 상황에서는 아주 어려운 일이 되기도 한다. 우리는 원수를 용서하고 원수를 사랑하되 우리 자신을 사랑하듯이 하라고 부름을 받았다. 이론상으로는 아주 쉬운 일이지만, 마음에서 우러나와 사랑하는 것은 너무나 어렵다. 우리는 또 모든 세상 염려를 다 주께 맡기라고 부름을 받았다. 부자에게는 쉬운 일일지 모르지만, 가난한 사람에게는 어렵게만 들린다. 바로와 그의 군대가 홍해까지 이스라엘 백성들을 추격해 왔을 때 모세가 백성들에게 한 말을 기억해 보라. "너희는 두려워하지 말고 가만히 서서 여호와께서 오늘 너희를 위하여 행하시는 구원을 보라"(출 14:13). 당시 이스라엘 백성들에게 이 일은 쉬운 일이 아니었다!

너무 쉽기 때문에 대단히 하기 어려운 일도 있다! 문둥병에서 낫기를 바랐던 나아만 장군의 입장에서는 씻기만 하고 깨끗하게 되는 것은 결코 쉬운 일이 아니었다. 하나님의 치료책이라는 것이 너무 간단하고 시시하게 여겨졌던 것이다. 마찬가지로, 사람들은 그리스도를 믿기만 하면 된다는 말을 불쾌하게 여긴다. 단지 믿기만 하면 영혼의 문둥병이 낫는다? 말도 안되게 들리는 것이다. 좀 더 그럴 듯하고 어려운 일을 해서 나아야 보람도 있고, 애써서 구원 얻은 것을 자랑할 수 있지 않겠는가! 자신이 이룬 일을 내세우고 싶은 것이다.

믿음은 이처럼 쉬운 일이다! 반면에 사람들은 하나님의 은혜를 입기 위해 가장 부담스럽고 어렵고 훌륭하게 보이는 일을 하고 싶어 한다. 유대인과 갈라디아 교인들은 도무지 감당할 수 없음에도 불구하고 모세 율법의 멍에를 스스로 짊어졌다(행 15:10). 신들의 환심을 사기 위해 이교도들은 자기 자식을 불 속에 던져 넣었다(신 12:31). 율법주의자들은 가난과 박애와 순종을 맹세했다. 금식과 채찍질과 성지순례로 자기 몸을 괴롭혔다. 고통스러운 미신과 광신적 의식을 자행했다. 단순히 그리스도를 믿느니 차라리 억압적인 일을 더 즐겨 했다. 왜 그런가? 그렇게 해야 자기가 이룬 것을 하나님과 사람 앞에 자랑할 수 있기 때문이다.

믿는 일을 시시하게 여기는 사람들은 자신의 죄가 얼마나 심각한지 전혀 알 수 없다. 지금 자신의 머리 위에 드리워진 하나님의 진노와 율법의 저주를 전혀 알지 못한다. 자신의 총명이 얼마나 어두워졌는지, 마음이 얼마나 부패하고 완고한지 모른다. 심지어 자신이 죄와 사탄의 권세 아래 있는 것도 모른다. 한 번도 겸비해진 적이 없다. 이런 사람들이 그리스도를 믿을 리 없다. 자신의 부패함과 사탄의 유혹과 사투를 벌이는 것이 믿음이다. 믿음은 아주 어려운 일이다. 하나님의 성령의 전능한 역사가 아니면 도무지 믿을 수 없다. 오직 성령만이 우리가 믿는 일을 도우실 수 있다.

마음에 성령의 역사가 있어야만 믿을 수 있는 것이 사실이지만,

그리스도를 믿기 위해서는 우리 자신도 힘써야 한다. 믿음은 성령이 주시는 것이 맞다. 그렇다고 해서 우리가 믿어야 할 필요가 없는 것은 아니다. 우리 안에 성령의 역사를 느끼는지 여부와 상관없이 그리스도를 믿는 일에 힘써야 한다. 다시 말해 하나님의 성령께서 하지 않으시면, 우리는 하나님께서 받으실 만한 어떤 것도 할 수 없다. 그렇다고 해서 우리가 믿지 않아도 된다는 말은 아니다. 오히려 가장 큰 열심으로 믿어야 한다. "두렵고 떨림으로 너희 구원을 이루라. 너희 안에서 행하시는 이는 하나님이시니 자기의 기쁘신 뜻을 위하여 너희에게 소원을 두고 행하게 하시나니"(빌 2:12-13).

성령은 우리 마음에 믿음을 불러일으키신다. 복음으로 촉구하시고, 명령하시고, 초청하신다. 이미 자기 안에 그리스도 외에 의지할 만한 것이 있는 사람에게는 이런 초청이 별 가치가 없을 것이다. 이런 사람은 성령이 자기의 행위를 보고 믿음을 주신 것이라 여긴다. 싹을 보고 땅 속에 있던 씨앗이 어떤 종자인지 아는 것처럼, 열매를 보아 그 속에 역사하는 은혜를 알 수 있다. 우리가 행하지 않으면 우리 안에 있는 하나님과 이웃을 향한 사랑을 알 길이 없다. 걸음마를 배우려 하지 않는 아이들은 자신이 두 발로 설 수 있는 지 알 수 없다. 실천하지 않으면 자기 속에 있는 영적인 능력이 있는지 전혀 알지 못한다.

성령이 믿음을 주시기만을 기다리면서 가만히 앉아 있지 말라! 성령이 행할 수 있는 힘을 주시기만을 바라면서 가만히 있지 말라. 믿음으로 일어나 믿어라! 그리스도를 의지하고 구원을 얻으라고 하나님께서 우리를 부르셨다. 우리가 믿을 때, 성령께서 우리에게 필요한 능력을 주신다. 모든 순종의 의무는 믿음에서 비롯된다. 하지만 우리가 하나님의 말씀을 듣고 알고 깨달을 때 성령께서 믿음을 주신다. "믿음은 들음에서 나며 들음은 그리스도의 말씀으로 말미암았느니라"(롬 10:17). 성령이 믿음을 주시는지 보자 하고 기다리고만 있지 말라. 하나님의 말씀을 듣고 그것을 믿어라. 그렇게 할 때 믿게 된다! 하나님이 누구에게 믿음을 주고, 누구에게 주지 않을지 계산하지 말라. 복음을 믿으라고 하나님께서 명령하셨다. 복음을 믿으면, 그리스도의 성령이 믿을 수 있는 능력을 주셨다는 것을 알게 될 것이다. 그의 말씀을 믿으라. 하나님께서 믿음을 주실지 안 주실지 미리 짐작하지 말라. 의심을 그치고 믿으라!

성령의 신비한 역사를 계산하려고 들지 말라. 성령은 우리가 도무지 알 수 없는 방식으로 믿음을 주신다. 이는 마치 바람이 어디서 왔다가 어디로 가는지 알 수 없는 것과 같은 이치다. 그저 바람 소리를 듣고 느낄 뿐이다(요 3:8). 성령이 구원을 주실지 알 수 없다 해도 일단 믿으라. 하나님께서는 우리를 믿음으로 부르신다. 그리스도께 나아와 구원 얻을 권리와 책임이 있다고 말씀하신다. 성령의 은밀한 역사를 재단하지 말라. "강하고 담대하라. 너는 내가 그들의 조상에게 맹세하여 그들에게 주리라 한 땅을 이 백성에게 차지하게 하리라"(수 1:6). "너는 일어나 일하라. 여호와께서 너와 함께 계실지로다"(대상 22:16). 성령은 복음을 하나님의 말씀으로 받는 사람을 가르치시고, 믿음으로 그리스도께 나아오게 하신다(요 6:45). 복음을 영접하지 않는 사람은 하나님을 멸시하고 거짓말하는 자로 만드는 것이다. 이런 사람은 자신의 불신앙 때문에 망한다.

넷째, 하나님의 택하심을 입은 백성인지 알기 전이라 할지라도 복음을 믿으라고 명하신다. 성령은 하나님의 택한 백성들에게만 구원 얻는 믿음을 주신다. 사람들이 복음을 믿지 않는 것은 그들이 그리스도의 양무리에 속하지 않기 때문이다(요 10:26). 그래서 성경은 믿음을 "하나님이 택하신 자들의 믿음"이라고 한다(딛 1:1). 그러나 복음을 듣는 모든 사람은 그것을 믿어야 할 의무가 있다. 또한 하나님의 도덕법을 준수할 의무가 있다. 만약 복음을 믿지 않는다면, 자신의 불신앙에 대한 책임을 져야 한다. 정죄에 대한 책임을 다른 이에게 물을 수 없다. "믿지 아니하는 자는 하나님의 독생자의 이름을 믿지 아니하므로 벌써 심판을 받은 것이니라"(요 3:18). 선택받은 이스라엘은 구원을 받았지만, 그렇지 않은 사람들은 눈이 가리워졌다고 바울은 말한다. 그러나 이들마저도 자신의 불신앙으로 참 포도나무에서 떨어져 나왔다고 한다(롬 11:7, 20). 다시 말해, 이들이 하나님 앞에서 멸망한 것은 그들 자신의 책임이라는 말이다.

복음을 믿기 전에는 자신이 택함을 받았는지 안 받았는지 알 수 없다. 그것은 신비한 하나님의 경륜에 감추어져 있기 때문이다. 하나님이 우리를 부르셔서 그리스도를 믿을 때에라야 자신이 선택받았다는 것을 알 수 있다. 선택받았는지는 우리가 믿은 다음에 알 수 있다. 데살로니가 교인들의 믿음을 보고 바울은 그들이 선택받은 자라는 것을 알았다. "하나님의 사랑하심을 받은 형제들아, 너희를 택하심을 아노라. 이는 우리 복음이 너희에게 말로만 이른 것이 아니라 또한 능력과 성령과 큰 확신으로 된 것임이라. 우리가 너희 가운데서 너희를 위하여 어떤 사람이 된 것은 너희가 아는 바와 같으

244 성화의 신비

니라. 또 너희는 많은 환난 가운데서 성령의 기쁨으로 말씀을 받아 우리와 주를 본받은 자가 되었으니"(살전 1:4-6). 자신이 하나님의 선택을 받은 자인지 알고 싶다면, 처음 그리스도인이 되었을 때 부르심이 어떠했는지를 보면 된다(고전 1:26-27). 하나님의 택한 백성인지 알고 싶은가? 그리스도를 믿으라. 그렇지 않고서는 결코 자신이 선택받았는지 알 수 없다!

선택받았는지 여부도 알지 못하면서 영생을 얻고자 그리스도를 믿는 것은 주제넘은 짓이 아니다. 식언치 않는 하나님께서 누구든지 그를 믿는 자는 부끄러움을 당하지 않을 것이라고 약속하셨다(롬 10:11-12). 하나님은 이 약속을 믿는 사람들 사이에 차등을 두시는 분도 아니다. 이 약속은 반드시 그대로 이루어진다. 이 약속 역시 하나님의 다른 작정이나 목적과 마찬가지로 확실하다. 하나님의 약속은 우리가 확신을 가질 수 있는 충분한 근거가 된다. 성부가 선택하셔서 그리스도께 주신 모든 사람들은 틀림없이 그리스도께로 나온다. 동시에, 그리스도는 누구든지 자기에게 나아오는 자를 결코 내어 쫓지 않으신다(요 6:37). 우리의 보잘것없는 이성으로 이 신비로운 진리를 다 이해할 수 있을 것이라고 생각하지 말자.

구원 얻기 위해 그리스도를 믿는 것이 하나님의 선택 계획을 망치는 것이 될까 봐 겁낼 필요가 없다! '내가 만약 하나님의 택함을 받은 백성이 아니라면 어쩌지? 나는 안 믿는 게 낫겠다' 하고 생각할 필요가 없다. 복음을 믿으면 자신이 진실로 하나님의 택한 백성이라는 것을 알게 될 것이다. 복음을 믿지 않으면 선택받지 못한 자로 드러날 것이다. "그들이 말씀을 순종하지 아니하므로 넘어지나니 이는 그들을 이렇게 정하신 것이라"(벧전 2:8).

복음을 믿기 전에 자기 안에서 선택받은 증거를 찾으려고 하지 말라. 담대하게 그리스도를 의지하라. 그리스도께서 구원을 주시고, 택한 백성에게만 속한 것들을 주실 것이다. 하나님께서는 "창세전에 그리스도 안에 택함"을 입은 자들에게 모든 신령한 복을 주실 것이다(엡 1:3-4). 그러나 이런 모든 신령한 복을 받기 위해서는 반드시 그리스도를 믿어야 한다. 그리스도를 믿지 않는 한 이런 복을 조금도 받을 수 없다. 의심하지 말고 믿음으로 "여호와여, 주의 백성에게 베푸시는 은혜로 나를 기억하시며 주의 구원으로 나를 돌보사 내가 주의 택하신 자의 형통함을 보고 주의 나라의 기쁨을 나누어 가지게 하사 주의 유산을 자랑하게 하소서"라고 기도하라(시 106:4-5). 담대하게 하나님을 의지하는 사람은 하나님께서 자신을 택한 백성으로 대하시는 것을 보게 될 것이다.

하나님께 택함을 받았는지 알기 전에 복음을 믿는 것은 주제넘은 믿음이 아니다. 구원 얻기 위해 그리스도를 믿는 것은 우리의 위대한 의무다. 믿지도 않으면서 자신이 하나님의 택한 자인지 아닌지 알려고 하지 말라. "감추어진 일은 우리 하나님 여호와께 속하였거니와 나타난 일은 영원히 우리와 우리 자손에게 속하였나니 이는 우리에게 이 율법의 모든 말씀을 행하게 하심이니라"는 말씀을 기억하라(신 29:29).

이 문제와 관련하여 두 번째로 내가 다루고자 하는 것은, 복음을 믿어 구원받는 것은 우리를 향한 하나님의 명령이라는 사실이다. 하지만 복음을 믿되 바르게 믿어야 한다. 믿음이라고 다 같은 믿음이 아니다. 거짓된 믿음이 있고, 참된 믿음이 있다. 자신의 믿음이 참된 믿음인지를 분명히 해야 한다.

율법의 성취요 성화의 주된 열매인 사랑이 거짓된 믿음에서 비롯되어서는 안된다(딤전 1:5). 진실로 그리스도를 마음에 영접하지 않는 거짓된 믿음이 있다. 이런 믿음은 그 어떤 참된 순종이나 사랑도 불러일으키지 못한다. 시몬 마구스가 가졌던 믿음이 이런 것이었다. 그는 어떤 식으로든 믿기는 했지만, 여전히 "악독이 가득하며 불의에 매인 바" 된 사람이었다(행 8:13, 23). 유대인들이 가진 믿음이 이런 것이었다. 예수님께서는 그들에게 자기 몸을 의탁하지 않으셨다. 당시 유대인들은 회당에서 쫓겨나는 것이 무서워서 그리스도를 주로 고백하지 못했다(요 2:23, 12:42). 야고보 사도는 이런 믿음을 거짓 믿음이라고 한다. "만일 사람이 믿음이 있노라 하고 행함이 없으면 무슨 유익이 있으리요. 그 믿음이 능히 자기를 구원하겠느냐. 네가 하나님은 한분이신 줄을 믿느냐. 잘하는도다. 귀신들도 믿고 떠느니라"(약 2:14, 19). 거짓된 믿음으로 자신의 영혼을 기만하지 않도록 조심하라. 하나님의 택한 자들이 갖는 참된 믿음, 보배로운 믿음이 자신에게 있음을 분명히 하라.

참된 믿음과 거짓 믿음을 어떻게 분별할 수 있는가? 결국 이 문제는 하나님이 말씀을 통해 보여주신 대로 믿는가 하는 문제로 귀결된다. 사람들이 구원을 놓치는 데는 많은 이유가 있지만, 그중에 하나가 바르게 믿지 않는 것이다. 구원 얻는 참된 믿음이 무엇인지에 대해서는 이미 살펴보았다. 믿음은 두 부분으로 이루어진다. 하나는 복음 진리를 믿는 것이고, 다른 하나는 복음을 통해 구원을 약속하신 그리스도를 믿는 것이다. 이 두 가지를 바르게 믿고 있는지 분명히 해야 한다.

그리스도를 인격적으로 영접하고자 한다면 복음 진리를 바르게 믿어야 한다. 그리스도가 얼마나 놀라운 분이신지 안다면, 그분을 인격적으로 영접하지 못할 리 없다. 복음 진리에 대한 의심이 자주 일어날 것이다. 이런 거짓말에 넘어가면 그리스도를 인격적으로 의지하지 못한다. 그러므로 복음 진리를 항상 분명히 신뢰할 수 있도록 몇 가지 사실을 기억해야 한다.

첫째, 그리스도 밖에 있는 자신은 악한 존재라는 것을 믿어야 한다. 인정하기 어렵고 괴롭겠지만, 이것은 사실이다. 복음이 얼마나 위대하고 놀라운지 알고 싶은 사람은, 자신이 얼마나 끔찍한 존재인지 알아야 한다! 그리스도와 상관없는 우리는 어떤 존재인가? 본질상 진노의 자녀. 첫째 아담의 죄로 말미암아 하나님과 분리된 자이며, 죄와 허물로 죽은 자다. 하나님의 율법의 저주 아래 있고, 사탄의 권세 아래 있다. 영원한 비참함이 우리를 기다리고 있을 뿐이다. 아무리 힘쓰고 애써도 하나님의 인정을 받을 수 없다. 율법의 행위로는 신령한 삶을 살지 못한다. 아무리 원대하고 고상한 계획을 세운다 해도 이 끔찍한 상황을 벗어나지 못한다. 죽은 자를 살리시는 하나님만이 우리를 자유롭게 하실 수 있다.

이 진리를 믿는 사람이 그리 많지 않다. 자신의 죄악이 얼마나 심각한 것인지 알기를 두려워 말라. 실제 모습보다 자신을 더 낫게 생각지 말라! 자신이 얼마나 악하고 나쁜 존재인지를 깨달을 때마다 기뻐하라. 자신의 마음은 "만물보다 거짓되고 심히 부패한 것"임을 기꺼이 믿으라(렘 17:9). 이 사실을 깨달을 때, 우리는 참된 겸손과 자기 절망에 이르게 된다. 비로소 그리스도 안에 있는 구원을 간절히 찾게 된다. 그것만이 자신이 해야 할 유일한 일임을 안다. 자기의 죄에 질리고 기진한 사람은 위대한 의사가 자기에게 얼마나 절실한지 깨닫고, 아무리 큰 대가를 치르더라도 그 의사가 처방해 준 대로 하게 된다. 더 이상 자신의 생각과 지혜대로 하나님과 바른 관계를 맺으려 하지 않는다(마 9:12). 세리와 죄인들이 하나님 나라에 들어갔던 것과 달리, 서기관과 바리새인들이 하나님 나라에 들어가지 못한 것은 이런 참된 겸손이 없었기 때문이다(마 21:31).

둘째, 부분적인 구원은 없다. 다시 말해, 그리스도를 믿으면 이 구원이 가져다주는 모든 복을 받는다. 죄사함을 받을 뿐 아니라 성령도 받는다. 의롭게 될 뿐 아니라 거룩하게 된다.

왜 이 사실이 중요한가? 많은 사람들이 그리스도를 믿고 죄는 용서받고 싶어 하면서도 거룩한 삶을 살려고 하지는 않는다. 죄는 용서받고 싶어 하면서도 그 죄를 버리지는 않는다. 하지만 그리스도를 부분적으로만 의지할 수는 없다. 반쪽 그리스도를 영접하는 법은 없다. 칭의와 성화는 그리스도 안에서 서로 나누어지지 않는다. 하나를 가지면 다른 하나도 가질 수밖에 없다. 그리스도로 말미암아 정죄에서 벗어난 사람들만이 거룩한 삶을 살 능력—육체를 따라 살지 않고 영을 따라 사는—이 있다(롬 8:1). 거룩이 아닌 죄사함만 바라는 많은 사람들이 자신의 영혼을 멸망으로 내팽개치고 있다.

죄사함을 얻기 위해 그리스도를 믿으려고 하면서도, 거룩하게 사는 것만큼은 자기 노력으로 이루려다가 영혼을 망치는 사람들이

즉각적인 믿음의 필요 249

많다. 자신의 노력으로 경건한 사람이 되려고 율법의 체계를 세운다. 그러나 율법에 대하여 죽지 않은 사람은 하나님을 향하여 거룩한 삶을 살 수 없다. 믿음을 통해 그리스도께서 그 안에 거하시는 사람만이 경건한 삶을 살 수 있다. 죄사함과 거룩을 다 그리스도에게서 찾지 않는 믿음은 우리를 거룩하게 하지 못한다. 이런 믿음은 우리를 천국의 영광으로 이끌지 못한다.

셋째, 예수 그리스도는 자기를 능히 구원하실 자라는 사실을 믿어야 한다. 그분의 공로가 충분함을 믿는 것이다. 아무리 나쁜 죄를 짓고 살아왔더라도, 그분의 피가 우리를 모든 죄에서 깨끗하게 한다(요일 1:7).

이것은 복음의 위대한 진리다. 그동안 아무리 죄악된 삶을 살았을지라도, 예수님은 능히 우리를 구원하신다. 일생을 죄와 부패의 노예로 살아왔다 할지라도, 그분은 능히 우리를 자유롭게 하신다. 아무리 그 결박이 강력하다고 해도 그분은 우리를 자유롭게 하신다. 예수께서 아주 사악하고 끔찍한 죄인—우상숭배자, 간음한 자, 동성애자, 탐하는 자, 술주정뱅이 등(고전 6:9-10)—을 구원하셨다고 말한다. 본성의 빛을 거스려 죄를 짓고 살아온 이교도와 성경의 빛을 거스려 죄를 지어 온 유대인을 구원하셨다. 그뿐 아니다. 예수님을 부인한 베드로와 예수님을 핍박하고 모독한 바울을 구원하셨다.

끔찍하고 가증한 죄에 빠진 사람들은 하나님의 은혜가 자신을 구원하고 거룩하게 하기에 충분하다는 사실을 믿지 않다가 그대로 멸망에 이른다. 회복에 대한 소망을 저버리고 절망한다. 많은 사람들이 이런 절망의 나락으로 떨어진다. 역설적으로, 이들은 자신의 영혼을 방치하다가 점점 더 안 좋은 상태가 된다. "너무 늦었어. 나 같이 나쁜 사람을 그리스도가 구원할 리가 없어. 기왕 이렇게 된 거 할 수 없다" 하고 생각하기 때문이다. "사람들이 어떤 죄를 짓거나 모독하는 말을 하더라도 그것은 다 용서받을 수 있지만 성령을 거슬러 모독한 죄만은 용서받지 못할 것이다"고 말하는 복음을 믿어야 한다(마 12:31, 공동번역).

성령을 거스르는 "용서받지 못할 죄"를 지었다는 생각에 엄청난 죄책과 절망에 빠지는 사람들이 있다. 그러나 그것 역시 옳지 않다. 그들이 구원받지 못하는 것은 그리스도의 피가 부족하거나, 하나님이 그들을 구원할 만큼 긍휼이 많지 않아서도 아니다. 그들이 용서받지 못하는 것은 성령을 거스른 죄를 회개하지 않아서도 아니다. 다만 그들이 그리스도를 통해 긍휼을 베풀어 주시라고 하나님께 구하지 않기 때문이다. 죽는 순간까지 이 완악한 마음을 버리지 못하는 사람은 용서받을 수 없다. 이런 사람은 "다시 새롭게 하여 회개하게 할 수 없"다고 성경은 말한다(히 6:5-6). 그리스도의 공로는 복음을 믿고 긍휼을 바라고 나아오는 모든 자를 구원하기에 충분하다.

자기 안에 있는 죄의 정욕을 절대 이길 수 없다고 생각하고 아예 소망조차 갖지 않는 사람들이 있다. 이들 대부분은 지금까지 정욕을 이겨 보려고 수많은 결심과 다짐을 했지만, 여전히 정욕에 시달리는 사람들이다. 당신이 만약 이런 사람이라면, 다른 모든 방법은 실패했을지라도 그리스도의 은혜는 그 정욕을 이기기에 충분하다는 사실을 믿으라. 이런 사람들은 마치 어떤 의사도 고치지 못한 혈우병에 시달린 여인과 같다. 이 여인은 그리스도의 옷자락을 만지기만 하면 나을 것이라고 믿었다(막 5:25-28). 믿음으로 그분을 만졌고 나음을 입었다.

자신의 죄와 허물이 너무 커서 하나님께 용서받지 못할 것이라고 생각하는 사람은 하나님의 은혜를 모독하는 것이다. 하나님의 끝없는 긍휼과, 보혈의 무한한 공로와, 성령의 능력을 경시하는 것이다. 이런 사람은 가인이나 가룟 유다처럼 멸망할 수밖에 없다! 사실 이런 은밀한 절망 가운데 사는 사람들이 대개 자신을 죄악된 삶에 그대로 방치한다. 하나님께 용서받을 것이라는 사실을 믿지 않기 때문이다. 이런 불신앙으로 이들은 계속해서 불경함과 간음과 술취함과 모든 종류의 사악함에 빠져 지낸다.

아무리 더러운 죄를 지어 왔고 지금까지 아무리 많은 죄를 지었을지라도, 그리스도의 은혜에 비하면 그것들은 아주 미미할 뿐이라고 복음 진리는 말한다. 하나님의 영원한 독생자이신 예수는 우리를 구원할 수 있는 무한한 가치를 가진 희생 제물이 되고자 인간이 되셨고, 십자가에서 자신을 드리셨다. 말씀으로 세상을 지으신 것처럼 수월하게 우리를 새로운 인간으로 만드실 수 있다.

넷째, 모든 믿는 자는 복음이 주는 약속이 다름 아닌 자기 자신을 위한 것임을 믿어야 한다. 하나님께서는 복음을 모든 사람에게 주셨다. "그를 믿는 자마다 멸망하지 않고 영생을 얻게 하려 하심이라"(요 3:16). 복음을 믿고 그리스도를 영접할 때 이 약속은 자기 것이 된다는 사실을 항상 기억해야 한다. 믿는 자는 영생을 얻을 것이다. 그리스도께 속하기 위해 무슨 일을 할 필요가 없다. 믿음으로 그분을 받으면 된다. 복음이 주는 약속을 가지고 우리는 개인적으로 이렇게 주장할 수 있다. "그를 믿는 자는 부끄러움을 당하지 아니하리라"(롬 9:33). 이 약속은 믿는 우리를 위한 것이다. 하나님께서 우리를 이 약속에서 배제하지 않으셨다면, 우리도 자신을 배제해서는 안된다. 자신이 아무리 악하고 무가치하다 해도, 그리스도께서 오시면 하나님께서 받으실 만한 사람이 된다는 사실을 믿어야 한다.

사도신경의 고백을 믿으라. "죄를 사하여 주시는 것을 믿사오며……." 자신에게도 이 고백이 사실이라는 것을 믿으라! 다른 사람이 용서받는 것은 믿으면서 정작 자신의 용서를 믿지 못하는 사람에게 이 고백은 아무런 가치도 없다. 많은 사람들이 자신이 얼마나 사악한지 깨달았으면서도 위대한 의사인 그리스도께 나아오지 않는 이유가 바로 여기 있다. 자기같이 가치 없는 사람은 그리스도를 믿어 봐야 별 소용이 없을 것이라 생각한다. 이런 사람들은 "나는 너무 나쁜 죄를 지어서, 복음의 약속도 나에게는 별 소용이 없을 것이다. 나 같은 사람은 구원하지 않으실 것이다"라고 생각한다. 복음이 말하는 "그리스도께서는 잃어버린 자를 찾아 오셨다"는 단순한 진리도 잊어버릴 정도로 이들은 스스로에 대해 아무 소망도 없이 산다. 죄로 죽은 자가 아무 소망이 없다고 한다면, 그 누구도 소망을 가질 수 없다. 모두 다 멸망받을 것이기 때문이다! 왜 그런가? 그리스도를 믿고 영생을 받기까지는 아무도 영적인 생명을 가질 수 없기 때문이다.

어떤 사람들은 자신을 다른 사람들보다 더 악하게 생각한다. 자기만큼 악한 마음을 가진 사람도 없다고 여긴다. 그래서 자신을 제외한 다른 사람들은 다 하나님께 용납될 것으로 믿는다. 이런 생각에 사로잡힌 사람은 그리스도가 죄인의 괴수를 구원하기 위해서 오셨다는 것을 알아야 한다(딤전 1:15). 하나님께서 우리를 구원하신 목적은 "그 은혜의 지극히 풍성함을 오는 여러 세대에 나타내려 하심"이다(엡 2:7). 가장 악한 죄인이 용서받을 때, 하나님의 은혜는 가장 영광스럽게 드러난다! 자신을 다른 사람들보다 더 악한 자로 생각지 말라. 다른 사람들도 다 "죄와 허물 가운데 죽은 자"들이다. 다른 사람들의 생각도 다 하나님과 원수가 되었고, 하나님의 법에 굴복하지 않을 뿐 아니라 할 수도 없다(롬 8:7). "그의 마음으로 생각하는 모든 계획이 항상 악할 뿐임을 보시고"(창 6:5). 모든 사람의 마음에는 죄의 샘이 뚫려 있다. 자신이 다른 사람들보다 더 죄를 짓는 것처럼 보일지 모른다. 그러나 겉으로 아무리 좋아 보여도 그들의 마음 역시 다르지 않다.

그리스도를 믿는 일을 너무 미뤄서 이제 도저히 믿을 수 없을 것처럼 생각하는 사람도 있다. 이제 자신은 "버린 바가 되어 회개할 기회를 얻지 못"할 것이라고 생각한다(히 12:17). 이런 사람들은 "보라, 지금은 은혜 받을 만한 때요 보라, 지금은 구원의 날이로다"라고 말하는 복음 진리를 믿어야 한다(고후 6:2). 혹시 자신이 버려졌다고 생각하는 사람이 있다면, 우리의 숨이 붙어 있는 한 하나님께서는 우리를 복음으로 부르신다는 사실을 기억하라. 그렇다. 땅에 속한 복을 추구했던 에서는 거절당했다. 하나님으로부터 오는 신령한 복인 장자권을 구하지 않았다. 구원 얻는 것을 자신의 유일한 행복으로 알고 그리스도께 나아오는 사람은 결코 쫓겨나지 않는다. 가장 나중에 그리스도의 포도원에 들어와서 일하게 되었다 할지라도, 가장 먼저 온 사람과 마찬가지로 자기 몫을 받을 것이다. 왜 그 런가? 구원은 인간의 공로가 아니라 하나님의 은혜로 받는 것이기 때문이다(마 20:9-10).

그리스도와 그분을 통한 구원은 선물로 값없이 받는 것임을 믿으라. 그리스도를 누릴 자격을 얻으려고 하지 말라. 스스로를 그분을 받아 누리기 합당한 사람으로 여기지 말라. 불의한 자를 의롭다 하시는 그분을 믿기만 하라(롬 4:5). 그리스도를 누리기 위해서 합당한 자격을 갖춰야 한다고 생각하는 사람은 결코 그리스도를 누리지 못할 것이다. 이런 사람은 도무지 넘지 못할 담을 쌓고 있는 것이다.

다섯째, 자신이 그리스도를 믿고 영생을 얻는 것이 하나님의 뜻이라고 믿으라. 하나님은 우리가 예수님을 믿기를 바라신다! 하나님은 우리가 그리스도를 믿을 수 있도록 도우신다. 무엇이나 우리에게 명령하신 것들을 할 수 있도록 항상 도우신다. 이 사실을 깨닫는 사람은 기쁨으로 믿을 수 있다. 마치 예수님이 소경에게 "용기를 내어 일어서라"고 말씀하신 것과 같다(막 10:49). 예수님은 베드로가 물 위를 걸을 수 있도록 하셨다(마 14:29).

예정이라는 하나님의 은밀한 섭리에 끼어들려고 하지 말라. 하나님께서는 그 기쁘신 뜻대로 사람들에게 믿음의 은혜를 주신다. 우리를 부르시고 그리스도를 믿으라고 명하시는 하나님의 계시된 뜻에만 집중하라. 하나님께서는 맹세로 그 뜻을 정하셨다. "주 여호와의 말씀이니라. 나의 삶을 두고 맹세하노니 나는 악인의 죽는 것을 기뻐하지 아니하고 악인이 그 길에서 돌이켜 떠나 사는 것을 기뻐하노라. 이스라엘 족속아, 돌이키고 돌이키라. 너희 악한 길에서 떠나라. 어찌 죽고자 하느냐 하셨다"(겔 33:11). 예수님은 말씀하셨다. "예루살렘아, 예루살렘아, 선지자들을 죽이고 네게 파송된 자들을 돌로 치는 자여, 암탉이 그 새끼를 날개 아래에 모음같이 내가 네 자녀를 모으려 한 일이 몇 번이더냐. 그러나 너희가 원하지 아니하였도다"(마 23:37). 바울은 "하나님은 모든 사람이 구원을 받으며 진리를 아는 데에 이르기를 원하시느니라"고 말한다(딤전 2:4).

'하나님이 나 같은 사람도 구원하실까?' 하는 생각을 물리치라. '몇몇 사람만 구원을 받으면 어떻게 하지? 극소수만이 하나님을 믿고 따를 것이기 때문에 구원받는 사람들은 그렇게 많지 않을 거야. 하나님의 진노로 끔찍한 심판을 당하면 어쩌지? 하나님의 말씀과 나의 양심이 나를 정죄하면 어쩌지?' 하는 생각들로 절망에 빠지기보다는, 오히려 이런 생각이 우리를 그리스도께로 이끌도록 해야 한다. 이것이 율법의 본래 목적이다. 율법은 모든 저주와 심판의 선언을 통해 하나님의 백성을 하나님께로 이끌기 위해 만들어졌다(롬 10:4).

어떤 선지자나 천사가 나타나 자신이 영원한 정죄 아래 있다고 말한다면, 하나님께서 적시에 그들을 통해 경고하시는 것으로 믿으라. 그렇게 해야 너무 늦기 전에 복음을 믿고, 믿음과 회개로 하나님께 돌이킬 수 있기 때문이다. 예레미야 선지자는 유대인들에게 하나님께서 그들의 죄로 인해 그들을 뽑아 버리시고 헐어 버리실 것이라고 예언했다. 그러나 악한 길에서 돌이키기만 하면, 이런 불행한 일들이 일어나지 않게 하실 것이라고 가르쳤다(렘 24:6-11). 요나 선지자는 니느웨의 분명한 멸망을 선포했다. 사십 일 안에 온 도성이

256 성화의 신비

멸망할 것이라고 했다(욘 3:4). 그러나 이런 끔찍한 메시지를 주신 것은, 그들을 도말하기 위해서가 아니라 죄악된 니느웨 백성이 하나님께 회개함으로써 멸망당하지 않도록 하기 위함이었다. 그들은 결국 회개했다!

하나님께서 사람들에게 경고하시는 이유를 알아야 한다. 가장 끔찍하고 무서운 진노의 경고마저도, 항상 그 경고를 듣는 이들이 믿고 회개하여 아직 기회가 있을 때 구원에 이르게 하기 위함이다. 하나님께서는 그리스도 안에 있는 긍휼에 몸을 숨겨서 다가오는 심판을 피하라고 엄중한 경고를 발하시는 것이다.

하나님께서 더 이상 긍휼을 베풀지 않기로 결심하셨다고 생각하지 말라. 자신을 이미 용서받지 못할 죄를 저지른 사람으로 생각하지 말라. 하나님께서 도와주지 않으실 것이기 때문에 복음을 믿어 봐야 아무 소용없을 것이라고 생각하지 말라. 이런 생각은 가장 불경한 생각이 미치는 해악보다 더 큰 해를 불러올 것이다. 지금까지 지은 어떤 가증한 죄보다 더 크게 자신을 파괴할 것이다. "성령과 신부가 말씀하시기를 오라 하시는도다. 듣는 자도 오라 할 것이요 목마른 자도 올 것이요 또 원하는 자는 값없이 생명수를 받으라 하시더라"(계 22:17).

왜 믿음 없는 생각을 하는가? 하나님의 은밀한 경륜을 보기라도 했단 말인가? 하나님께서 영원히 정죄하기로 작정하셨단 말인가? 이 믿음 없는 사람들은 하나님이 자신의 은밀한 경륜을 함께 나눌 만큼 특별한가? 회개하지 않고 불신앙으로 죽는다는 생각 가운데 단 하나도 아직 사실로 드러난 것이 없음에도 불구하고, 불신앙으

즉각적인 믿음의 필요 257

로 마음을 굳힐 만큼 이런 일들에 대해 잘 알고 있단 말인가? 우리를 영원한 지옥으로 보낼 수 있는 단 한 가지 경우는, 돌이키지 않은 채 불신앙 가운데 죽는 것뿐이다.

스스로 용서받지 못할 죄를 지었다고 생각하는 사람은 용서받지 못하는 죄가 무엇인지 아직 잘 모르고 있다. 복음 진리를 깨닫고 난 후에도, 온 마음으로 그리스도를 통한 구원을 거부하는 것이 용서받지 못할 죄다. 일생 동안 복음을 거부하는 사람이 용서받을 수 없는 죄를 지은 것이다. 이런 사람은 완고한 불신앙 가운데 죽는다. 히브리 기독교인들 가운데, 그리스도를 반역자로 여기고 그리스도와 그분이 가르치신 길을 핍박한 유대인의 종교를 따라 기독교 신앙을 거부한 사람들은 이런 죄 가운데 있었을 것이다(히 6:4-5). 이런 죄를 지은 사람들은 죽는 날까지 회개하지 않고 끝까지 그리스도의 원수로 행했다.

그리스도와 인격적인 사귐을 갖고 지금보다 더 나은 사람이 되기를 원한다면, 자신을 용서받지 못할 죄 가운데 있는 사람으로 여겨서는 안된다. 이제까지 믿음, 사랑, 순종을 모르는 악한 삶을 살아온 것 때문에 마음이 괴롭고 슬픈 사람은, 용서받지 못할 죄를 지은 것은 아니라고 확신할 수 있다. 복음을 핍박하지 않고 무신론이나 거짓 종교를 쫓아가지 않는 한, 용서받지 못할 죄를 지은 것은 아니다!

여섯째, 복음을 믿을 때 다른 무엇과도 비교할 수 없는 예수 그리스도의 영광과 구원을 보겠다고 다짐하라. 그리스도가 우리의 참된 행복이어야 한다. 그분이 주시는 평강과 기쁨과 영광으로 우리

잔이 영영히 차고 넘쳐야 한다. 주 예수 그리스도를 아는 지식이 가장 고귀하므로 그 밖의 모든 것은 해로 여길 줄 알아야 한다(빌 3:8). 이런 확신이 우리 마음을 사로잡을 때, 우리는 그리스도를 세상에서 가장 존귀한 보화로 여기고 끌어안게 될 것이다. 그분만을 기뻐하지 않으면 우리에게 만족이 없을 것이다. 예수님을 기뻐하지 못하게 하는 그 어떤 것도 거부할 것이다. 모든 참된 신자의 마음에는 그리스도가 가장 소중하다(벧전 2:7). 값진 진주를 구하는 사람처럼, 이들은 그리스도를 향한 열망으로 모든 소유를 팔아 그리스도를 얻는다(마 13:46). 이런 사람들은 "주여, 하늘에서 내려온 생명의 떡을 저에게도 주십시오. 영원한 생명의 말씀이 여기 계신데 우리가 어디로 가겠습니까?" 하고 말한다(요 6:33, 34, 68 참조). 이들의 눈에는 그리스도가 "만인 가운데 으뜸이다"(아 5:10, 새번역).

구약성경에 보면, 하나님의 영광은 성전의 놀라운 영광으로 나타나고, 이로 인해 땅의 가장 먼 곳에서도 예배자가 나아온다. 마찬가지로, 복음에 온전히 감화된 신자는 성전의 영광으로 예표되는, 비할 데 없는 그리스도의 탁월함에 전적으로 매료된다. 그리스도의 십자가의 영광이 사람들에게 얼마나 절실한 것인지 세상의 신인 마귀는 잘 안다. 그래서 마귀는 복음이 선포되는 곳마다 그리스도의 영광을 가리려고 안간힘을 쓴다. 사람들의 마음을 어둡게 하려고 한다. "그리스도의 영광의 복음의 광채가 비치지 못하게 함이니"(고후 4:4). 복음이 진리라는 것을 지적으로 인정하지만 인격적으로는 믿지 않을 수 있다. 아직 복음의 영광을 보지 않았기 때문이다. 복음 진리를 인격적으로 받아들이기 위해서는 그리스도가 얼마나 사랑스럽고 충분한 분이신지 확신해야 한다.

나는 지금 믿음의 두 번째 측면을 말하고 있다. 믿음의 첫 번째 측면은 복음 진리를 믿는 것이고, 두 번째 측면은 그리스도와, 성령과, 구원에 따르는 모든 복을 마음으로 받아들이는 것이다. 복음이 사실이라고 지적으로 동의하는 것으로는 충분하지 않다. 복음의 약속을 마음으로 받아야 한다. 성령이 우리를 도와 먼저 복음이 진리인 것을 확신케 하신다. 그러면 우리는 하나님께서 주신 교훈의 본을 받고 온 마음으로 그것을 따른다(롬 6:17).

복음을 진리로 받는 사람은 그리스도만이 자신의 기쁨과 구원이 되기에 충분하다고 믿어야 한다. 다른 것은 필요하지 않다. 그리스도 외에 자신의 지혜와 능력과 의로운 행위와 같은 것을 신뢰해서는 결코 행복에 이를 수 없다는 것을 알아야 한다. 그리스도 외에 다른 것들은 배설물로 여기고, "그리스도를 위하여 다 해로" 여겨야 한다(빌 3:3-8). 그리스도 외에는 구원 얻기 위해 의지할 다른 것이 없다고 슬퍼하지 말라. 오히려 그리스도 외에 다른 것은 필요 없다는 사실에 기뻐하라! 자기 힘으로 세우는 기초보다 훨씬 더 든든한 기초가 있다는 사실을 기뻐하라. 영혼의 짐을 완전히 그리스도께 맡기기로 결심하라. 무슨 일이 있어도 그리스도 외에 다른 데서 구원을 찾지 말라!

제대로 걷지도 못하는 사람이 튼튼한 지팡이가 아닌 썩은 지팡이를 짚으면 자빠질 수밖에 없다. 수영하는 사람이 자기 몸을 완전히 물결에 맡기지 않으면 가라앉는 것 말고는 도리가 없다. 그리스도께서 우리의 온전한 구원자가 되셔야 한다. 그렇지 않으면 아무

260 성화의 신비

소용이 없다. 할례 받은 갈라디아 교인들처럼, 그리스도 외에 다른 것을 통해서 구원을 기대하는 사람에게 그리스도는 아무 유익이 되지 않는다(갈 5:2).

그리스도를 영접하되 값없이 주시는 은혜의 선물—가장 악한 죄인에게 주시는 선물—로서 영접해야 한다. 그분의 사랑을 얻기 위해 그 어떤 노력도 하지 않겠다고 다짐하라. 그리스도를 얻을 자격을 갖기 위해 그 어떤 것도 하지 말라. "불의한 자를 의롭다" 하시는 그분을 의지하는 불경건한 사람으로, 잃어버린 죄인으로 그분께 나아가기로 다짐하라(롬 4:5). 돈 없이, 값없이 그분을 얻겠다고 다짐하라(사 55:20). 자기 믿음도, 자기 안에 있는 사랑도, 혹은 자기에게 있는 그 어떤 좋은 성품도 의지하지 말라. 그것들을 가지고 그리스도를 의지할 근거로 삼지 말라. 그리스도 안에 있는 하나님의 자비하심과 값없이 주시는 은혜만을 믿으라! "주의 인자하심이 어찌 그리 보배로우신지요. 인생이 주의 날개 그늘 아래 피하나이다" (시 36:7). 믿음, 사랑, 선행 등을 자기 생명의 근거로 생각하는 사람은 복음을 완전히 뒤집어엎는 사람이다. 선행을 근거로 그리스도와의 관계를 이어가려는 사람에게 그리스도는 어떤 유익도 주지 못한다(갈 5:2).

죄사함의 은총을 바라고 그리스도께 나아가야 할 뿐 아니라, 새롭고 거룩한 마음과 삶을 위해서도 그리스도께 나아가야 한다. 그리스도를 믿는 자는 모든 죄를 용서받는다. 그리스도는 신자를 하나님의 진노와 지옥의 저주에서 구원하신다. 하지만 전혀 새로운 방식의 마음과 삶을 위해서도 그리스도께 나아가야 한다. 그리스도

즉각적인 믿음의 필요 261

를 열렬히 사랑해야 한다. 수천 개의 세상을 다 더한 것보다도 그리스도를 더 존귀하게 여겨야 한다. 그리스도를 자기가 가진 가장 탁월한 보물로 여겨야 한다. 자기 안에는 선한 것이 아무것도 없다고 확신하라. 그리스도의 놀라운 은혜에 맞서는 다른 모든 것을 배설물로 여기고, 중심에 "하늘에서는 주 외에 누가 내게 있으리요. 땅에서는 주 밖에 내가 사모할 이 없나이다"라고 말하라(시 73:25).

"참 마음과 온전한 믿음으로" 하나님께 나아가라(히 10:22). "그를 믿는 자는 부끄러움을 당하지 아니하리라"는 하나님의 약속을 따라 구원을 위해 그리스도만을 신뢰하라(롬 9:33). 그리스도 안에 있는 자신의 구원에 대해 의심과 두려움이 가득한 것은 아닌지 스스로를 살피라. 혹시 어떤 의심이나 두려움이 있거든 시편기자와 같이 이렇게 말하라. "내 영혼아, 네가 어찌하여 낙망하며 어찌하여 내 속에서 불안해 하는가"(시 42:11).

세 번째 요지는, 그리스도를 믿는 일을 조금도 미루지 말라는 것이다. 기다리지 말라! 그리스도를 믿기 전까지 사람은 죄와 사탄의 권세 아래 있고 하나님의 진노 아래 있다. 지옥과 우리 사이를 막아설 것은 아무것도 없다. 불과 유황이 막 퍼부을 참인데도 여전히 꾸물거리고 있었던 롯은 정말 위험천만한 상태에 있었다. 사람을 죽인 자는 보복하는 자가 복수심에 불타 그를 뒤쫓아 가서 죽이기 전에 속히 도피성으로 달아나야 한다(신 19:5-6). 주의 계명을 지키기에 신속히 하고 지체하지 말아야 한다(시 119:60). 앞에 있는 소망을 얻으려고 피난처를 찾아가야 한다(히 6:18). 하나님은 피할 길을 내시고 믿음으로 그곳으로 피하라고 명하신다. 믿음 없이 다른 것으

262 성화의 신비

로 하나님을 기쁘시게 할 줄 생각하지 말라.

복음을 듣는 즉시 믿음을 가질 수 있다. 믿기 위해 기다릴 필요가 없다. "그들이 내 소문을 들은 즉시로 내게 청종함이여, 이방인들이 내게 복종하리로다"(시 18:44). 말씀을 들은 즉시 믿음으로 하나님의 말씀을 받은 사람들의 예가 많다. 베드로가 예루살렘에서 처음 복음을 선포했을 때 신도의 수가 한꺼번에 삼천 명이나 늘었다(행 2:41). 바울이 안디옥에서 복음을 전한 첫날에 많은 유대인과 이방인들이 회심했다(행 13:48). 바울이 빌립보 간수와 온 가족에게 복음을 전한 바로 그날 밤에 그들 모두가 믿고 세례를 받았다(행 16:33-34). 복음이 처음 데살로니가에 전해졌을 때 말로만이 아니라 성령과 능력으로 역사했다(살전 1:5-6). 하나님께서 마음을 여시면, 설교를 듣는 즉시 그리스도를 알게 된다. 하나님께서는 자신의 의무가 무엇인지 아는 사람들에게 즉시 그 의무를 이행하도록 명하신다. 하나님께서는 한 순간도 우리를 불신앙의 상태에 놓아두기를 원치 않으신다.

사람들이 복음을 믿지 못하게 할 수 없다는 것을 아는 사탄은, 복음을 믿는 것을 미루게 해서 그들의 영혼을 파괴한다. 사탄은 사람들의 마음에 왜 그들이 더 기다려야 하는지에 대한 많은 거짓 논거들을 불러일으킨다. 육체적인 사람들은 사탄의 거짓말에 넘어가 그리스도를 믿기 위해 기다리기로 결정하고, 그 사이에 세상의 다른 즐거움과 이득과 영예를 더 누린다. 나이 들고 병들어 죽을 날이 가까웠다고 느낄 때에라야 이를 멈춘다. 이들은 오랫동안 죽기 전에 회개할 수 있기를 바라 왔고, 또 그렇게 기도했다. 위험천만한 생각을 한 것이다. 게다가 이들은 자신이 도무지 어찌할 수 없을 때에야 겨우 회개하고 믿으려고 한다. 하나님과 그리스도와 자기 영혼보다, 세상의 영예와 이득과 쾌락을 더 좋아한다. 이런 식으로 오랫동안 죄 가운데 행하고, 소중한 건강과 능력을 소진하면서 시간을 허비할수록, 이들의 상태는 더욱더 위험해진다. 하나님께서 이런 사람들에게는 회개할 은혜나 시간을 주지 않으실 것이다.

복음에 내한 사변석인 의문에 빠져서 믿기를 주저하는 사람들도 있다. 복음 교리에 필적하는 다른 가르침에 대해서 살펴보는 동안, 불신앙 상태에 있어도 하나님이 자신을 용납해 주실 것이라고 생각한다. 아니면, 하나님께서 복음이 진리라는 분명한 증거를 보여주시기를 바란다. 이들은 복음을 있는 그대로 받으려 하지 않는다. 구도자라고 하면서도 이들은 은혜의 날을 허비하고 있다. "항상 배우나 끝내 진리의 지식에 이를 수 없는" 사람들이다(딤후 3:7). 복음은 그 자체로 명정하여 누구나 그것이 하나님의 진리인 것을 알 수 있다! 하지만 이처럼 복음에 대해 무관심하거나 교만하여 스스로 소경이 된 사람들이 많다. 또 어떤 사람들은 복음보다 죄악된 생활을 더 사랑한다. 하나님의 은혜와 긍휼과 능력과 정의와 거룩으로 가득 찬 복음은 분명한 하나님의 진리다. 그러므로 일단 이 복음을 본 사람은 그것을 그냥 지나치지 못한다!

사람들이 "주 예수 그리스도의 말씀과 경건에 관한 교훈"을 따르지 않는 이유는 그들이 너무 교만하기 때문이다(딤전 6:3). 이들이 정말 겸손하고 하나님의 뜻을 행하고자 한다면, 이 복음이 하나님으로부터 왔는지 아닌지 알 수밖에 없다(요 7:17). 모세오경과 선지서, 복음서와 서신서를 잘 살펴보면, 과연 복음이 진리라는 것을 금방 알게 될 것이다. 하지만 성경의 진리를 듣지 않으려고 한다면, 아무리 죽은 사람이 다시 살아나고 다른 이적들이 눈앞에서 행해진다 해도 이들은 믿지 않을 것이다(눅 16:31).

외적인 은혜의 방편을 의지하는 사람들 역시 그리스도 믿기를 미루고 자기의 영혼을 파멸에 이르게 한다. 이런 사람들은 종교적 의식을 아주 꼼꼼하게 지킨다. 하지만 그리스도를 의지하기보다는 자신의 행위를 의지한다. 복음이 진리임을 믿지만, 예수만을 믿기보다 자신이 행한 종교적 행위들을 의지한다. 이들은 지금 자신이 구원과 은혜의 문턱에서 하나님을 섬기고 있다고 생각하지만, 사실 이렇게 하는 것은 하나님을 참되게 섬기는 것이 아니다. 하나님께 대한 불순종이고, 그분께서 주신 은혜의 방편을 오용하는 것이다. 하나님은 우리가 "말씀을 행하는 자가 되고 듣기만 하여 자신을 속이는 자가" 되지 않기를 바라신다(약 1:22). 하나님은 우리를 잔치로 부르셨지, 잔치집 문턱에 서 있으라고 부르신 것이 아니다. 그리스도는 이런 사람을 엿듣는 사람으로 여길지언정, 가족으로 여기지는 않으실 것이다.

성경이 하나님을 섬긴다고 말할 때는, 하나님을 믿고 바라고 의지하는 것을 뜻한다. "내가 산 자들의 땅에서 여호와의 선하심을 보게 될 줄 확실히 믿었도다. 너는 여호와를 기다릴지어다. 강하고 담대하며 여호와를 기다릴지어다"(시 27:13-14). "사람이 여호와의 구원을 바라고 잠잠히 기다림이 좋도다"(애 3:26).

자신을 기만하는 사람들이 복음을 믿기 전에 기대하는 것은 무엇인가? 복음을 더 아는 것인가? 복음을 더 아는 길은 이미 알고 있는 지식대로 사는 것이다. 아는 만큼 그리스도를 믿고 구원을 얻으라. 그렇게 하면 새 언약이 약속하는 지식에 참여할 수 있을 것이다. "이는 작은 자로부터 큰 자까지 다 나를 알기 때문이니라"(렘 31:34).

자신의 회심을 위해 정해진 때를 기다리고 있는가? 지금 믿음으로 그리스도께 속하면, 그분 안에서 생수를 얻을 것이고 성령이 영혼을 치료하고 생명을 주실 것이다. 하나님께서는 이미 성경을 통해서 바로 지금이 회심할 때라고 말씀하셨다. "오늘 너희가 그의 음성을 듣거든"(히 3:7-8). 하나님께서 자신의 은밀한 경륜 가운데 우리에게 믿음을 주셔서 복음을 믿게 하시는 때가 언제일지 우리는 모른다.

자신의 영혼에 하나님의 사랑이 느껴지기를 기다리고 있는가? 하나님의 사랑을 느끼고 싶다면 먼저 믿어야 한다. "소망의 하나님이 모든 기쁨과 평강을 믿음 안에서 너희에게 충만하게 하사"(롬 15:13) 하나님은 그리스도 안에서 값없이 주신 생명과 구원의 약속을 통해 우리 영혼에 그분의 사랑을 보여주셨다. 주님의 이름을 의지하고 하나님 안에서 쉼을 얻으라. 빛이 없는 어둠 속을 지날 때 그분만을 의지하자. 그렇게 하지 않으면 우리는 "견딜 수 없는 괴로움으로 뒹굴" 수밖에 없다 (사 50:11, 공동번역).

좀 더 나은 사람이 되면 복음을 믿겠다고 기다리고 있는가? 진정한 거룩을 원하는가? 복음을 믿기 전까지는 결코 거룩해지지 못한다. 진정한 거룩은 신자가 이미 가지고 있는 믿음의 열매다. 신자라고 하면서 거룩을 추구하지 않는다면, 도대체 무엇을 추구한단 말인가! 거룩해지기 위해 하나님의 진노를 더 절절하게 느끼고, 더 큰 좌절을 맛보고 싶어 할 수도 있다. 하지만 나는 그렇게 되기를 바라지 않는다. 깊은 절망을 겪으면 거룩하게 되기보다는 오히려 하나님을 미워하게 될 가능성이 크다. 그러므로 그런 생각을 버리고 그리스도 안에 있는 사랑을 믿으라. 다른 것은 바라지 말라.

물론, 하나님은 때때로 절망스러운 생각을 통해 사람을 그리스도께로 이끄시기도 한다. 죄로 인해 완전히 절망하고 나서, 죄를 미워하고 그리스도를 사랑하게 되는 사람들도 있다. 하지만 더 많은 사람들이 죄로 인한 절망이 없이도 그리스도께 나아온다. 이런 절망이 없이도 하나님께서는 자신의 죄와 그리스도의 구원을 깨닫게 하신다. 복음을 처음 듣자마자 큰 기쁨으로 복음을 받아들인 사람들의 많은 예를 이미 살펴보았다. 일부러 절망을 경험하려고 하지 말라. 더 나은 사람이 되기 위해 더 나쁜 사람이 될 필요는 없지 않은가! 그렇게 하지 않아도 우리는 이미 충분히 악하다! 시간을 허비하지 않는 가장 좋은 방법은 그리스도를 믿어 바로 지금 회복되는 것이다.

네 번째 요점은 가장 거룩한 믿음 안에서 계속 자라가도록 해야 한다는 것이다. 일단 구원 얻는 믿음이 있고 자기 이름이 하늘에 기록된 것을 알았다면, 믿는 일에 있어서 부주의해지거나 느슨해져서는 안된다. 오히려 살아 있는 동안에 "믿음에 거하고 터 위에 굳게 서서 복음의 소망에서 흔들리지" 말아야 한다(골 1:23). 계속해서 "소망의 확신과 자랑을 끝까지 굳게 잡고" 있어야 한다(히 3:6). "지극히 거룩한 믿음 위에" 자신을 세워야 한다(유 20). "감사함이 넘치게" 해야 한다(골 2:7). 믿음으로 값없이 그리스도를 받았다 할지라

즉각적인 믿음의 필요 267

도, 처음 믿은 사람은 여전히 어린아이다(고전 3:1). 이미 목표에 다 이르렀다고, 다 자랐다고 생각하지 말라(빌 3:12-13). "온전한 사람을 이루어 그리스도의 장성한 분량이 충만한 데" 이르기까지 항상 그리스도 안에 터를 박고 자라가기 위해 애써야 한다(엡 4:13).

거듭나서 새로운 본성을 받은 사람은, 갓난 아기가 엄마 젖을 애타게 찾는 것처럼, 믿음 안에서 장성한 분량에 이르기까지 계속 자라가고자 하는 열망을 갖는다(벧전 2:2). 신자는 믿음으로 그리스도와 새로운 본성을 받을 뿐 아니라 그 믿음으로 살아간다. 믿음으로 신자는 마귀를 대적하고, 사탄의 모든 화전을 물리치도록 부르심을 받았다. 또한 신자는 은혜 안에서 자라가고 하나님을 경외함으로 거룩을 추구하도록 부르심을 받았다. 하나님께서는 우리의 믿음을 보시고 그분의 권능으로 우리를 보호해 주시고, 마지막 때에 나타나기로 되어 있는 구원을 얻게 하여 주시기 때문이다(벧전 1:5). 그래서 성경은 그리스도인의 싸움을 "믿음의 선한 싸움"이라고 한다(딤전 6:12).

신령한 생명은 우리 안에서 계속 자라가기도 하고 쇠퇴하기도 한다. 모든 것은 우리 믿음이 힘 있게 자라가느냐에 달렸다. 두려움과 의심으로 믿음이 가라앉기 시작하면, 우리 주변의 다른 모든 것들도 믿음과 더불어 침체된다(마 14:29-31). 믿음은 아말렉과의 싸움에서 높이 들린 모세의 팔과 같다. "모세가 손을 들면 이스라엘이 이기고 손을 내리면 아말렉이 이기더니"(출 17:11). 처음 믿을 때처럼, 믿음 안에서 계속 자라가기 위해 분투하고 노력해야 한다. 믿음의 주요 온전케 하시는 하나님께 우리 믿음과 관련된 모든 영광이

268 성화의 신비

돌아가야 하는 것이 마땅하지만, 우리는 우리대로 있는 힘을 다해 믿음으로 살아가야 한다.

애굽을 나와 가나안으로 들어갔던 이스라엘처럼, 천국의 가나안을 향해 세상이라는 광야를 행진하는 교회는 많은 어려움을 만날 수밖에 없다. 성숙한 신자가 되어 갈 때도 역시 많은 어려움을 맞닥뜨릴 수밖에 없다. 처음 그리스도인이 되었을 때보다 훨씬 더 큰 어려움을 마주하게 된다. 때때로 하나님은 자신의 지혜와 긍휼로 악한 날들을 헤쳐 나갈 수 있는 은혜를 신자들에게 주신 후에 가장 어려운 난관과 마주하게 하신다. 더 성숙한 신자일수록 남아 있는 죄의 공격을 더 많이 받게 되고, 사탄의 미혹을 더 많이 받게 된다. 그러나 이런 시련을 통해 믿음 안에서 계속 자라가게 된다고 확신해야 한다.

우리의 믿음은 불완전하다. 세상에 사는 한, 우리는 많은 불신앙의 문제에 시달리게 된다. 그렇기 때문에 항상 이렇게 기도해야 한다. "내가 믿나이다. 나의 믿음 없는 것을 도와주소서"(막 9:24). 그리스도를 더 놀랍게 누리기 위해서는 더 큰 믿음이 필요하다. 믿음이 자라갈수록 믿음을 통해 선한 역사가 이루어지는 것을 알게 될 것이다. 이런 경험이 더해 갈수록 은혜로 말미암는 구원을 얻기 위해 그리스도를 더 의지하게 된다. 하지만 어려움도 있다. 율법주의자들처럼, 그리스도의 공로를 의지하기보다 점점 자신의 선행에 주목하려고 한다. 참 미묘한 일이다. 믿음이 성숙해 갈수록 선행이 더해 가고, 선행이 더해 갈수록 자신의 선행을 의지해서 하나님께 나아가고자 하는 유혹이 더 커진다.

믿음으로 그리스도를 의지하기보다 믿음 자체를 의로운 행위로 생각하고 의지하지 않도록 조심해야 한다. 원하는 만큼 거룩한 열매를 맺지 못한다 해도 믿는 일을 중단해서는 안된다. 오히려 그리스도를 더욱더 의지하라. 믿음이 연약하면 열매도 부실하다. 그리스도 안에 있는 하나님의 사랑을 더 의지할수록 하나님을 더 사랑하고 더 섬기게 된다. 베드로나 다윗처럼, 그리스도께로 나아온 뒤에 엄청난 죄에 빠졌다 할지라도 움츠려 들어서는 안된다. 하나님이 진노하실 것이라고 미리 짐작하지 말라. 이제 한동안은 그리스도의 은혜가 주는 위로는 꿈도 꿀 수 없을 것이라고 생각하지 말라. 이런 생각에 사로잡히면 이전보다 더 약해지고, 또 다른 죄악에 빠질 수 있다. 오히려 나에게는 예수 그리스도라는 의로운 중보자가 계시고, 그분이 나의 모든 죄를 대속하셨다는 사실을 더욱 굳게 붙들라(요일 2:1-2).

어떤 죄책도 우리의 양심을 더럽히지 못하게 해야 한다. 단 한 순간도 틈을 주지 말자. 그리스도의 보혈의 샘으로 속히 나아가 씻으라. 우리가 죄를 지을 때마다 보혈의 샘은 항상 열려 있다. 우리는 우리의 죄로 인해 더 낮아져야 한다. 우리의 죄악됨을 더욱 미워하고, 하나님을 향한 사랑과 경건한 슬픔으로 아파해야 한다. 그리스도께서 기도로 베드로의 믿음을 붙들지 않으셨다면, 그리스도를 부인한 베드로 역시 가룟 유다와 같이 영원히 멸망당했을 것이다(눅 21:31-32).

자신에게 어떤 선함이나 은혜도 찾아볼 수 없다면, 불의한 자를 의롭다 하시는 그리스도를 더욱 의지하라. 잃어버린 자를 찾아 구원하러 오신 분을 믿으라. 하나님께서 원수를 대하시듯 우리를 대하고 욥에게 주신 끔찍한 고통을 우리에게 허락하시더라도, 자신의 믿음과 그 열매를 쓸모없는 것으로 생각하면 안된다. 오히려 욥처럼 "하나님이 나를 죽이려고 하셔도 나로서는 잃을 것이 없다. 그러나 내 사정만은 그분께 아뢰겠다"고 말하라(욥 13:15, 새번역). 하나님을 의지함으로 믿음에 더욱 자라가기를 힘쓰라. 기회가 있을 때마다 믿음을 실천하라. 우리 안에서 "착한 일을 시작하신 이가 그리스도 예수의 날까지 이루실 줄을 확신"하라(빌 1:6).

열두 번째 원리

순종의 열쇠, 믿음

하나님의 율법에 순종하기 위해서는 옛 본성을 따라 살지 말고 우리가 받은 지극히 거룩한 믿음을 따라 진실하게 살아가야 한다. 옛 본성에 속한 것은 무엇이든 거부하라. 믿음으로 받은 새로운 본성을 따라 삶으로써 새로운 본성이 우리 삶의 방식이 되게 해야 한다. 그것만이 이 땅에서 최대한 거룩하고 의롭게 살 수 있는 유일한 길이다.

지금부터는 율법을 준행하는 믿음의 삶에 대해 살펴보려고 한다. 이 책 전체의 목적은, 하나님께서 어떻게 믿음으로 거룩한 삶을 살도록 하셨는지 밝히 보이는 것이다! 어떤 면에서 이 장은 내가 말하고자 하는 가장 중요한 원리를 담고 있다고 할 수 있다. 우리가 지금까지 언급한 모든 내용과 이후에 계속될 모든 내용은 이 진리에 비추어 보아야 한다. 바로 거룩하게 살기 위해서는 새로운 본성을 따라 믿음으로 살아야 한다는 것이다.

지금까지 언급한 내용을 간추려 보면 다음과 같다. 우리에게 남아 있는 옛 본성은 인간으로 태어날 때 첫째 아담으로부터 받은 것이다. 성경은 이런 옛 본성을 가리켜 "옛 사람"이라고 하고, 옛 본성만 있는 것을 가리켜 "육신 안에 있다"고 한다. 새로운 본성은, 영적으로 거듭나 믿음으로 그리스도와 연합하고 사귀는 신자들이 둘째 아담인 예수 그리스도로부터 받아 누리는 것이다. 이런 새로운 본성을 성경은 "새 사람"이라고 한다. "성령 안에 있다"는 말은 새로

274 성화의 신비

운 본성을 받은 사람이라는 뜻이다. 본성적인 삶은 믿음으로 그리스도 안에 있기 전부터 우리에게 있던 것이다. 새로운 상태에서 비롯되는 삶의 방식은 믿음으로 그리스도께 나아옴으로써 받아 누리게 되는 특권이고 자질이다. 그리스도께서 주시는 이런 새로운 본성이 있어야만 거룩한 삶을 살 수 있다.

사람은 이 두 본성 중 어느 한 본성에 따라 산다. 그 상태에 맞게 행동한다. 왕은 그 권위에 걸맞게 명령을 내린다. 가난한 사람은 그 위치에 맞게 섬기고 순종한다. 아이들은 아이들답게 철없이 행동한다! 우리는 그리스도 안에 있는 자신의 상태에 걸맞게 살아야 한다. **복음의 원리와 방편을 따라** 율법을 준수하고 하나님께 순종하라. 이는 아주 귀하고 탁월한 경건의 기술로서, 모든 그리스도인은 이 일에 숙련된 전문가가 되어야 한다. 많은 사람들이 경건하게 살고자 오랫동안 힘쓰고 애쓴다. 그러나 혼란과 수치 가운데 결국 포기하고 만다. 이 거룩한 기술을 전혀 알지 못하기 때문이다. 그들은 단 한 번도 복음의 원리와 방편을 따라 힘써 본 적이 없다.

세상 사람들이 발휘하는 기술 가운데도 신기한 것들이 더러 있다. 그러나 무엇보다도 경건이라는 이 신령한 기술이야말로 가장 위대한 신비다(딤전 3:16). 어떻게 그렇게 말할 수 있는가? 참된 경건에 이르는 방편이 너무나 신비롭기 때문이다. 이 방편을 제대로 알고, 그것을 규칙적으로 연습하기 전까지는 누구도 이 일에 능숙한 전문가가 될 수 없다. 이 방편은 세상에서 가장 지혜로운 사람이라도 도무지 생각해 낼 수 없고, 본성적 능력으로는 도무지 행할 수 없는 방식이다. 오직 성경의 계시를 통해서만 배울 수 있다. 그러나

순종의 열쇠, 믿음 275

참된 경건의 방식이 성경에서 아무리 분명하게 계시되었다고 할지라도, 성령께서 마음을 밝히시고 가르치시지 않는 한 누구도 알 수 없다.

많은 그리스도인들이 참된 경건의 길을 완전히 이해하지 못한다. 자신도 잘 모르는 것을 다른 사람에게 생명의 길이라고 말하지 못하는 것은 당연하다. 성부께로 가는 유일한 길이신 그리스도와 내내 같이 있었으면서도 여전히 그 길을 알지 못했던 제자들과 다르지 않다. "주여, 주께서 어디로 가시는지 우리가 알지 못하거늘 그 길을 어찌 알겠사옵나이까"(요 14:5). 그리스도 안에 있는 많은 신자들이 아주 나약할 뿐 아니라 의로움과 거룩함에 진보를 이루지 못하는 이유는, 성화와 경건의 참된 길을 이해하지 못하기 때문이다.

나는 할 수 있는 한 우리가 경건의 신비를 온전히 깨달을 수 있기를 바란다. 지금부터 우리가 실제로 거룩하게 살 수 있는 유일한 길에 대해 성경이 말하는 바가 무엇인지를 보이고자 한다. 그런 다음, 우리가 경건하게 살고 그리스도 안에서 성숙해지기 위한 실천적 원리 몇 가지를 제시하겠다.

성경은 우리에게 거룩함에 항상 자라가라고 말한다. 성령께서는 많은 다양한 어구를 사용해 경건의 신비를 가르쳐 주신다. 우리 마음과 삶이 거룩해져 가는 방식이라고 성경이 말하고 있는 몇 가지를 다음과 같이 정리해 볼 수 있다.

첫째, 성경은 이런 삶을 "믿음으로 말미암아 사는 삶"(합 2:4, 갈 2:20, 히 10:38), "믿음으로 행하는 삶"(고후 5:7), "사랑으로 역사하는 믿음의 삶"(갈 5:6), "믿음으로 세상을 이기는 삶"(요일 5:4), "믿음의 방패를 가지고 이로써 능히 악한 자의 모든 불화살을 소멸하는 삶"(엡 6:16)이라고 한다. "믿음으로 살고 행하는 것"을 단순히 자신이 믿는 원리를 따라 열정적으로 사는 것이라고 생각하는 사람들이 있다. 유대인들은 모세와 선지자들의 교훈을 따르고, "믿음을 의지하지 않고 행위를 의지"할 정도로 하나님을 향한 열정을 가지고 있는 자신들이야말로 믿음으로 사는 사람들이라고 여겼다(롬 9:32). 바울이 열심 있는 바리새인이었을 때, 자신은 하나님을 믿고 있다고 생각했다. 그러나 하나님을 믿는 삶이란 율법에 대하여는 죽고 하나님께 대하여는 사는 것이라는 사실을 나중에 알게 되었다. 믿음의 삶이란 그리스도가 자기 안에 사는 삶이라는 것을 알게 된 것이다(갈 2:19-20). 믿음으로 의롭게 되는 것과 그리스도를 믿는 것이 같은 말인 것처럼(롬 5:1), 믿음으로 산다, 믿음으로 행한다, 믿음으로 역사한다는 것도 다 같은 말이다. 성경은 또한 그리스도와 그분이 주시는 구원하는 은사를 통해 살고 행하고 역사하는 것에 대해 말하고 있다. 이런 믿음의 선물을 받은 신자들은 믿음으로 그것을 누린다. 그렇게 할 때 믿음은 우리를 거룩한 삶으로 이끈다.

둘째, 성경은 이와 동일한 삶의 방식을 언급하면서 그와 같이 살라고 명령한다. "그리스도 안에서 행하고 그 안에 뿌리를 박으며 세움을 받는 삶"(골 2:6-7), "내가 사는 것이 아니고 그리스도께서 내 안에서 사시는, 하나님 앞에서 사는 삶"(갈 2:19-20), "그리스도 안에서 선한 삶"(벧전 3:16), "예수 그리스도로 옷 입고 낮에와 같이 단정히 행하는 삶"(롬 13:13-14), "주 안에서와 그 힘의 능력으로 강건하여지는 삶"(엡 6:10), "무엇을 하든지 말에나 일에나 다 주 예수의 이름으로 하는 삶"(골 3:17), "하나님의 이름으로 행하는 삶"(슥 10:12), "하나님의 능력으로 행하고, 그분의 공의만을 널리 전하는 삶"(시 71:16)을 살라고 말한다. 성경에서 계속 등장하는 이런 표현들은 서로 그 의미를 충분히 설명해 주고 있다. 우리가 거룩한 삶을 훈련해야 하는 이유는 그리스도가 명하셨기 때문만이 아니라 그분이 우리를 거룩함으로 이끌어 주시기 때문이라는 사실을 보여준다. 거룩한 삶을 살 수 있도록 우리를 진정으로 독려할 수 있는 분은 오직 그리스도뿐이다.

셋째, 성경은 복음적으로 거룩한 삶의 방식을 이렇게도 말한다. "그리스도 예수 안에 있는 은혜 가운데서 강해지는 삶"(딤후 2:1), "육체의 지혜로 하지 아니하고 하나님의 은혜로 행하는 삶"(고후 1:12), "하나님의 은혜로 더 많이 수고하고 더 많이 섬기는 삶"(고전 15:10)이라고 말한다. 은혜를 통해 우리는, 그리스도 안에서 새 사람이 된 우리에게 놀라운 특권들이 있음을 깨닫는다. 거룩하게 살려고 힘쓰는 사람들은 이런 특권을 통해 거룩한 삶을 더 많이 추구하게 된다.

넷째, 성경은 그리스도인의 삶을 "옛 사람을 벗어 버리고 새 사람을 입는 것"이라고도 한다. 이미 어느 정도 그렇게 살아왔겠지만 끊임없이 그렇게 살라고 성경은 말한다. 이전의 죄악된 삶의 방식을 따라가서는 안된다(엡 4:21-24). 옛 사람을 벗고 새 사람을 입었기 때문이다(골 3:9-10). 이미 언급했듯이, 이 두 종류의 사람은 단순히 죄와 거룩만을 가리키는 것은 아니다. 옛 사람은 우리의 본성적 상태와 그와 관련된 모든 특징을 가리키는 말로, 우리로 하여금

278 성화의 신비

죄를 짓게 만든다. 새 사람은 그리스도 안에 있는 신자가 누리는 새로운 상태로, 우리가 거룩한 삶을 사는 데 필요한 모든 것을 구비시켜 준다.

다섯째, "육신을 따르지 않고 그 영을 따라 행하는 우리에게 율법의 요구가 이루어지게 하려 하심이니라"(롬 8:4), "영으로써 몸의 행실을 죽이면 살리니"(롬 8:13), "그리스도 예수의 사람들은 육체와 함께 그 정욕과 탐심을 십자가에 못 박았느니라. 만일 우리가 성령으로 살면 또한 성령으로 행할지니"(갈 5:24, 25)와 같은 말씀 역시 같은 것을 말한다. 바울의 이런 표현들은 거룩하게 살라는 명령일 뿐 아니라, 실제로 거룩하게 살 수 있는 방법을 보여준다. 여기서 "육신"이라는 말은 첫째 아담으로부터 물려받은 옛 본성을 말한다. 여기서 "영"은 그리스도의 성령으로, 신자 안에 거하시는 그리스도로부터 받은 새 본성을 가리킨다.

우리는 이 두 가지 본성 중 하나를 좇아 살아간다. 바울은 우리에게 율법 조문의 묵은 것으로 살지 말고, 성령의 새롭게 하심을 따라 살아서 열매를 맺으라고 가르친다. 한편으로 이 말은 율법을 따라 살지 말라는 의미이다. 율법은 죽이는 조문이기 때문이다. 율법은 육체와 떼어 생각할 수 없다. 율법은 우리 안에 죄를 불러일으킬 뿐이다. 이러한 율법 대신에 성령의 가르침과 그분이 주시는 말할 수 없는 풍성함을 따라 살라는 것이다. 그리스도와의 신비로운 연합을 통해 새로운 본성을 덧입게 될 때, 우리는 이런 영적인 부요함을 얻는다(롬 7:4-6).

여섯째, 바울은 또한 자신을 본받으라고 말함으로써 이런 삶의

순종의 열쇠, 믿음 279

방식이 말하는 것이 무엇인지 구체적으로 보여준다. 일생 동안 우리가 계속해야 할 일은 그리스도와 그분의 부활의 능력을 알고, 그분의 고난에 동참하고, 그리스도의 부활에 참여할 날을 고대하며 그의 죽음을 본받아 사는 것과, 이런 지식을 더해 가는 것이다(빌 3:10-14). 바울은 여기서 자신이 깊이 체험하고 인격적으로 누리고 있는 그리스도와 그분의 죽음과 부활을 말하고 있다. 우리 역시 이를 통해 죄에 대하여는 죽고 하나님께 대하여만 사는 능력을 누리게 될 것이다. 바울은 마음과 삶이 점점 거룩해지기 위해서는 그리스도의 죽음과 부활을 의지하라고 말한다. 그리스도 안에서 장성한 자가 되기까지 쉬지 않고 거룩한 삶을 살아가라는 것이다.

두 번째 요점은, 우리가 어떻게 그리스도 안에서 더 성숙해지고 거룩해질 수 있는가 하는 것이다. 우리는 본성적으로 그릇된 길을 가는 사람이기 때문에, 성경이 말하는 바에 귀를 기울이고 부지런히 그것을 따라가야 한다. 또한 거룩한 삶의 길을 깨닫고 그 길을 걸을 수 있도록, "오직 구속함을 입은 자들을 위하여 있게 될 것"이라는 은혜로운 약속을 따라 하나님께 지혜와 계시의 영을 간구해야 한다(사 35:8).

첫째, 그리스도를 믿는 믿음을 통해 새롭고 거룩한 본성을 받았다 할지라도 우리의 본성적 상태는 여전하며, 우리 안에 부패한 본성의 원리와 습관이 남아 있음을 잊지 말아야 한다.

이 세상에 사는 동안 우리는 오직 믿음을 통해서만 그리스도와 그분의 완전함을 알 뿐이다. 우리의 감각과 이성으로 우리 안에서 볼 수 있는 것이라고는 그리스도와 반대되는 것뿐이다. 우리의 믿

음은 너무나 불완전하기 때문이다. 참된 신자는 자신의 믿음 없음
을 도와주시도록 시시때때로 기도해야 한다(막 9:24). 그러므로 비
록 우리가 믿음으로 완전하신 그리스도를 받았다고 할지라도, 우리
가 그분을 누리는 정도는 여전히 불완전하다. 이 땅에 사는 동안 우
리는 이미 자신이 누려 온 것보다 더 많이 그리스도를 누리기를 항
상 기대해야 한다. 그리스도 안에 있지만 우리는 여전히 연약하다
(고후 13:4). 내생에서 우리가 누릴 완전에 비하면, 지금 우리의 상
태는 어린아이나 마찬가지다(고전 13:1-10). 그러므로 장성한 사람
이 되기까지 우리는 계속해서 자라가야 한다(엡 4:13). 물론 젖먹이
와 같이 어린 사람들도 있다. 이런 사람들은 그리스도를 많이 받아
들이지 못하기 때문에 "신령한 자"라기보다는 "육신에 속한 자"라
고 할 수 있다(고전 3:1).

새로운 본성이 가지는 온갖 복락과 완전함은 다 그리스도 안에
있는 것이다. 칭의, 성령의 은사, 새로운 본성, 양자됨과 같은 복락
들은 그리스도와 분리될 수 없다. 이 세상에서 우리가 아무리 불완
전해도 믿음으로 그리스도를 모셔 들일 때 우리는 이 모든 것도 같
이 받아들인다.

사도 바울은 모든 성숙한 그리스도인이 본받을 모범으로 자기
자신을 제시한다. 그러나 그 역시 아직 완전하지 못하기 때문에 그
리스도 예수 안에 있는 하나님의 부르심의 상을 향하여 끊임없이 매
진해야 한다고 말한다. 바울은 자신의 의가 아닌 믿음을 통해 하나
님이 주시는 의를 바라보며, 그리스도를 더 온전히 알고 얻을 뿐 아
니라 그분 안에서 발견되기 위해 끊임없이 힘썼다. 그리스도를 더

순종의 열쇠, 믿음 281

인격적으로 알아 가고자 했고, 부활의 능력과 고난에 참여함으로 그리스도를 더 닮아 가고자 했다(빌 3:8, 10, 14). 신자는 이미 의롭게 되었지만 의의 소망, 즉 그리스도의 의로우심을 온전히 누리기를 믿음으로 기다린다(갈 5:5). 성령의 첫 열매를 받은 신자는 그 열매를 더 온전히 누릴 것을 고대해야 한다. 성령께서는 이런 사람을 두고 하나님의 자녀라고 증거하신다. 하지만 신자는 여기서 그치지 않고 자신의 몸도 속량해 주실 것을 고대하면서 속으로 탄식하고 있다(롬 8:23).

새로운 본성이 있다 해도 세상에서 우리는 여전히 불완전하다. 우리 안에는 죄악된 본성과 특성들이 여전히 남아 있다. 완전히 없어진 것이 아니다. 세상에 사는 신자들은 모두 상반되는 이 두 가지 상태에 참여한다. 신자들은 진실로 옛 사람을 벗어 버리고 그리스도께서 모든 것 되시는 새 사람을 입었다(골 3:10-11). 그러나 그들은 옛 사람을 벗어 버리고 새 사람을 입기를 계속해 가야 한다. 그 안에 옛 사람이 남아 있기 때문이다. 그들은 영원토록 성령 안에 거할 사람들이기 때문에 육체를 따라 살지 말고 성령을 따라 살라는 말을 계속해서 듣는다. 여전히 그들 안에 육체가 있기 때문에 계속해서 육체의 행실을 죽이라는 것이다(롬 8:9, 13).

이 두 상반된 상태와 관련된 몇 가지 특성이 그리스도인에게서 종종 드러난다. 서로 상반되는 것처럼 보이지만, 둘 다 사실이다. 그래서 바울은 자신에 대해 이렇게 말했다. "그런즉 이제는 내가 사는 것이 아니요"(갈 2:20). 한편으로는 자기 안에 있는 그리스도를 따라 하나님을 의지해서 살지만, 다른 한편으로는 하나님을 의지하지

282 성화의 신비

않고 자신의 본성을 따라 산다. 한편으로는 죄 아래 팔려 육신대로 산다고 하면서도, 다른 한편으로는 죄를 따라가지 않으려 하고 그 것을 미워한다. 바울은 어떻게 자신에게 이 두 가지가 동시에 참일 수 있는지를 설명한다. "내 속 곧 내 육신에 선한 것이 거하지 아니하는 줄을 아노니……내 속사람으로는 하나님의 법을 즐거워하되……마음으로는 하나님의 법을 육신으로는 죄의 법을 섬기노라"(롬 7:14-25).

요한은 말한다. "만일 우리가 죄가 없다고 말하면 스스로 속이고 또 진리가 우리 속에 있지 아니할 것이요"(요일 1:8). "하나님께로부터 난 자마다 죄를 짓지 아니하나니 이는 하나님의 씨가 그의 속에 거함이요 그도 범죄하지 못하는 것은 하나님께로부터 났음이라"는 말씀 또한 사실이다(요일 3:9). 우리는 연약하고 우리 힘으로 아무것도 할 수 없지만 또한 우리는 강하며 모든 것을 할 수 있다(고후 12:10-11, 빌 4:13). 신자는 죄 때문에 죽지만, 의로 말미암아 살아난다(롬 8:10). 자연적으로는 죽지만, 영원히 죽는 것은 아니다(요 11:25-26). 신자는 상속자의 권리를 가진 아들이지만, 다른 측면에서 보면 종과 다를 것이 없다. 신자는 율법 아래 있지만 동시에 은혜 아래 있고, 약속을 잇는 후사가 된다(갈 4:1-2).

신자는 율법의 저주에서 구속되었고, 죄를 용서받았으며, 더 이상 그들에게 하나님의 진노나 정죄가 없을 것이라는 약속을 받았다 (갈 3:13, 엡 17장, 사 54:9). 그러나 때로 그들에게 율법에 기록된 저주가 임하기도 한다(단 9:11). 신자도 역시 죄를 용서해 주시고, 죄책으로부터 건져 주시라고 기도해야 한다(시 51:14, 마 6:12). 신자

순종의 열쇠, 믿음 283

는 또한 자신이 저지른 모든 죄악을 하나님께서 보응하실 것이라 생각하기도 한다(암 3:2).

모순처럼 보이는 이 두 체험을 통해, 신자는 이 세상에서 서로 상반되는 두 가지 상태—육신의 삶과 성령의 삶—에 참여하고 있다는 것을 알게 된다. 그러나 모순처럼 보이는 이 두 상태를 이해하는 간단한 방법이 있다. 신자에게도 어느 정도 옛 사람의 상태가 남아 있음을 인정하는 것이다. 복음적인 그리스도인이라면 이 땅에 사는 한 본성의 부패와 타락이 여전히 자기에게 남아 있음을 인정할 수밖에 없다. 물론 우리가 그리스도 안에 있을 때도 원래의 부패가 그대로 남아 있다는 말은 아니다. 이런 부패는 우리가 아담으로부터 물려받은 옛 본성에 남아 있다.

그러므로 어떤 면에서 아담의 원죄는 믿음으로 의롭게 된 사람들에게조차 그대로 전가되어 있다. 신자 역시 어느 정도는 창세기 2:17에서 선언된 저주와 심판 아래 있다. "네가 먹는 날에는 반드시 죽으리라." 이런 사실 때문에 믿는 부모에게서 태어난 아이들에게도 동일한 죄책과 부패가 전해진다. 부패한 부모에게서 태어나기 때문이다. 신자는 첫째 아담을 통해 세상에 들어온 저주 아래서 살아야 한다. 신자라고 해서 첫째 아담이 지은 죄의 결과인 세상의 모든 비참함과 죽음을 피할 수 있는 것은 아니다.

세상에 사는 신자들이 처한 이중적인 상태에 대한 가르침이 그리스도로 말미암은 완전한 의로움과 맞지 않는다고 반대하는 사람들이 있을 것이다. 이런 가르침은 성령의 능력과 그리스도를 통해 받는 신령하고 부요한 복과 은혜의 충만함을 손상시킨다고 말하는 사람도 있을 것이다. 그리스도 안에 있는 신자들이 누리는 위로를 크게 위협한다고 말하는 사람도 있을 것이다. 하지만 이런 반론에 답이 없는 것은 아니다. 비록 신자에게 옛 본성의 잔재가 남아 있기는 하지만, 이 땅에 사는 신자들에게는 신령한 복과, 칭의와, 양자됨과, 성령의 은사와, 거룩과, 영생과, 그리스도 안에 있는 영광과 같은 모든 완전한 것이 있다(엡 1:3). 하늘로 높이 올리신 그리스도 안에서 옛 사람은 완전히 십자가에 못 박혔다. 신자는 죄에 대하여, 율법에 대하여, 율법의 저주에 대하여 죽었다. 또한 그리스도와 함께 살림을 받았고, 그리스도와 함께 하늘에 앉혔다(엡 2:6). 자기 안에 사는 그리스도를 누리는 만큼, 신자는 믿음으로 이 모든 완전하고 신령한 복도 실제로 받아 누린다.

신자는 지금 죄책과 부패와 죄의 심판으로부터 자유로운 새로운 상태다. 그러므로 이 세상에 있는 동안에도 하나님의 진노와 모든 비참함과 죽음으로부터 자유롭다. 본성적 상태에서는 굴복할 수밖에 없는 모든 죄의 심판과 부패와 죄책은, 새로운 상태에 있는 신자에게 더 이상 어떤 해도 가하지 못한다. 오히려 이 모든 것이 합력하여 그에게 유익이 된다. 이런 것들은 더 이상 그에게 재앙이 아니라 오히려 복이 된다. 어떻게 그렇게 말할 수 있는가? 이런 일들을 통해 신자 안에 있는 육신이 멸하고, 그리스도 안에 있는 새 사람이 더 온전해져 가기 때문이다.

그리스도와 그분의 모든 완전하심을 받았다 할지라도 이 세상에 있는 동안에는 그것을 불완전하게 누릴 수밖에 없다. 이 세상을 떠날 때에야 비로소 옛 본성이 가진 부패한 상태와 그에 따른 악에서 완전히 벗어난다. 천국과 우리 안에 있는 그리스도의 은혜는 반죽 속에 있는 누룩과 같다. 반죽에 들어간 누룩은 즉시 반죽 속으로 스며들지만, 반죽 전체를 발효시키려면 시간이 걸린다(마 13:33). 또한 하나님의 은혜는 어둠을 점점 몰아내면서 밝게 비추는 아침 여명과 같다(잠 4:18).

세상에서 우리가 불완전한 상태로 지낼 수밖에 없다는 사실이 그리스도의 죽음의 공로와 성령의 능력에 영향을 끼치는 것은 아니다. 그리스도 안에 있지 않는 사람은 결코 그분의 신령한 복을 누릴 수 없다. 우리가 육신에 머무는 한, 그리스도가 주시는 거룩과 행복을 누리지 못한다. 그리스도는 우리의 옛 본성을 고칠 의향이 전혀 없으시다.

세상에 사는 한 불완전하게 남아 있을 수밖에 없다고 해서 그리스도 안에 있는 신자로서 누리는 위로가 줄어드는 것은 아니다. 신자는 이 땅에서도 그리스도 안에 있는 온전한 은혜와 행복을 누린다는 사실을 확신해도 좋다. 믿음으로 그리스도를 누리는 한 이 세상에서도 이런 은혜와 행복을 누릴 수 있기 때문이다. 세상을 떠날 때에야 비로소 우리는 하나님의 은혜를 완전히 누리게 된다. 그리고 그때는 우리가 첫째 아담으로부터 받은 죄악되고 비참한 상태에서 완전히 자유로워진다.

복음의 원리들—신자가 믿음으로 그리스도를 누리는 새로운 상태에 속한 방편들—을 통해 거룩함에 자라가고자 하는 사람들에게 이 진리는 아주 중요하다. 완전주의자는 아마 이런 가르침에 반대할 것이 분명하다. 그는 이렇게 말할 것이다. "어떤 교리가 사람들

을 가장 거룩하게 살도록 하겠는가? 우리가 말하는 대로 이 땅에서
도 완전한 거룩에 이를 수 있다는 가르침이겠는가, 아니면 이 땅에
서는 율법을 완전히 지킬 수 없고, 이 세상에 사는 한 아무리 노력해
도 모든 죄에서 완전히 자유로울 수는 없다는 교리겠는가?" 이 땅에
서도 완전에 이를 수 있다고 가르쳐야 사람들이 죄를 짓지 않을 수
있다는 것이다. 그러나 실제로 이런 일은 일어나지 않는다. 완전주
의자의 가르침은 사람들을 완악하게 만든다. 스스로를 죄에 방임하
고, 결국에는 악을 선이라고 한다.

완전주의자의 가르침은 또한 그리스도를 믿는 믿음으로 살면서
거룩함에 자라가려는 사람들을 좌절시킨다. 아무리 최선을 다해도
완전함과는 너무나 동떨어진 자신의 모습을 보고 지금까지 한 일들
이 다 헛수고라고 여기게 된다. 완전주의자의 가르침으로는 계속해
서 거룩한 삶에 힘쓸 엄두를 내지 못한다. 자신의 옛 본성과 그 모든
특징들이 여전히 자기 안에 남아 있다는 것을 자각할 뿐이다. 항상
자기 죄를 고백하고, 그런 죄 때문에 자신을 혐오하고, 죄를 용서해
주시라고 간절히 기도하고, 하나님의 정의로운 판단에 영광을 돌리
고, "두려움과 떨림으로" 자기 구원을 이루어 가난하고 애통하고 상
한 심령의 제사를 드릴 수 있을 뿐이다.

둘째, 악한 정욕과 악으로 치닫는 성향으로부터 육신—본성에
속한 옛 사람—을 정결케 한다는 생각을 버리라. 지금부터라도 최
선을 다하겠다고 결심하면 그렇게 살 수 있을 것이라 생각하지 말
라. 이런 결심을 지킬 수 있도록 그리스도께서 도와주실 것이라고
기대하지 말라. 오히려 내가 하나님의 기쁘신 뜻을 바라고 행할 수

있도록 내 속에서 일하시는 그리스도를 의지하기로 마음을 정하라.

자신의 죄와 비참함을 깨달은 사람들은 대개 자신의 육신을 길들일 생각부터 한다. 자신의 노력으로 육신의 정욕을 억제하고 근절하려고 애를 쓴다. 타락한 본성을 거룩에 힘쓰는 좀 더 나은 본성이 되게 하려고 발버둥친다. 최선을 다하기로 마음먹고 굳게 다짐하면 정욕을 이기고 어려운 의무들도 행할 수 있을 것이라고 생각한다. 스스로 죄에서 돌이켜 경건에 힘쓰기를 결심하도록 부추기는 설교자와 신학자들이 많다. 이들은 그리스도 안에 있는 하나님의 은혜로 그런 결심을 지켜 갈 수 있을 것이라고 믿는다. 이들은 자의적인 결심과 믿음의 삶이 완전히 상반되는 것을 모르고 있다.

문제는 이들이 자신의 옛 본성을 개조하려 하고, 육신적으로 완전해지려 한다는 사실에 있다. 옛 본성을 벗고 그리스도 안에 있는 새로운 본성을 따라 살려고 하지 않는다. 그리스도를 의지하는 대신에 자의적인 행위—자신의 목적, 결심, 노력—를 신뢰한다. 이런 노력이 성과를 거두기를 바라고, 그것을 위해서만 그리스도를 의지한다. 참된 믿음은—그들이 귀를 기울이기만 하면—이런 결심과 이 결심을 돕기 위한 믿음은 아무것도 아니며 헛수고라고 가르친다. 본성적 육체를 개선하려는 것은 시커먼 때를 순백색으로 바꾸려 하는 것이나 마찬가지다! 육체는 악한 정욕을 버릴 수 없다. 우리는 육체를 거룩하고 순전하게 하지 못한다. 육체는 너무나 악해서 백약이 무효다. 이 땅에서 가장 탁월한 성도라 할지라도 그의 육체는 필연적으로 하나님의 성령을 거스르고 대적하게 되어 있다(갈 5:17). 육신의 생각은 하나님의 법과 원수다. 육체는 하나님의 법에 굴복하지 않고, 굴복할 수도 없다(롬 8:7).

자의적인 결심과 노력으로 육체를 고치고 육체를 거룩하게 하려는 사람은, 그리스도께서 죽으신 뜻과 정반대로 행하는 것이다. 예수님은 옛 사람을 거룩하게 만들려고 죽으신 것이 아니다. 옛 사람을 십자가에 못 박아 장사 지내기 위해서 죽으신 것이다(롬 6:6). 그리스도께서 죽으신 것은 우리가 우리 자신이 아닌 하나님을 의지하여 살게 하기 위한 것이다. 더 나은 사람이 되고자 하는 의지력과 결심으로 사는 것은 우리를 향한 그리스도의 뜻이 아니다. 우리 안에서 의의 열매를 맺으시는 성령으로 더불어 그리스도 안에서 살아가는 것이 그리스도의 뜻이다(갈 2:20, 5:24-25). 그러므로 악한 옛 사람을 발견하는 즉시 우리는 그것으로부터 떠나야 한다. 옛 사람에게 있는 악한 것들이 자신을 지배하지 못하게 하라. 사망의 몸에서 건짐 받기를 간구하고, 우리 주 예수 그리스도를 통해 구원을 주신 것으로 하나님께 감사하라.

죄악된 정욕에서 육체를 깨끗하게 할 생각은 아예 하지 말라. 그런 식으로는 정욕을 죽일 수 없다. 믿음으로 그리스도 안에서 살면서 육체 그 자체를 벗어 버림으로써 죄악된 정욕을 죽이라. 그리스도께서 주신 새로운 본성을 따라 살라. 이렇게 살 때 "지혜로운 자는 위로 향한 생명 길로 말미암음으로 그 아래에 있는 스올을 떠나게" 된다(잠 15:24). 단순히 최선을 다하겠다고 하지 말라. 그리스도와 능력의 성령께서 우리 안에서 기쁨으로 역사하시도록 하겠다고 다짐하라. 우리 안(육체)에는 선한 것이 전혀 없기 때문이다. 거룩해지기 위해 하는 결심은 하나님께서 기꺼이 도우신다. 거룩해지는 것이 그리스도를 믿는 믿음으로 사는 것과 부합하기 때문이다.

그리스도를 부인하느니 차라리 함께 죽겠노라고 다짐했던 베드로의 말은 진심이었을 것이다. 그리고 이 다짐을 지키고자 있는 힘을 다했을 것이다. 하지만 그리스도께서는 베드로의 결심이 얼마나 공허하고 연약한 것인지를 속히 알게 하셨다. 심하게 아프거나 위험에 처했을 때 하는 결심들이 얼마나 공허하게 끝나는지 우리는 경험을 통해 잘 알고 있다! 잘 할 수 있도록 우리를 도와주시라고 그리스도를 의지하는 것으로는 충분하지 않다. 흉악한 사람들도 이런 유의 도움은 바라며 산다. "우리가 그를 힘입어 살며 기동하며 존재하느니라"(행 17:28). 자기 자신 때문에 감사하며 기도했던 바리새인도 자신의 의무를 지킬 수 있도록 도와주시라고 기도했을 것이다 (눅 18:11). 거룩하게 살려고 하는 많은 사람들이 발휘하는 믿음이 바로 이런 것이다. 그러나 이런 "결신"은 실제로 자신의 능력과 의지력을 신뢰하는 것이지, 하나님의 은혜만을 전적으로 의지하는 것은 아니다.

본성의 능력을 훨씬 넘어서는 삶을 위해서는 그리스도를 의지해야 한다. 그리스도로부터 새로운 본성을 받아야 한다. 지금 그리스도의 성령이 우리 안에 계셔서 역사하신다. 그렇지 않다면, 우리가 하는 최상의 노력조차 전적으로 죄악된 것이 되고 말 것이다. 자신의 노력을 도와주는 것 때문에 하나님을 의지하는 사람은 위선자로 드러나게 될 뿐이다. 그리스도 안에서만 행하겠다고 결심했다고 해서, 그것 때문에 자신이 거룩해질 것이라고 기대하지 말라. 이런 결심들은 우리가 그리스도 안에서 행하고, 그리스도가 우리 안에 거하실 때만 가치가 있다. 해가 떠 있는 한 빛이 계속되는 것처럼, 그리스도께서 우리 안에 계셔야 이런 결심이 유지될 수 있다. 태양이 없이는 자연계에 빛이 있을 수 없는 것처럼, 그리스도가 그 안에 거하지 않는 사람은 하나님을 위해 살 수 없다.

셋째, 도덕법을 준수해서 죄사함을 받고, 하나님께 호의를 입고, 거룩하고 새로운 본성을 입고, 영적인 생명과 행복을 얻으려고 하지 말라. 종교 행위를 통해서 이런 것을 얻을 것이라고 기대하지 말라. 그리스도 안에서 새로운 본성을 가진 신자는 이런 것을 이미 얻은 사람으로 살아야 한다. 믿음으로 살기 때문에 이런 것을 점점 더 많이 받아 누릴 수 있는 사람처럼 살아가라. 머리 되신 주 예수 그리스도 안에 이 모든 것이 다 있다.

이런 영적인 복을 얻으려고 여전히 애쓰는 사람이 있다면, 그 사람은 자기에게 이런 복이 없다고 생각하는 것이다. 그는 자신이 모든 신령한 복의 원천이신 그리스도께 속하지 않았다고 생각하는 것이다. 만약 그것이 사실이라면, 여전히 육신에 거하는 사람처럼 자신의 옛 본성을 따라 살아갈 것이다. 믿음으로 그리스도 안에서 온전한 쉼을 얻기보다는 자신의 육신적인 행위와 신앙으로 구원을 얻으려고 할 것이다.

이렇게 사는 사람은 행위 언약 아래 있는 것이다. 이런 사람은 그리스도와 성령께서 자신을 거룩하게 하시기를 기대할 수 없다. 자신이 누구인지 기억하라! 우리는 그리스도의 몸으로 말미암아 율법에 대하여 죽었다(롬 7:4). "너희가 만일 성령의 인도하시는 바가 되면 율법 아래에 있지 아니하리라"(갈 5:18). 갈라디아 교인들이

순종의 열쇠, 믿음 291

거짓 교사들의 꼬임을 받아 할례와 율법의 공로로 구원과 생명을 얻으려고 하자, 바울은 육체로 마치려 한다고 그들을 책망했다. 그들은 처음에 "성령으로" 시작했다. 하지만 점점 그리스도를 어리석게 여기는 자리로 나아갔고, 실제로 "그리스도에게서 끊어지고 은혜에서 떨어진 자"들이 되었다(갈 3:3, 5:4).

할례와 음식과 절기와 세상의 다른 초보적인 원리들을 통해 완전에 이르고자 하는 골로새 교인들을 향해, 바울은 그들이 머리 되신 예수 그리스도께 견고하게 붙어 있지 않다고 책망했다. 그리스도와 함께 죽고 부활한 백성답게 살지 못하고 세상 사람들과 똑같이 산다고 그들을 책망했다(골 2:19-20, 3:1). 이런 율법의 행위를 통해 구원을 얻으려고 하는 사람은 스스로 옛 본성을 따라 살고 있다는 것을 분명히 드러내는 것이다. 그리스도를 믿는 믿음으로 사는 것만이 참된 생명의 길이다. 우리는 그리스도 안에 모든 것을 가진 사람답게 살아야 한다. 신령한 복을 위해 다른 것을 추구할 이유가 없다.

그리스도인들은 **생명을 얻기 위해** 사는 것이 아니라 **이미 얻은 생명으로** 산다. 자신의 행위로 생명을 얻으려 하지 말라. 오히려 이미 그리스도로부터 받은 생명, 그분으로부터 받은 능력과 덕으로 살아간다는 사실을 기억하라. 선행과 종교 행위에 힘써서 자신을 더 의롭고, 거룩하고, 정결하게 하라는 가르침이 얼마나 많은지 모른다. 그러나 이런 가르침은 육신적 생명은 고취할지언정, 그리스도와 견고하고 인격적인 관계를 누리게 하지는 못한다. 이런 교훈은 그것을 따르는 사람들이 진실로 거룩한 삶을 사는 데 아무런 도움도 되지 못한다. 이보다 더 나은 신앙의 길을 알아야 한다.

넷째, 스스로를 다잡고 끊임없이 재촉하여 부지런히 신앙생활을 하면 거룩해질 것이라고 생각하지 말라. 무작정 열심히 한다고 되는 것이 아니다. 먼저 믿음으로 그리스도께 나아가라. 그렇게 하면, 거룩하게 살고자 하는 복음적 동기를 갖게 될 것이다. 이 복음적 동기야말로 거룩한 삶을 살 수 있는 힘과 능력이 된다.

왜 거룩하게 살아야 하는지 사람들은 다양한 이유를 댈 것이다. 거룩하게 사는 것이 신자의 의무라고 말하는 사람들도 있을 것이다. 물론 맞는 말이다. 그러나 그렇게 말하는 사람들은 본성적으로 자신이 죄 가운데 있고 하나님의 진노 아래 있다는 사실을 간과한다. 무엇을 해야 하는지 말은 잘하지만, 정작 거룩한 삶을 살 힘과 능력이 없다는 사실은 말하지 않는다!

여기 거룩한 삶을 살아야 할 몇 가지 다른 이유들이 있다.

- 율법의 수여자로서의 하나님의 권위
- 피조물로서의 창조주에 대한 절대적 의존
- 하나님께서 우리의 마음과 생각과 은밀한 뜻을 다 아심
- 모든 사람을 행위대로 보응하시는 하나님의 엄밀한 정의
- 순종하는 자에게 상을 주시고, 불순종하는 자를 영원히 심판하시는 하나님의 전능하고 영원한 능력
- 말할 수 없는 천국의 기쁨과 끔찍한 지옥의 심판

이런 동기들은 다 어느 정도 사실이다. 이런 이유들을 믿고 곰곰이

생각해 보면 거룩하게 살아야 될 필요를 절감하게 될 것이다. 그러나 이런 동기들이 너무나 타당하기 때문에, 거룩하고 덕스러운 사람이 되기 위해서는 즉시 이런 필요를 절감해야 한다고 주장하는 사람들도 있다. 하지만 이것만으로는 충분하지 않다. 바울은 여기서 한 걸음 더 나아간다. 그는 거룩한 삶에 대해서 이렇게 말한다. "이제는 내가 사는 것이 아니요 오직 내 안에 그리스도께서 사시는 것이라. 이제 내가 육체 가운데 사는 것은 나를 사랑하사 나를 위하여 자기 자신을 버리신 하나님의 아들을 믿는 믿음 안에서 사는 것이라"(갈 2:20).

믿지 않는 사람들은 위에 제시한 이유만으로도 거룩한 삶을 살아야 하는 이유를 충분히 공감할 수 있을 것이다. 그들도 두려움 때문에 하나님께 순종하고 싶은 마음이 들 정도까지는 성경을 알 수 있다. 그러나 그리스도와 누리는 인격적인 관계는 모른다. 그리스도가 세상에 오시지 않은 것처럼 살아간다. 그러나 신자들이 그렇게 살아서는 안된다. 하나님께서는 신자들이 그렇게 살기를 원치 않으신다. 위에 열거한 동기와 원리 때문에라도 그리스도께 나아가고자 하는 마음이 우리 안에서 더 크게 일어나야 한다. 그렇지 않다면 우리 삶은 위에 제시한 이유 때문에 거룩하게 사는 것이 마땅하다고 인정하는 불신자들과 전혀 다를 바 없다.

불신자들도 어느 정도까지는 덕스럽게 살 수 있다. 거룩하게 살려고 노력할 수도 있다. 하지만 아무리 덕스럽다고 해도 그리스도를 모르는 사람들은 본성적 상태에 남아 있을 수밖에 없다. 다시 말해서 자기에게 있는 본성적 연약함을 넘어서지 못한다! 하나님께서 거룩한 삶을 살 수 있는 능력을 주실 것이라는 확신을 가질 수 없다 (물론, 예수님을 모르는 이들은 그런 확신을 가질 권세도 없다!) 구원 얻는 존귀한 믿음을 얻기 전에는 어떤 것도 바르게 행할 수 없다. 이 믿음을 갖게 될 때에야 비로소 그리스도로부터 거룩하게 살 능력과 생명을 받는다.

물론 위에서 제시한 동기만으로도 거룩한 삶을 충분히 살 수 있는 사람은 그리스도의 복음이 필요 없을 것이다. 당위성을 자각하는 것만으로도 거룩하게 살 수 있다면, 그리스도로부터 새 생명과 능력을 받을 필요가 없다. 그러나 그렇게 할 수 있는 사람은 아무도 없다. 그러므로 위에서 제시한 동기만을 가지고 거룩한 삶을 추구하는 사람은 단순히 육신을 따라 살아가는 것이며, 자신의 타락한 옛 본성을 따라 행하는 것이다. 육체 가운데 행하면서 온전해지기를 바라는 것이다.

바리새인으로 있을 때 바울은 더 나은 사람이 되고자 부지런히 힘썼다. 오늘날 많은 이교 철학자들도 일반 이성과 덕을 힘입어 어느 정도 선을 이룬다. 도덕을 통해 아무런 실질적인 유익도 얻지 못하는 마귀조차 도덕이 무엇인지 잘 알고 있다! 세상에는 본성적인 지혜가 있다. 그러나 이 세상의 지혜로는 하나님을 알지 못한다. 복음에 나타난 하나님의 지혜를 세상은 깨닫지 못한다. 복음에 나타난 하나님의 지혜만이 우리를 구원하고 거룩하게 하는 유일한 지혜다.

자신의 능력과 지혜만을 가지고 경건한 삶을 살려고 할 때 무엇을 이루겠는가? 부패함 외에는 아무것도 없다. 하지만 자신의 죄악됨과 옛 본성의 소망 없음을 절감하게 되면, 세상의 지혜와 도덕적 원리를 가지고는 결코 거룩함에 이를 수 없다는 사실도 알게 될 것이다. 도덕적 원리는 의무를 지워 주기만 할 뿐, 그 의무를 행할 아무런 능력도 생명도 주지 못한다. 죄 가운데 죽은 사람에게 도덕적 원리가 다 무슨 소용이란 말인가? 신령한 생명이 없는 영혼에게 도덕적 의무와 율법은 죄만 불러일으킬 뿐이다! "율법으로 말미암는 죄의 정욕이 우리 지체 중에 역사하여 우리로 사망을 위하여 열매를 맺게 하였더니.""죄가 기회를 타서 계명으로 말미암아 내 속에서 온갖 탐심을 이루었나니"(롬 7:5, 8).

그러나 지금까지 내가 말한 모든 원리를 바르게 사용하기만 한다면 유익을 얻을 수 있다. 이 원리를 복음적으로 사용하면 큰 유익이 된다. 바울이 율법에 대해 그렇게 말했다. "율법은 사람이 그것을 적법하게만 쓰면 선한 것임을 우리가 아노라"(딤전 1:8). 물론 율법을 복음의 견지에서 사용할 때만 그렇다. 하나님 앞에서 겸비해진 죄인은 자신의 의무가 무엇인지 잘 안다. 그러나 정말 그에게 필요한 것은 그런 의무을 수행할 수 있는 생명과 능력이다. 그는 그리스도로부터 생명과 능력을 받아야 행할 수 있다는 것을 잘 안다. 그래서 그가 가장 먼저 하는 일은 그리스도께로 가는 것이다. 그리스도 안에 있는 하나님의 은혜로 살아나고 힘을 얻을 때 비로소 거룩한 삶을 살 수 있게 되는 것이다.

다섯째, 그리스도와의 개인적인 관계를 확신한다면 거룩한 삶을 위하여 더욱 분발하라. 그리스도를 통하여 모든 신령하고 영원한 복을 이미 받았기 때문에 이제부터는 하나님을 위하여 살아야 한다.

예수 그리스도와 인격적인 관계를 전혀 누리지 못하는 사람처럼 율법에 매여 살지 말라. 이런 사람은 끊임없는 불신앙으로 떨어지게 될 것이다. 하나님이 자기를 사랑하지 않는다고 생각하게 될 것이다. 여전히 율법의 저주 아래 있고, 죄와 사탄의 권세 아래 있다고 생각하게 될 것이다. 스스로 불신자만도 못하다고 여기게 될 것이다. 자의적인 의지와 결심 외에는 아무것도 가진 것이 없다고 생각할 것이다. 이런 유의 불신앙에 자신을 내어 주는 사람은 사실상 자신의 옛 본성을 따라가는 것이다. 자신을 죄와 사탄의 지배 아래 방임하는 것이다. 아담이 하나님을 피해 숨은 것처럼, 하나님과 경건으로부터 피하여 숨게 될 것이다(창 3:10).

진실로 거룩하게 살고자 한다면, 우선 우리를 끊임없이 괴롭히는 이 불신앙부터 몰아내야 한다. 그리스도를 굳게 믿고, 그분의 의로움과 성령과 영광과 신령한 복이 다 자신의 것임을 분명히 하라. 그분이 내 안에, 내가 그분 안에 사는 것을 기억하라. 이런 확신을 통해 불신앙에서 벗어나면 하나님의 율법을 준행할 수 있을 것이다. 죄와 사탄을 향해서도 더 강해질 것이다. 힘 주시는 그리스도 안에서 모든 것을 할 수 있을 것이다. 그리스도 안에 있는 새로운 본성을 따라 살고 싶다면 마음으로 이 사실을 굳게 믿어야 한다. 믿음은 그리스도를 영접하는 손일 뿐 아니라 그리스도를 통해 일하는 손이기도 하다. 믿음은, 자신이 그리스도와 인격적인 관계를 누리고 있다는 것을 아는 사람의 삶에서 거룩한 역사를 일구어 낸다.

그리스도와의 연합과 교제를 누리는 사람답게 살라. 바울은 그리스도께서 자기를 사랑하셨고, 자기를 위하여 목숨을 내어 주셨다는 사실을 마음으로 분명히 믿었다. 바울에게 이런 확신이 있었기

순종의 열쇠, 믿음 297

에, 자기 안에 거하시는 그리스도로 말미암아 믿음으로 하나님 앞에서 거룩하게 살아갈 수 있었다. 그리스도 안에서 거룩하게 살아가고 싶다면 우리 역시 이런 확신을 가져야 한다. 우리의 옛 사람이 이미 십자가에 못 박혔다는 사실을 깨달아야 한다. 자신을 우리 주 예수 그리스도로 말미암아 죄에 대하여는 죽은 자요, 하나님에 대하여는 산 자로 여겨야 한다(롬 6:6, 11). 이것이 바로 성령으로 충만하고, 주님과 그분의 깅력으로 강해지는 비결이다(엡 6:20). 기억하자. 하나님은 거룩한 삶을 요구만 하시는 것이 아니라 거룩한 삶을 사는 데 필요한 모든 방편을 주신다! 예수님도 자신의 탁월한 상태에 대한 끊임없는 확신으로 그 길을 끝까지 가실 수 있었다. 하나님께서 항상 함께하시는 것을 믿었고, 하나님을 항상 앞에 모셨다. "그가 나의 오른쪽에 계시므로 내가 흔들리지 아니하리로다"(시 16:8).

자신이 실제로 그리스도 안에서 이런 새로운 상태에 있다는 사실을 확신하지 못하는 사람은 새로운 본성에 걸맞게 살아갈 수 없다. 세상적인 일도 마찬가지다. 자신의 상태에 대해 제대로 알아야 비굴해지거나 교만해지지 않을 수 있다. 세상 일에서도 사람들로 하여금 자신의 상태를 제대로 알게 하는 것처럼 어려운 것이 없다! 영적인 일에 있어서도 마찬가지다. 그리스도 안에 있는 자신의 상태를 제대로 알아야 한다! 그리스도 안에 있는 자신의 상태가 얼마나 영광스럽고 놀라운지 그리스도인들이 제대로 알 수만 있다면, 그들의 마음은 정욕이 이끄는 대로 비참하게 휘둘리지 않고 더 높이 고양될 것이다. 하나님의 계명의 길을 기쁨으로 달려가게 될 것이다. 그리스도인들이 그리스도 안에서 자기에게 주어진 능력을 안다면, 하나님의 영광을 위해 더 위대한 일을 시도할 것이다!

그러나 그리스도 안에서 자신이 가진 것을 알기란 쉽지 않다. 이것은 오직 믿음과 영적인 조명을 통해서만 알 수 있다. 가장 탁월한 사람이라 할지라도 이 일에 대해서는 아주 미미하게 알 뿐이다. 대개 그리스도인의 삶이 하나님의 거룩하고 경건한 부르심에 훨씬 못 미치는 것도 바로 이 때문이다.

여섯째, 마음으로 하나님을 사랑할 수 있도록 하고, 죄를 부인하고 온 마음 다해 하나님의 계명을 순종할 수 있도록 하는, 그리스도 안에서의 새로운 상태를 누리는 것이 얼마나 큰 특권인지 생각해 보라. 그리고 계속해서 이 진리를 스스로 확증하라. 그러면 하나님 앞에서 거룩한 삶을 살아갈 수 있게 된다.

나는 지금 순종의 모든 측면을 하나로 모으고 있다. 가장 첫째 되고 위대한 계명은 바로 온 마음과 뜻과 힘과 정성을 다하여 주 하나님을 사랑하는 것이다. 이 계명으로부터 모든 참된 순종이 시작된다. 하나님을 사랑하면 순종하게 되어 있다. 하나님을 사랑하는 사람은 죄를 미워하고 죄와 싸울 것이다. 하나님을 미워하고 하나님께 대적하는 모든 것으로부터 떠날 것이다.

이것이 실제로 어떻게 가능한가? 신자가 복으로 누리는 거룩한 본성이 하나님을 사랑하고 순종하게 한다. 오직 믿음으로 살 때만 우리의 새로운 본성을 따라 살 수 있다. 특히 자신의 모든 죄가 깨끗이 사라진 것과, 하나님과 화목하게 된 것과, 그리스도의 보혈로 하나님께 용납된 것과, 하나님이 자기 아버지라는 것과, 하나님이 자기를 사랑하신다는 것과, 영원한 행복을 누리는 데 필요한 모든 것

순종의 열쇠, 믿음 299

이 그리스도 안에서 나의 것이 되었다는 것을 믿어야 한다.

이 놀라운 복음 진리를 묵상하면, 마음에서 하나님을 너무나 사랑스럽게 느끼게 되고 이 존귀한 진리에 완전히 매료될 것이다. 하나님을 사랑하라고 계명으로 위협하고 윽박지르지 않아도 사랑할 수밖에 없다. 이 소중하고 존귀한 복음의 실체가 우리를 하나님께로 이끌고, 그분을 사랑하지 않고는 못 배기게 한다. "사랑 안에 두려움이 없고 온전한 사랑이 두려움을 내쫓나니 두려움에는 형벌이 있음이라. 두려워하는 자는 사랑 안에서 온전히 이루지 못하였느니라. 우리가 사랑함은 그가 먼저 우리를 사랑하셨음이라"(요일 4:18-19).

다윗은 하나님을 사랑했다. 이는 그가 하나님을 이렇게 고백할 수 있었기 때문이다. "나의 반석이시요 나의 요새시요 나를 건지시는 이시요 나의 하나님이시요 내가 그 안에 피할 나의 바위시요 나의 방패시요 나의 구원의 뿔이시요 나의 산성이시로다"(시 18:2). 죄에서 깨끗하게 된 선한 양심에서 율법을 향한 순종으로 이끄는 사랑이 나온다. 이런 선한 양심은 오직 위선적이지 않은 믿음에서 나온다. 바로 이 믿음으로 신자는 그리스도의 보혈의 공로를 깨닫는다(딤전 1:5, 히 9:14).

거룩한 삶을 살 수 있도록 마음을 준비하고 싶은 사람은, 그리스도 안에 있는 새로운 상태를 통해 받은 많은 확신 가운데 행하라고 성경은 말한다. 성경은 신자에게 다음과 같이 많은 확신을 준다.

- 신자는 성부와 성자 예수 그리스도와 교제한다(요일 1:3).
- 신자는 살아 계신 하나님의 전이다(고후 6:16).

- 신자는 성령으로 산다(갈 5:25).
- 신자는 거룩함을 위하여 부르심을 입었고, 착한 일을 위하여 그리스도 안에서 지으심을 받았다(엡 2:10).
- 하나님은 신자를 계속해서 거룩하게 하시고, 마침내 온전히 거룩하게 하실 것이다(살전 5:23).
- 옛 사람은 그리스도와 함께 십자가에 못 박혔고, 신자는 그분을 통해 죄에 대하여는 죽고, 하나님께 대하여는 산 자가 되었다. 죄에서 자유롭게 된 신자는 의의 종이 되고, 거룩한 열매를 맺고 영생에 이른다(롬 6:6, 22).
- 신자는 이미 죽었고, 그의 생명은 그리스도와 함께 하나님 안에 감추어져 있다. 신자의 생명이신 그리스도께서 나타나실 때, 신자 또한 영광 가운데 그분과 함께 나타날 것이다(골 3:3-4).

이런 확신이 마음에 깊이 뿌리를 내리고 견고히 자리한 사람은 하나님께 순종할 능력과 용기를 얻게 될 것이다. 모든 악한 정욕에서 돌이키게 될 것이다. 우리를 강하게 하시는 그리스도를 통해 모든 것을 하는 것은 이제 더 이상 의무가 아니라 위대한 특권으로 다가올 것이다. 하나님께서는 이 원리에 따라 우리 안에 역사하셔서 소원을 갖고 행하게 하실 것이다. 복음은 성령의 역사이고, 구원을 주시는 하나님의 능력이다(고후 3:6-8, 롬 1:16).

일곱 번째, 하나님의 율법을 준행하기 위해서는 그리스도 안에서 우리가 누리는 새로운 신분이 얼마나 큰 특권인지 끊임없이 묵상해야 한다. 덧붙여, 하나님의 율법을 준행하도록 우리에게 동기를 부여하고 능력을 주기 위해 마련된 복에 특별히 주목하라. 믿음으로 그것을 자신에게 끊임없이 확증하는 가운데 하나님의 율법을 준행하게 될 것이다.

몇 가지 예를 들어 보면 내가 무엇을 말하는지 더 잘 이해할 수 있을 것이다. 첫 번째 돌판에 새겨진 십계명의 처음 다섯 계명을 숙고하라. 예배를 통해 순전한 마음으로 하나님께 가까이 나아가기를 바란다면, 그리스도와 그분이 주시는 구원을 믿는 온전한 확신으로 나아가야 한다.

전심으로 주님을 의지하고 자신을 온전히 드리기 원하는가? 모든 염려를 그분께 맡기고 싶은가? 그렇다면 하나님께서 그리스도 안에서 결코 신자를 버리거나 포기하지 않으신다는 것과, 아버지의 사랑으로 신자를 돌보신다는 것과, 모든 좋은 것을 아끼지 않으시는 것과, 모든 일이 합력하여 선이 되게 하신다는 하나님의 약속을 확신해야 한다. 이 약속을 믿는 사람은, 주님을 신뢰하고 모든 염려를 다 그분께 맡길 것이다. 그러나 하나님께서 자신을 돌보실지에 대해 확신하지 못하는 사람은 마음의 염려와 육신적인 두려움에 사로잡혀 살아갈 수밖에 없다. 우상숭배의 죄를 짓고 있다는 양심의 호소에도 불구하고 육신적인 능력만을 의지하고 살아갈 것이다.

어려운 일과 죽음을 대면해서도 기쁘게 인내하며 하나님의 손에 자신을 의탁할 만큼 강건해지기를 바라는가? 잠시 지나가는 이 고통을 통해 탁월하고도 영원한 영광을 맛보게 될 것이라는 사실과, 사나 죽으나 모든 것을 통해 얻는 것은 그리스도라는 사실과, 하나님의 은혜가 족하다는 사실과, 자신의 약함을 통해 하나님의 강하심이 더 온전히 드러난다는 사실과, 감당할 수 없는 시험은 주시지 않는다는 사실과, 결국에는 모든 악한 것을 넉넉히 이기게 될 것이라는 사실을 전적으로 확신하는 사람만이 강건해질 수 있다. 복음 진리를 완전히 확신하기까지는 자신이 당하는 어려움에 짓눌려 염려하고 불평을 일삼을 수밖에 없다. 고난과 어려움을 대면하면 무엇이 답인 줄을 알면서도 다른 방법을 통해 어려움에서 벗어나려고 할 것이다.

하나님께서 우리에게 요구하시는 대로 신실하게 하나님을 예배하고 싶다면, 필요한 모든 신령한 복을 그리스도 안에서 다 받았다는 사실을 믿어야 한다. 하나님께서 우리에게 주신 예배의 요소를 통해 우리를 지어 가실 것을 믿어야 한다. 이 사실을 믿으면, 하나님께서 허락하신 예배의 요소가 우리에게 충분하다는 것도 깨닫게 될 것이다. 그리스도 안에서 자신이 온전해졌다는 것을 깨닫지 못하는 사람은, 갖은 미신과 의식을 끝없이 더해 가는 율법주의적인 교회와 같이 될 것이다. 왜 그런가? 율법주의자는 자신의 영적인 필요를 채우기 위해 사람들이 만든 의식을 필요로 하기 때문이다.

하나님께 자신의 죄를 고백하고, 기도하고, 베푸신 모든 선함으로 인해 온 마음으로 그분을 찬양하고 싶은가? 잘될 때뿐 아니라, 어려울 때조차도 하나님을 찬양하고 싶은가? 그렇다면 하나님은 신실하시고, 그리스도의 공로를 통해 우리를 용서하실 만큼 정의로우신 것을 믿으라. 자신이 기도와 찬양의 신령한 제사를 드릴 수 있는 거룩한 제사장이 된 것을 믿으라. 그리스도를 통해 하나님께서 예배를 받으실 것을 믿으라. 하나님께서는 우리의 기도를 들으시고,

그것이 우리에게 유익이 되는 한 그 기도를 들어주신다는 사실을 믿으라. 우리가 흥하든 망하든, 모든 하나님의 길은 우리를 향한 진리와 긍휼이라는 것을 믿으라. 복음이 가져다준 이런 복 가운데 어느 것 하나라도 의심하는 사람이 있다면, 그의 모든 고백과 기도와 찬양은 비굴하고 위선적인 행위에 불과할 것이다.

성경을 하나님의 말씀으로 받고 싶은가? 그것을 즐겁게 묵상하고 싶은가? 하나님의 계명이 얼마나 신령하고 정밀한지 알고 싶은가? 하나님의 말씀으로 자신의 삶을 공정하게 시험하고 살펴보고 싶은가? 그렇다면 하나님의 말씀은 구원을 주시는 하나님의 능력이라는 것을 믿으라. 그리스도는 우리의 상태가 아무리 나빠도 기꺼이 우리를 치료하고 또 그렇게 하실 수 있는 위대한 의사라는 것을 믿으라. 죄가 아무리 흉악하고 많아도, 우리를 향한 그리스도의 은혜는 그 죄를 삼키고도 남는다는 것을 믿으라. 이 복음 진리를 믿지 않는다면, 말씀을 듣고 묵상하고 자기를 살피는 노력을 한다 해도 그것은 그저 무덤덤한 행위에 불과할 것이다. 부주의하고 위선적이고 형식적인 행위일 뿐이다. 비굴한 두려움으로 그렇게 할 뿐이다. 선의나 기꺼운 마음 없이 자기 필요에 의해 마지못해 하는 것일 뿐이다.

온전하게 성례에 참여하고 싶은가? 그렇다면, 성례를 통해 그리스도 안에서 하나님과 교통할 수 있다는 사실을 믿음으로 강건해져야 한다. 우리의 모든 죄를 담당하고, 우리로 영원히 하나님의 받으신 바 되게 하신 위대한 대제사장이 계신다는 사실을 믿으라.

십계명의 두 번째 돌판이 말하고 있는 이웃 사랑에 대해서도 똑

같은 원리가 적용된다. 두 번째 돌판이 말하는 계명을 준행하기 위해서는 그리스도 안에서 새로운 신분이 된 우리가 누리는 특권과 복을 확신해야 한다. 그럴 때에야 이웃을 자기 몸과 같이 사랑할 능력과 용기가 생긴다. 이웃에 대해 우리가 가진 책임이 무엇인지 생각해 보라.

- 네 이웃을 네 몸같이 사랑하라.
- 다른 사람이 자신에게 해주기를 바라는 것처럼, 어떤 편벽함이나 이기심 없이 다른 사람을 대하라.
- 이웃에게 합당한 영예를 돌리고, 그의 생명과 결혼 생활과 소유와 명성에 손상을 입히지 말라.
- 이웃의 것은 무엇이나 탐하지 말라.

우리는 반드시 이웃을 이렇게 대해야 한다. 이렇게 하는 것이 우리 이웃에게 합당하고 의롭다. 어떻게 이렇게 할 수 있는가? 오직 복음을 따라 살 때만 진정으로 이웃을 사랑할 수 있다. 이 계명은 다름 아닌 우리를 자신의 형상을 따라 의와 거룩으로 새롭게 지으신 하늘 아버지의 뜻이라는 것을 믿으라. 이것이 바로 우리 안에 사시고, 우리가 그 안에 사는 그리스도의 생각임을 믿으라. 하나님과 그리스도는 친절하시고, 자애로우시고, 오래 참으시고, 사람—선인이든 악인이든, 친구든 원수든—을 선대하시는 분이심을 믿으라. 그리스도는 세상을 멸망하기 위해 오신 것이 아니라 세상을 구원하려고 오신 것을 믿으라. 다른 사람이 우리에게 주는 해악으로는 우리를 상

순종의 열쇠, 믿음 305

하게 할 수 없음을 믿으라. 다른 사람에게 앙갚음을 함으로 원수를 갚거나 이득을 보려고 할 필요가 없다. 우리의 모든 행복과 만족이 그리스도에게서 나오기 때문이다. 모든 일, 심지어 원수들이 가하는 위해조차도 그리스도 안에 있는 우리에게는 선이 된다는 것을 믿으라. 이 사실을 믿는 사람은 이웃을 유익하게 할 수 있는 능력으로 이미 준비된 사람이다.

그리스도 안에서 한 형제 된 사람들을 순전한 사랑으로 대하고 싶은가? 그들과 함께 모든 겸손과 온유와 인내와 용서와 사랑으로 지내고 싶은가? 그렇다면 그리스도 안에서 나누어질 수 없을 만큼 그들과 온전히 하나가 된 것을 믿으라. "몸이 하나이요 성령도 한분이시니 이와 같이 너희가 부르심의 한 소망 안에서 부르심을 받았느니라. 주도 한분이시요 믿음도 하나요 세례도 하나요 하나님도 한분이시니 곧 만유의 아버지시라. 만유 위에 계시고 만유를 통일하시고 만유 가운데 계시도다"라는 말씀을 믿으라(엡 4:4-6).

영혼을 대적하고 경건을 방해하는 육신적이고 세상적인 정욕으로부터 자유롭고 싶은가? 그렇다면 탐식과 술취함과 부도덕과 같은 세상 정욕은 추악하고 더럽다는 것과, 이 세상이 주는 즐거움과 이득과 명예는 헛되고 공허하다는 것을 믿는 데서—실제로 이것들은 그렇다!—그치지 말고 거기서 더 나아가야 한다. 자신이 육신과 세상에 대해 십자가에 못 박혔을 뿐 아니라, 다시 살리심을 받아 그리스도와 함께 하늘에 앉혀진 것을 믿으라. 세상에서 가장 좋은 것이라도 절대 견줄 수 없을 만큼 가치 있는 기쁨과 유익과 영예가 그리스도 안에 있음을 믿으라. 자신이 그리스도의 지체요, 성령의 전이요, 하늘의 시민인 것과, 어둠과 밤의 자식이 아닌 빛의 자녀인 것을 믿으라. 어둠의 일을 일삼는 것은 그리스도 안에 있는 우리의 존귀한 신분과 존엄에 맞지 않다는 것을 믿으라. 이런 우리가 육신적이고 세상적인 일에 마음을 줄 이유가 없다. 우리는 그리스도 안에서 세상보다 훨씬 더 나은 부요한 사람들이기 때문이다.

어떻게 해야 하나님의 율법을 준행할 수 있게 하는 복음을 믿는 삶이 가능한지 몇 가지 예를 들어 설명했다. 은혜의 복음을 통해 우리가 누리는 그리스도 안에서의 새로운 상태가 얼마나 큰 복이고 특권인지 깨달아야 한다. 복음을 통해 우리가 받은 새로운 본성이 거룩한 삶을 가능하게 한다. 하나님과 사람들을 향한 거룩한 의무를 행하기 위해서는 복음을 믿는 믿음을 깨달아야 한다. 이렇게 살 때 우리 마음은 모든 선한 말과 행실을 통해 위로를 받고 견고해진다. 이런 마음을 통해 우리는 예수 그리스도 안에서 장성한 분량에 이르기까지 계속해서 거룩함에 자라갈 것이다.

여덟째, 은혜와 거룩함에 자라가고 싶다면, 하나님은 하나님께 영광이 되고 우리에게는 영원한 구원이 되기 위해 필요한 모든 일들을 하게 하실 것을 확신하라. 하나님은 우리에게 필요한 모든 은혜를 주실 것이다. 우리가 가진 믿음의 분량에 따라 그리스도를 통해 드리는 우리의 순종을 받으실 것이다. 앞으로도 우리는 많은 부분에서 하나님을 거스르고 항상 거룩에 미치지 못할 것이다. 하지만 하나님은 우리의 실패를 용납해 주실 것이다.

거룩한 삶을 살고자 한다면, 하나님께 순종하지 못할 때 어떻게 할지 알아야 한다. 그럴 때가 무수히 많을 것이기 때문이다! 순종하지 못할 때마다 자신의 실패를 잘못된 방법으로 다루려는 유혹이 있을 것이다. 한편으로는 좌절감이 엄습할 것이다. "이 죄를 또 짓다니, 도무지 믿을 수가 없다!" 다른 한편으로는 자신이 항상 넘어지는 죄에 대항하여 육신을 의지하고 싸우려고 할 것이다. 믿음으로 살고 행하는 것만으로는 구원과 성화에 충분하지 않다고 하는 해묵은 덫에 걸릴 것이다. 자기 안에 남아 있는 죄와 부패를 대적하기 위해 예수님과 복음 말고 다른 것이 없는지 찾아 헤맬 것이 분명하다.

다시 말하지만, 남아 있는 죄와 싸우기 위해서는 복음 진리로 돌아서야 한다! 바울은 갈라디아 교회에게 "성령을 따라 행하라. 그리하면 육체의 욕심을 이루지 아니하리라. 육체의 소욕은 성령을 거스르고 성령은 육체를 거스르나니 이 둘이 서로 대적함으로 너희가 원하는 것을 하지 못하게 하려 함이니라"고 말했다(갈 5:16-17). 하나님의 율법이 비록 완전을 요구하지만, 복음은 우리의 연약함을 알고 있다. 그리스도는 너무나 겸손하고 온유하셔서 그분의 은혜로 말미암아 우리가 연약한 믿음으로 이루는 것을 용납하신다. 그리스도는 우리가 그분의 영광과 우리 자신의 구원을 위해 은혜 가운데 자라가기를 기다리신다.

구약성경에서 하나님은 자기 백성을 오래 참으셨다. 율법을 받은 모세는 백성의 연약함을 인정했다. "모세가 너희 마음의 완악함 때문에 아내 버림을 허락하였거니와 본래는 그렇지 아니하니라"(마 19:8). 하나님 역시 당시 문화의 하나인 일부다처를 용인하셨다. 물론 교회는 이런 것을 허락하지 않는다. 복음이 주어진 지금은 성령께서 우리에게 한량없이 부어지기 때문이다. 하나님께서 죄와 악을 용납하신다고 생각하지 말라! 내가 말하고자 하는 것은 하나님께서는 항상 오래 참으신다는 사실이다. 하나님은 진실로 순종하고자 하는 연약한 성도의 실패를 참으신다.

하나님의 오래 참으심에 대한 또 다른 구약의 예가 있다. 하나님께서는 무서워하고 겁내는 자를 억지로 전쟁에 내보내지 말고 집으로 돌려보내도록 하셨다. 하나님께서는 백성들에게 원수들 앞에서 무서워하거나 겁내지 말라고 하셨다. 그럼에도 불구하고, 하나님께서는 친절하고 크신 인내로 두려워하고 겁내는 자들을 집으로 돌려보내라고 하신다(신 20:3, 8).

복음 시대도 마찬가지다. 고난에 맞서 싸우고 그리스도의 이름으로 용감하게 죽음을 맞이하는 것은 그리스도인이 할 수 있는 탁월한 섬김이다. 하지만 믿음이 너무 약해 싸움에 임할 만한 용기가 없는 사람이 박해를 피해 도망치는 것도 용납하실 것이다. 예수님은 이런 사람들의 연약한 섬김도 받으신다. 순교를 각오할 만큼 큰 시험을 당해 그리스도를 부인할 위험을 감수하느니, 차라리 박해를 피해 도망하도록 하실 것이다. 베드로에게도 그렇게 하셨다. 자신의 믿음의 분량을 넘어선 말과 행실로 그는 죄에 빠졌고 수치를 당했다. 그리스도를 따라 대제사장 가야바의 뜰에 이르렀을 때, 그는 즉시 박해자들의 수중으로 걸어 들어갔다. 그러나 예수님이 다른 제자들과 함께 그 자리를 떠나도록 허락하셨을 때 그는 그렇게 했다. "이 사람들이 가는 것은 용납하라"(요 18:8).

그리스도는 선하고 자비로운 목자처럼 자기 백성을 다루신다. 그분은 자기 양들을 매몰차게 몰아붙이지 않으신다. "그는 목자같

순종의 열쇠, 믿음 309

이 양떼를 먹이시며 어린양을 그 팔로 모아 품에 안으시며 젖 먹이는 암컷들은 온순히 인도하시리로다"(사 40:11). 예수님은 제자들의 영혼이 아직 준비되지도 않았는데 세차게 다그치거나 하지 않으셨다. 예수님은 제자들의 능력을 넘어서는 의무를 지우는 것은 "생베 조각을 낡은 옷에 붙이는" 일이나 마찬가지라는 사실을 잘 아신다(마 9:14-17).

"지나치게 의인이 되지 말라"고 하는 솔로몬의 명령을 잘 이해한다면 아주 유익하고 요긴한 교훈이 될 것이다(전 7:16). 믿음과 은혜의 분량을 넘어서서 자기 자신과 다른 사람에게 너무 엄격한 의를 적용하지 않도록 조심해야 한다. 다시 말해, 하나님께서 아직 그렇게 할 수 있도록 준비시키시지도 않은 일을 요구하지 말라는 말이다! 지나치면 아니함만 못하다! 자신의 능력을 넘어서서 걸으려고 하는 아이는 자주 넘어질 수밖에 없다. 그리스도 안에 있는 어린아이와 같은 성도들 역시 마찬가지다. 자기 믿음의 분량을 넘어서는 일을 불필요하게 하려고 들면 많이 실패할 수밖에 없다.

하나님께서 주신 믿음과 은혜의 분량을 따라 지금 자신이 할 수 있는 일에 최선을 다하는 것―비록 하나님께서 다른 사람에게 더 많은 능력을 주셔서 더 많은 일을 하게 하신다 해도―으로 만족해야 한다. 미미한 일을 할 수밖에 없는 때를 멸시하지 말고, 무엇이나 하나님을 기쁘시게 할 일을 하게 하신 하나님을 찬양하자. 하나님께서 우리를 계속 거룩하게 하시고, 마침내 주 예수 그리스도를 통한 장성한 거룩함에 이르게 하실 것이라는 분명한 소원을 가질 수 있다. 사도 바울의 멋진 교훈을 항상 기억하고 잘 따르자. "마땅히 생각할 그 이상의 생각을 품지 말고 오직 하나님께서 각 사람에게 나누어 주신 믿음의 분량대로 지혜롭게 생각하라"(롬 12:3).

열세 번째 원리

복음이 이끄는 믿음의 삶

성령으로 새롭게 된 사람은 거룩한 삶으로 부름받은 사람이다. 거룩한 순종의
삶을 위해서는 끊임없이 그리스도를 믿고, 그분 안에서 믿음으로 살아야 한다.
하나님께서는 우리가 믿음의 삶을 살 수 있도록 말씀을 통해 필요한 모든 은혜
의 방편을 주셨고, 그것을 부지런히 사용하기를 원하신다.

거룩함에 자라가는 유일한 길은 그리스도를 믿는 믿음으로 사는 것이다. 하지만 이 말이 곧 거룩함을 얻고 그 안에서 자라갈 수 있도록 말씀을 통해 주신 은혜의 방편이 필요 없다는 뜻은 아니다. 믿음으로 살기 위해서는 이 은혜의 방편을 사용해야만 한다.[1] 믿음에 자라게 하는 방편으로는 다음과 같은 것이 있다. 하나님의 말씀을 읽고 묵상하는 것, 스스로를 돌아보고 죄를 회개하는 것, 세례와 성찬과 같은 성례에 참여하는 것, 기도, 금식, 예배, 지역교회에 소속되는 것 등이다. 은혜 가운데 믿음으로 살아갈 때 우리는 이 일들에 힘써야 함을 더 잘 알게 된다!

복음을 따라 살아간다고 하는 사람들에게서 드러나는 오해와 자만 때문에라도 우리는 이 사실을 분명히 알아야 한다. 이런 사람들은 실상 값싼 은혜를 살아갈 뿐이다. 죄사함의 은총을 받은 사람은 마땅히 거룩한 삶을 추구해야 한다는 생각을 하지 않기 때문이다. 이들의 믿음은 겉치레요, 허영으로 한껏 부풀어 있다. 자신은 이미 흠잡을 데가 없기 때문에 하나님을 노래하는 일 외에 계명이나 훈련은 필요 없다고 생각한다!

우리는 또한 율법주의자들을 따라가지 않도록 조심해야 한다. 이들은 또 다른 극단으로 치닫는다. 하나님께서 명하시지도 않은 수많은 규칙들을 거룩한 삶을 위해 만들어 낸다. 믿음 교리를 비난하고, 값없이 누리는 은혜의 교리를 비판한다. 은혜의 교리는 하나님께서 말씀을 통해 주신 방편과 계명을 통해 거룩을 추구하는 성도들의 의욕을 무색하게 한다고 말한다. 값없이 얻어 누리는 은혜는 게으르고 "믿음만을 전부로 아는" 그리스도인을 수없이 양산한다는 것이다![2]

이 두 극단—성화를 위해서 아무것도 하지 않아도 된다는 주장과 스스로의 노력으로 성화를 이루려는 주장—중 어느 것도 믿지 말라. 하나님께서 은혜로 주신 그리스도와 그분의 모든 충만을 받아 누리기 위해서는, 그리스도를 믿는 참되고 살아 있는 믿음만으로 충분하다고 이미 말했다. 칭의와 성화와 영원한 구원을 위해서 우리에게 필요한 것은 바로 이 믿음이다. 하지만 하나님께서는 우리에게 믿음이 생기고 보존되고 자라게 하기 위한 몇 가지 방편을 주셨다. 그러므로 믿음을 발휘하고 거룩하게 살기 위해 이 방편을 사용하라.

참된 그리스도인은 자신의 믿음을 위해서 도움이 필요하다는 것을 경험을 통해 알게 된다. 믿음을 위해서 이제 더 이상 어떤 도움도 필요 없다고 생각하지 않는다. 도움이 전혀 필요 없다고 생각하는 사람은, 도움을 시시하게 여기고 요한의 세례 받기를 거부했던

복음이 이끄는 믿음의 삶 315

바리새인이나 서기관들처럼, 하나님의 경륜을 거부하고 오히려 자신을 해롭게 하는 사람이다(눅 7:30).

하나님께서는 우리가 거룩함에 자라나고 그것을 누리기 위해 사용해야 할 유일한 방편이 무엇인지 말씀을 통해 명시하셨다. 인간이 새로운 전통을 고안해 낼 필요가 없다. 하나님은 우리에게 필요한 모든 것을 말씀을 통해 다 주셨다. 하지만 하나님께서 주신 은혜의 방편을 누릴 때조차도 우리는 마음을 잘 지켜야 한다. 조심하지 않으면 방편 자체를 목적으로 삼을 수 있기 때문이다. 방편을 주신 그리스도를 잊어버리기 쉽다. 바리새인들처럼 율법주의에 빠지기 쉽다. 이에 대해 예수님께서 하신 말씀을 잘 기억하자. "이 백성이 입술로는 나를 공경하되 마음은 내게서 멀도다. 사람의 계명으로 교훈을 삼아 가르치니 나를 헛되이 경배하는도다"(마 15:7-9).

이런 허망한 영성에 빠지지 않기 위해서는 은혜의 방편을 바로 사용할 줄 알아야 한다. 거룩함에 자라가는 유일한 길은 그리스도를 믿고, 새롭게 된 사람답게 믿음으로 그분 안에서 행하는 것이다. 믿음의 방편이 믿음으로 살도록 도와준다. 이런 방편을 통해 믿음이 시작되고, 계속되고, 자라간다. 이 방편은 믿음이 제대로 발휘되도록 돕는다. 믿음만이, 우리 영혼이 그리스도를 영접하는 가장 중요한 수단이다. 은혜의 방편이 그리스도를 믿는 믿음을 통해 은혜로 받는 구원과 성화에 도움이 되어야지 걸림돌이 되어서는 안된다. 은혜의 방편을 오용하면 믿음에 도움보다는 걸림돌이 된다. 흔히 그러는 것처럼, 은혜의 방편을 더 의지하여 그것이 오히려 그리스도의 자리를 차지하는 우상이 되지 않도록 하라. 은혜의 방편을 실천하면 자동으로 자신의 영혼에 은혜가 주어진다고 생각하는 사람들도 많다!

은혜의 방편을 하나님의 은총과 그리스도의 구원을 얻기 위한 공로로 여기지 말라. 이런 방편이 구원을 위해 절대적으로 필요한 것처럼 생각하거나 이 가운데 일부를 실천할 수 없는 사람들을 비그리스도인이라고 여겨서는 안된다. 모든 구원의 방편을 담고 있는 성경은 다름 아닌 예수 그리스도를 믿는 믿음으로 말미암아 우리로 구원에 이르게 하는 지혜를 준다(딤전 3:16). 그러므로 은혜의 방편을 지혜롭게 사용해야 한다. 그리스도 안에 있는 하나님의 은혜에 반하여 사용하지 말라.

은혜의 방편은 시은소를 향해 있는 영광의 그룹들과 같다. 은혜의 방편은 오직 믿음으로 얻는 구원을 위해 그리스도를 바라보게 한다. 은혜의 방편을 사용하되 그리스도를 바라보는 수단이 아닌 다른 목적으로 사용하는 사람은, 하나님께서 은혜의 방편을 주신 목적을 거스르는 것이다. 이는 마치 불경한 사람이 그룹들의 얼굴을 돌려 시은소가 아닌 다른 곳을 향하도록 하는 것이나 다를 바 없다.

은혜의 방편을 무분별하게 사용하는 사람들이 많다. 부지런히 은혜의 방편을 사용하기는 하지만, 이를 오용해서 오히려 파괴적인 결과를 맞는다. 모세의 율법 아래 살았던 유대인들은 복음 아래 사는 우리보다 예배에 관한 방편을 더 많이 누렸다. 그러나 어떻게 되었는가? 이런 방편이 오히려 그들에게 올무가 되고 걸림돌이 되었다. 무지로 마음이 어두워져 있었던 그들은 오히려 하나님과 그리스도로부터 멀어져 비참하게 되었다. 하나님께서 은혜의 방편을 주

복음이 이끄는 믿음의 삶 317

신 참 목적을 알지 못했다. 모든 계명과 의식을 통해 주 예수 그리스
도를 바라보아야 한다는 것을 알았어야 했다. 그러나 그들은 믿음
으로 구원을 추구하지 않았다. 율법을 지키는 자신의 의와 공로로
구원을 얻으려고 했다. 자기 의의 걸림돌에 넘어졌던 것이다(롬
10:4-5).

우리 가운데 누구도 이 같은 끔찍한 오류에 빠지지 않기를 바란
다. 이제부터는 하나님께서 말씀을 통해 주신 은혜의 방편을 어떻
게 합당하게 누려야 할지 살펴보려고 한다.

첫 번째 방편은, 하나님의 말씀을 읽고 연구하는 것이다(딤후 3:15).
그리스도 안에 있는 우리의 새로운 상태와 건강한 믿음을 위해 필요
한 은혜의 방편들이 많지만, 그중에서도 하나님의 말씀은 우리 믿
음의 실존과 직결되는 절대적으로 필요한 방편이다! 왜 그런가? 하
나님의 말씀을 들음에서 믿음이 나고, 믿음으로 말씀을 통해 계시
된 그리스도를 영접하기 때문이다.

가나안 여인 라합을 생각해 보라. 그녀는 비록 구약의 교회에 속
한 적도 없고 하나님의 계명이나 은혜의 방편도 접한 적이 없지만,
믿음으로 의롭다 함을 받았다. 하지만 그녀에게 하나님의 말씀이
없었던 것은 아니다. 물론 성경은 없었다. 심지어 목사가 하는 설교
라고는 들어 본 적도 없었다! 하지만 이교도들로부터 하나님의 역
사에 대한 소문을 들었다(수 2:9-11). 그것만으로도 그녀의 마음에
진정한 믿음이 타오르기에는 충분했다.

하나님의 말씀에 대한 지식을 얻으면 이 말씀을 통해 그리스도

를 영접하고 믿음으로 그리스도 안에서 행할 수 있다. 단순히 십계명을 잘 안다고 구원 얻는 것이 아니다. 원하는 말을 해주는 설교만 즐겨 듣지 말라. 자기에게 동의해 주는 사람의 말만 들으려고 하지 말라.

복음에 계시된 성부와 성자의 신비를 알기 위해 힘쓰라. 그 속에 모든 지혜와 지식의 보화가 감추어 있다(골 2:2-3). 복음을 아는 사람은 영생을 가졌다. 하지만 복음을 모르는 사람에게는 영원한 사망이 있을 뿐이다(요 17:3, 고후 4:3). 그리스도가 "율법의 마침"인 것을 알아야 한다(롬 10:4). 그러므로 율법이 명하는 것을 알기 위해 부지런히 힘쓰라. 부지런히 힘쓰되, 자신의 노력이 구원을 가져올 것이라고 생각하지는 말라. 오히려 하나님의 계명을 알수록 자신이 얼마나 무능하고 악한지 절감하게 될 것이다.

하나님의 말씀을 읽어 갈수록 자기 마음이 하나님의 계명을 얼마나 싫어하는지 알게 될 것이다. 계명을 준행하지 않는 자신은 하나님의 진노 아래 있다는 사실과, 자신의 노력으로 구원을 얻는 것은 절대 불가능하다는 사실을 알게 될 것이다. 이런 사실을 알게 되면, 안전한 그리스도께로 피하고 값없이 의롭다 하시는 하나님의 은혜만을 의지하게 될 것이다. 그리스도인이 된 후에도 날마다 율법을 준행하며 살 힘을 얻기 위해 그리스도께로 달려갈 것이다.

하나님의 율법이 요구하는 수준이 얼마나 고상한지 배우라. 율법이 요구하는 영적인 순전함과 정밀함과 완전함이 어느 정도인지 절감하라. 이런 사실을 더 알아 갈수록 자신의 죄를 더 확신하고, 자신의 죄를 더 확신할수록 죄사함의 은총을 얻기 위해 그리스도를 더

복음이 이끄는 믿음의 삶 319

찾게 된다. 또한 순전한 마음과 깊은 영적 순종을 추구할 것이다. 자신의 마음이 생각보다 훨씬 더 죄악됨을 알고, 그리스도의 보혈이 자신의 죄를 넉넉히 가리는 것을 알게 된 사람은 그 어느 때보다 예수님을 즐거워한다! 온 마음과 뜻을 다해 하나님을 사랑하라는 계명이 얼마나 대단한 것인지 절감한 서기관을 기억하자. 예수님은 그가 하나님 나라에 멀지 않다고 하셨다(마 12:34).

하나님이 주시는 구원을 얻기 위해서는 다음 두 가지를 알아야 한다. 하나는 자신의 본성적 상태가 얼마나 죄악되고 비참한지와, 다른 하나는 그리스도 안에서 주시는 하나님의 은혜가 우리의 구원을 위해 얼마나 충분한가이다. 이런 사실을 아는 사람은 더 이상 자신의 노력이나 공로를 신뢰하지 않고 오직 그리스도만을 높이게 된다.

자신의 죄악됨과 값없이 주시는 그리스도의 은혜를 깊이 알고자 하는 사람이 반드시 알아야 할 몇 가지가 있다. 첫째, 첫째 아담이 어떻게 둘째 아담이신 예수 그리스도의 모형이었는지 알아야 한다(롬 5:14). 아담이 하나님께 불순종하여 먹지 말라 하신 실과를 먹었을 때, 죄와 사망이 전 인류에게 드리워졌다(롬 5:14). 예수께서 십자가를 지고 죽기까지 성부께 복종하셨을 때, 의로움과 영원한 생명이 그리스도를 진실로 믿는 모든 사람들에게 주어졌다.

둘째, 옛 언약과 새 언약의 참된 차이를 알아야 한다. 옛 언약의 엄격한 요구는 우리를 죄책과 죄의 권세 아래, 하나님의 진노와 정죄 아래 가두었다. 옛 언약은 이렇게 말한다. "계명을 모두 지키면 살겠지만, 그것을 단 한 가지라도 어기면 저주를 받을 것이다." 하지만 새 언약이 가진 은혜로운 요구는 모든 신자들에게 의와 생명의 문을 열어 준다. "주 예수 그리스도를 믿으라. 그러면 살리라." 예수 그리스도를 믿는 사람은 모든 죄를 용서받는다. 그리스도의 성령께서 그분의 공로를 통해 거룩과 영광을 값없이 주실 것이다.

한 걸음 더 나아가, 우리가 살아야 할 복음의 원리를 체득하면 그리스도 안에 있는 참된 거룩 가운데 살게 된다. 이 원리를 알고 싶은 사람은 로마서 6-8장을 연구해 보라. 여기서 바울은 우리가 본성적으로 따라 살려고 하는 연약하고 효력 없는 원리가 아닌, 참으로 강력한 성화의 원리를 제시한다.

믿음과 관련된 다른 문제들에 대해 말할 필요가 없을 것 같다. 믿음의 중심적인 특질을 알고 믿음으로 살고 행하면, 성경의 다른 부분을 공부해 갈수록 우리 지각이 새롭게 되어 생명과 경건에 관해 알아야 할 다른 모든 부분들도 깨닫게 될 것이기 때문이다. 이때 몇 가지 주의해야 할 점이 있다. 그리스도를 모셔야 할 자리를 지식이 차지해서는 안된다. 그러면 그리스도를 잃게 된다. 구원을 위해 그리스도가 아닌 지식을 의지할 것이기 때문이다. 성경을 아는 이유도 그리스도를 알기 위함임을 명심하라!

많은 유대인들이 멸망한 이유를 기억하라. 이들은 구원 얻는 믿음은 전혀 없으면서도 자신이 가진 율법에 대한 지식을 자랑했다 (롬 2:20). 그리스도인들 가운데는 자신의 지식 때문에 더욱 엄격한 심판을 받을 사람들이 많다. 왜 그런가? 신앙과 구원을 단지 하나님의 뜻을 알고 논쟁하는 정도의 문제로 전락시켰기 때문이다. 이들은 하나님의 뜻을 알면서도 그 뜻대로 행하려고 하지 않는다 (눅 12:47). 하나님의 말씀을 잘 알면서도 진정한 죄의 확신과 회개에 이르지 못한다.

날마다 성경을 읽고 설교를 즐겨 듣는 것에 구원의 소망을 두어서는 안된다. 하나님의 말씀을 읽고 듣는 것은 잘 하면서도 구원에 이르는 복음 진리에 대해서는 무지한 사람들이 많다. 이사야 선지자가 말한 대로, 듣기는 들어도 깨닫지 못하는 것이다(마 13:14-15). 이런 일이 우리에게 일어나지 않도록 해야 한다. 하나님의 말씀을 읽을 때 믿음에서 나오는 회개와 순종에 이르도록 기도하자.

두 번째 방편은, 하나님의 말씀으로 자신의 생각과 행실을 점검하는 것이다. 그리스도인과 비그리스도인 모두에게 이 일은 중요하다. 죄와 진노 아래 있는 불신자라면 이를 통해 자신이 병들었음을 알게 될 것이다. 이런 사람들은 오늘 아직 살 소망이 있을 때 위대한 의사에게 나아가야 한다! 은혜 아래 있는 그리스도인이라면, 자신이 진리에 속한 자라는 것을 알아야 한다. 선한 양심의 증거를 통해 확신 가운데 하나님 앞에서 자기 마음을 확증해야 할 필요가 있다(요일 3:19, 21). 우리 마음은 믿음으로 더 강력한 위로를 누려야 하고, 모든 선행으로 든든히 서야 한다. 악한 길에 서 있는 사람이라면, 그리스도를 통해 여호와 하나님께로 돌이켜야 한다. 그리스도를 통해서가 아니면 누구도 성부께로 나아갈 수 없다(요 14:6).

무엇보다도, 자신을 살필 때 아주 조심해야 할 점이 한 가지 있다. 자신을 살핌으로써 믿음의 삶이 더 든든히 세워져야지 오히려 방해받거나 파괴되어서는 안된다. 그리스도보다 자신의 성찰을 더 의지해서도 안된다. 잠자리에 들기 전에, 혹은 성찬에 참여하기 전에 자신을 점검한 것만으로 하나님과 화평케 되었음을 확신하는 사람들이 있다. 이들은 하나님 앞에서 자신이 부족한 것을 알면서도 더 나아지기 위해 그리스도를 의지하지 않는다. 오히려 자기기만적인 선의와 결심을 의지한다.

자신을 살핀다고 하면, 사람들은 흔히 하나님께서 자기에게 긍휼을 베푸시고 구원하실지에 대해 의심하는 것을 생각한다. 이는 크게 잘못 알고 있는 것이다. 실제로 의심은 불신앙과 같은 큰 죄다. 이런 불신앙에 한 번 빠지면, 하나님과 그분의 백성을 향한 사랑과 기쁨과 소망과 평강을 다 잃어버린다. 온종일 자신이 참 그리스도인인지 의심하느라 하나님과 다른 사람들에게 신경을 쓸 겨를이 없기 때문이다. 이들은 필연적으로 자신이 다른 사람들보다 더 구원에 합당하다고 여길 수밖에 없다. 구원 얻지 못하기를 바라는 사람은 아무도 없기 때문이다. 사람들은 누구나 자신이 의지할 무엇인가를 필요로 한다! 이런 잘못은 자기 성찰이라는 선한 일을 완전히 망가뜨려 놓을 뿐 아니라, 영혼에 해로운 일로 만들어 버린다.

자기를 돌아볼 때는 큰 확신을 가지고 돌아보아야 한다. 비록 우리 마음이 생각보다 더 악하고 교활한 것으로 드러난다 할지라도(하나님의 모든 위대한 종들은 자신을 **항상** 그렇게 보았다), 우리에게 긍휼의 문이 활짝 열려 있다는 사실을 기억해야 한다. 그리스도를 통해 주시는 은혜를 의지하는 사람을 하나님은 틀림없이 구원하실 것이다. 구원 얻는 참된 믿음이란 바로 이런 확신을 말한다. 단 한 줄기 빛도 볼 수 없는 어둠 속을 걷는 때조차도, 우리는 복음이 값없이 주는 약속들 때문에 하나님의 은총을 확신할 수 있다.

복음이 이끄는 믿음의 삶 323

이런 확신을 가지면 좀 더 객관적이고 정확하게 자신을 살펴볼 수 있다. 행여나 악한 자신의 모습이 발견될까 두려워하지 않아도 되기 때문이다. 자신의 마음은 세상 무엇보다 기만적이고 상상할 수 없을 만큼 악하다는 사실도 기꺼이 인정하려고 할 것이다(렘 17:9). 자기에게 혹시 무슨 거룩함이 있다면 그것은 자신이 지금 하나님의 은혜 가운데 있기 때문이라는 것도 알게 될 것이다.

"나같이 흉악한 죄인을 하나님이 구원하실까?" 하는 물음과 "나는 지금 구원받은 자로 살고 있는가?" 하는 두 질문의 차이를 분명히 알아야 한다. 전자의 질문에 우리는 그리스도에 대한 확신을 가지고 "예"라고 대답할 수 있어야 한다. 후자의 질문에 답하기 위해서는 스스로를 잘 살펴야 한다.

구원을 위해 그리스도를 의지할 만큼 자신이 선한지 확인하려고 자기 마음을 살피느라 시간을 허비하는 일은 없어야 한다. 아울러, 그리스도를 담대히 믿기도 전에 자신이 믿음을 가졌는지 알아보려고 하지 말라! 자신에게서 어떤 거룩함도 찾을 수 없다 할지라도, 악한 자를 의롭다 하시는 그리스도를 지금 믿고 있다면 그 사람은 의롭다 여김을 받을 것이다(롬 4:5). 그리스도를 사랑하고 자기 영혼을 아끼는 사람이라면, 죄책이 없다는 사실을 분명히 하기 위한 목적이 아닌 한, 자신의 죄가 용서받을 수 있는지 여부를 아는 데 시간을 허비하지 말라! 그런 생각은 불신앙으로 이어지기 쉽다.

단 한 가지 물음에 대답하기만 하면 된다. "나는 지금 은혜 아래 있는가?" 이 물음에 답하려면, 자신에게 있는 가장 악한 것은 물론 가장 선한 것이 무엇인지도 알아야 한다. 자기 안에 있는 선한 것은

324 성화의 신비

간과하고 악한 것에만 주목하는 것이 진정한 겸손은 아니다! 자기 안에 선한 것을 보게 될 때, 그것으로 인한 모든 찬양과 영광은 자신이 아닌 오직 하나님께 돌아가야 한다는 사실을 기꺼이 인정하게 될 것이다.

은혜 아래 있다는 것이 곧 자기 안에 남아 있는 육체적이고 죄악된 정욕을 부정하는 것을 말하는 것은 아니다. 우리 안에서 어떻게 육체의 정욕이 성령을 거스르고, 성령이 육체를 거스르는지 우리는 안다. 생각보다 자신이 더 죄악되고 육체적이라는 이유로, 스스로를 그리스도 안에 있는 어린아이로 여기지 말라. 가끔 옛 사람이 새 사람보다 더 득세할 때도 있는 법이다(갈 5:17).

자신이 믿음으로 사는지 점검하고 확인하라. 이 사실을 분명히 할 수 있는 사람은 생명과 경건에 속한 모든 일을 확신하게 될 것이다. 만약 이 사실에 의구심을 가진 사람은 자신에 관한 다른 모든 것도 거짓으로 여길 것이다. 믿지 않는 사람에게 순전한 것은 아무것도 없다. 믿음으로 그리스도를 영접하지 않은 사람은 겉으로 아무리 순전하고 경건해 보여도 아직 거듭나지 않은 상태에 있을 뿐이다(고후 13:5, 딛 1:15).

자신이 처음 그리스도께로 돌이킨 시점이 정확히 언제인지, 그때 들은 설교가 무엇인지 아는가는 중요하지 않다. 회심의 시점과 그때 들은 설교를 정확히 기억하면 좋겠지만, 믿음의 확신이 여기에 좌우되는 것은 아니다. 그리스도인이 되기 전에 아주 방탕하게 산 사람들도 있다. 복음에 대해 전혀 무지하고, 심지어 참된 믿음을 방해했을 수도 있다! 이런 사람들은 보통 자신이 회심했을 때의 상황을 정확히 기억한다. 살기등등한 핍박자에서 그리스도의 사도와 제자로 급격한 회심을 체험한 사도 바울도 마찬가지였다.

그러나 회심의 때를 정확히 알지 못하는 참된 신자들도 많다. 태에서부터 성령으로 충만했던 세례자 요한을 예로 들 수 있다(눅 1:15). 디모데처럼 신앙적인 환경에서 태어나고 자라 어려서부터 성경을 잘 아는 사람들도 있다(딤후 3:15). 혹은 비참한 삶을 살다가 처음에 어느 정도 외적인 변화를 경험하지만 오랜 시간을 보내면서 조금씩 하나님 나라에 가까워지는 사람들이 있다. 이런 사람들은 그러다가 어느 순간 거듭나 참된 믿음을 갖게 된다. 하지만 정확히 언제 그런 일이 일어났는지는 모른다.

회심 체험과 관련하여 자신을 기만하는 사람들이 있다. 이들은 회심한 당시 정확한 시간도 알고, 어떤 성경 본문을 통해 회심하게 되었는지도 안다. 하나님께서 자기 마음에 이루신 역사를 가지고 장시간 이야기할 수도 있다. 정신없는 사람들처럼 체험 자체에 의미를 부여하고 뿌듯해 한다. 그러나 이런 체험도 자신을 붙들어 주지는 못한다는 사실을 금방 알게 된다. 이런 체험으로는 구원 얻는 믿음을 확신할 수 없기 때문이다.

가장 좋은 방법은 구원 얻는 참된 믿음에 절대적으로 필요한 요소들을 항상 우리 앞에 두는 것이다. 스스로에게 다음과 같은 질문을 던짐으로써 믿음의 중요한 요소들에 주목할 수 있도록 하자.

• 그리스도와 상관없는 나의 상태와 본성은 죄로 가득하고, 비참하고, 전혀 생명이 없다는 사실을 분명히 확신하는가?

- 죄악된 상태에 머무는 한, 그 어떤 의로움이나 거룩이나 참된 행복에 대한 소망도 가질 수 없다는 것을 아는가?
- 총명의 눈이 열려 그리스도의 기이하심을 누리고 있는가?
- 나의 구원을 위해서는 그리스도와 그분의 은혜만이 필요하다는 것을 아는가?
- 세상 그 무엇보다 그리스도를 즐거워하는가?
- 유일한 행복이신 그리스도를 얻을 수만 있다면 무슨 대가를 어떻게 치르더라도 상관없는가?
- 하나님의 진노와 지옥의 고통에서 벗어나고 싶어 하는 것만큼, 죄의 권세와 습관에서도 벗어나기를 온 마음으로 바라는가?
- 구원을 위해 중심으로 그리스도께 나아오고 그분만을 붙들고 의지하는가?
- 항상 두려움과 의심에 시달리면서도 그리스도만을 의지하려고 애쓰는가?

자기 믿음은 겨자씨만큼 미미하다고 여기는 사람이 있을지 모르겠다. 여전히 많은 죄악과 불신앙이 자기 안에 있는 것을 볼 것이다. 하지만 아무리 미미한 믿음이라도, 위에서 말한 특성을 가진 믿음이라면 이미 구원에 이른 사람이라고 생각해도 좋다. 이런 사람은 믿음 안에서 계속 자라가고 믿음을 따라 계속 살아야 한다.

자기에게 믿음이 있는지를 살피는 동시에 믿음의 열매가 있는지도 살펴야 한다. 야고보 사도가 말하는 대로, 자기에게 있는 믿음이 열매 맺는 믿음인지 시험하고 살펴야 한다(약 2:18). 스스로의

복음이 이끄는 믿음의 삶 327

판단에 속지 않아야 한다. 자신의 믿음이 참된 믿음인지 살펴보아야 한다. 자신의 성향과 목적과 정서와 행실이 선한지 자문해 보라. 그리고 다음 물음에도 대답해 보라. "어떤 원리가 내 삶의 근본 방향을 지배하는가? 지옥에 대한 두려움 때문에 비굴하게 이끌려 가는 것은 아닌가? 삯꾼처럼 열심히 일한 대가로 천국을 기대하는가?"

만약 이런 원리를 따라 산다면, 그는 율법주의적이고 육체적인 원리를 따라 사는 사람일 뿐 결코 참된 거룩을 누리지 못한다. 참된 거룩은 오직 복음의 원리에서 나온다. 복음의 원리를 따라 사는지 자문해 보라. "나를 먼저 사랑하신 하나님의 사랑에 사로잡혀 사는가? 나를 위해 죽으신 그리스도의 사랑에 사로잡혀 사는가? 그리스도로 말미암아 주시는 하나님의 은혜의 선물인 영생의 소망이 나를 이끌어 가는가? 약속하신 대로 성령으로 나를 거룩하게 하시는 하나님을 의지하는가?" 형제자매를 사랑하는 사람은 자신이 사망에서 생명으로 옮긴 것을 알 것이다(요일 3:14). 믿음의 은혜는 그것이 우리 안에서 불러일으키는 동료 신자를 향한 사랑을 통해 드러난다.

이렇게 결론지을 수 있다. 믿음의 열매를 어느 정도만 맺어도 그 사람은 아주 복된 사람이라고 할 수 있다. "우리를 위해 기도해 주십시오. 우리는 양심에 거리낄 것이 하나도 없습니다"라고 말할 수 있는 사람은 정말 복된 사람이다(히 13:18).

세 번째 방편은, 하나님의 말씀을 묵상하는 것이다. 말씀 묵상은 그리스도를 믿는 믿음으로 거룩하게 살기 위해 반드시 해야 하는 중요한 일이다. 말씀을 묵상한다는 것은 말씀을 영적인 양식으로 먹고, 잘게 씹고, 소화시키는 것이다. 말씀이 우리의 영양이 된다. 말씀을 통해 우리는 모든 선한 일에 힘쓸 수 있게 된다. 우리가 갖게 된 새로운 본성을 성경은 마음이라고 부른다(롬 7:25). 새로운 본성은 신령한 일을 생각하고 묵상함으로써 살고 행동하기 때문이다. 그러므로 정해진 시간뿐 아니라 하루 온종일 주야로 말씀을 묵상해야 한다(시 119:97, 1:2). 집에서나 밖에서나 무슨 일을 하든지 말씀을 묵상해야 한다. 말씀을 빈번하게 듣고 묵상하지 않으면, 말씀을 아무리 많이 알아도 유익이 없다.

이미 구원의 필요를 절감한 사람에게는 설교가 더 이상 필요 없다고 말하는 사람들이 있다. 하지만 말씀으로 거듭난 사람을 보면, 말씀을 묵상할 때 신령한 삶이 보전되고 더 견고하게 된다는 사실을 발견한다. 거듭난 사람이 갓난아이처럼 신령한 젖을 사모하고 그것을 통해 자라가는 이유가 여기 있다(벧전 2:21). 이런 삶을 살고 싶은 사람은 자신이 이미 알고 있는 말씀이라도, 설교자들이 계속해서 상기시켜 주고 더 자세히 알려 주기를 바랄 것이다! 이미 말씀을 잘 알고 그 안에 견고히 섰다 할지라도, 묵상을 통해 그 말씀을 기억하고 누리기를 바랄 것이다(벧후 1:12).

말씀을 묵상할 때 잊지 말아야 할 점이 있다. 말씀을 묵상하는 것은 믿음의 삶을 돕는 가장 핵심적인 부분이라는 사실이다. 날마다 말씀 묵상을 잘 하면 하나님의 호의를 얻을 것이라 여기고 그것을 의지하는 일이 없어야 한다. 오직 그리스도만 의지하라. 우리 안에는 구원을 위해서 그리스도 안에 있는 하나님의 은혜 대신 다른 것을 의지하려는 성향이 있다. 단순히 성경에 대한 사변적인 지식을

복음이 이끄는 믿음의 삶 329

더해 갈 목적으로 묵상하지 말라. 양심이 진리에 대한 확증을 얻고, 그 진리를 따라 살 마음을 얻기 위해 말씀을 묵상해야 한다.

말씀을 묵상하면서 사람들이 흔히 빠지는 올무를 조심하라. 단순히 말씀을 통해 하나님에 대해 읽는다고 하나님을 사랑하고 거룩한 삶을 살게 되는 것은 아니다. 말씀을 읽고 하나님에 대한 많은 사실들—하나님의 영원한 능력과 본성, 하나님의 주권과 전지하심과 완전한 거룩과 빈틈없는 정의, 율법의 정당함과 순종의 필요, 천국과 지옥 등—을 알 수 있다. 그러나 이 사실을 안다는 것이 곧 경건한 삶을 사는 것을 의미하지는 않는다. 우리가 이해해야 할 더 깊은 원리가 있다.

하나님의 모든 진리와 성품을 묵상할 때, 우리의 양심은 하나님께서 요구하시는 거룩의 수준이 얼마나 높은지 절감한다. 그리고 거룩하게 살 수 있는 생명과 능력을 얻고자 믿음으로 그리스도께 나아간다. 하지만 하나님의 계명에 순종하는 능력과 생명을 얻기 위해서는 복음에 계시된 그리스도의 구원을 믿는 것이 무엇인지를 깊이 묵상해야 한다. 복음 교리는 우리의 구원을 위한 하나님의 능력에 대해 말해 주는 유일한 가르침이다. 생명을 주시는 성령께서 복음을 통해 우리에게 오신다. 그분만이 우리를 살리시고, 거룩하게 하심을 입은 모든 자 가운데 기업이 있게 하신다(롬 1:16, 고후 3:6, 행 20:32).

믿음으로 말씀을 묵상해야 한다. 하나님의 은혜의 말씀에 믿음을 더하지 않으면 아무런 유익이 없다(히 4:2). 하나님의 인애하심을 자주 떠올리면서 묵상하는 사람은 진리 가운데 행할 능력을 얻는다(시 36:3). 거울을 앞에 두고 보는 것처럼 하나님의 영광을 바라볼 때, 우리는 성령으로 말미암아 하나님과 동일한 형상으로 영광스럽게 변해 간다(고후 3:18). 성령에 이끌리어 묵상을 하는 사람에게 묵상은 너무나 달콤하고 즐거운 일이다. 묵상을 이어 가기 위해서 난해하고 인위적인 방법이 필요한 것은 아니다. 말씀 안에서 자유롭게 생각의 나래를 펼치기만 하면 된다. 그러면 영혼이 하나님의 은혜로 살아나고 부요해지는 것을 발견할 것이다. 하나님의 말씀과 은혜에 대한 묵상보다 더 가치 있는 것은 없다.

네 번째 방편은, 세례를 받고 누리는 것이다. 하나님께서 의도하신 대로 세례에 참여하고 누리면, 세례는 믿음의 성장에 아주 중요한 요소가 된다. 구약의 할례와 마찬가지로, 세례는 믿음으로 얻은 의를 인치는 것이다(롬 4:11). 그러나 자기 공로로 얻은 의를 인치는 것으로 세례를 사용하지 않도록 조심해야 한다. 믿음 없이 모세의 율법으로 의롭게 되려고 했던 유대인들이 그렇게 했다. 오늘날에도 많은 그리스도인들이 세례를 오용한다. 의롭게 되는 조건으로 그리스도의 모든 율법을 지킬 것을 요구함으로써 새 언약을 행위 언약으로 바꾸어 버리는 것이다. 이들은 세례를 통해 새롭게 제정된 행위 언약으로 들어간다고 생각한다.

세례를 오용하는 사람들에 대하여는, 바울이 할례를 오용하는 사람들에게 했던 것과 똑같은 말을 할 수 있다. 이들이 받은 세례가 의미를 갖기 위해서는 율법을 다 준행해야 할 것이다. 그러나 만약 율법을 하나라도 어긴다면, 아무리 세례를 받았더라도 그것은 더

복음이 이끄는 믿음의 삶 331

이상 세례가 아니다(롬 2:25). 이렇게 세례를 받는 사람은 거룩한 성례를 오용하는 것이고, 더 이상 그리스도는 아무 의미가 없다. 은혜와 상관이 없는 것이다(갈 5:2, 4).

세례를 그리스도의 자리에 두어 우상시해서는 안된다. 세례를 받으면 저절로 은혜 가운데 있을 것이라고 생각하는 사람들이 있다. 그리스도를 믿는 것이 아니라 세례를 믿는 사람들이 많다. 할례와 다른 외적인 규례들을 의지했던 바리새인들이 그러했다(빌 3:4-5). 할례 받은 자와 할례 받지 않은 자들뿐 아니라, 세례 받은 자와 세례 받지 않은 자 모두를 심판하는 날이 곧 온다(렘 9:25).

구원받은 일에 있어서 세례를 믿음과 같은 자리에 두어서는 안된다. 세례를 필요 이상으로 중요하게 여기는 사람들이 있다. 그중 한 예가 바로 세례 받는 시점을 지나치게 강조하는 것이다. 이들은 세례의 의미를 알 수 있는 성인이 되어서 받는 세례만 인정한다. 유아세례를 받고 성인이 되어서 다시 세례를 받지 않는 유아세례는 무의미하다고 생각한다. 아무리 그리스도를 믿는 믿음이 있어도, 이런 사람은 자신을 그리스도인으로 여겨서는 안된다는 것이다. 성인이 되어서 세례를 받은 것이 아니면 그리스도의 참된 교회의 지체로 여겨서는 안된다고까지 말한다. 정말 서글픈 오해가 아닐 수 없다. 이는 세례를 오용하는 것이다. 유아세례만 받은 사람은 스스로 세례의 의미를 알고 받은 것이 아니기 때문에 교회 회원도 아니고 구원과도 상관없다는 것이다.

유아세례는 하나님 앞에서 의미 있는 세례가 아니라고 가정해 보자. 성인이 되어서 받는 세례만 의미 있는 세례라고 하자(성경은 이렇게 가르치지 않지만, 그렇다고 가정해 보자). 이 말이 참이라면, 유아세례만 받고 성인이 되어서 세례를 받지 않으면 참 그리스도인이 아니란 말인가! 구약성경에서 할례는 오늘날 세례처럼 꼭 필요한 예식이었다. 하지만 광야에 있었던 사십 년 동안 이스라엘 백성들은 할례를 받지 못했다. 그러나 할례를 받지 못해 구원을 잃어버릴까 봐 두려워했다는 말은 어디서도 찾아볼 수가 없다(수 5:6-7). 교회가 핍박 받던 시대에 많은 존귀한 그리스도인들이 그리스도의 이름으로 고난의 세례를 통해 천국으로 들어갔다. 물 세례를 받을 기회가 없었다! 옛날 교회 지도자들 가운데는 새로 그리스도인 된 사람들의 세례를 오랫동안 미룬 사람들도 있었다. 그렇다고 해서 세례를 받지 못한 사람들을 그리스도인이 아니라고 말하지 않는다!

요지는 세례를 받는 시점에 너무 집착하지 말라는 것이다! 유아세례를 받고 지금 그리스도를 믿는다면, 그 유아세례는 의미가 있다! 다시 세례 받을 필요가 없다. 다시 세례를 받아야겠다고 하는 사람은 사실상 세례를 하나님께 용납받기 위한 또 다른 의의 공로로 바꾸는 것이다.

세례를 오용하지 않도록 해야 할 뿐 아니라 하나님께서 주신 뜻대로 세례를 누릴 수 있어야 한다. 자신에게 이렇게 물어보자. 나는 세례를 통해 유익을 얻고 있는가? 내가 받은 세례에 대해 나는 얼마나 자주 생각해 보는가? 혹시 거의 잊고 지내는가? 많은 그리스도인들이 자신이 받은 세례를 거의 잊고 지내고, 거기서 아무런 유익도 얻지 못한다. 세례를 받은 적이 없는 사람처럼 보인다고 해도 과언이 아니다.

복음이 이끄는 믿음의 삶 333

세례는 비록 한 번으로 끝나지만, 우리는 받은 세례를 끊임없이 상기해야 한다. 틈틈이 자문해 보아야 한다. 내가 받은 세례는 어떤 세례인가?(행 19:3) 세례를 통해 나에게 인처진 것은 무엇인가? 세례를 통해 내게 부여된 의무는 무엇인가? 받은 세례를 통해 더욱 분발하고 스스로를 강하게 해야 한다. 세례를 통해 인처진 은혜를 붙잡고, 세례를 통한 부르심의 삶—그리스도와 함께 장사되고 부활한—을 하나님 앞에서 이루어 가야 한다.

세례를 통해 우리는 그리스도의 제자가 되었다. 모세가 아닌 그리스도를 청종해야 할 의무를 받았고, 구원을 위해 그리스도를 믿었다. 세례 요한은 자기 뒤에 오실 그리스도를 믿어야 한다고 말하면서 회개의 세례를 베풀었다. 세례는 우리가 그리스도를 덧입은 것과, 그리스도를 믿음으로 하나님의 자녀가 된 것과, 더 이상 초등 교사인 율법 아래 있지 않다는 것을 인치는 것이다(갈 3:25-27). 세례는 우리가 죄의 몸을 벗은 것과, 믿음으로 그리스도와 함께 장사되고 부활한 것과, 모든 죄를 용서받은 것과(골 2:12-13), 한 성령을 마시게 된 것을 확증한다(고전 12:12-13).

세례를 통해 우리는 복음의 중심 진리를 본다. 세례는 그리스도와의 연합과 교제를 통해 누리는 모든 구원과 거룩과 죄 용서를 위해 그리스도만을 의지하도록 우리를 이끈다. 세례를 통해 유익을 얻는 사람은 믿음의 삶에 큰 진전이 있을 것이다.

다섯 번째 방편은, 성찬을 누리는 것이다. 성찬은 우리 믿음을 살찌우는 신령한 잔치다. 우리 안에 거하시고 역사하시는 그리스도를 따

334 성화의 신비

라 거룩한 길로 행할 수 있도록 우리를 강건하게 한다. 복음서에서 보듯이 그리스도께서 처음 제정하신 대로 성찬을 누릴 때 우리는 강건해질 수 있다(마 26:26-28, 막 14:22-24, 눅 22:19-20). 하늘로 들려 올라가신 그리스도는 또한 특별한 방식으로 사도 바울에게 성찬에 관하여 계시하셨다(고전 11:23-25). 우리가 이 잔치를 합당하게 기념하도록 하나님께서 가르침을 주신 것이다!

성찬의 목적은 역사 속에서 이루어진 그리스도의 죽으심을 기념하는 것은 물론, 성찬의 신비를 기억하기 위한 것이다. 그분의 몸은 우리를 위해 찢겨졌다. 그분은 죄사함을 위한 새 언약의 피로서 보혈을 흘리셨다. 하나님께서는 성경에 기록된 바와 같이 신자가 모든 새 언약의 약속을 받아 누리기를 원하신다(히 8:10-12). 성찬의 목적은, 우리 영혼을 영원한 삶으로 이끌기에 충분한 빵과 음료로서 그리스도의 몸과 피를 기억하게 하기 위한 것이다. 믿음으로 그분을 받아먹고 받아 마시라. 우리가 먹고 마시는 떡과 음료가 우리 몸과 하나가 되는 것처럼, 그분을 믿는 믿음으로 먹고 마실 때 그의 성령으로 말미암아 우리도 그분과 하나가 되는 것을 확신하게 된다. 이것이 바로 성찬이다. 요한복음 6장에서, 그리스도는 이 신비를 더 자세히 설명해 주신다.

성찬은 그리스도를 믿는 믿음 안에서 우리가 누리는 신령한 복을 생각나게 할 뿐 아니라, 하나님께서 참 신자들에게 그리스도와 그분의 구원을 공표하시는 방편이 된다. 하나님께서는 떡과 포도주를 먹고 마시는 것을 통해서, 적극적인 믿음으로 그리스도를 받아 먹도록 우리를 독려하고 강건하게 하기를 원하신다. 그리스도께서 떡과 잔을 가지시고 "받아먹으라", "다 이것을 마시라"고 하신 것은 떡과 잔을 주시는 것과 같이 실제로 그분의 몸과 피를 우리에게 주시기 때문이다. 실제로 떡과 잔을 받는 것처럼 우리는 믿음으로 그리스도의 몸과 피를 받는다.

예를 들어 보자. 신하에게 영광스런 직분을 하사하는 왕은 권세를 나타내는 지휘봉과 칼과 자기 이름이 새겨진 가락지를 주면서 이렇게 말한다. "지휘봉과 칼과 인장을 받으라. 내가 너에게 주는 직분이니라." 자식에게 땅의 소유권을 양도하는 아버지를 생각해 보자. 자식에게 소유 증서를 건네주며, 아버지는 이렇게 말한다. "자, 받아라. 이제 이 땅의 너의 것이다." 이런 말이 공통적으로 의미하는 것은 무엇인가? 외적인 증표를 통해 직분과 땅이 실제로 수여된 것을 말한다. 인장과 증서를 통해 실제로 권세와 땅이 신하의 소유가 되고, 자식의 소유가 된 것이다.

성찬에서 떡은 그리스도의 몸을 나누는 것이고, 잔은 그의 피를 나누는 것이라고 사도 바울은 분명히 밝힌다(고전 10:16). 우리가 떡과 잔을 먹고 마실 때, 그리스도의 몸과 피가 실제로 우리에게 나누어진다. 우리는 실제로 그것을 먹고 마시는 것이다. 성찬은 우리가 항상 십자가에 달리신 구주를 의지하고 살아야 한다는 사실을 상징적으로 보여주는 놀라운 방편이다. 그러나 이것이 전부가 아니다. 성찬은 또한 생명의 떡과 잔이신 그리스도를 실제로 받는 것이다. 성찬에 참여할 때, 우리는 영적으로 예수 그리스도를 받는다.

다른 말로 하면, 그리스도는 영적으로 성찬에 임하신다. 떡을 떼고 잔을 마시는 가운데 우리는 믿음으로 그분을 영접한다! 성찬은

336 성화의 신비

하나님께서 주시는 사랑의 선물이다. 그리스도께서 처음 성찬을 제정하실 때, 그분의 마음은 우리를 향한 사랑으로 충만하셨다. 그리스도께서 자기 목숨을 내어 놓으심으로 위대한 사랑의 역사를 마치시는 바로 그 시점에서 성찬을 제정하셨다(고전 11:23). 우리는 이 성례를 합당하게 누려서 신령한 은택을 누려야 한다.

성찬을 소홀히 여기는 사람들이 있다. 성찬에 거의 참여하지 않을 뿐 아니라, 간혹 참여한다 해도 별 유익을 얻지 못한다! 성찬은 단지 그리스도와 그분으로 말미암은 구원에 대한 상징일 뿐이라고 생각하기 때문이다. 이들은 성찬의 상징과 표지를 대수롭지 않게 여긴다! 성찬의 상징과 표지를 통해 하나님께서 그리스도를 주신다는 것을 안다면, 성찬을 보는 눈이 완전히 달라져 성찬을 사모하게 될 것이다. 할 수만 있으면 절대 성찬에 빠지지 않으려 할 것이다(행 2:42, 20:7).

많은 사람들이 성찬을 무시하고 유익을 얻지 못하는 또 다른 이유가 있다. 성찬에 참여하기를 두려워하는 것이다! 성찬을 통해 정죄를 먹고 마실 우려가 있다는 것이다. 이들은 사도 바울이 한 말을 기억한다. "주의 몸을 분별하지 못하고 먹고 마시는 자는 자기의 죄를 먹고 마시는 것이니라"(고전 11:29). 성찬으로 나아가는 것을 지뢰밭으로 나아가는 것처럼 여긴다. 하나님께서 그들이 성찬으로 나아가는 것을 보고 있다가 그들이 발이라도 잘못 디디면 파멸시키려 한다고 생각한다. 그래서 이들은 일년에 단 한 차례만 성찬에 나아온다. 가능하면 성찬에 아예 참여하지 않는 것을 가장 안전하게 여긴다. 하나님께 심판 받고 멸망당할까 두려운 것이다!

이런 비굴한 두려움으로 성찬에 나아오는 사람들은 아무리 성찬에 참여해도 은혜를 얻지 못한다. 성찬을 통해 기쁨으로 그리스도와 그분의 구원을 받아 누리기는커녕, 정죄 받지 않고 성찬을 마친 것만 해도 대단한 일이라고 여긴다! 목숨 걸고 성찬으로 나아가는 것이다. 목숨을 걸고 일년에 단 한 차례 지성소에 들어가 섬기는 구약의 대제사장과 흡사하다. 대제사장이 죽지 않고 살아 나오는 것을 보고 사람들이 감사를 드린 것처럼, 이들도 무사히 성찬을 마친 것에 대해 하나님께 감사를 드리는 것이다!

위에서 언급한 사도 바울의 말을 두려워할 필요가 없다. 바울이 고린도 교회에 이렇게 말한 것은 그들이 성찬을 터무니없이 오용했기 때문이다. 바울이 말한 대로 하면 그들이 했던 것과 동일한 잘못에 빠지지 않을 수 있다. 바울은 그들이 성찬에 참여하면서 주의 몸을 분변하지 못한다고 질책했다. 성찬을 그저 함께 모여 먹고 마시는 보통 식사와 다를 바 없게 만들어 버렸기 때문이다. 그래서 전혀 먹지 못해 굶는 사람이 있는 반면, 너무 많이 먹어 취한 사람들도 있었다. 떡을 떼고 잔을 나누기 위해 함께 모였으면서도 정작 그리스도를 기억하지 않았다! 바울이 성찬을 먹고 마시기 위해 모일 때는 주의 몸을 분변하라고 말하지 않을 수 없었던 것이다.

다음 사실도 한 번 생각해 보자. 바울이 여기서 말한 정죄 혹은 심판이라는 말은 문맥상 영원한 심판을 의미하지 않는다. 사람들에게 임하는 일시적인 심판을 가리킨다. 고린도전서 11:32에서 바울은 "우리가 판단을 받는 것은 주께 징계를 받는 것이니 이는 우리로 세상과 함께 정죄함을 받지 않게 하려 하심이라"고 하면서 자신이

338 성화의 신비

말한 심판이 무엇인지 말해 주고 있다. 우리의 성향은 항상 죄를 향해 기울어져 있고, 합당하지 않게 성찬을 받을 때가 많다. 하지만 성찬뿐 아니라 다른 일도 마찬가지다. 다른 모든 거룩한 것들도 우리의 손이 닿으면 오염이 되어 버린다!

거룩한 것들을 잘못 다루는 죄를 포함해 우리의 모든 죄를 담당하신 대제사장이 있다는 사실을 잊지 말자! 이 말은 곧 성찬을 포함한 모든 은혜의 방편에 참여할 때 비굴한 두려움으로 임할 필요가 없다는 뜻이다. 그리스도의 의를 덧입은 우리는 성찬과 같은 거룩한 일에 참여할 때 두려움 없이 확신으로 하나님께 나아갈 수 있다. 하나님께서 정하신 절기를 지키는 유대인들처럼, 우리 역시 주님을 즐거워하는 것이 마땅하다(신 16:14-15).

세례와 마찬가지로, 성찬도 잘못 사용되는 경우가 빈번하다. 성찬을 믿음으로 사는 삶의 핵심으로 삼기보다는 오히려 그 반대로 여기는 사람들이 있다. 그리스도의 자리에 성찬을 두는 사람들도 있다. 어떻게 그렇게 할 수 있는가? 하나님의 은총을 얻게 하는 의로운 공로로서 성찬을 의지하거나, 성찬에 참여하기만 하면 저절로 은혜가 흘러 들어오는 것처럼 생각하는 사람들이 있다. 또 어떤 사람들은 성찬이 없이는 참된 믿음도 없다고 할 만큼 성찬을 구원에 절대적인 요소로 여기기도 한다. 성찬을 할 때, 떡과 잔이 예수 그리스도의 실제 몸과 피로 바뀐다고 하는 사람들도 있다. 신자가 떡과 잔을 먹고 마실 때, 헤아릴 수 없이 신령하고 신비한 성령의 역사를 통해 그리스도의 몸과 피가 우리에게 주어진다는 사실을 항상 기억하라. 성령은 성찬의 외적인 요소의 변화와 상관없이 우리와 그리

복음이 이끄는 믿음의 삶 339

스도를 연합시키신다. 그리스도께서 영으로 임하시고, 우리는 믿음으로 그분과 교통한다.

여섯 번째 방편은, 바르게 기도하는 것이다. 기도는 그리스도 안에 있는 새 사람이 믿음으로 살아가는 중요한 방식이다. 신자는 기도와 간구로 자신의 필요를 하나님께 아뢴다. 이는 너무나 중요한 사실이다. 하나님께서 명하신 바이기 때문이다(살전 5:17, 롬 12:12). 기도는 제사장적 사역이다(벧전 22:5). 기도는 모든 신자가 누리는 근본적인 특권이다(고전 1:2). 하나님은 기도를 들으시는 하나님이다(시 65:2). 하나님께서는 자기 백성들이 기도하기를 원하신다. 기도를 통해 자기 백성들에게 복을 주실 것이기 때문이다. 하나님께서는 자기를 찾지 않은 자들에게 먼저 자신을 드러내시고(겔 36:37, 빌 1:19-20), 감사하게 하시고, 갑절의 복을 주신다.

신자의 기도에 따라서 하나님의 주권적인 뜻이 바뀌거나 하지는 않는다. 하지만 보통 하나님께서는 기도를 통해 자신의 뜻을 이루신다. 믿음은 기도를 폐하는 것이 아니라 기도에 더욱 힘쓰게 한다(삼하 7:27).

복음이 기도를 가능하게 한다. 새 언약의 중보이시고, 이를 통해 우리의 거룩이 되시는 그리스도는 성부께 드리는 우리 기도의 중보이시다(히 4:15-16). 우리에게 새로운 생명을 주시고, 그리스도와 연합하게 하시고, 거룩하게 하시고, 그리스도에 관한 것들을 보여주시는 성령은 기도의 영이시다(슥 12:10, 갈 4:6). 우리 영혼을 타오르게 하는 불이시고, 기도로 하나님을 향해 날아오르게 하는 분이다. 기도하지 않는 사람은 하나님 앞에서 죽은 자다.

기도는 우리에게 주어진 너무나 중요한 책무이다. 기도하는 모든 일은 선하게 이루어질 것이다. 그러나 기도하지 않으면 아무것도 제대로 될 수가 없다! 예배의 다른 부분들은 기도를 돕기 위한 것이다(사 66:7). 기도할 때 우리는 믿음으로 하나님께 나아가 모든 거룩한 열망과 열정을 쏟아 놓는다(시 62:8). 기도는 끊임없이 하나님께 올려드리는 향이요 제사다. 기도와 더불어 우리 자신과, 우리의 마음과, 우리의 사랑과 삶을 하나님께 드린다(시 141:2). 기도는 우리가 받은 은혜를 연습하는 장이다. 우리가 받은 은혜를 연습할 다른 길은 없다. 은혜를 연습할수록 우리는 더 많은 은혜를 받게 되고, 모든 거룩을 얻어 누리게 된다(눅 11:13, 히 4:16, 시 81:10).

우리의 부요함도 기도를 통해 온다. 모세가 손을 들고 기도할 때 이스라엘은 이겼다(출 17:11). 한나는 기도로 슬픔을 이겼다(삼상 1:15-18). 평강은 기도와 더불어 계속된다(빌 4:6-7). 한나처럼 낙담한 영혼은 기도로 위로를 얻는다(삼상 1:18, 시 32:1-5). 기도의 상징인 향과 등은 항상 살라지고 손질이 되어 있어야 했다(출 30:7-8).

기도는 또한 우리의 영적 병기다. 많은 병기 가운데 하나로서가 아니라, 모든 병기를 바로 사용하게 하여 악한 때를 지나가게 하는 것이 기도다(엡 6:18). 그리스도께서 기도하는 중에 몸이 변한 것처럼, 우리 역시 기도를 통해 그리스도와 같이 거룩하게 변하고 영광으로 얼굴이 빛난다(눅 9:29). 모세는 하나님과 더불어 말하는 가운데 얼굴에 광채가 났다(출 34:29). 우리는 이처럼 항상 기도로 부름을 받았다(엡 6:18).

복음이 이끄는 믿음의 삶 341

초대 그리스도인들이 그랬던 것처럼, 공적으로나 사적으로나 때를 얻든지 못 얻든지 항상 기도해야 한다(행 2:42, 10:30-31). 기도하기 위해 날마다 시간을 구별하라(마 6:11). 아침저녁으로 기도해도 좋고, 하루 일곱 번씩 기도해도 좋다(단 6:10). 특별한 필요가 있을 때도 기도하라(약 5:13-15). 우리의 일상적인 일이 방해받지 않는 범위 내에서 하루 종일 짧게 짧게 기도하라(시 129:8, 삼하 15:31, 느 2:4). 골방에서 기도하고, 가족과 함께 기도하라(마 6:6, 행 10:30-31). 안식일과 대속죄일과 하나님을 예배하는 다른 절기에는 많은 희생을 드렸다(민 28장). 마찬가지로, 우리 역시 특별한 예배 때마다 기도해야 한다.

한마디로, 어떤 제한도 두지 말고 열심으로 기도하라(시 109:4, 시 119:164). 그러나 다시 말하지만, 열심으로 기도하는 것 이상으로 정말 어려운 일은, 바르게 기도하고 그리스도를 믿는 믿음으로 거룩함을 일구어 내는 것이다. 그러므로 우리는 "주여, 기도를 가르쳐 주소서" 하고 기도해야 한다(눅 11:1). 기도하는 것뿐 아니라, 바르게 기도하는 것이 대해서도 배워야 한다. 그리스도께서는 이 두 가지를 다 가르쳐 주셨다. 제자들에게 짧은 기도의 모범을 가르쳐 주셨다. 하지만 기도를 정말 이해할 수 있으려면, 하나님의 말씀 전체를 잘 살펴야 한다. 또한 기도하는 삶을 영위하기 위해서는 그리스도의 성령이 필요하다. 그러므로 기도하는 사람은 반드시 성령의 가르침을 받으며 기도해야 한다(유 20, 엡 2:18). 우리 영혼이 바로 기도할 수 있도록 인도하시는 분은 성령뿐이다. 기도할 때, 다음 지침을 잘 기억하자.

342 성화의 신비

첫째, 온 마음과 영으로 기도하라(사 26:9, 요 4:24). 기도의 영이신 그리스도의 영이 함께하신다(갈 4:6, 엡 1:17). 지각 있는 기도를 드려야 한다(고전 14:15-16). 지각 없는 기도는 무익하다. 우리는 지식을 통해 새로워지기 때문이다(골 3:20). 자신이 간구하는 선한 일을 향한 간절하고 진실한 마음으로 기도해야 한다. 하나님은 중심을 보신다(사 62:8).

기도는 전적으로 마음의 일이다. 하나님께서는 입으로 말하지 않아도 마음을 들으신다. 아무리 많은 말로 기도해도 마음이 없는 기도는 듣지 않으신다(삼상 1:13). 이런 기도는 끔찍한 위선이고, 하나님을 기만하는 것이다. 입으로는 "나라가 임하옵시고, 뜻이 이루어지이다"라고 기도해도 헛되이 그분의 이름을 되뇌이는 것일 뿐이다. 마음으로는 경건을 싫어하기 때문이다. 하나님께 거짓말을 하고 있기 때문이다. 하나님께 아부하고 있을 뿐, 실제로는 기도하고 있지 않다. 이런 기도는 기도로 받지 않으신다(시 78:36).

자신의 필요와 원하는 것이 무엇인지 알아야 하고, 또한 하나님만이 그것을 주실 수 있다는 것도 알아야 한다(대하 20:12). 이런 필요를 위해서는 간절히 구해야 한다(약 5:16). 자신이 하는 기도에 집중해야 한다. 지금 자신이 무엇을 위해 기도하는지를 의식하면서 기도해야 한다. 내가 듣지 않는 기도는 하나님께서도 듣지 않으신다(단 9:3). 깨어 근신하며 기도해야 한다(벧전 4:7). 의식적으로 자신이 드리는 기도에 집중해야 한다. 산만하게 기도할 때 그 마음이 어디에 가 있는지 하나님은 아신다(겔 33:31).

기도하면서도 무슨 기도를 하는지 모르고, 집중하여 기도하지 않고, 아무런 열정도 없이 기도하는 사람은 외식하는 죄를 짓는 것이다. 어떤 사람들은 앵무새가 주절거리듯이, 자신도 알지 못하는 많은 말들로 기도한다. 그러고 나서 기도의 의무를 다했다고 좋아한다. 마음은 전혀 기도하지 않고, 다른 것들에 가 있었는데도 말이다. 이런 기도는 그저 입술을 놀린 것에 불과하다. 경건의 능력도 모르면서 경건의 모양만을 갖춘 현저한 기만이다(딤 1:13-14). 무슨 말인지 모르고 기도해도 하나님께서 들어주신다고 생각하는 사람들이 있다. 그러나 하나님께서는 이런 사람들을 외식하는 자요, 불경스러운 자로 심판하실 것이다. 자신이 하는 말은 자신이 잘 알기 때문이다.

둘째, 그리스도의 이름으로 기도하라. 성령은 아들을 영화롭게 하신다(요 16:14). 성령은 아들을 통해 우리를 성부께로 인도하신다(엡 2:18). 성령으로 행하는 것과 그리스도 안에 거하는 것은 같은 말이다. 성령 안에서 기도하는 것과 그리스도를 통해서 기도하는 것도 마찬가지다. 주님의 이름으로 행하고 모든 일을 하는 것처럼, 기도도 주님의 이름으로 해야 한다. 이것은 그분의 명령이다(요 14:13-14). 기도를 마치면서 "예수님의 이름으로 기도합니다. 아멘" 하는 것으로는 충분하지 않다. 우리의 맏형이신 그분의 옷을 덧입고 복을 받기 위해 나아와야 한다. 범사에 그분의 능력과 존귀함을 덧입고 나아가라.

범사에 그리스도의 이름으로 하나님을 찬양하라. 모든 것을 그분을 통해 받기 때문이다(엡 5:20). 그분의 능력만을 붙들라. 하나님께 용납 받기 원한다면 그리스도가 아닌 어떤 것도 의지하지 말라.

자긍하는 바리새인들처럼 자신의 공로와 행위를 감히 하나님께 내밀지 말라(눅 18:11-12). 그것을 은혜의 상급이요, 열매로 여기라.

영으로 기도한다는 것은 율법주의가 아닌 복음을 근거로 기도한다는 말이다(롬 7:6, 고후 3:3). 영으로 기도한다는 것은 자신의 무가치함을 절감하며, 큰 겸손으로 기도한다는 말이다(시 51편). 상한 마음으로 기도한다는 말이다. 그리스도가 아니면 하나님께 용납될 소망이 전혀 없음을 절감하고 기도하는 것이다(단 9:18). 필요한 모든 것을 위해 기도로 씨름할 수 있다. 앞에서 말한 지식과 마음으로 드리는 기도가 아니면 하나님 앞에 참된 기도가 될 수 없다. 복음과 상관없는 기도는 그저 하나님 앞에서 가증한 입을 놀리는 것일 뿐이다.

셋째, 기도를 잘 하기 때문에 하나님께서 자기 기도를 받으신다고 생각하면 오산이다! 기도를 의로운 공로로 여기고 그것을 의지하는 일은 없어야 한다. 이는 기도를 우상으로 바꾸는 것이다. 그리스도의 자리에 기도를 놓는 것이다. 자신이 드린 많은 기도에 구원의 소망을 두는 사람들이 있다. 심지어 참된 그리스도인들조차 자신이 드린 기도를 의로운 공로처럼 의지하기도 한다.

기도하는 방식이 거룩하면 더 잘 응답된다고 믿는 사람들이 있다. 특히 주기도문으로 기도하면 잘 응답된다고 생각한다. 이런 사람들은 주기도문을, 위험에 빠졌을 때 도움을 불러오는 마술처럼 사용하기도 하고 우상시하기도 한다. 마귀를 몰아내는 주문처럼 사용하기도 한다. 특별히 구별된 어떤 장소에서 기도하면 기도를 더 잘 받으신다고 여기는 사람들도 있다(요 4:21-24, 딤전 2:8). 기도할

복음이 이끄는 믿음의 삶 345

때 말을 많이 해야 한다고 생각하는 사람들도 있다(마 6:7). 이런 사람들은 하나님이 자기 기도는 잘 들으시기 때문에 자기 뜻대로 살아도 될 것처럼 생각한다.

넷째, 신자는 구주이신 그리스도를 통해 아버지이신 하나님께 기도한다. 모든 죄를 용서받았고, 하나님께 용납되었고, 구원을 위해 필요한 모든 것들을 이미 받았다는 믿음을 가지고 기도하라(약 1.5-7, 약 5:15, 요일 5:14, 막 11:24, 히 10:14, 시 62:8, 86:7, 65:16, 67:1, 17:6). 이것이 바로 그리스도 안에서 기도하는 것이고, 양자의 영이신 성령으로 말미암아 기도하는 것이다(롬 8:15, 갈 4:6). 그리스도가 아니면, 우리의 기도는 시체와 같이 생명 없는 무심한 기도가 될 뿐이다(롬 10:14, 시 78:1-2). 기억하라. 얼마나 열정적이고 유창한가에 따라 기도를 들으시고 말고 하는 것이 아니다. 기도한 모든 것이 그대로 된다고 확신할 수는 없다. 하지만 기도한 모든 것이 우리에게 유익하게 역사한다는 것은 확신해도 좋다.

양심에 거리끼는 죄가 있다면, 먼저 그 죄를 용서해 주시기를 기도하라(롬 32:51). 분노와 다툼이 없이 거룩한 손을 들어 기도할 수 있도록 죄를 깨끗하게 해주시라고 믿음으로 간구하라(딤전 2:8). 여기서 특별히 분노가 언급된 이유는 다른 사람을 사랑하고 용서하는 것에 정반대되는 것이 분노이기 때문이다. 기도의 생명과 능력이 바로 이것이다. 우리가 믿음으로 기도할 때 능력으로 이기게 된다.

다섯째, 하나님의 은혜로 거룩하게 되기 위해서 믿음으로 살 수 있도록 해주시라고 기도하라. 먼저 성령을 구하고(눅 11:13), 그 다음에 모든 신령한 것을 구하라(마 6:33). 세상에 속한 것만 구하는

346 성화의 신비

사람은 그 마음이 세상적이라는 것을 나타낸다. 이런 기도는 그 사람의 마음을 더욱 세상적이 되도록 한다. 믿음을 위해 기도하고(막 9:24), 하나님을 가장 영화롭게 하는 일을 위해 기도하라(대상 1:11-12). 모든 다른 외적인 일을 위해 기도할 때 하나님의 뜻 안에서 믿음으로 행하라. 이런 기도를 통해 우리는 거룩한 사고방식을 갖게 된다(마 26:42, 눅 22:42-43). 하나님의 이름을 영화롭게 하는 것을 최고의 목적으로 삼고(마 6:9), 육신의 정욕을 추구하지 말라(약 4:3).

여섯째, 죄책과 고통, 지나친 염려와 두려움으로 인해 아무리 힘들지라도 기도로 영혼을 잠잠하게 하라(빌 4:6-7). 하지만 불신앙, 의심, 두려움, 염려, 육신의 연약함 등과 싸우며 기도해야 할 일이 많을 것이다. 악한 정욕, 무정한 마음, 초조함, 영혼의 문제와도 씨름해야 할 것이다. 거룩한 삶을 대적하는 모든 것들과도 싸우게 될 것이다. 자신과 다른 사람들에게 거룩한 열망을 주시도록 하나님께 계속 기도해야 한다(골 4:12, 롬 15:30).

기도의 자리로 나아가기 위해서는 스스로 분발해야 한다(골 2:1, 사 64:7). 우리의 육체는 기도하기 싫어서 꾸물거린다. 그러나 여기에 굴복해서는 안된다. 성령으로 그것들을 대적하라(마 26:41). 그러면 성령께서 우리 연약함을 도우시는 것을 보게 될 것이다(롬 8:26-27). 하나님께서 당장 그렇게 해주시지 않을지라도 포기하거나 낙심하지 말아야 한다(눅 18:1-7). 고통이 더할수록 기도는 더 간절해야 한다(시 22:1-2, 눅 22:42). 항상 기도에 힘써야 한다(롬 12:12, 엡 6:18). 이렇게 할 때, 기도는 마음의 위대한 역사라는 것을 알게 될 것이다. 기도는 한눈팔면서 할 수 있는 일이 아니다. 기도는 가능한 모든 믿음의 능력과 감정적 에너지를 동원해야 하는 일이다. 이렇게 할 때 거룩한 마음을 가질 수 있다.

일곱째, 거룩한 마음을 얻기 위해서는 기도의 모든 방식과 내용을 다 동원해야 한다. 거룩한 마음을 갖기 위해 전력을 다해 기도해야 한다. 죄를 고백할 때는 자신을 정죄하되, 그리스도 안에 있는 자신이 아닌 육체 가운데 있는 자신을 정죄하라. 그리스도인이 아닌 사람처럼 혹은 이제 막 그리스도인이 된 사람처럼 자기 안에 있는 은혜를 부정해서는 안된다. 이런 생각에 사로잡히면 그리스도인으로서 이미 자신이 받아 누리는 은혜를 찬미할 수 없다. 자신의 죄와 비참함을 절감하고 마음에 경건한 슬픔을 간직하라(시 38:18, 51:3, 12). 기도에 있어서 경건한 슬픔은 위대한 요소다.

우리는 또한 기도할 때 하나님께 탄원해야 한다. 탄원은 하나님의 성품과(민 14:17-18), 하나님의 약속과(삼하 7:26, 28), 자기 기도의 정당성을(시 17:2-3) 근거로 드리는 기도다. 그리고 지금 자신이 기도하는 것이 하나님의 영광을 높이기 위한 것이라는 이해에서 비롯된다(시 115:1-2). 요한복음 17장에 나오는 그리스도의 긴 기도는 많은 탄원들로 이루어져 있다.

평강과 기쁨과 사랑을 마음에 불러일으키기 위해서는 찬양과 감사로 기도해야 한다(창 32:10, 시 18:1-3, 33:1, 74:14, 104:34). 그리스도 안에서 새로운 상태를 누리게 하신 긍휼에 감사하며 하나님을 찬양하는 데 많은 시간을 할애해야 한다(엡 1:3). 그러면 하나님으로부터 온 다른 은택에 대해서도 더 잘 감사할 수 있을 것이다

(엡 5:20, 살전 5:18). 믿음과 의무에 더욱 분발하기 위해서는 이런 은택을 주시도록 더욱 자주 간구해야 한다. "하나님, 저를 긍휼히 여기소서"라고 짧게 자주 기도하는 것이 필요하다. 그러나 이것이 기도의 전부가 되어서는 안된다. 게으른 사람들은 이것으로 자신이 마땅히 드려야 할 기도를 대신하고 기도를 더욱 소홀히 한다.

여덟째, 기도의 형태를 규정함으로 자신의 기도를 제한하지 말아야 한다. 시시각각으로 달라지는 우리의 모든 필요와 형편에 들어맞는 정해진 형태의 기도 같은 것은 없다. 나는 기도의 모든 형태를 불필요하게 정죄하고 싶지는 않다. 주님도 주기도문을 가르쳐 주심으로 일정한 형태의 기도를 주셨다. 하지만 우리를 일정한 기도의 틀에 가두고자 주기도문을 주신 것은 아니다. 성령은 마태복음 6장과 누가복음 11장에서 주기도문을 다른 말로 표현하셨다. 그러나 아예 기도하지 않는 것보다는 이런저런 형태로 기도하는 것이 더 낫다. 제대로 걷지 못하는 사람에게서 목발을 빼앗는 것은 아주 매정한 짓이다.

특정한 형태의 기도로 자신의 기도를 한정하는 것은 옳지 않다. 모든 상황에서 동일하게 적용할 수 있는 기도의 형태는 없기 때문이다(엡 6:18, 빌 4:6, 요 15:7, 살전 5:18, 엡 5:20). 초대교회가 그랬던 것처럼, 전체 성경을 자신의 공동기도서로 삼으라. 성경은 모든 상황, 모든 경우에 적절하게 하나님께 드릴 수 있는 성령의 언어다. 특정한 형식에 매여 기도하고 있다면, 말씀으로 기도를 인도하시는 성령의 인도하심을 따라 기도해 보라. 그렇지 않으면 성령을 소멸하게 될 것이다(살전 5:19).

복음이 이끄는 믿음의 삶 349

기도의 원리를 알고 있고, 하나님의 은혜와 긍휼이 필요함을 절감하고 그것을 간절히 원하는 사람은 정해진 기도의 형태가 없이도 얼마든지 기도할 수 있다. 절박한 필요를 따라 열정적으로 기도할 수 있을 것이다. 기도하면서 사용하는 단어에 너무 연연할 필요는 없다. 사람들과 이야기할 때 우리를 도우시는 것처럼, 우리가 바라기만 한다면 성령은 하나님께 말씀드리는 일도 틀림없이 도우실 것이다(고전 1:5, 막 13:11, 눅 12:11-12). 유창한 언사와 화려한 수사 따위는 하나님께 전혀 중요하지 않다. 개인적으로 기도할 때도 마찬가지다(사 38:14). 정해진 형태로만 기도하는 사람은 점점 더 형식적인 기도를 드리고 성령을 제한하게 될 것이다.

일곱 번째 방편은, 노래하는 것이다. 또 다른 은혜의 방편 가운데 하나는 시편이나 찬송시나 찬양곡이나 영적인 주제를 다룬 신령한 곡조들을 노래하는 것이다. 신약성경이 이를 명하고 있다(골 3:16, 엡 5:19). 구약 백성들은 하나님을 큰소리로 노래하라는 명령을 받았다(시 144:1-3, 96:1 등). 다윗 이전 시대에도 모세와 이스라엘 백성들은 하나님을 노래했다(출 15장). 다윗은 성령의 영감으로 시편을 짓고, 개인적으로나(시 40:3, 대하 29:30, 시 105:2) 공적으로(삼하 23:1-2) 시편을 노래했다.

성경에 포함된 노래도 있고 그렇지 않은 것도 있겠지만, 다른 많은 경우에도 하나님의 백성들은 노래를 지어 불렀다. 솔로몬은 천다섯 편의 노래를 지었다(왕상 4:32). 성경에 부합하기만 하다면, 우리도 그렇게 하는 것은 당연하다(사 38:9, 14). 우리는 성경에 드러난 주제를 노래해야 한다(시 64:54). 그리스도와 제자들 역시 찬송을 불렀다(마 26:30). 아마 다윗의 시편 가운데 하나였을 것이다. 시편은 성경의 한 책일 뿐 아니라, 우리를 교훈하기 위해 지어진 노래(롬 15:4)이기 때문에 시편으로 노래를 지어 부를 수 있다. 시편은 때로는 은유적으로, 때로는 명시적으로 신약성경의 내용을 담고 있다. 시편이 노래한 것이 무엇인지는 구약의 성도들보다 우리가 더 잘 알 수 있다(대하 3:16, 갈 2:17).

초대 교인들 역시 찬송을 통해 하나님을 예배했다(행 16:25). 이교 철학자인 플리니Pliny the elder도 초대 교인들이 동이 트기 전에 하나님을 찬미했다고 증거하고 있다. 이런 노래나 찬송은 기쁠 때는 물론 어느 때에라도 사용할 수 있다(약 5:13). 기도가 그렇듯이, 노래 역시 기쁠 때만 할 수 있는 것은 아니기 때문이다(시 38:18, 대하 35:25).

우리는 올바르게 찬양할 수 있어야 한다. 첫째, 자신이 내는 고운 선율이 하나님을 기쁘시게 할 것이라고 생각하지 말라. 하나님은 마음으로 자아내는 선율만을 기뻐하신다(골 3:16). 노래는 단순히 곡조만의 문제는 아니다. 노래는 선율이 아니라 마음이다. 부르짖는 큰소리가 아니라 하나님의 귓전을 울리는 사랑의 선율이다. 구약성경에서는 이런 신령한 노래들이 악기를 통해 표현되었다.

둘째, 묵상이나 기도와 마찬가지로 노래 역시 노래하는 주제에 걸맞게 우리의 믿음을 불러일으키고(대하 20:21-22, 행 16:25-26), 주님을 기뻐하고, 하나님께 영광을 돌리는 것이어야(시 104:33-34, 105:3, 144:1-2, 33:1-3) 한다. 노래하는 목적은 우리가 전심으로

복음이 이끄는 믿음의 삶 351

하나님을 기뻐하고, 거룩한 기쁨으로 행하게 하기 위함이다(약 5:13, 엡 5:19). 노래를 통해 우리는 하늘의 신비를 배우고, 그 노래에 담긴 가르침과 권면을 통해서 행할 의무가 무엇인지 배운다(골 3:16). 그래서 시편 가운데는 교훈을 주는 시편이 많다.

셋째, 시편을 노래하라. 시편을 노래할 때 우리는 일인칭으로 노래할 수 있다. 비록 자신이 시편을 지은 것은 아니라 할지라도, 노래하는 것이 거짓말하는 것은 아니다. 그리스도를 노래하면서 다윗은 다른 사람들을 교훈하기 위해, 마치 자신이 그리스도인 것처럼 고난과 덕의 원형으로 그리스도를 말하고 있다. 우리도 시편을 동일하게 일인칭—자신의 말로서가 아니라 자신을 교훈하기 위한 말로서—으로 노래할 수 있다. 시편을 직접 짓지는 않았지만 일인칭으로 노래했을 레위지파의 고라와 여두둔의 자손들이나 다른 연주자들과 마찬가지로, 우리도 일인칭으로 부를 수 있다. 그것은 잘못된 것이 아니다(시 5:35, 42). 신자는 시편을 자유롭게 사용할 수 있다. 시편 6, 26, 46, 101, 130편에서 시편기자가 했던 것을 똑같이 우리 자신에게 적용할 수는 없겠지만, 우리의 교훈을 위해 일인칭으로 노래할 수 있다.

시편은 신자의 삶에 특히 유용하다. 시편은 우리를 교훈하고 가르치는 하나님의 지혜로 가득 차 있다. 또한 시편은 경쾌한 운율이 있어, 그것을 낭송하든 노래하든 쉽게 기억된다(신 31:19, 21). 예를 들어, 시편 25, 34, 37, 111, 112, 119, 145편과 같이 히브리어 알파벳 순으로 되어 있는 시편도 있다.

음식에 맛을 더하는 양념처럼, 시편에 적합한 곡조를 붙이면 하나님의 말씀이 주는 교훈을 즐겁고 쉽게 익힐 수 있다! 하나님의 말씀을 경쾌한 곡조에 따라 부르면, 신령한 즐거움에 겨워 슬픔이 사라진다(왕하 3:15, 삼상 16:14-15). 꼭 그리스도인이 아니라도 음악은 사람들을 교양 있게 하고 마음을 북돋아 준다는 것을 안다.

여덟 번째 방편은, 금식하는 것이다. 금식이 언제 필요하고, 그 목적이 무엇인지는 신약성경이 잘 말해 주고 있다(마 9:15, 27:21, 고전 7:5). 신약성경에는 많은 금식의 예가 나온다(행 13:2-3, 14:23, 고전 7:5). 구약성경에서도 하나님께서는 금식을 여러 차례 명하셨다. 사람들은 주로 큰 어려움이 닥쳤을 때 금식했다(삼상 7:6, 느 9:1, 단 9:3, 10:2-3, 삼하 12:16, 시 35:13, 욜 2:13). 가장 큰 금식의 날은 대속죄일로, 이 날에는 모두가 금식에 참여했다(레 16:29-31). 신약의 때를 위한 금식의 예언도 나온다(슥 12:12). 대부분의 경우, 금식은 아주 특별한 경우에 행해졌다. 금식은 믿음으로 거룩을 증진하는 데 큰 도움이 되었다. 금식을 할 때면 열정적인 기도와 겸손과 회개를 위해 시간을 따로 구별했다(욜 1:14, 2:12). 금식을 위해서 다음 몇 가지 지침을 기억하도록 하자.

첫째, 금식 때문에 하나님의 은혜와 긍휼을 얻을 것이라고 생각해서는 안된다. 바리새인과 율법주의자들이 그렇게 생각했다(눅 18:11). 금식을 그리스도의 자리에 두었다. 은혜를 얻고 정욕을 죽이기 위한 직접적인 방편으로 금식을 사용하는 사람들이 있다. 하지만 자신의 정욕을 죽이기도 전에 자신의 몸이 먼저 죽을 것이다! 또한 금식을 했기 때문에 더 정결해졌을 것이라고 생각하지 말라.

복음이 이끄는 믿음의 삶 353

금식 그 자체를 하나님이 받으실 것이라고 생각하면 안된다(딤전 4:8, 히 12:9, 골 2:16-23).

금식했기 때문에 기도가 이루어졌다고 생각하지 말라. 이는 그리스도를 믿는 믿음에 반하는 생각일 뿐이다. 축일은 물론 금식이 예배를 대신하지 않는다. 축일이나 금식은 영적인 것이 아니기 때문이다. 우리 육신과 관련된 것일 뿐이다. 구약성경에서 이런 의식들은 모두 우리의 교훈을 위해 주어졌지만, 이제는 더 이상 그렇게 사용되지 않는다. 대속죄일에는 금식 말고도 베옷을 입고, 재를 둘러쓰고, 옷을 찢고, 물을 붓고, 땅에 드러눕는 등 많은 상징적인 의식들이 행해졌다. 그러나 하나님 나라는 이런 의식들에 있지 않다(롬 14:17). 이런 것들을 의지하는 사람의 영혼은 점점 더 완악해질 것이다(사 58:3, 슥 7:5-10).

둘째, 기도하고 회개하는 특별한 시기에 금식이 도움이 된다. 금식은 영혼을 돕는다. 금식은 방해물을 제거하는 것이다. 먹고 마시고 몸을 즐겁게 하는 것과 같이 보통 우리의 시간과 정력을 소모하는 땅에 속한 것을 멀리하는 것이다(욜 2:13, 사 22:12-13, 슥 12:10-14). 가장 좋은 금식은 세례자 요한의 경우처럼(마 3:4) 마음에서 이런 즐거움이 사라지고, 영혼이 천국과 거룩한 슬픔에 사로잡히는 것이라 할 수 있다(슥 12:10-14).

셋째, 금식을 주신 원래의 목적대로 금식을 사용하라. 금식하는 것 자체가 목적이 되면 아무 소용이 없다. 음식을 멀리하려고 할수록 음식에 대한 욕구는 더 강해지기 마련이다. 다니엘이 그랬던 것처럼 평소에 음식을 절제하는 것이 좋다(단 10:2-3). 금식을 하면서도 음식에 대한 욕구를 떨쳐 버리지 못하는 연약한 사람들이 있다. 금식은 안하면 안될 만큼 절대적으로 필요한 것은 아니기 때문에, 감당할 준비가 안된 사람은 무리하지 말고 차라리 음식을 먹는 것이 낫다. 그렇지 않고 무리하면 억지로 결혼하지 않는 사람처럼 비굴한 금식이 될 수밖에 없다(고전 7:8-9, 34-36). 그리스도는 연약한 제자들이 억지로 금식하는 것을 원치 않으셨다(마 9:14-15). 금식에 어려움을 느끼는 사람은 그 이면에 자리한 육체성과 연약함을 잘 알아야 한다. 그러면 금식을 통해 믿음에 큰 유익을 얻을 수 있다.

아홉 번째 방편은, 서원을 지키는 것이다. 서원에 대해서 알고 싶어 하는 사람이 있을 것이다. 서원이나 맹세를 통해서 더 나은 사람이 되거나, 일을 더 잘하거나 하는 것은 아니다. 마치 하나님의 율법의 능력으로도 하지 못하는 일을 우리 자신의 서원이나 맹세로 할 수 있는 것처럼 생각해서는 안된다. 우리는 자녀들로부터 다음부터는 잘 하겠다는 다짐을 받지만, 그들이 그 다짐을 어떻게 지키는지는 너무나 잘 안다! 마귀는 우리가 서둘러 맹세하게 하고 또 그것을 어겨서 낙담하고, 양심에 가책을 느끼며 살기를 바란다.

열 번째 방편은, 다른 성도들과 사귐을 갖는 것이다. 우리 믿음이 자라는 또 다른 방편은 다른 그리스도인들과의 사귐과 교제다(행 2:42). 구원받은 사람은 누구나 반드시 지역교회에 속해서 다른 그리스도인들과의 사귐이 있어야 한다. 사정이 있어서 그렇게 하지 못한다 할지라도, 마음속으로 계속 열망해야 한다. 때때로 교회는 눈에 보

복음이 이끄는 믿음의 삶 355

이는 교제와 의식 때문에 오히려 방해를 받기도 하고 고통의 광야를 지나기도 한다. 그럼에도 불구하고, 그리스도를 믿는 사람들은 항상 그리스도의 교회에 속하려고 애를 쓴다. 다른 성도들과의 교제를 계속 이어 가는 것이다(행 2:42-47).

하나님께서는 가급적이면 악한 자들과 사귀지 말라고 하신다(고후 6:17). 악한 자들과 함께 어울리게 되면, 그들의 영적·육체적 필요에 부응할 수밖에 없기 때문이다(고전 5:9). 다른 그리스도인들과의 사귐은 사적인 관계와(시 101:4-7) 공적인 모임(히 10:25, 슥 14:6-7) 모두를 통해 지속되어야 한다. 그렇게 하는 것이 거룩에 자라가는 데 여러모로 유익하다.

하나님께서는 일반적으로 교회를 통해 사람을 구원하신다. 하나님께서 그리스도를 믿는 믿음으로 사람을 이끄실 때는 보통 한 교회 안으로 이끄셔서 사귐을 갖게 하신다. 아니면 교회를 통해 세상에 진리의 빛을 비추게 하심으로 사람들을 이끄신다. 교회는 하나님이 거하시는 전이다(딤전 3:15). 옛날 예루살렘처럼 하나님께서는 자신의 이름과 구원을 교회에 두셨다(욜 2:32). 하나님께서는 사람들의 회심을 위해 교회에 여러 직분과 성례를 두셨다(고전 12:28).

우리 몸의 지체들이 서로에게 머리의 충만한 것을 전달하는 것처럼, 하나님께서는 교회의 모든 지체를 통해 은혜와 충만함을 공급하신다(엡 4:16). 믿음으로 거듭난 사람들은 하나같이 교회를 통해 영양을 공급받고 자라간다(사 64:8-11, 44:20, 60:4). 그러므로 구원 얻기를 원하는 사람은 누구나 교회에 속해야 한다. 교회를 사랑하고, 교회 지체들과 연합하는 사람은 계속해서 자라간다. 하나님께서는 교회의 지체가 아닌 사람들에게 진노를 선언하신다. 교회를 어미로 두지 않은 사람은 하나님을 아비로 누릴 수 없다. 복음을 통해 하나님과 교통하기를 바라는 사람들은 그 백성의 옷자락이라도 붙든다(슥 8:23).

다른 그리스도인들과의 사귐은 거룩함을 증진하는 데 유익하다. 교회에서 우리는 말씀과 성례를 나눈다(행 2:42, 사 2:3, 마 28:19-20). 교회에는 우리 영혼을 돌보는 목사가 있다(히 13:17, 살전 5:12-13). 다른 그리스도인들과의 사귐 없이는 이런 것들도 아무 도움이 되지 못한다. 다른 그리스도인들과 사귀기를 원하지 않는 고독한 그리스도인은 말씀이나 성례나 직분자들의 섬김과 같은 것도 전혀 누릴 수 없다.

성도들은 서로를 위해 기도한다. 모두가 합심하여 기도할 때, 기도는 더 큰 능력으로 드러난다(마 18:19-20, 고후 1:10, 약 5:16, 롬 15:30).

죄에 빠지려는 사람이 있을 때, 선한 일을 독려하고자 할 때, 우리는 서로를 권면하고 교훈하고 위로한다(살전 5:14). "지혜로운 자와 동행하면 지혜를 얻고"(잠 13:20), 홀로 있는 사람은 넘어짐을 피할 수 없다(전 4:9-12). 교회에서 서로 사귐으로 서로를 돌아보고 지켜보는 많은 동역자를 얻을 수 있다. 병사가 전우들을 통해 안전을 확보하는 것처럼, 교회도 마찬가지다. 철이 철을 날카롭게 하는 것처럼 성도의 사귐은 서로의 얼굴을 빛나게 한다(잠 27:17). 친구의 권면은 향료와 기름처럼 마음을 기쁘게 한다(잠 27:9). 의인이 때리는 매와 책망은 값비싼 향유와 같다(시 141:5).

성도의 사귐이 고통을 덜어 준다. 서로를 돌아보고 섬기기 때문이다(엡 4:28, 벧전 4:9-10). 자기 영혼의 안위를 살펴 주는 사람이 아무도 없는 사람은 고통이 날로 더해 갈 뿐이다(시 142:4).

우리는 회복을 목적으로 교회의 치리를 받는다. 죄질이 극히 나쁠 때, 혹은 계속해서 완고하게 죄에 머물 때 치리를 받는다. 몸은 죽더라도 영혼을 살리고자 하는 것이 치리다(고전 5:5). 속한 교회도 없이 지내는 것보다는 차라리 교회에서 출교를 당해 회개에 이르는 것이 더 낫다. 돼지나 염소이기보다는 차라리 잃어버린 양인 것이 더 낫다. 출교는 회개하지 않는 죄인이 회개할 때까지 교회의 사귐에서 배제하는 것이다.

출교가 치리중인 사람을 더 이상 교회의 사귐에 참여시키지 않고 일탈한 형제로 심판하는 것이지만, 그렇다고 교회의 지체와 형제로서의 관계와 자격을 완전히 부인하는 것은 아니다. 치리중인 사람에게도 여전히 권면이 필요하다(살후 3:15). 치리중인 사람을 회개로 이끌고 회복하기 위해 가능한 모든 수단을 다 동원할 수 있다. 비록 성도의 사귐으로 이끌어 들이는 것은 아닐지라도, 교회는 그에게 도움의 손을 내밀 수 있다. 하지만 참된 회개에 이를 만한 은혜가 없는 사람이라면, 차라리 회개에 이르는 길을 알지 못한 편이 더 나을 것이다(벧후 2:21).

교회에서의 사귐을 통해 우리는 서로를 교훈하고 격려하는 성도들의 살아 있는 모범을 보게 된다(빌 3:17, 4:9, 딤후 3:10, 고후 9:2).

성도들과 경건한 대화를 나눈다. 그리스도 안에서 서로를 교훈하고 권면하고 위로한다. 하지만 오직 그리스도 안에서 친밀한 사귐을 나누는 사람들만을 교훈하고 격려할 수 있다. 그러나 개중엔 돼지처럼 이 소중한 진주를 발로 짓이겨 버리는 사람들도 있다. 이런 사람들과는 경건한 대화를 삼가는 것이 좋다(암 5:10-13, 6:10). 그러나 이런 사귐을 기쁨으로 받아 누리는 그리스도인들과는 계속 대화해야 한다(말 3:16). 신자들과 나누는 경건한 대화는 거룩을 증진하는 데 큰 도움이 된다(잠 11:25).

우리는 그리스도의 몸 된 지체들을 서로 돌보고 섬겨야 한다. 교회의 사귐을 통해 우리는 그리스도를 섬긴다. 우리가 그리스도의 지체인 것처럼, 동일한 지체인 다른 이들도 선대해야 한다. 그리스도께 하듯 하면 된다. 그리스도 안에서 다른 지체들을 섬기는 것은 크나큰 특권이다(마 23:35-49, 시 16:2-3). 하지만 그리스도의 몸에서 떨어져 나와 있는 사람은 다른 지체들을 섬길 수 없다. 우리 몸과 분리된 지체가 제 기능을 할 수 없는 것과 마찬가지다.

그리스도 안에서 거룩에 자라가기 위해서는 반드시 성도의 사귐을 바로 누려야 한다. 그리스도의 교회의 지체로 살아가기 위해서 잊지 말아야 할 원리가 있다.

교회의 회원이라는 사실이나 그 외에 교회에서 누리는 어떤 관계도 자신을 하나님께 천거하는 근거가 될 수 없다. 교회는 그리스도와 사귀는 통로일 뿐이고, 이 사귐이 요구하는 삶의 방편일 뿐이다. 이스라엘 사람들이 그리스도께 걸려 넘어진 것도, 그리스도만을 의지하기보다 자신들의 외적인 특권을 더 의지했기 때문이다. 그들은 하나님의 백성이라는 사실을 의지했다. 교회를 그리스도와 맞서는 것으로 만들었다. 교회의 회원이라는 특권을 그리스도께 굴복했어야 했다! 바울이 가르친 대로 자신들이 누리는 특권을 의지하지 말았어야 했다(빌 3:3-7).

바울이나 아볼로나 게바가 아닌 그리스도만을 자랑해야 한다. 그리스도만을 자랑하지 않으면, 육체와 사람을 자랑할 수밖에 없다(고전 1:12-13, 3:21). 교회의 지체된 특권을 의지하는 것은 종교적 형식주의와 방종으로 흐르는 지름길이다(렘 7:4-10). 이런 잘못은 결국 교회의 타락으로 이어진다(사 1:10, 딤후 2:20).

그리스도를 따르는 것 이상으로 교회를 추종해서는 안된다. 오직 그리스도 때문에 교회에서 사귐을 누려야 한다. 교회의 사귐이 의미가 있는 것은 그 사귐을 통해 그리스도와 사귀게 되기 때문이다(요일 1:3, 슥 8:23). 아무리 역사와 전통이 있는 교회라 할지라도, 그리스도를 배반하는 교회는 따르지 말라. 이스라엘 교회는 그리스도와 사도들을 핍박했다. 누구도 이런 교회는 따르지 말았어야 했다. 이 교회에 머물러 있던 많은 사람들이 결국 그리스도로부터 떨어져 나갔다(빌 3:6, 행 6:13-14, 21:28). 교회의 인도와 가르침에 귀를 기울여야 하는 것은 사실이지만, 교회라 **이름하는** 모든 교회를 따르라는 의미는 아니다. 참 교회로서 목소리를 내지 않는 교회는 따르지 말라. 교회는 참 목자의 음성을 따라 말해야 한다(요 10:27).

하나님의 비밀을 맡은 자들인 그리스도의 일꾼들에게 복종해야 한다(고전 4:1). 그러나 우선 그리스도께 절대적으로 복종하고 그 다음에 그리스도의 뜻 안에서 교회에 복종하라(고후 8:5). 우리의 믿음은 사람의 교훈에 따른 것이 아니다(마 15장). 스스로 어떤 권위를 내세우든지 간에 사람들의 가르침은 반드시 성경으로 검증해 봐

360 성화의 신비

야 한다(행 17:11). 무턱대고 교회의 인도를 따르다 보면, 결국 자신이 온갖 영적 간음과 가증한 것에 빠지게 될 것이다. 우리는 교회의 이름이 아니라 그리스도의 이름으로 세례를 받았다(고전 1:13).

일정한 수준의 은혜에 이르러야 교회에서 온전한 사귐을 누릴 수 있다고 생각할 필요가 없다. 자신을 그리스도께 드리고, 성도로서 교통할 책임을 아는 것으로 족하다. 교회에서 연약하고 무기력해 보여도 괜찮다. 교회의 지체가 되고 그에 따른 모든 것을 누리는 것 자체가 우리를 강건하게 하기 위한 것이다! 혼자만 지내면서 어떻게 따뜻한 마음을 가질 수 있겠는가? 누구나 할 것 없이 처음 회심한 제자들이 가장 먼저 한 일은 교회의 교제에 참여하는 것이었다(행 2:42). 교회는 그리스도께 속한 연약한 자들이 다른 사람들과 더불어 거룩해져 갈 수 있도록 그들을 기꺼이 맞이해야 한다. 교회는 울타리 안에 있는 다 자란 양뿐 아니라 어린양도 먹여야 한다. 다른 지체들을 돌보고 먹이지 않으면 어떻게 그리스도의 연약한 자들이 강건하게 자랄 수 있겠는가? 더 높은 수준의 은혜가 있고 더 푸른 초장으로 가기만 하면 교회의 교제가 없어도 잘 자랄 것이라고 생각해서는 안된다!

자신에게 거슬리는 사람이라고 해서 교회의 교제로 들이기를 꺼려서는 안된다! 우리는 그런 사람들도 감당해야 한다. 기억하자. 교회의 교제에 있어서 인내와 오래 참음처럼 중요한 요소도 없다(엡 4:2-3, 롬 14:1). 가장 연약한 지체야말로 교회의 교제를 통해 강건해져야 할 필요가 있는 사람들이다. 그리스도께서 우리를 받으신 것처럼, 우리도 이런 사람들을 받아야 한다(롬 15:7). 우리 몸의

복음이 이끄는 믿음의 삶 361

가장 연약한 지체를 거부하거나 떼내는 일은 없어야 한다(고전 12:23-24). 오히려 그들에게 더욱 큰 관심과 사랑을 보여야 한다.

신약성경의 교회는 교회 앞에서 분명한 신앙고백을 한 사람들만을 교회 회원으로 받아들였다. 물론 항상 알곡에는 가라지가 따라 들어가는 법이다. 교회 안에서도 많은 추문이 일고 그리스도의 도가 수치를 당했다. 하지만 교회 회원이 되는 자격을 더 엄격하게 한다고 해서 위선자들이 교회에 들어오지 못하는 것은 아니다. 아무리 미미한 은혜라 해도 참된 은혜를 가진 사람이 교회에 들어오는 것을 막지 않도록 신중을 기해야 한다.

그리스도와의 교제와 사귐을 위해서는 교회와의 교제와 사귐을 소중히 여겨야 한다(요일 1:3, 슥 8:23). 오직 그리스도께서 정하신 순전한 방식을 통해서만 그리스도와의 교제를 계속해 가야 한다. 이 순전한 방식을 따라 믿음으로 그리스도를 찾으라. 그리스도께서 주시는 위대한 복을 누릴 때, 우리는 그분을 더욱 충만히 받아 누리고, 거룩하고 경건한 삶을 살아갈 수 있다. 교회에서의 교제를 위해서는 가장 성경적인 가르침과 경건한 사귐이 있는 교회를 택하라. 새 창조의 원리에 따라 교회와 성도들을 잘 살펴보고(고후 5:16-17) 시험하라(계 2:2, 3:9). 그러면 교회나 성도들 때문에 타락하지 않을 것이다!

교회에서 누리는 교제를 통해 믿음이 더욱 견고해져 가야 한다. 자신이 회원으로 속한 교회는 물론, 하나님의 섭리 가운데 가끔씩 참여하게 되는 교회와도 교제를 이어 가야 한다. 왜 그런가? 한 교회에서 지체로 교제한다는 것은 곧 다른 모든 그리스도의 참된 교회

362 성화의 신비

들과의 교제 안으로 들어가는 것이기 때문이다. 그러므로 "내 교회 말고 다른 교회 사람들과는 교제하지 않겠다"고 말하는 것은 잘못된 것이다. 그리스도께 속한 사람은 다른 그리스도인들에게도 속했다. 그리스도인 개인뿐 아니라 교회도 마찬가지다.

자신이 살고 있는 지역에 사는 경건한 사람들과 사귀라. 더 자주 그들과 만나고 교제하라. 오네시모는 로마에서 회심했음에도 불구하고 골로새에 살았기 때문에 골로새 교회의 지체가 되었다(골 4:9, 몬 10). 그리스도의 사도들은 자신이 살고 있는 지역의 그리스도인들과 연합을 누렸다. 죄 가운데 있지만 않으면 이런 연합을 계속 이어갈 수 있다. 근처에 가까이 사는 사람들이야말로 서로를 돌아보고, 권면하고, 위로하고, 세워 주기에 가장 적합하다. 이것이 바로 교제를 통해 누리는 유익이다. 교회에 속했으면서도 서로 섬기고 돌아보는 유익을 누리지 않으려는 것은 참된 교제를 깨뜨리는 일이다. 자신의 영혼에 해가 될 뿐이다.

그리스도의 길을 좇지 않는 교회에서의 사귐은 그분의 이름을 헛되이 사용하는 모임에 불과하다. 유사 교제요, 위선자들의 회합일 뿐이다. 이런 모임을 즐기면서 사람들을 교회로 초청하는 것은 오만의 극치다. 위선자들이 사람들을 교회로 이끄는 것은 한마디로 횡포이고 폭력이다. 그리스도인이라면 누구나 복음과 하나님의 말씀의 능력을 따라 교회를 변혁함으로 더 나은 교회를 만들어 가야 한다. 이런 사람들이 바로 그리스도 교회의 최고의 자녀들이다. 이들은 항상 이렇게 묻는다. "이렇게 하는 것이 그리스도를 즐거워하는 바른 길인가?" 이들은 그리스도인이 그리스도를 즐거워하도록 하기 위해 하나님께서 교회를 세우셨다는 사실을 잘 아는 사람들이다!

마지막으로, 핍박이 있다는 이유로 교회를 등지지 말라. 핍박당하는 때야말로 교회가 가장 절실히 필요한 때다. 가장 혹독한 시험 가운데 있을 때 교회를 더 절실히 붙잡아야 한다. 핍박 때문에 교회를 떠나는 것이야말로 배교—믿음에서 떠나는—의 표지다(히 10:25-26, 마 24:9-14). 감옥에 갇히고, 심지어 죽게 된다 할지라도 한몸인 교회 지체들과의 결속을 공고히 해야 한다. 그렇지 않으면 교회의 지체됨을 스스로 부인하는 것이다(마 25:43).

이제까지 살펴본 것들이 바로 하나님께서 말씀을 통해 우리에게 주신 은혜의 방편이다. 방편 자체가 우리를 거룩하게 하는 것은 아니지만, 참 포도나무이신 그리스도와의 깊은 교제로 이끌고, 이런 깊은 교제를 통해 우리는 거룩하게 된다. 하나님의 영광을 위해 이 방편을 부지런히 사용해야 할 이유가 충분하지 않은가!

열네 번째 원리

복음이 이끄는
삶의 중요성과 유익

지금까지 우리는 그리스도를 믿을 뿐 아니라 믿음으로 그리스도 안에서 사는
거룩한 삶을 추구해야 한다는 것을 살펴보았다. 거룩한 삶을 추구하기 위해서
는 그리스도를 믿는 믿음으로 사는 삶이 왜 영혼에 유익하고 소중한지 알아야
한다.

은혜 가운데 믿음을 통해 누리는 거룩한 삶에 대한 논의를 마무리할 때가 되었다. 은혜로 사는 삶이 정말 거룩한 삶으로 귀결될지 믿기가 쉽지 않을 것이다. 그리스도인의 삶은 기쁨의 삶이라고 말해 주는 사람들이 많지 않을지라도, 하나님은 분명히 그렇게 말씀하신다. 날마다 우리가 그리스도를 믿는 믿음으로 사는 은혜의 삶을 살기를 바란다. 주변의 많은 사람들이 경건한 삶에서 떠나고 있다. 경건한 삶을 산다는 것이 무엇인지, 어떻게 경건한 삶을 살 수 있는지를 모르기 때문이다. 죄와 싸우다 지쳐서 경건한 삶을 포기하고 만다. 대부분 경건을 재미 없고, 우울하고, 손해 보는 것으로 여기기 때문이다. 가나안으로 가는 광야의 여정 내내 불평이 끊이지 않았던 이스라엘 백성들처럼, 이들은 거룩한 삶을 지루하고 따분하기만 한 여정이라고 생각한다(민 21:4).

그러나 전혀 그렇지 않다! 그리스도를 믿는 믿음을 통해 은혜로 사는 삶은 경이로운 삶이다. 이 사실을 깨닫고 정말 그렇게 살려고 하는 사람은 결코 포기하지 않는다! 나는 여기서 은혜로 사는 삶이 얼마나 중요한지 밝히고자 한다. 이에 앞서 지금까지 언급한 것들을 한 번 정리하고 상기시키는 것이 필요하다. 나는 지금까지 복음—어떻게 우리가 그리스도를 믿음으로 그리스도와의 연합과 사귐으로 들어가는가—에 대해 살펴보았다. 죄책과 부패에 사로잡힌 본성적 상태로는 그리스도와의 연합이 있을 수 없고, 율법이나 자신의 공로로는 그리스도와의 교제로 들어갈 수 없다.

그러나 여기 좋은 소식이 있다. 믿음으로 그리스도께 나아오기까지는 선한 사람이 되려고 본성의 강물을 거슬러 가 봐야 아무 소용없다. 오직 우리가 할 일은 그리스도를 믿고 값없이 주시는 구원의 선물을 받는 것이다. 새 사람과 새 피조물이 된 우리는 그리스도를 믿는 믿음으로 살도록 부르심을 입는다. 이런 부르심을 따라 믿음으로 그리스도 안에서 살아가기 위해서는 하나님께서 주신 모든 은혜의 방편을 부지런히 사용해야 한다.

그렇다면 그리스도를 믿는 믿음을 통해 은혜로 사는 것이 영적으로 건강한 삶을 사는 데 중요한 이유가 무엇인가?

믿음을 통해 은혜로 누리는 거룩한 삶은 신자를 겸손하게 하고 하나님의 이름을 높인다. 하나님께서 예수 그리스도 안에서 주시는 능력과 은혜로만 거룩하게 살 수 있기 때문이다. 믿음을 통해 받은 은혜로 누리는 거룩한 삶은 하나님께서 일하시는 모든 목적에 부합한다. 모든 피조물은 하나님의 영광을 위해 지어졌다(롬 11:6, 사 2:17, 겔 36:21-23, 31-32). 우리는 범사에 하나님의 이름을 거룩하게 여기고 영화롭게 해야 한다. 이것은 주기도문의 처음 간구이기

복음이 이끄는 삶의 중요성과 유익 367

도 하다(마 6:9). 무슨 일을 하든지 하나님을 영화롭게 하는 것이 우리의 최고 목적이 되어야 한다(고전 10:31). 율법을 주신 목적도 하나님을 영화롭게 하는 것이다(롬 3:19-20). 하나님께서는 그리스도로 말미암아 만물을 지으셨고, 그리스도는 만물의 으뜸이 되셨다(골 1:17-18).

오직 믿음을 통해 은혜로 받는 구원은 모든 영광이 하나님께만 돌아가는 유일한 구원의 방식이다. 바울은 그리스도를 믿는 믿음을 통해 은혜로 받는 칭의에 대해 말하면서, 이런 구원에는 우리의 교만과 자랑이 들어설 자리가 없다고 말한다(롬 3:27-28, 엡 2:8-9). 이 사실은 구원받아 그리스도인이 된 신자의 삶에서도 마찬가지다. 신자의 삶에서도 하나님의 영광만이 찬란하게 빛난다. 신자의 거룩한 삶 역시 예수 그리스도를 믿는 믿음에서 비롯되기 때문이다. 왜 그런가?

믿음을 통해 은혜로 받아 누리는 거룩한 삶은, 인간 본성의 능력이나 육체의 힘으로는 아무것도 할 수 없다는 사실을 극명히 드러낸다. 우리가 하나님의 율법을 지키려고 아무리 발버둥친다 해도, 육체적으로는 아무런 선한 일도 이룰 수 없다(롬 7:18). 이 사실을 통해 우리는 겸손해질 수밖에 없다! 우리 본성은 그 무엇으로도 치료될 수 없고, 새로워질 수 없을 만큼 전적으로 악하다. 이런 옛 본성을 벗어 버릴 수 있는 유일한 길은 그리스도를 덧입는 것뿐이다! 심지어 그리스도를 덧입은 후에도 육체는 여전히 악하고 무능하다. 그러므로 거듭난 신자가 된 이후라도 거룩해지기 위해서 자기 안에 있는 그 어떤 것을 의지할 수 없다.

믿음을 통해 은혜로 누리는 거룩한 삶은, 우리의 선행과 하나님을 향한 삶이 전혀 우리 자신의 능력에서 비롯된 것이 아니라는 사실을 잘 보여준다. 오직 믿음으로 살 때 우리 안에 거하시는 그리스도의 능력을 통해서 거룩하게 된다. 혹시 무슨 선한 일을 한다면, 그것은 우리의 본성적 능력으로 한 것이 아니다. 하나님께서 우리가 본성을 넘어 선한 일을 할 수 있도록 하셨기 때문이다. 어떻게 그것이 가능한가? 성령으로 우리와 연합하신 그리스도께서 우리 안에 사시기 때문이다.

모든 사람은 하나님을 힘입어 기동하며 산다. 하나님께서 말씀으로 만물을 붙드시기 때문에 사람들이 살아간다(히 1:3). 불신자들 역시 하나님의 도움을 받아 산다. 그런데 하나님은 그리스도와 한 몸이요 한 영인 하나님의 백성에게는 더 직접적이고 친밀하게 역사하신다.

우리가 그리스도인이라면, 우리의 능력이 아닌 우리 안에 거하시는 그리스도의 영의 능력을 따라 살아야 한다. 그리스도와 연합한 우리는 그리스도의 영이 거하시는 살아 있는 성전이다. 우리가 선한 행실을 할 수 있는 것도 그리스도께서 우리에게 능력을 주셨기 때문이다. 그래서 심지어 우리의 선한 행실은 그리스도의 역사라고까지 말할 수 있다. 그리스도께서 우리 안에서 우리를 통해 역사하시기 때문이다. 하지만 동시에 그것은 우리가 한 일이다. 그리스도와 사귀며 사는 것은 다름 아닌 우리 자신이기 때문이다(갈 2:20, 엡 3:16-17, 골 1:1).

그리스도께서 우리 안에 사시기 때문에, 우리가 하는 모든 선한 일의 영광은 하나님께 돌려야 한다. 선한 일을 선물로 받은 우리는 하나님께 감사해야 한다(고전 15:10, 빌 1:11). 하나님께서 친히 우리로 일하게 하신다. 불신자들은 단지 자신의 본성에 따라 행한다. 그래서 그들은 항상 악할 뿐이다. 하지만 신자는 다르다. 하나님께서 친히 신자로 죄를 이기게 하신다. 그러므로 모든 영광은 하나님께만 돌려야 한다. 바리새인들은 "선한" 삶을 살았음에도 전혀 하나님께 영광을 돌리지 않았다는 것을 기억하라. 그들은 자신의 힘으로 그렇게 산다고 믿었기 때문에 영광을 자신에게 돌렸다(눅 18:11). 우리의 모든 선행은 하나같이 그리스도로부터 온다는 것을 알지 못하면, 필연적으로 자신에게 모든 영광을 돌릴 수밖에 없다. 그리스도로 말미암아 성부 하나님께 모든 영광을 돌리는 일은 절대 일어날 수 없다.

우리의 선행에 대한 영광은 하나님께만 돌려야 한다! 그리스도께서 이 땅에 계시면서 자기 안에 거하시는 성부와 하나되어 일하신 것처럼, 우리는 그리스도와 하나되어 일한다. 포도나무에 붙은 가지가 나무에서 얻는 수액으로 사는 것처럼, 지체된 우리는 머리 되신 그리스도의 능력으로 산다. 그리스도를 신랑으로 모신 우리는 선한 열매를 맺는다. 우리의 산 떡이신 그리스도를 먹고 마시는 우리는 그 능력으로 일한다. 그리스도는 새로운 피조물의 모든 것 되시고, 모든 약속은 그분을 통해 이루어진다(고후 1:20).

믿음을 통해 은혜로 누리는 거룩은 복음의 핵심 가르침과 일치한다. 이 길 외에 전체 복음과 온전히 부합하는 거룩한 다른 길은 없다. 이처럼 그리스도를 믿는 믿음을 통해 은혜로 누리는 거룩은 경건의 비밀 안에 있는 복음의 진리와 함께 연결되어 있는 금사슬이다. 참된 거룩에 이르는 이 길을 오해하는 사람은 성경의 다른 부분도 왜곡할 수밖에 없고, 그렇게 될 때 복음 진리는 율법주의와 인간 중심의 교훈으로 전락하고 만다. 믿음으로 말미암는 거룩에 대한 가르침이 전적으로 경건에 부합한다고 믿지 않는 사람들은 성경의 가르침을 항상 부인해 왔다.

은혜로 누리는 거룩이 무엇인지 알면, 성경에 나오는 많은 가르침들이 참된 경건과 거룩에 대한 이 가르침에 부합한다는 사실도 알게 된다. 또한 맹목적인 열심에 사로잡힌 사람들이 받아들이는 거룩에 대한 많은 교훈들이, 실상은 참된 거룩에 대한 이해를 방해하고 있다는 것을 알게 될 것이다. 거짓된 교훈은 항상 그럴 듯하게 보이는 법이다! 이런 경우에 대부분의 사람들은 참된 거룩에 이른다고 하는 많은 율법주의 이론들을 제시한다. 하지만 사람들이 그들을 어떻게 부르든지 간에 이들은 율법주의자들이다. 더 엄밀히 말하면, 이들은 율법을 무시하는 반율법주의자들이다.

믿음을 통해 은혜로 누리는 거룩한 삶에 대한 교훈이 확증하는 복음 진리를 주목하라.

첫째, 믿음을 통해 은혜로 누리는 성화는 거룩에 이르는 유일한 길로서, **원죄 교리**를 확증해 준다. 여기서 원죄라 함은 아담의 죄를 통해 물려받은 죄책뿐 아니라, 인간 본성에 자리한 전적인 부패를 가리킨다. 중심에 자리한 이런 부패로 영적으로 선한 일에는 전혀 무능력하게 된 인간은 항상 죄로 치달아 사망에 이를 뿐이다(시 51:5, 롬 5:12). 인간은 율법을 온전히 준행할 수 없게 되었다.

복음이 이끄는 삶의 중요성과 유익 371

많은 사람들이 원죄 교리를 부정한다. 사람들이 원죄 교리를 믿게 되면, 자신의 죄를 원죄 탓으로 돌리고 그 교리를 악용하기 때문이다. "원죄를 가진 연약한 인간인 이상 나도 어쩔 수 없었다"라고 말하며 책임을 회피한다는 것이다. 그들은 원죄 교리가 선행을 하지 못하도록 사람들을 가로막는다고 말한다. 원죄 교리를 부정해야 사람들이 선한 일에 열심히 참여할 것이라는 말이다! 사람이 전적으로 타락한 것이 아니고 그 속에 아직도 선한 것이 남아 있다고 말해야 사람들이 경건해지려고 더욱 힘쓸 것이라고 한다. "당신이 그렇게까지 나쁜 사람은 아닙니다. 아직 선한 구석이 남아 있습니다. 그러니 지금이라도 열심히 노력하면 더 선해질 수 있습니다. 그렇고 말고요!"라고 말한다.

사람들은 어떻게 해서라도 원죄 교리를 없애려고 한다. 공공연하게 그렇게 가르치는 교회들도 있다. 세례 받을 때 원죄도 함께 사라진다고 말하거나, 혹은 사람들에게는 선을 행할 자유의지가 있다고 말한다. 온갖 이유를 들어 원죄를 부인한다. 우리는 사람들이 원죄를 부인하려는 이유를 알아야 한다. 선한 일을 위한 본성적인 능력이 있다고 말함으로써 다른 사람들을 경건한 삶으로 이끌겠다는 심산이다.

원죄를 부인하는 이면에 있는 의도는 좋을지 몰라도, 결국 재앙으로 끝나게 될 것이 분명하다. 원죄를 부정하고는 누구도 참된 거룩에 이를 수 없다. 우리의 본성적 상태인 육체는 죄로 완전히 부패했기 때문에, 본성적 상태에 있는 인간은 어떤 선한 일도 행할 수 없다고 앞에서 여러 차례 말했다. 타락한 본성을 가지고 선한 삶을 사는 것이 전적으로 우리 손에 달렸다면, 우리는 기대할 것이 없다.

하지만 신자는 절망할 필요가 없다! 비록 우리가 타락으로 완전히 황폐하게 되었지만, 하나님이 우리 안에 거룩에 이르는 새로운 길을 내셨다. 복음을 통해 신자는 새로운 출생과 새로운 마음을 받는다. 새로운 피조물이 되는 것이다. 그리스도의 성령으로 거룩을 추구하라고 이제까지 말한 이유가 바로 여기 있다. 선한 것을 사모하고, 선하게 살고자 하는 사람은 예수 그리스도와의 교제 안으로 들어와야 한다. 교제를 통해 그리스도께서 우리에게 새로운 영적 능력을 주실 것이다. 우리를 새로운 피조물로 만드시고 신의 성품에 참여하게 하실 것이다. 하나님께 순종하는 기쁨을 주실 것이다.

둘째 아담인 그리스도를 알기 위해서는 반드시 첫째 아담을 알아야 한다(롬 5:12). 타락과 원죄를 믿어야 한다. 이것을 믿을 때, 자신의 의지와 능력으로는 거룩에 이를 수 없다는 것을 알고, 은혜의 선물인 거룩을 얻으려고 그리스도께 믿음으로 달려갈 것이다(고후 1:9, 마 9:12-13, 롬 7:24-25, 고후 3:5, 엡 5:14). 옛 사람에게 거룩하게 될 수 있는 생명과 능력이 있었다면, 하나님께서 우리를 새 사람이나 새로운 피조물로 만드실 필요가 없었을 것이다(요 3:5-6, 엡 2:18).

원죄 교리를 무서워하지 말라! 원죄 교리는 하나님의 은혜를 더욱 드높이는 교리다! 원죄와 사망이 하나님의 백성들의 삶에서 일하시는 하나님의 역사를 막을 수는 없다. 하나님은 하나님 앞에서 흠 없고 거룩하게 살도록 택한 백성들 안에서 믿음으로 역사하실 것이다. 복음을 통해 그리스도를 향한 굶주림과 갈망을 주실 것이다. 죄와 타락으로 완전히 죽었던 백성들을 새로운 머리를 통해 살아나

복음이 이끄는 삶의 중요성과 유익 373

게 하시고, 다른 포도나무의 가지가 되게 하셨다. 그러므로 이들은 더 이상 자신이 가진 본성의 능력으로가 아니라 성령으로 힘입어 하나님을 향해 살아간다.

둘째, 믿음을 통해 은혜로 누리는 성화는 예정 교리를 확증해 준다. 예정 교리 때문에 사람들이 거룩해지려는 노력을 하지 않을 것이라는 생각으로, 많은 사람들이 이 교리를 부정한다. 예정을 믿는 사람들은 "이미 모든 일이 정해져 있기 때문에 내 노력은 별 의미가 없다"고 생각한다고 믿는다. 인간의 자유의지로 선한 삶을 살 수 있다면 이런 주장도 어느 정도 설득력이 있을 것이다. 하지만 거룩은 오직 하나님의 역사라는 사실을 생각해 보면, 이런 주장은 공허할 뿐이다. 그리스도를 통해 우리 안에 성령을 보내셔서 믿음과 거룩으로 역사하시는 분은 하나님이다. 우리는 택함 받은 자들에게 은혜를 주시는 그리스도와 사람들을 선대하시는 하나님의 선의를 믿어야 한다(마 3:17, 눅 2:14). 선택 교리는 행위로 거룩을 추구하는 인간의 노력을 무색하게 하는 것이지, 은혜로 거룩을 추구하는 노력까지 무의미하게 만들지는 않는다는 것은 분명하다(롬 11:5-6).

하나님께서는 택함을 받은 자답게 구원을 추구하라고 하신다. 참된 거룩은 우리의 노력이 아닌 오직 하나님의 뜻을 따라 받는다. 이 진리를 믿는 사람은 하나님의 뜻을 따라 거룩을 추구하고자 할 것이다(롬 9:16). 그리스도를 믿는 믿음으로 이루는 거룩을 통해 우리가 하나님의 만드신 바인 것을 안다. 우리 안에 있는 선한 것은 무엇이나 하나님께서 이루시는 것이기 때문이다(빌 2:12, 엡 2:10). 이 사실을 알면, 하나님께서 영원 전부터 가지고 계신 거룩하신 뜻을 따라 기쁨으로 행하셨다는 것을 기꺼이 인정할 수 있다. 하나님은 우리의 타락한 의지가 가진 본성적 자유를 조금도 침해하신 적이 없다! 그리스도와의 사귐이 없다면 우리가 할 수 있는 일이라고는 우리가 원하는 악한 일뿐이다! 그러나 하나님께서 우리를 택하셔서 그리스도 안에서 새로운 피조물이 되게 하시면, 성령으로 우리를 감동하셔서 선한 일을 바라고 행할 수 있게 하신다.

셋째, 그리스도를 믿는 믿음으로 되는 성화는 믿음으로 의롭게 되고 하나님과 화해하는 **이신칭의 교리**에 부합하다. 진정으로 구원받은 사람은 자신의 어떤 공로도 의지하지 않고 오직 그리스도의 보혈의 공로만을 의지한다. 믿음이라는 행위 자체가 의로운 공로라서 하나님께 호의를 얻는 것이 아니다. 믿음은 하나님이 주시는 선물을 받는 빈손에 불과하다. 믿음은 그리스도를 먹고 마시는 것이다. 믿음은 그리스도라는 신령한 양식을 먹을 수 있도록 하는 자격이나 조건도 아니다! 우리는 믿음으로 신령한 양식이신 그리스도를 받아 먹는다.

이 위대한 복음 교리를 싫어하는 사람들이 많다. 이 교리가 거룩의 모든 경계를 무너뜨려 온갖 방탕하고 불경한 삶을 불러올 것이라고 생각하기 때문이다. 그러면서 억지로라도 선한 삶을 살게 하려면 행위를 하나님의 은혜를 얻게 하는 조건으로 가르쳐야 한다고 말한다. 하나님의 진노를 피하고 영원한 구원을 얻기 위해서라도 사람들은 열심히 노력할 것이라고 주장한다! 이들은 행위와 전혀 상관없이 그리스도 안에서 받아 누리는 은혜를 가르치는 교리 때문에 모든 불의한 삶이 더해 갈 것이라고 믿고 가르친다. 복음 교리만으

복음이 이끄는 삶의 중요성과 유익 375

로는 사람들을 선하게 살도록 자극할 수 없다고 생각하는 것이다.

다시 말하지만, 인간이 율법주의적인 동기로 선하게 될 수 있다면 이 생각도 일리가 있다. 인간이 만약 스스로 노력해서 그 삯으로 천국을 받을 수 있다면, 율법을 통해 하나님을 위해 일하도록 하는 것도 나쁘지 않다. 무정한 주인에게 삯을 지불해야 천국에 갈 수 있다면, 비굴한 두려움을 통해서라도 사람들을 경건하게 하는 것도 의미가 있다! 그러나 믿음을 통해 은혜로 받는 진정한 칭의 교리는, 이런 식으로 사람들을 경건하게 만들려는 모든 전제와 노력을 무산시킨다!

이미 살펴보았듯이, 하나님 앞에 죄책으로 죽은 사람은 사랑으로 하나님을 섬길 수가 없다. 그렇게 해야만 한다고 해도 할 수가 없다. 비굴한 두려움과 공로를 통해서는 하나님을 사랑하게 할 수 없다. 사람은 자신의 어떤 노력으로도 거룩해질 수 없다. 오직 그리스도의 죽음과 부활을 믿어야만 거룩해질 수 있다. 이 믿음이 우리를 의롭게 한 바로 그 믿음이다. 율법은 우리에게 죄를 불러일으킬 뿐이다. 그러므로 사도 바울이 가르친 대로 율법 아래 있지 않을 때에야 조금이라도 거룩해질 수 있다(롬 6:11-14, 7:1-6).

바울이 말하는 바와 같이, 믿음으로 거룩하게 되는 성화의 방식은 믿음으로 의롭게 된다는 이신칭의 교리를 확증한다(롬 8:1). 이 사실을 어떻게 아는가? 우리가 성령을 통해 성화되고 하나님의 형상으로 회복되어 가는 것이 맞다면, 다음 한 가지는 분명하다. 하나님께서는 우리를 의롭다 하신 바로 그 믿음을 통해 이미 우리를 율법과 상관없이 하나님의 은혜로 들이시고 죄를 용서하셨다는 사실이다. 이미 용서받은 것이 아니라면, 영원한 구원을 확증하는 하나님의 은혜의 열매를 맺지 못할 것이다(롬 8:2). 바꾸어 말해서 거룩한 삶 자체가 이미 구원받은 사실을 증거하고 있다. 믿음으로 의롭게 되고 용서받은 사람만이 그리스도의 성령으로 충만케 된다. 그리고 이런 사람들만이 어떤 식으로든 거룩한 열매를 맺을 수 있다!

그리스도를 믿고 이미 죄 용서를 받아야만 거룩해질 수 있다. 죄책과 저주 아래 있는 사람은 죄의 저주로 사망이 드리워져 조금도 선한 일을 할 수 없기 때문이다. 자신의 노력이나 행위와 전혀 상관없이 하나님이 먼저 자기를 사랑하셨다는 사실을 모르는 사람은 결코 하나님을 사랑하지 못한다(요일 4:19).

그러면 왜 많은 사람들이 거저 주시는 은혜의 교리를 반대하는가? 일단 은혜로 구원을 받으면, 그 후에 어떻게 사느냐는 중요하지 않다고 믿기 때문이다. 그러나 이는 잘못된 생각이다. 칭의의 효력과 결과가 바로 성화다. 칭의를 주신 동일한 은혜의 샘에서 성화도 흘러나온다. 칭의와 성화는 동일한 믿음을 통해 이루어진다는 것을 믿어야 한다. 성화되고 싶은 사람은 반드시 그리스도를 믿는 믿음으로 먼저 의롭게 되어야 한다. 칭의는 반드시 성화에 선행한다.

분명한 것은 이런 믿음이 신자를 방탕하고 불경건한 삶으로 이끌기는커녕 거룩한 길로 나아가게 한다는 사실이다! 믿음으로 의롭게 된다는 교리는 우리 자신의 율법적이고 비굴한 행위로 거룩하게 되려는 모든 노력을 무산시킨다. 이 사실을 아는 사람은 그리스도와 상관없이는 어떤 일도 하려고 하지 않을 것이다. 우리도 이와 같이 되어야 한다! 우리는 결코 율법주의자로 살다가 불경한 반율법주의자로 죽어서는 안된다.

넷째, 그리스도를 믿는 믿음으로 이루어지는 성화에 대한 가르침은 성경에서 자주 언급되는 **그리스도와의 연합** 교리를 확증한다. 그리스도와의 연합 교리를 대수롭지 않게 생각하는 사람들이 많다. 그리스도와의 연합을 통해 성도의 거룩이 자라가는 것을 잘 모르는 사람들은 이 교리를 인정하기가 쉽지 않을 것이다. 사람들이 그렇게 단정할 뿐이라고 생각할 것이다. 나는 이미 거룩에 있어서 그리스도와의 참된 연합이 얼마나 중요한지 밝혔다. 그리스도 안에 소중히 간직되어 있는 보화인 참된 거룩을 그리스도와의 연합과 상관없이 생각할 수 없다(고후 13:5, 요일 5:12, 요 6:53, 요 15:5, 고전 1:30, 골 3:11). 몸의 지체는 머리와 연합하지 않고서 살아갈 수 없다. 포도나무 가지는 포도나무를 떠나서는 살 수 없다. 모퉁이돌과 연락하지 않는 돌은 살아 있는 성전의 일부가 될 수 없다.

다섯째, 믿음으로 이루는 성화에 대한 가르침은 **성도의 견인 교리**를 확증한다(요 3:36, 4:14, 5:24, 6:37, 10:23, 요일 3:9, 살전 5:24, 빌 1:6). 영원한 안전을 가르치는 이 교리 때문에 사람들이 선한 일에 힘쓰지 않는다고 흔히 생각한다. 그러나 이 교리 때문에 사람들은 자신의 본성적인 능력과 육체적인 노력을 의지하는 대신, 하나님의 은혜를 의지함으로 선을 행하는 데 더욱 신중하고 담대하게 된다!

성령의 능력으로 거듭나 새 마음을 가진 하나님의 백성은 선한 일을 하기 원한다(롬 6:14, 민 13:30). 은혜의 능력을 힘입어 선한 일을 한다(살전 5:8-11). 지옥과 심판이 무서워서 선을 행하는 사람은 결코 사랑하는 마음으로 선을 행할 수 없다. 오직 풍성한 위로가 있는 가르침을 통해서만 사랑으로 하나님께 복종하게 된다. 성도의 견인과 영원한 안전의 교리야말로 내가 아는 한 가장 위로 넘치는 교리다!

민음을 통해 은혜로 누리는 성화는 참된 거룩에 이르는 데 있어서 절대 실패하지 않는 효과적이고 확실한 방식이다. 진실로 겸손한 사람들은 이 사실을 발견한다. 이것 외에 다른 방식으로 거룩을 위해 힘쓰는 것은 헛된 일이다. 다른 방식으로 거룩하게 살려고 할수록 오히려 죄를 더 불러일으키고 좌절만 더해 갈 뿐이다. 율법을 지켜서 거룩해지려고 하는 사람은 율법의 저주 아래서 수고할 뿐이다. 이 모든 시도는 기껏해야 비굴하고 위선적인 순종만을 가져온다. 그렇게 해서 어느 정도 죄를 억누를지는 몰라도, 결코 죄를 죽이지는 못한다(갈 4:25). 그리스도와 상관없이 거룩을 추구했던 유대인들은 결국 참된 거룩에 이르지 못했다(롬 9장). 그리스도와 상관없이 거룩을 추구하는 사람들은 모두 고생과 슬픔으로 생을 마감했다(사 1:11). 왜 그럴 수밖에 없는가?

본성적 상태로 있는 한 우리는 여전히 죽은 자이고, 하나님의 진노의 자식일 뿐이다(엡 2:1-3). 이런 상태로 있는 우리에게 율법은 도움이 되기는커녕 저주만 더해 줄 뿐이다(갈 3:10). 율법의 계명은 우리에게 생명을 주지 못하고, 거룩함을 이루지 못한다(롬 5:6). 진실로 겸손한 사람은 율법이나 자기 힘으로 거룩해지려고 하지 않는다. 순전한 본성이 없이 순전한 삶을 추구하는 사람은 기초도 없이 건축하는 사람과 같다. 율법은 새로운 본성을 가져다주지 못한다.

율법은 짚도 주지 않으면서 벽돌을 구워 내라고 독촉하는 바로와 같다. 절름발이에게 힘은 주지 않으면서 "걸어!" 하고 명령하는 것이 율법이다.

믿음을 통해 은혜로 누리는 성화는 그리스도 안에서 하나님과 화해하는 유일한 길이다(고후 5:19, 엡 1:7). 하나님은 우리를 사랑하신다. 우리도 하나님을 사랑해야 한다(요일 4:19). 믿음으로 누리는 성화야말로 우리 안에 서하시는 그리스도의 성령으로 말미암아 새로운 신의 성품에 참여할 수 있는 유일한 길이다. 성령께서 우리 삶을 거룩하게 하신다(롬 8:5, 갈 5:17, 벧후 1:3-4). 신자는 하나님의 법을 준행하고자 하는 새 마음을 받았다. 새 본성을 가진 사람은 중심으로 하나님을 섬길 수 있게 된다. 하나님을 섬기지 않고서는 견디지 못한다(요일 3:9).

복음은 경건의 기초를 제공한다. 복음을 통해 새롭게 된 우리는 온 마음과 뜻과 힘과 정성을 다해 하나님을 사랑할 능력을 받았다. 복음은 죄를 억제할 뿐 아니라 죄를 죽인다. 신자는 외적으로만 깨끗해지는 것이 아니라 내면도 깨끗해진다. 하나님의 형상으로 새로워진다. 하나님께서 신자 안에 이루신 일 덕분에 거룩한 삶을 산다. 여전히 남아 있는 옛 본성 때문에 완전하지는 않지만, 이제 더 이상 죄의 노예가 아니다.

믿음을 통해 은혜로 누리는 성화는 거룩을 추구하는 사람들에게는 크나큰 즐거움이다. 이렇게 말할 수 있는 데는 몇 가지 이유가 있다.

그리스도를 믿는 믿음을 통한 성화는 거룩에 이르는 아주 수월한 길이다. 다시 말해, 자신이 율법 아래 죽었고 아무런 능력이 없다는 사실을 아는 사람이라면 누구나 쉽게 알 수 있는 길이다. 복음 진리를 받고 마음이 새로워진 사람은 이 길을 안다. 물론 이들도 때로는 자신의 많은 율법주의적인 생각과 행동 때문에 고민하고 괴로워한다. 그러나 좀 더 진지하게 생각해 보면, 그리스도를 믿는 믿음을 통한 거룩이야말로 가장 분명하고 쉬운 길이요, 다른 길로 가는 것은 미련한 짓이라는 것을 알 수 있다! 믿음을 통한 성화의 길에 대해 제대로 알고 겸비해진 사람은, 거룩에 이르는 다른 길은 꿈도 꾸지 못한다.

우리가 그리스도 안에 있으면, 그리스도의 성령께서 거룩한 길로 인도하신다(요일 2:27, 요 16:13). 율법주의자처럼 거룩에 이르기 위한 여러 생각들로 번민할 필요가 없다. 율법주의자들은 모든 경우마다 적용해야 할 각각의 규칙이 있어야 한다. 복잡한 규칙과 의구심에 휩싸여 참된 신앙의 길이 무엇인지조차 제대로 알지 못한다. 그러나 우리는 하나님께서 우리의 의무를 가르쳐 주시기 때문에, 파멸로 이끄는 치명적인 오류에 떨어지지 않을 것이라고 확신할 수 있다.

자신이 길을 제대로 가고 있는지 의구심으로 가득 찬 여정은 나그네에게 악몽일 수밖에 없다. 안내해 주는 사람도 없이 막중한 임무를 띠고 홀로 길을 나서는 것은 정말 두려운 일이다. 하물며 생사가 걸린 여정이라면 더욱 그렇지 않겠는가! 마음이 무너져 내릴 수밖에 없다! 하지만 우리는 이런 나그네가 아니다. 물론 그리스도를 믿는 믿음으로 거룩을 추구하는 사람도 때때로 길을 잃거나 넘어진

복음이 이끄는 삶의 중요성과 유익 381

다. 그러나 그럴지라도 멸망하지 않을 것을 확신할 수 있다. 언제든 지 다시 길을 찾을 수 있기 때문이다(갈 4:7, 10).

성령과 더불어 거룩한 길을 가는 사람에게는 그리스도를 믿는 믿음을 통한 성화—처음에 그 길을 들어서는 것은 어려울지 모르지만—가 가장 편하고 쉬운 길이다. 육체와 마귀는 우리를 겁주고 미혹하려 할 것이다. 그러나 우리에겐 믿음으로 값없이 받은 선물인 거룩이 있다. 원하는 사람은 누구나 와서 마음껏 먹고 마실 수 있다(요 7:38, 사 55:1, 계 22:17).

반면에 성경에서 요구하는 수준으로 율법을 지키려 한다면, 율법은 견딜 수 없는 짐이 된다(마 23:5, 행 15:10). 감사하게도, 하나님께서는 우리 자신의 노력만으로 정욕을 이기도록 내버려 두지 않으셨다. 우리 노력만으로 도저히 이길 수가 없다. 하나님께서는 그리스도 안에서 우리가 신자로서의 의무를 이행할 수 있는 능력을 주신다. 그때 율법은 더 이상 짐이 아니라 약속으로 변한다(히 8:6-13, 겔 36:25-26, 렘 31:33, 32:40). 그렇기 때문에 우리는 지금 그리스도 안에서 모든 것을 가졌다(골 3:11, 2:9, 10, 15, 17). 그리스도의 복음은 완전하고 유일한 치료책이다. 다른 약을 쓸 필요가 전혀 없다.

자신의 절박한 필요와 무능함과 죄악을 진실로 깨닫기만 하면, 그리스도를 믿는 믿음으로 받는 거룩이라는 선물은 너무나 즐겁게 다가온다! 영원히 멸망당하지 않기 위해 거룩을 얻으려고 실제 자기 몸을 율법으로 억압하고 고통스럽게 하는 사람들이 있다! 하나님께서 우리에게 "와서 취하라. 믿고 거룩하게 되고 구원을 얻어라"고 말씀하시는데 무엇을 더 얼마나 준비한단 말인가!(왕하 5:13) 그리스도의 짐은 가볍다. 그리스도의 성령께서 짊어지고 가시기 때문이다 (마 11:30). 아무리 걸어도 피곤치 않으며 새 힘을 얻는다(사 40:31).

그리스도를 믿는 믿음으로 가는 거룩한 길은 평강의 길이다(잠 3:17). 자신의 노력으로 구원을 추구하는 사람들이 진노를 불러오는 율법을 따라(롬 4:15) 겪을 수밖에 없는 양심의 두려움과 공포가 전혀 없는 길이다. 그리스도를 믿는 믿음으로 얻는 거룩은 시내 산이 아닌 예루살렘으로 난 길이다(히 12:18, 22).

사람들이 그리스도와의 관계에서 행위를 조건으로 둘 때마다 자신의 구원의 확실성에 대해 의구심이 일어나는 것은 피할 수 없다. 그러나 신자는 이런 두려움과 의심을 거부하는 믿음의 길을 가는 사람이다(요 14:1, 막 5:36, 히 10:19, 22). 믿음으로 걷는 거룩한 길은 사탄이나 그 어떤 불행이 주는 두려움으로부터 자유롭다(롬 8:31-32). 자신의 죄로 멸망당할 것 같은 비굴한 두려움이 없다(요일 2:1-2, 빌 4:6-7). 우리를 보전하시는 하나님의 무한한 은혜와 긍휼과 능력을 믿음으로 부여잡을 때, 하나님의 거저 주시는 은혜가 이 모든 어려움을 막아선다. 주님은 우리를 지키시는 자요, 우편에 그늘이 되신다(시 121:5).

그리스도를 믿는 믿음으로 가는 거룩한 길은 솔로몬의 가마가 가는 길처럼 사랑으로 수놓아져 있다(아 3:10). 하나님의 인애와 모든 사랑의 선물을 항상 우리 앞에 펼쳐 두어야 한다(시 26:2). 평강과 기쁨과 소망과 사랑을 불러일으키는 그리스도의 죽음, 부활, 중보를 항상 우리 눈 앞에 두어야 한다(롬 15:13). 칭의와 양자됨과 성령의 선물과 장래의 기업과 그리스도와 함께 죽고 사는 복을 누리려면 복음을 믿어야 한다. 이런 선물을 받아 누리고 싶어서 복음을 믿을 때, 우리가 가는 길은 각양 화초가 만발하고, 각종 과실들이 주렁주렁 열린 길이다. 시내 광야를 지나는 길이 아니라 에덴동산을 가로지르는 길이다(행 9:31).

거룩한 여정으로 우리를 이끌고 위로하시는 분은 성령님이다. 그분은 종의 영이 아니라 양자의 영이다(롬 8:15). 성령이 이끄시는 거룩한 길에는 희락과 평강이 넘친다(빌 4:4-6). 하나님은 채찍과 두려움으로 우리를 몰아붙이시는 분도 아니고, 초등교사가 휘두르는 율법의 몽둥이로 우리를 다그치시는 분도 아니다. 오히려 모든 즐거움에 사로잡혀 그분의 길을 가게 하신다(호 11:3-4). 신자인 우리는 가장 위대하고 즐거운 그리스도의 사랑에 매료되어 경건한 삶으로 이끌린다(고후 5:15, 롬 12:1).

그리스도를 믿는 믿음으로 얻어 누리는 거룩한 길을 가는 사람들의 발걸음은 즐거움과 기쁨으로 넘쳐난다. 모든 선한 일에 즐거움으로 참여한다. 거룩한 이 길을 가면서 하는 수고는 즐거움 그 자체다! 세상적인 사람들은 의무가 없었으면 하고 바란다. 그들에게 의무는 너무나 버겁기 때문이다. 반면에 신자에게 의무는 즐거움이다. 거룩은 자기 안에서 일어나는 정욕과 육체적으로 싸워서 쟁취하는 것이 아니기 때문이다. 신자는 육체적인 두려움과 회한과 슬픔과 같은 것을 가지고 죄악된 성향을 억제할 필요가 없다. 죄를 짓지 않으려고 율법에 매달릴 필요가 없다.

신자는 복음으로 새로워진 본성을 따라 산다. 그리스도 안에서 하나님의 길을 걷고자 하는 신령한 욕망으로 산다. 본성의 정욕과,

384 성화의 신비

죄를 즐거워하는 마음이 억제될 뿐 아니라, 그리스도 안에서 이미 사라져 버렸다. 거룩을 즐거워 하는 마음을 값없이 받아 누린다. 이 마음은 심중에 깊이 심겨진다(롬 8:5, 갈 5:17, 24, 요 4:34, 시 8:5, 40:8). 그리스도 안에서 성령으로부터 오는 새로운 즐거움과 사랑을 누리며 살아간다. 신자에게 율법은 더 이상 짐이 아니라 그리스도 안에서 누리는 특권이다.

그리스도를 믿는 믿음으로 걷는 거룩한 길은 그 어느 길보다 존귀하고 고상한 길이다. 선지자 하박국도 이 생명의 길을 기뻐했다. 눈에 보이는 모든 도움과 기대가 다 무위로 돌아가는 것을 본 하박국은 자기를 구원하신 하나님만을 기뻐하고 즐거워하기로 결심한다. 믿음으로 하나님을 자신의 능력으로 삼았다. 그렇게 했을 때 그의 발은 사슴의 발과 같이 되어 높은 곳으로 다녔다(합 3:18-19). 이처럼 하나님께서는 우리를 높은 곳에 두셨다. 우리를 그리스도와 함께 살리시고 하늘에 앉히셨다(엡 2:5-6).

더 이상 육체를 따라 살지 않고 성령을 따라 사는 신자는 믿음을 통해 거룩하고 존귀한 삶을 산다. 그리스도께서 모든 충만으로 신자 안에 거하시고(롬 8:1-2, 갈 2:20, 5:25) 교제하신다. 하나님께서 신자 안에 거하시며 행하신다(고후 6:16, 18). 이렇게 신자와 더불어 거하시는 하나님께로부터 비롯된 신자의 행동은 다른 사람의 행동보다 더 고귀하고 탁월하다(요 3:21). 하나님의 성령의 열매다(갈 5:23, 빌 1:11). 복음의 원리를 따라 사는 신자의 삶을 하나님께서 받으시고 선하게 여기신다고 확신해도 좋다. 그리스도인이 아닌 사람은 결코 이런 삶을 살 수 없다(롬 7:6).

복음이 이끄는 삶의 중요성과 유익 385

믿음으로 거룩하게 살아갈 때 가장 어려운 의무도 행할 수 있다
(빌 4:1-3). 그러므로 너무 어려워 신자들이 하지 못할 일은 없다.
성경에 기록된 믿음을 통해 이루어진 위대한 역사를 보라(히 11장,
막 9:23). 믿음으로 살 때 우리는 그리스도를 위해 기쁨으로 일하고
고난을 감당할 수 있게 된다.

믿음으로 성결케 된 우리는 하나님 앞에서 존귀하게 행하고, 하
나님과 영광스러운 관계를 누린다. 우리는 더 이상 죄책이 없다. 자
신의 공로와 행위로 용서를 빌 필요가 없다. 우리는 자신이 일하는
삯으로 살아가는 일꾼이 아니다. 하나님의 자녀요 기업을 이을 자
인 우리는 양식과 음료를 벌기 위해 수고할 필요가 없다. 그리스도
를 통해 우리 소유가 된 복락을 완전히 누리기 위해 앞으로 행진하
는 사람들이다. 그러므로 우리는 하나님 앞에서 큰 담력을 가질 수
있다(갈 4:6-7). 다른 이들보다 하나님 앞에 더 가까이 나아갈 수 있
고, 비굴한 두려움이 아닌 확신으로 나아갈 수 있다. 하나님 앞에서
우리는 이방인이 아니라 하나님의 권속이기 때문이다(엡 2:19-20).
이 사실 때문에 우리는 다른 사람들보다 더 위대한 삶을 산다. 우리
는 자유자로 살아가기 때문이다(롬 6:17-18, 요 8:35-36). 이런 삶
은 기품 있고 고귀한 삶이다. 하나님의 법은 더 이상 노예의 족쇄도
강압적인 멍에도 아니다. 우리에게 하나님의 법은 존귀한 법이요,
자유의 법이다. 이 법을 따라 사는 것은 특권이다.

믿음으로 누리는 성화의 삶은 하나님 앞에 존귀하고 소중한 자
들—택함을 받고 구속함을 입어 거룩한 삶을 사는 특권을 누리는
자들—을 위한 것이다. 그리스도인이 아닌 육체에 속한 자는 결코

그렇게 살 수 없다. 오직 하나님의 가르침을 받는 자만 그렇게 살 수 있다(요 6:44-46). 이 거룩한 길은 하나님의 계시를 통해서만 우리 마음에 자리한다.

믿음으로 걷는 성화의 길은 너무 존귀하고 보배로운 길이다(히 10:19-20, 벧전 3:18). 우리를 위해 마련된 이 거룩한 길은 다름 아닌 그리스도로 값 주고 산 길이기 때문이다.

믿음으로 걷는 성화의 길은 선한 옛길이다. 이 길을 걷는 사람은 하나님의 모든 참된 무리가 걸었던 발자취를 따르고 있다.

그리스도를 믿는 믿음으로 걷는 성화의 길은 완전한 거룩에 이르는 길이다. 이 길을 따라가다 보면 조만간 완전한 거룩에 이르게 될 것이다. 우리가 이 땅에서 누리는 거룩과 하늘의 거룩은 정도의 차이가 있을 뿐이다. 천국의 성도들 역시 우리가 이 땅에서 힘입어 살아가는 동일한 성령을 힘입고 살아간다. 우리가 힘입어 살아가는 동일하신 하나님이 모든 것의 모든 것이 되신다(고전 15:28, 요 4:14). 하늘에 속한 이의 형상을 입는다(고전 15:49). 여기 이 땅에서 우리는 성령의 첫 열매를 누린다(롬 8:23). 눈에 보이는 대로 살지 않고 믿음으로 산다(고후 5:7). 이 땅에 사는 우리는 아직 그리스도의 장성한 분량에 이르지 못했다(엡 4:13). 그리스도 안에서 이루어 가는 성화는 하늘에서 누릴 영화의 시작이다. 우리가 하늘에서 영화롭게 될 때에라야 우리의 성화도 완전해진다. 말로 형언할 수 없는 선물을 주신 하나님께만 모든 영광을 돌리는 것이 마땅하다.

부록
칭의 교리: 해설과 적용

모든 사람이 죄를 범하였으매 하나님의 영광에 이르지 못하더니 그리스도 예수 안에 있는 속량으로 말미암아 하나님의 은혜로 값없이 의롭다 하심을 얻은 자 되었느니라. 이 예수를 하나님이 그의 피로써 믿음으로 말미암는 화목 제물로 세우셨으니 이는 하나님께서 길이 참으시는 중에 전에 지은 죄를 간과하심으로 자기의 의로우심을 나타내려 하심이니 곧 이때에 자기의 의로우심을 나타내사 자기도 의로우시며 또한 예수 믿는 자를 의롭다 하려 하심이라.   (롬 3:23-26)

본문에서 사도 바울은 유대인을 통해서든 헬라인을 통해서든 자신의 공로로 의롭게 되려는 모든 시도를 뒤집어엎고 자신의 논지를 한층 더 분명히 한다. 바울은 유대인이나 헬라인이나 자신의 공로로 의로워질 수 없기는 마찬가지라는 사실을 보이고, 어떻게 인간이 하나님 앞에서 의롭게 되는지에 대해서 말하는 복음의 가르침을 들어 이 사실을 증거한다. 오직 복음만이 하나님의 의를 드러낸다. "내가 복음을 부끄러워하지 아니하노니 이 복음은 모든 믿는 자에게 구원을 주시는 하나님의 능력이 됨이라"(롬 1:16-17).

이 말씀은 어떻게 복음이 하나님의 의로 사람을 의롭게 하는지를 천명하고 있다. 칭의는 위대하고 영광스런 은혜다! 사실 칭의는 그리스도와의 연합을 통해 신자가 최초로 받아 누리는 선물이다. 칭의는 신자가 받아 누리는 다른 모든 신령한 은혜의 토대다. 로마서 3장의 이 본문을 사람들은 "복음 중의 복음"이라고 부른다. 복음에 대한 성경의 가장 의미심장한 기록이다. 본문은 복음을 간결하

390 성화의 신비

면서도 충분히 설명하고 있다.

본문의 주제인 인간의 칭의에 대해 살펴보자. 인간은 어떻게 의롭게 되는가. 본문이 이 물음에 대한 분명한 해답을 주고 있다. 성화가 '거룩하게 한다'는 말이고 영화가 '영화롭게 한다'는 뜻이듯이, 칭의는 '의롭게 한다'는 뜻이다. 그러나 본문에서 바울은 하나님이 은혜와 거룩을 사람에게 주입해서 그들을 거룩하고 의롭게 만든다고 말하는 것이 아니다. 판결을 통해서 의롭다고 선언되는 법적 의미의 의로움을 말하고 있다. 모든 죄책을 면하고, 모든 비난과 고소에서 우리를 자유롭게 하는 하나님의 법적인 선고에 대해 말하고 있는 것이다. 하나님께서 우리를 의롭다 하시는 것은 곧 우리를 의롭다 인정하시고, 판단하시고, 선언하시는 것을 뜻한다.

성경에서 '의롭게 하다 justify'는 말은 여러 방식으로 사용된다. 이 말은 재판에서 사용하는 법적 용어다. 고린도전서 4:3-4을 보자. "너희에게나 다른 사람에게나 판단 받는 것이 내게는 매우 작은 일이라. 나도 나를 판단하지 아니하노니 내가 자책할 아무것도 깨닫지 못하나 이로 말미암아 의롭다 함을 얻지 못하노라. 다만 나를 심판하실 이는 주시니라." 칭의는 재판에서 유죄 판결을 받는 것과 반대되는 말이다. 신명기 25:2을 보자. "유죄를 선고받은 사람이 매를 맞을 사람이면, 재판관은 그를 자기 앞에 엎드리게 하고, 죄의 정도에 따라 매를 때리게 해야 한다"(새번역). 마태복음 12:37을 보자. "네 말로 의롭다 함을 받고 네 말로 정죄함을 받으리라."

칭의는 또한 고소, 비난과 반대되는 말이다. "누가 능히 하나님께서 택하신 자들을 고발하리요. 의롭다 하신 이는 하나님이시니"

(롬 8:33). "비록 내가 옳다고 하더라도 그분께서 내 입을 시켜서 나를 정죄하실 것이며"(욥 9:20, 새번역). "그러나 내 사정만은 그분께 아뢰겠다"(욥 13:15, 새번역). "하나님, 나를 고발하시겠습니까? 그러면 나는 조용히 입을 다물고 죽을 각오를 하고 있겠습니다"(욥 13:19, 새번역). 이 경우에 칭의는 '고소당하다' 혹은 '잘못이 있어 비난받다'는 말과 반대되는 뜻으로 사용되었다.

칭의는 또한 유죄 판결을 받는 것과 반대되는 말이다. "주는 하늘에서 들으시고 행하시되 주의 종들을 심판하사 악한 자의 죄를 정하여 그 행위대로 그 머리에 돌리시고 의로운 자를 의롭다 하사 그의 의로운 바대로 갚으시옵소서"(왕상 8:32). 악인을 죄 없다 하는 것은 죄다(사 5:23, 잠 17:15, 욥 27:5). 어떤 행위는 재판에서 무죄로 드러나기도 한다(욥 33:32, 사 43:9, 26).

정의나 의라는 말에는 적어도 두 가지 뜻이 있다. 우선, 기본적으로 바른 행동을 가리킨다. "그가 한 일은 옳다." 둘째, 법적으로 하자가 없어서 재판에서 무죄로 선언되는 어떤 행동을 가리킨다. 여기서 의로운 행동이란 재판장이신 하나님께서 의롭게 여기시는 행동을 가리킨다. 다시 말해, 법이라는 외적인 기준으로 행위를 판단하는 것이다. 법이 사람의 행위를 긍정하기도 하고 부정하기도 한다. 법이 사람의 행위를 무죄로 하거나 유죄로 한다. 법이 어떤 행위를 죄라고 하거나 혹은 죄가 아니라고 한다. 법을 어기는 행위와 어기지 않는 행위가 있는 것이다.

이 원리를 인간에게 적용해 보자. 인간은 하나님의 심판 법정에서 의롭거나 불의하다. 인간이 하나님 앞에 서고, 하나님께서 심판하신다. 하나님께서 의롭다고 판단하시는 사람들을 가리켜 하나님 앞에서 의롭게 되었다고 한다. 그들이 실제로 의롭게 된 것마냥 이 판결은 의롭다. 하나님 앞에서 그들이 의롭게 되었기 때문이다. 이는 예수님이 처했던 상황과 마찬가지다. 예수님은 영원부터 하나님의 아들이셨고, 지금도 그렇다. 그럼에도 불구하고 죽은 자 가운데 다시 살아나셨을 때, 비로소 영원한 하나님의 아들로 선포되셨다(행 13:33, 롬 1:4). 하나님께서는 원래부터 아들에게 사실이었던 것을 세상에 선포하신 것이다. 칭의를 통해 하나님은 그리스도인들을 의롭다고 선언하신다. 하나님께서 그들을 의롭다 여기시기 때문이다.

하나님을 의롭다고 하는 구절들에 대해서도 같은 설명이 가능하다(욥 32:2, 시 51:4, 눅 7:29). 하나님의 무한하신 의로움에 인간이 더할 것은 아무것도 없다. 하나님은 무한히 의로우시다! 그러므로 우리가 하나님을 의롭다고 할 때는 그분의 어떤 행위를 의롭다고 천명하는 것이다. 하나님께 이미 사실인 것을 하나님의 어떤 행위를 통해 선언하는 것이다. 예수님은 "지혜는 그 행한 일로 인하여 옳다 함을 얻느니라"고 하셨다(마 11:19). 참된 지혜를 따라 사는 자들의 삶을 통해 지혜가 최고로 드러난다는 말이다.

이 사실을 그리스도인에게 적용해 보자. 그리스도를 믿음으로 우리가 의롭다 여김을 받는다고 해서 죄인인 우리 속에 무슨 변화가 일어나는 것은 아니다. 의롭다 여김을 받은 후에도 우리는 여전히 죄인이다. 우리에 대한 하나님의 판단이 바뀐 것이다(물론 의롭다 함을 받은 때부터 우리의 삶이 변하기 시작한다. 하지만 이것은 성화의 과정이지 칭의는 아니다). 바울이 로마서 3장에서 법적 용어인 '의롭다'는

부록 393

말을 사용한 이유가 여기 있다. 우리가 더 이상 하나님의 의와 하나님의 법에 저촉되지 않는다는 뜻이다. 우리의 신분은 하나님의 법 앞에 완전한 사람처럼 의롭게 되었다는 말이다. 하나님께서 율법을 다 준행한 사람으로 우리를 보신다는 말이다.

칭의의 의미를 혼동하는 사람들이 많다. 성품까지 의로워졌다고 믿는 사람들이 많다. 물론 그것은 옳지 않고, 그렇게 될 수도 없다. 우리는 의롭게 되었지만 여전히 죄인이다! 율법의 수여자요 재판장이신 하나님 앞에서 우리의 법적 지위가 바뀐 것뿐이다. 그리스도 안에서 온전히 의로운 신분이 된 것이다.

본문을 통해 믿음으로 의롭게 되는 것과 관련한 여덟 가지 원리들을 제시할 수 있다.

- 하나님의 영광에 전혀 미치지 못하는 죄인이 의롭게 된다.
- 죄인을 의롭게 하시는 분은 하나님이다.
- 하나님 자신의 은혜로 의롭게 하신다.
- 예수 그리스도의 구속이 칭의를 가능케 한다.
- 의롭다 함을 받은 죄인은 죄가 완전히 사해졌다.
- 오직 믿음으로 의롭게 된다.
- 하나님은 바로 지금 우리를 의롭다 하신다.
- 하나님이 죄인을 의롭다 하시는 목적은 자기의 의로우심을 나타내셔서 자기도 의롭고 또한 예수 믿는 자도 의롭다 하기 위함이다.

이 원리들을 통해 이신칭의 교리를 우리 삶에 적용해 볼 수 있다.

첫 번째 원리는, 하나님의 영광에 전혀 미치지 못하는 죄인이 의롭게
된다는 것이다. 하나님은 죄인을 의롭다 하신다. 죄인은 하나님의
영광에 이르지 못하고 하나님의 정죄 가운데 있는 자이다. 그 안에
하나님의 거룩한 형상이 없다(고후 3:18, 엡 4:24). 영원한 행복도
기대할 수 없는 자이다(살전 2:12, 롬 5:2, 고후 4:17).

하나님의 율법은 모든 죄인을 정죄한다. 율법은 벼락같이 죄인
들을 쳐서 자기가 죄인인 것을 깨닫게 한다(롬 3:20). 하나님의 율
법의 정죄를 받은 죄인은 수치스럽고 혼란스럽고 비참한 상태에 있
다. 율법의 엄격한 조항들 때문에 기쁠 수도, 행복할 수도 없다(롬
2:6-12). 유대인이든 헬라인이든 율법을 이룰 수 있는 사람은 아무
도 없다(롬 8:7). 아무 공로 없이 거저 주시는 하나님의 은혜가 아니
면 아무 소망도 없다.

그리스도는 죄인을 구원하기 위해 오셨고, 죄인을 위해 죽으셨
다. "우리가 아직 연약할 때에 기약대로 그리스도께서 경건하지 않
은 자를 위하여 죽으셨도다"(롬 5:6). "미쁘다, 모든 사람이 받을 만
한 이 말이여. 그리스도 예수께서 죄인을 구원하시려고 세상에 임
하셨다 하였도다. 죄인 중에 내가 괴수니라"(딤전 1:15). "나는 의인
을 부르러 온 것이 아니요 죄인을 부르러 왔노라"(마 9:13). "사람의
아들은 잃어버린 사람을 찾아 구원하러 왔기 때문이다"(마 18:11,
공동번역). 구원받기 위해서는 "불의한 자를 의롭다 하시는" 하나님
을 믿어야 한다. "경건하지 아니한 자를 의롭다 하시는 이를" 믿어

야 한다(롬 4:5). 우리는 자신의 노력으로 의롭게 되려고 해서는 안 된다.

하나님은 모든 믿는 죄인을 의롭게 하신다는 사실에 주목하자. 하나님의 구원은 유대인이나 헬라인 모두에게 동일하다. 믿는 자마다 의롭다 함을 받는다. 유대인이나 헬라인이 공히 본성의 법과 하나님의 성문법으로 정죄를 받기 때문에 오직 믿음으로만 하나님께 의롭다 함을 받을 수 있다. 하나님은 믿는 모든 자를 의롭다 하신다(롬 3:21-22). 국적이나 인종이나 상관이 없다.

바울은 이 사실을 분명히 해야 할 필요가 있었다. 당시 많은 유대인들이 오직 자신들만 의롭게 된다고 믿었다. 자신들만의 율법 체계를 세워 놓고, 구원받고 싶은 사람은 누구나 그것을 받아들여야 한다고 했다. 그들과 함께 의롭게 되고 싶은 사람은 할례를 받고 모세의 율법을 준수해야 했다. 그러자 하나님께서는 사도들에게 이방인 역시 유대인이 되지 않아도 구원받을 수 있다는 사실을 나타내셨다. 이는 참으로 놀랍고 영광스러운 계시였다(행 10:28, 45, 엡 3:4-8, 골 1:25-27). 성경은 이 사실을 어떻게 가르치는가?

유대인이 누리는 특권이 대단하기는 했지만, 그들 역시 이방인과 마찬가지로 은혜로 의롭게 되어야 했다. 하나님께서 유대인에게 율법을 주셨지만, 그들은 끊임없이 율법을 어겼다. 유대인 역시 이방인과 마찬가지로 하나님께 용납받지 못할 죄인이었다. 어떤 면에서, 그들은 더 큰 죄인이었다. 이방인과 달리 그들에게는 하나님의 율법이 있었기 때문이다(롬 2:23-24). 유대인과 이방인 모두 죄 아래 있고, 하나님은 이들을 공히 의롭게 하실 수 있다(롬 3:9).

하나님은 유대인의 하나님이실 뿐 아니라 이방인의 하나님도 되신다(롬 3:29). 이는 하나님께서 줄기차게 천명하고 약속하신 것이다(롬 4:9-12, 갈 3:8, 사 19:25, 슥 14:9).

아브라함이 의롭게 된 것은 그가 할례 받기 전이다. 그래서 그는 모든 믿는 자의 아비가 될 수 있었다. 그러므로 믿는 자는 할례를 받지 않아도 아브라함이 받았던 것과 동일한 복을 받을 수 있다(롬 4:10-12).

칭의는 율법의 공로가 아닌 믿음으로 받는다. 우리가 의롭게 되는 것은 자신의 의로움이 아닌 다른 사람의 의로움 때문이다. 그렇기 때문에 유대인과 이방인 모두 의롭게 될 수 있다. 유대인이라고 해서 본래 의롭게 되는 자격이나 성품이 있는 것은 아니다.

두 번째 원리는, 죄인을 의롭게 하시는 분은 하나님 자신이라는 것이다. 칭의는 하나님의 행위다. "의롭다 하신 이는 하나님이시니"(롬 8:33). 권위 있고 변개할 수 없는 방식으로 죄인을 의롭다 하실 수 있는 분은 오직 하나님뿐이다. 왜 그런가?

율법의 수여자는 하나님이시기 때문에 하나님께는 구원하고 멸할 권한이 다 있다(약 4:12). 의롭게 되기 위해서는 하나님의 법이 필요하다. 그러므로 우리는 오직 하나님의 심판대 앞에서만 검증을 받는다. 하나님은 세상을 심판하시는 분이다(창 18:25). 그러므로 다른 사람들이나 자기 자신의 판단만을 기준으로 삼는 것은 지극히 미미하고 무의미한 일이다(고전 4:3-4).

율법을 어긴 죄인은 율법의 수여자인 하나님께 갚을 빚이 있다.

부록 397

율법을 따라 의롭게 살아야 함에도 불구하고 의롭게 살지 않았기 때문에 죄값을 받는 것은 마땅하다. 오직 하나님만이 그 죄값을 해결할 수 있다(시 51:4, 막 2:7).

세 번째 원리는, 하나님 자신의 은혜로 의롭게 하신다는 것이다. 바울은 왜 하나님께서 죄인을 의롭다 하시는지를 설명한다. 하나님은 죄인에게 값없이 과분한 은혜를 베푸신다. 이는 인간이 자신의 의로운 행위로 구원을 벌어 보려고 하는 것과 정면으로 배치된다. 하나님께는 죄인을 구원할 의무가 없다. 우리는 하나님께 구원받을 만한 일을 한 적이 없다. "일하는 자에게는 그 삯이 은혜로 여겨지지 아니하고 보수로 여겨지거니와"(롬 4:4). "만일 은혜로 된 것이면 행위로 말미암지 않음이니 그렇지 않으면 은혜가 은혜되지 못하느니라"(롬 11:6). "너희는 그 은혜에 의하여 믿음으로 말미암아 구원을 받았으니 이것은 너희에게서 난 것이 아니요 하나님의 선물이라 행위에서 난 것이 아니니 이는 누구든지 자랑하지 못하게 함이라"(엡 2:8-9). "하나님이 우리를 구원하사 거룩하신 소명으로 부르심은 우리의 행위대로 하심이 아니요 오직 자기의 뜻과 영원 전부터 그리스도 예수 안에서 우리에게 주신 은혜대로 하심이라. 이제는 우리 구주 그리스도 예수의 나타나심으로 말미암아 나타났으니……"(딤후 1:9-10).

은혜가 무엇인가? 하나님께서 값없이 주시는 긍휼과 사랑이다. 하나님께서 우리를 불쌍히 여기시기 때문에 긍휼을 베푸신다. 하나님께서 우리를 사랑하시기 때문이다(롬 9:15). 우리는 은혜를 이렇게 적용해 볼 수 있다.

우리에게는 은혜 받을 만한 것이 아무것도 없다. 우리가 하나님께 드릴 수 있는 것이라고 해봐야 전부 정죄에 합당한 것들뿐이다. 우리는 다 죄인이기 때문이다(엡 2:3, 겔 16:6).

하나님은 우리가 자랑할 수 있는 여지를 남기지 않기를 바라신다. 하나님은 우리가 받은 구원으로 하나님의 은혜만 높아지고 칭송 받기를 바라신다. 복음이 주는 모든 복락은 우리가 받지만, 모든 영광과 찬송은 하나님께로 돌리기를 바라신다. "이는 그리스도 예수 안에서 우리에게 자비하심으로써 그 은혜의 지극히 풍성함을 오는 여러 세대에 나타내려 하심이라"(엡 2:7-9, 3:27).

네 번째 원리는, 예수 그리스도의 구속이 칭의를 가능케 한다는 것이다. 하나님께서는 그 피를 믿는 믿음으로 말미암는 대속 제물을 삼으신 예수 그리스도 안에 있는 구속으로 죄인을 의롭다 하신다. 이 것이 바로 하나님께서 합법적으로 죄인을 의롭다 하시는 방법이다. 그리스도께서 피 흘려 이루신 구속이기 때문이다. 구속은 그리스도 안에서 그리스도로 말미암아 얻는다.

구속redemption이 무엇인가? 구속은 값을 지불하고 구해 내는 것이다. 성경에서 구속과 구속하다는 말은 이런 의미로 자주 사용된다(출 13:13, 민 3:48-51, 레 25:24, 51, 렘 32:7-8, 느 5:8). 때로는 거저 구원받는 것을 의미하기도 하고(눅 21:28, 엡 1:14, 4:30), 영광의 상태에 있는 것을 의미하기도 한다. 그리스도께서 이루신 구속의 최상의 결과가 바로 영광의 상태에 들어가는 것이기 때문이다.

속죄propitiation라는 말도 사용한다. 속죄는 죄로 인한 하나님의

부록 399

진노를 가라앉히고 만족시킬 뿐 아니라, 그분의 은혜를 입는 것을 말한다. 구약성경에서는 두 가지 상징을 통해 그리스도의 속죄를 나타낸다. 피를 흘리는 속죄제와 시은소mercy seat가 그것이다. 시은소를 다름 아닌 속죄소라고도 부른다. 시은소가 하나님의 율법을 담고 있는 법궤를 덮고 있기 때문이다. 대속죄일에 대제사장은 속죄를 위한 희생의 피를 시은소에 뿌렸다. 시은소는 죄악된 백성들에게 보이시는 하나님의 은혜의 표지였다. 시은소가 죄인들 가운데 있었기 때문에 이를 속죄소, 혹은 은혜의 보좌라고도 불렀다(히 9:5). 이와 같은 원리에 대해 성경은 다음과 같이 가르친다.

그리스도는 우리를 죄와 심판에서 구속하고, 하나님의 진노와 저주에서 건지시기 위해 하나님의 뜻을 따라 자신을 대속물로 주셨다. "그가 우리를 대신하여 자신을 주심은 모든 불법에서 우리를 속량하시고"(딛 2:14). 우리를 위해 자신을 죽음에 내어 주셨다. 우리의 죄과를 친히 담당하셨다. 그리스도의 죽음은 하나님 앞에서 우리를 의롭게 하려고 우리를 구속하는 대가였다. 하나님께서는 그분이 우리의 의가 되게 하기 위해 그분을 전혀 아끼지 않으시고 죽음에까지 내어 주셨다(고전 1:30). "자기 목숨을 많은 사람의 대속물로 주려 함이니라"(마 20:28). "여러분은 하나님께서 값을 치르고 사들인 사람이다"(고전 6:20, 새번역). "너희 조상이 물려준 헛된 행실에서 대속함을 받은 것은 은이나 금 같이 없어질 것으로 된 것이 아니요 오직 흠 없고 점 없는 어린양 같은 그리스도의 보배로운 피로 된 것이니라"(벧전 1:18-19). "사람들을 피로 사서 하나님께 드리시고"(계 5:9). "친히 나무에 달려 그 몸으로 우리 죄를 담당하셨으니"(벧전 2:24). "그리스도께서 우리를 위하여 저주를 받은 바 되사" (갈 3:13). 그 결과로 우리를 율법의 저주에서 구속하셨다. 그리스도 가 친히 우리의 저주가 되시고, 우리의 죄가 되신 것이다(고후 5:21, 사 53:6).

예수님은 또한 소극적인 순종뿐 아니라 적극적인 순종으로 율 법에 복종하셨다(갈 4:4). 여기서 소극적 순종이라 함은 율법의 저 주를 담당하신 것을 말한다. 적극적 순종은 이 땅에 사시는 동안 율 법을 온전히 준행하신 것을 말한다. 하나님의 계명에 온전히 순종 할 뿐 아니라, 죽기까지 순종하셨다(요 14:31, 히 10:7). 그리스도의 순종은 우리를 의롭게 하기 위한 것이었다(롬 5:19, 빌 3:8-9).

그리스도는 두 가지 일을 이루셨다. 우리의 의를 위한 요구를 만 족시키셨고, 우리의 심판을 담당하셨다. 의롭지 못한 우리를 대신 해 의를 이루셨고, 우리의 죄책으로 인한 심판을 다 받으셨다. 그 덕 분에 우리는 하나님의 진노에서 자유롭게 되었고, 하나님이 보시기 에 의롭게 되었다. 그리스도의 고난은 궁극적으로 우리의 구속을 이루기 위한 행위였다. 우리가 받아 누리는 모든 복락은 바로 여기 서 비롯된다(히 2:9-10). 우리가 아담으로 인해 불의해졌듯이, 그리 스도를 통해 의롭게 되었다(롬 5:12).

그리스도께서 우리의 죄값을 담당하심으로 하나님의 정의가 만 족되었다. 하나님께서 그리스도를 죽은 자 가운데서 다시 살리셨다. 이로써 하나님은 우리의 모든 죄를 대신해 그리스도께서 드리신 희 생을 받으셨다는 것을 천명하셨다. 이는 우리를 위한 것이었다(딤전 3:16) 예수님은 우리를 의롭다 하시기 위해 살아나신 것이다(롬

부록 401

4:25). "의롭다 하신 이는 하나님이시니 누가 정죄하리요 죽으실 뿐 아니라 다시 살아나신 이는 그리스도 예수시니"(롬 8:33-34). "그가 거룩하게 된 자들을 한 번의 제사로 영원히 온전하게 하셨느니라"(히 10:14). "그는 우리를 위하여 자신을 버리사 향기로운 제물과 희생 제물로 하나님께 드리셨느니라"(엡 5:2).

만약 우리 죄를 담당하고 죽으신 그리스도께서 죄의 무게에 짓눌려 다시 살아나지 못하셨다면, 그것은 그리스도께서 우리의 죄값을 다 치르지 못하셨다는 뜻이고, 우리 죄는 그대로 남아 있게 된다. 하지만 그리스도는 우리의 죄값을 조금도 남김없이 다 치르셨다. "의에 대하여라 함은 내가 아버지께로 가니 너희가 다시 나를 보지 못함이요"(요 16:10).

그리스도 안에 있는 이 구속에 참여하기 위해서는 반드시 그리스도 안에 있어야 한다. 그리스도는 우리의 구속이요 우리의 의가 되신다(고전 1:30). 그리스도 안에서 구속되고 의롭게 된(엡 1:7, 고후 5:21) 우리에게는 결코 정죄함이 없다(롬 8:1). 그리스도께서 죽으심으로 그의 후손들이 의롭게 되었다(사 53:10-11). 영적으로 거듭나 그리스도 안에 있는 사람만이 여기에 포함된다(고전 4:15).

다섯 번째 원리는, 의롭다 함을 받은 죄인의 죄는 완전히 사해졌다는 것이다. 하나님께서 우리를 의롭다 하시면 우리의 죄책과 심판만 사해지는 것이 아니라, 하나님 앞에서 우리의 허물도 사라진다. 이 용서가 의로움에 근거한 것이기 때문이다. "모세의 율법으로 너희가 의롭다 하심을 얻지 못하던 모든 일에도 이 사람을 힘입어 믿는 자마다 의롭다 하심을 얻는 이것이라"(행 13:39).

칭의에는 두 가지 측면이 있다. 하나는 죄가 완전히 사해지는 것이고, 다른 하나는 하나님이 보시기에 의롭게 되는 것이다. 사도행전 13:38-39에서와 같이, 성경에는 칭의와 죄사함이 서로 번갈아 가면서 쓰인다. "이 사람을 힘입어 죄사함을 너희에게 전하는 이것이며 또 모세의 율법으로 너희가 의롭다 하심을 얻지 못하던 모든 일에도 이 사람을 힘입어 믿는 자마다 의롭다 하심을 얻는 이것이라"(행 13:38, 39). 로마서 4:6-8, 고린도후서 5:19-21, 로마서 5:17에서도 죄사함과 칭의를 같은 의미로 쓰고 있다.

왜 그런가? 율법 아래 있는 인간에게 중간 지대는 없기 때문이다. 율법 앞에 죄책을 있든지 없든지 둘 중 하나다. 죄책이 있다면 율법을 어긴 것이고, 죄책이 없다면 율법을 어기지 않은 것이다. 하나님 앞에서도 마찬가지다. 그리스도 안에 있어서 하나님 앞에서 의롭다 하심을 받아야 죄가 사해진다. 죄를 용서받는다면, 그것은 하나님께서 율법에 비추어 의롭다 여기시기 때문이다. 죄사함은 그 속성상 율법이 요구하는 형벌이 충족되었다는 뜻이기 때문에, 이제 우리는 율법을 완전히 지킨 사람이나 마찬가지다. 그래서 성경은 죄사함과 칭의를 번갈아 가면서 사용하는 것이다. 죄사함과 칭의는 항상 함께 간다.

여섯 번째 원리는, 오직 믿음으로 의롭게 된다는 것이다. 하나님께서는 그리스도의 보혈을 믿는 믿음을 통해 죄인을 의롭다 하신다. 칭의의 복을 받는 유일한 길은 그리스도의 보혈을 믿는 것이다. 그렇

부록 403

다면 믿음이란 무엇인가?

믿음이란 그리스도의 공로로 의롭다 함을 받기 위해 그분을 믿는 것을 말한다. "사람이 의롭게 되는 것은 율법의 행위로 말미암음이 아니요 오직 예수 그리스도를 믿음으로 말미암는 줄 알므로"(갈 2:16). 의롭다 여김을 받기 위해서는 그리스도를 믿어야 한다. 우리 자신의 노력과 행실로는 결코 의롭다 여김을 받을 수 없기 때문이다.

믿음 자체는 의로운 행위도 아니고, 믿음 때문에 의롭게 되는 것도 아니다. 믿음은 구원을 얻게 하는 공로가 아니다. 믿음이 공로라면 믿음으로 받는 구원은 사실 율법의 행위로 받는 구원일 뿐이다. 이는 은혜와 선물로 받는 구원에 정면으로 배치된다. 은혜로 구원을 받는다는 말은 의롭다 함을 얻기 위해 자신의 어떤 행위도 의지하지 않는다는 말이다. 은혜로 받는 구원에는 한 푼어치의 공로도 포함되지 않는다(롬 11:6). 구원의 문제에 있어서 믿음은 공로로서의 일을 하지 않는 것을 가리킨다(롬 4:5). 우리가 가진 믿음 때문에 율법이 요구하는 의로움을 갖게 되는 것은 아니다. 그리스도의 의가 바로 하나님의 율법이 요구하는 의로움을 우리에게 부여하는 것이다.

믿음으로 죄인이 의롭게 된다는 말은, 믿음이 그리스도와 그의 의로움을 받는 수단이라는 뜻이다. 믿음은 우리가 의롭게 되는 도구다. "믿음으로 의롭게 된다"고 말하는 이유는 믿음을 통해서 의롭다 여김을 받기 때문이다. "믿음으로" 의롭게 된다는 말과 "그리스도로" 의롭게 된다는 말은 같은 뜻이다(갈 3:8, 롬 5:19). 믿음으로 우리는 죄사함을 얻는다(행 26:18, 10:43). 믿는다는 것은 칭의를 얻는 수단이지, 칭의를 얻기 위해 하는 일이 아니다. 이는 마치 사람이 손과 입으로 먹고 영양을 공급받는 것이나 마찬가지다. 손과 입이 우리에게 영양이 되어 우리를 보존하는 것은 아니지 않는가! 손과 입을 통해 우리에게 영양이 되는 것—양식과 음료—을 받아들이는 것이다. 손으로 음식을 받아 입으로 가져가고 입은 그 음식을 받아먹는다. 그리스도는 우리의 믿음을 통해 우리 안에 거하신다(엡 3:17). 믿음으로 그분을 먹고 마시는 것이다(요 1:12, 6:51-54).

칭의는 인간의 모든 공로를 배제한다. 우리는 모든 율법주의적인 가르침을 배제하고, 오직 믿음으로 말미암아 의롭게 되는 것만을 주장한다. 성경은 이 부분에 대해 아주 분명하다(롬 3:28, 갈 2:16, 빌 3:8-9).

믿음으로 의롭게 된다는 말은 우리의 죄가 용서받고, 우리가 마땅히 받아야 할 죄로 인한 심판을 더 이상 받지 않는다는 말이다. 아무리 작은 죄라도 하나님은 더 이상 우리에게 죄를 묻지 않으신다. 모든 죄를 용서받았기 때문이다. 믿음을 의로 여기신다는 말은 우리의 믿음을 통해 받으시는 것이 의라는 말이다(롬 4:4-8, 고후 5:19-21). 우리가 믿을 때에 그리스도의 의가 우리 것이 되고, 우리의 죄는 그리스도의 것이 된다. 이 두 가지 일이 모두 일어나지 않으면 죄를 용서받은 것이 아니고, 우리의 죄는 여전히 우리가 치러야 할 몫으로 남아 있다. 복음을 통해 이 두 가지 일이 모두 일어난다. 첫째, 하나님께서는 우리에게 있는 죄책을 벗겨 주시고, 그리스도의 의를 입혀 주신다(롬 5:17). 그리스도의 보혈로 구속받는 순간, 이 이중적인 선물을 받는다(엡 1:7, 마 26:28).

부록 405

일곱 번째 원리는, 하나님이 바로 지금 우리를 의롭다 하신다는 것이다. 하나님이 그리스도를 그분의 피를 믿는 믿음을 위한 속죄물로 주신 것은, 복음을 통해 자신의 의로움을 현재에 나타내시는 것이다. 이전에 저질렀던 모든 죄와 지금 우리가 짓는 모든 죄를 사하시는 것이다.

하나님께서는 구약시대에 지은 모든 죄를 사하고자 하셨다. 구약의 때는 하나님이 참아 보시는 때였다. 그리스도의 대속으로 하나님의 정의가 완전히 만족되기 오래전부터, 하나님은 죄를 용서하셨다(히 13:8, 계 13:8). 어떻게 하나님이 죄를 용서할 수 있는가? 무엇을 근거로 용서하셨는가? 그리스도가 오심으로 죄를 용서하시는 근거가 밝히 드러났다(사 51:5-6, 55:1, 단 9:24, 딤후 1:9-10). 그리스도를 통해 하나님의 정의가 만족된 것이라면, 죄사함은 전혀 하나님의 정의에 어긋나지 않는다. 이와 관련해서 몇 가지 생각할 점이 있다.

여기서 바울이 말하는 의는 하나님의 의를 가리킨다(롬 3:21-22). 바울은 지금 말하는 것은 하나님의 성품으로서의 의가 아니다. 오히려 "모든 믿는 자에게" 주시는 하나님의 의를 가리킨다. 이것은 곧 "율법의 마침"인 그리스도의 의다(롬 10:3-4). 우리를 위해 그리스도께서 얻어 주신 이 의를 "하나님의 의"라고 부른다. 우리가 믿음으로 받을 때 하나님이 우리에게 주시는 것이다. 다시 말해 그리스도가 우리를 위해 율법을 만족시키셨다.

이 의를 하나님의 의라고 하는 것은 그것이 하나님께로부터 나오기 때문이다. 하나님께서 그것을 받으시고 인정하시는 이유는 이

의의 시작이 애초에 하나님이시기 때문이다. 그리스도를 하나님의 어린양이라고 한다. 하나님께서 그분을 대속 제물로 주셨고, 또 그렇게 받으시기 때문이다(요 1:29). 그리스도의 나라를 하나님 나라라 부른다. 하나님이 친히 세우시고 붙드시고 다스리시기 때문이다(엡 5:5). 이 의를 우리에게 주시기 위해 그리스도께서 죽기까지 복종하셨다. 그리스도는 참 하나님이자 참 사람이다. 그러므로 그리스도의 의는 하나님께로부터 온 의라고 할 수 있다. 바울은 그리스도로 말미암아 하나님께로부터 난 의를 자신이 율법을 지켜서 이루는 자의적인 의와 대비시켜 말한다. "내가 가진 의는 율법에서 난 것이 아니요 오직 그리스도를 믿음으로 말미암은 것이니 곧 믿음으로 하나님께로부터 난 의라"(빌 3:9).

하나님의 목적은 구약시대에 지은 모든 죄를 합법적이고 의롭게 용서하셨다는 것을 이 시대에 선포하시는 것이다. 로마서 3:25은 이 구약의 때를 가리켜 "하나님이 길이 참으시는 때"라고 한다. 어떤 사람은 그리스도가 아직 오지도 않은 구약시대에 지은 죄를 용서하는 것은 합당하지 않다고 비난하는 사람들이 있다. 그러나 하나님은 불의하시지 않다. 오늘날 그리스도를 믿는 자를 용서하시는 것처럼 하나님께서는 구약시대에도 죄를 지은 사람들을 용서하실 수 있었고, 그것은 정당하다. 오늘날 우리가 그리스도를 힘입어 죄용서를 받는 것처럼, 구약시대 역시 그리스도의 의를 힘입어 용서받았다.

그리스도는 "태초부터 죽임 당한 하나님의 어린양"이시다(계 13:8). 구약시대에 그리스도의 의는 아직 실제로 완전하게 성취되거나 드러나지 않았다. 하나님께서는 구약의 제사, 구속, 속죄, 제의 등과 같은 그림자와 상징을 통해 이 사실을 말씀하셨다. 그래서 이때를 가리켜 하나님이 길이 참으시는 때라고 하는 것이다. 어떤 면에서 하나님께서는 죄를 지은 그 자리에서 즉시 죄값을 치르게 하지 않고 용서하신 것이다. 그리스도께서 오셔서 죄값을 치르기까지 빚을 갚으라고 독촉하지 않으시고 오래 참으신 것이다(마 18:26). 구약시대 내내 하나님께서는 때가 차면 하나님의 의를 나타내시겠다고 약속하셨다(사 56:1, 51:5-6, 시 98:2, 단 9:24). 그리스도가 오심으로 하나님께서는 그 약속을 온전히 이루셨다(딤후 1:10).

여덟 번째 원리는, 하나님께서 죄인을 의롭다 하시는 것은 자기의 의로우심을 나타내사 자기도 의롭고 또한 예수 믿는 자도 의롭다 하기 위함이라는 것이다. 이 원리가 바로 문제의 핵심이다. 믿음으로 의롭게 되는 것이야말로 하나님의 성품에 부합한 일이다. 그리스도로 말미암아 죄인을 의롭다 하시는 바로 그때, 하나님의 의로우심이 드러난다. 긍휼로 죄인을 용서하실 때, 하나님의 영광이 선포된다.

하나님은 은혜로 죄인을 의롭다 하신다. 구원은 은혜로 받지만, 그렇다고 하나님께서 우리의 죄에 대한 합당한 심판도 없이 의롭다 하시는 것은 아니다. 그렇게 하는 것은 의로운 일일 수 없다. 우리가 지은 죄의 대가를 요구하지 않는다면 하나님은 불의한 분이 된다. 그러나 우리를 대신한 그리스도의 희생을 받으심으로 우리를 의롭다 하실 수 있다. 아무리 하나님이 은혜롭고 긍휼이 풍성하시다 해도, 하나님은 결코 죄인의 죄를 없는 것처럼 하지 않으신다(출 34:7, 창

18:25, 출 23:7). 구약의 성도들 역시 하나님께서 죄를 용서하시고 죄인들을 의로 구속하신다고 말한다. 아직 그리스도로 말미암은 구속의 경륜이 계시되지 않았을 때인데도 말이다(시 51:14, 130:7-8, 143:1-2). 죄인인 우리가 구원받으려면 의로움과 긍휼이 모두 필요하다(시 85:10).

하나님은 하나님만이 의롭다는 사실을 모두가 알기를 바라신다. 우리를 구원하시되 우리의 의가 아닌 자신의 의로 의롭다 하시는 이유가 바로 이것이다. 죄인을 합당하게 정죄할 때 하나님의 의가 드러난다(롬 3:4-5, 단9:7). 그러나 하나님께서 그런 죄인들을 구원하실 때, 오히려 그들의 불의함을 통해 하나님의 의로우심이 더욱더 높아진다.

하나님은 하나님만이 우리를 의롭다 하시고 그 의를 든든히 세워 가시는 분임을, 사람들이 알기를 바라신다. 하나님께서는 우리들의 의가 아닌 하나님 자신의 의로 우리를 의롭게 하신다(사 54:17, 45:22-25).

지금까지 살펴본 믿음으로 의롭게 된다고 하는 성경의 가르침을 토대로 우리가 적용해야 할 몇 가지가 있다.

첫 번째 적용점은, 이신칭의는 신자에게 크나큰 위로와 격려를 가져다 준다는 것이다. 그리스도인에게 가장 큰 기쁨은 자기의 모든 죄가 용서받았다는 사실이다! 온 우주의 심판자 앞에서 의롭게 여겨지는 것을 발견하는 것이야말로 그리스도인에게는 가장 큰 기쁨이다! 우리는 그리스도의 보혈로 구속함을 받았다. 우리가 받아 누리는 모든 다른 복은 바로 이 진리의 샘에서 흘러나온다.

일하지 않고도 하나님께 의롭다 여김을 받는 자가 가장 복 있는 자다. 이 점에서 우리는 모두 아브라함의 복에 참여한다. "믿음으로 말미암은 자는 믿음이 있는 아브라함과 함께 복을 받느니라"(갈 3:9). 믿음으로 받는 하나님의 의야말로 우리가 받는 모든 복의 토대다. 믿음으로 의롭다 함을 받은 사람은 또한 믿음으로 살라고 부르심을 받은 것이다. 계속해서 복음을 믿고, 이 은혜의 복음을 통해 위로와 능력을 끊임없이 받아야 한다(롬 1:17).

믿음으로 의롭다 함을 받은 우리를 가장 복 받은 사람이라고 하는 이유가 무엇인가?

누구도 하나님 앞에서 우리를 비난하거나 고소할 수 없기 때문이다(롬 8:33-34). "의롭다 하신 이가 하나님이신데 누가 고소하겠는가!" 하나님께서 우리를 의롭다 하셨다. 그리스도께서 우리를 위해 죽으시고 다시 살아나셨다. 우리는 만민 중에 구속함을 입은 사람들이다. 우리는 하나님과 그 어린양의 첫 열매 가운데 하나다. 우리 입에는 궤사도 없고, 하나님의 보좌 앞에서 책망받을 것도 없다(계 14:4-5, 골 1:22).

의롭다 함을 받은 우리는 하나님 앞에서 어떤 정죄도 받지 않는다. 우리는 더 이상 하나님의 저주와 진노 아래 있지 않다. 우리는 어떤 정죄도 받지 않기 때문에 이로 인한 심판과 형벌도 없다. "그리스도께서 우리를 위하여 저주를 받은 바 되사 율법의 저주에서 우리를 속량하셨으니"(갈 3:13). "이는 장래 노하심에서 우리를 건지시는 예수시니라"(살전 1:10). "주의 모든 분노를 거두시며 주의 진노를 돌이키셨나이다"(시 85:3).

하나님의 진노를 감당할 수 있는 사람은 아무도 없다. 인생의 모든 비참함이 하나님의 진노에서 비롯된다. 그러나 하나님께서는 그리스도 안에 있는 사람들을 위해 이 비참한 토대를 훼파하시고, 복된 터를 새로 놓으신다. 그리스도로 말미암아 하나님과 화평케 된 사람들은 하나님과의 화평을 누린다(롬 5:1-2). "전에 악한 행실로 멀리 떠나 마음으로 원수가 되었던 너희를 이제는 그의 육체의 죽음으로 말미암아 화목하게 하사 너희를 거룩하고 흠 없고 책망할 것이 없는 자로 그 앞에 세우고자 하셨으니"(골 1:21-22). 더 이상 하나님의 정죄를 받지 않는 우리는 더 이상 하나님의 진노 아래 있지 않다.

의롭다 함을 받은 우리는 더 이상 율법의 공로로 구원받으려고 할 필요가 없다. 우리는 감당할 수 없는 멍에를 매지 않아도 된다. 바리새인과 율법주의자들이 끊임없이 우리에게 지우려고 하는 끝도 없는 종교 의식에서 자유롭게 되었다. 하나님의 율법을 통해 느꼈던 공포와 의심과 두려움으로 더 이상 괴로워하지 않아도 된다(행 15:10, 롬 8:15). 율법이 용서받지 못한 죄인에게 선언하는 하나님의 진노와 저주에서 자유롭다(롬 4:15). 속에서 죄를 불러일으키는 율법과 상관이 없어졌다(롬 6:5). 끊임없이 우리를 정죄하고 사망에 이르게 하는 율법과 상관이 없다(고후 3:6-9). "시내 산에서 나서 종이 될 사람을 낳은" 율법과 상관이 없다(갈 4:24, 새번역).

우리를 정죄하는 양심으로부터 자유롭게 되었다. 양심은 더 이상 벌레처럼 우리를 야금야금 갉아 먹지 않는다. "염소와 황소의 피와 및 암송아지의 재를 부정한 자에게 뿌려 그 육체를 정결하게 하

부록 411

여 거룩하게 하거든 하물며 영원하신 성령으로 말미암아 흠 없는
자기를 하나님께 드린 그리스도의 피가 어찌 너희 양심을 죽은 행실
에서 깨끗하게 하고 살아 계신 하나님을 섬기게 하지 못하겠느냐"
(히 9:13-14).

정죄된 양심은 이미 오염되었다. 정죄된 양심으로 하는 모든 섬
김과 순종은 하나같이 사망의 일일 뿐이다. 살아 계신 하나님을 섬
기기에 전혀 합당치 않다. 믿음으로 받는 그리스도의 피가 우리 양
심에서 더러운 죄책을 씻어 낸다. 그리스도의 보혈만이 양심에서 죄
와 죄책을 씻어 낸다(히 10:1-4). 그리스도 안에 있는 사람은 "선한
양심"을 갖는다(벧전 3:21). 의롭다 함을 받은 사람은 "하나님과 사
람에 대하여 항상 양심에 거리낌이 없"다(행 24:16).

의롭다 함을 받은 사람은 그리스도를 통해 영원한 의를 받는다.
그리스도께서 우리를 안전하게 하신다!(단 9:24) 그리스도께서 우
리를 위해 영원한 구속을 이루셨다(히 9:12). 율법 아래 사는 사람
은 오늘은 의로울지 몰라도, 내일은 의롭지 못하다. 구약의 성도들
은 날마다 자신의 죄를 위한 희생을 드려야 했다. 양심을 씻을 길
은 더구나 없었다. 희생제사를 통해서는 양심을 영영히 깨끗하게
할 수 없었다. 그러나 그리스도 안에서 많은 것이 달라졌다. 그리스
도가 이루신 구속은 총체적이고, 완전하고, 영원한 구속이다. 그리
스도는 과거든, 현재든, 미래든, 우리의 모든 죄를 깨끗하게 하셨다
(요일 1:7).

우리가 그리스도 안에서 빚은 의는 무한한 가치가 있다. 그리스
도 안에서 우리가 가진 의는 다름 아닌 하나님의 의이기 때문이다.

그분의 이름은 "우리 의의 하나님"이다(렘 23:6, 히 9:14). 아담의 죄가 우리를 파괴하고 정죄하는 것보다 우리를 구원하는 하나님의 의가 더 능력 있다(롬 5:12-21). 그리스도는 "하나님의 능력"이다 (고전 1:24). 그러므로 우리 역시 믿음으로 능력을 입고, 믿음으로 넉넉히 이긴다. 우리는 "우리 의의 하나님"으로부터 무한한 긍휼과 은혜를 받았다. 하나님께는 "풍성한 구속"이 있다(시 130:7). 우리 에게 있는 구속은 풍성한 구속이다. 무한한 구속이기 때문이다! 무 한한 구속을 가지신 주님 자신 외에 어느 누구도 우리 죄의 대가를 감당할 수 없다. 그리스도 안에 있는 하나님의 긍휼은 우리의 모든 죄를 덮고도 남는다(시 103:11-12).

의롭다 함을 받은 우리가 믿음으로 받아 누리는 의로움에는 하나 님의 은혜와 긍휼이 함께 역사한다. 하나님의 정의가 너무 끔찍하고 가혹하게 다가올 수도 있다. 긍휼과 어긋나는 것처럼 말이다. 불신 자가 하나님의 정의를 생각하는 것은 정말 두려운 일이다. 그러나 신자인 우리는 하나님의 정의를 겁낼 필요가 없다. 하나님의 정의는 그리스도의 의로 이미 흡족하게 되었기 때문이다. 그리스도께서 우 리 죄를 위해 죽으셔서 하나님의 정의를 만족시키셨다. 이제 하나님 의 정의는 우리를 저주하는 대신 전적으로 우리를 위한다. 하나님 의 정의는 불신자와 우리를 전혀 다르게 대한다(수 24:19-20). 심지 어 그리스도 안에서 우리를 향한 하나님의 긍휼을 통해 우리를 용서 해 주시도록, 하나님의 정의를 의지하고 간구할 수 있다(롬 3:26).

의롭게 된 우리는 거룩과 영광도 받아 누릴 것이다. 우리는 죄책 과 심판에서 구원을 받았을 뿐 아니라, 죄의 권세에서도 구원을 받았다. 우리의 양심은 죄책에서뿐 아니라 죄의 지배에서도 자유롭다. 우리를 죄에서 건지시려고 그리스도께서 죽으셨기 때문이다(딛 2:14, 롬 6:6, 14, 8:3-4). 율법을 통해 죄의 권세가 더해 간다. 타락의 저주로 죄가 우리 삶을 지배하게 되었다. 사탄도 우리 삶을 지배한다. 그러나 우리는 예수 그리스도로 말미암아 죄와 사탄과 죽음에서 구원을 얻었다(히 2:14-15, 호 13:14). 마찬가지로, 그리스도의 의를 덧입은 우리는 아담 안에 있는 처음보다 더 나은 상태가 되었다. 우리가 성령을 받고, 양자 되기 위해 그리스도께서 죽으셨다. 또한 새 언약도 받았다. 사랑으로 섬기고 거룩한 삶을 살도록 하기 위해 그리스도께서 죽으셨다(갈 3:14, 요일 4:19, 갈 4:5, 히 9:15, 롬 5:11, 눅 1:74, 골 2:13).

의롭다 함을 받은 우리에게 모든 일이 합력하여 선을 이루게 될 것을 확신할 수 있다. 이제 모든 일이 합력하여 선을 이룰 것이다. 하나님께서 은혜로 우리를 영광으로 인도하시기 때문이다. 만물의 창조주요 통치자이신 하나님이 우리를 위하신다(롬 8:28-33). 하나님은 더 이상 우리 때문에 분노하지도 않으시고, 분노로 우리를 책망하지도 않으신다(사 54:9, 롬 5:2, 5).

의롭다 함을 받은 우리는 두려움 없이 하나님 앞에 나아간다. 우리는 예수님의 이름으로 담대하게 은혜의 보좌로 나아갈 수 있다. 하나님 보좌로 나아가면서 모든 좋은 것을 받을 것이라고 기대할 수 있다(요 14:13-14). "우리가 그 안에서 그를 믿음으로 말미암아 담대함과 확신을 가지고 하나님께 나아감을 얻느니라"(엡 3:12). "참 마음과 온전한 믿음으로 하나님께 나아가자"(히 10:22-23). 하늘에

414 성화의 신비

서 그리스도의 보혈이 우리를 위해 증거한다(히 12:24). 언제라도 우리는 담대하게 하나님께 나아갈 수 있다.

우리는 지금 하나님의 의가 온전히 계시된 때를 살고 있다. 그리스도를 통해 죄가 사해졌다(롬 3:21-22). 그리스도께서 처음 이 땅에 오시기 전에 살았던 사람들보다 더 큰 복을 누리며 산다. 그들은 그리스도의 의의 그림자와 모형을 보며 믿음으로 살아갔지만, 그리스도께서 오신 지금 우리는 실체와 더불어 살아간다. 율법의 초등 교사 아래 살았던 그들과 달리 더 이상 율법 아래 있지 않다. 우리는 종이 아니라 자유를 위해 부름을 입은 자녀다(갈 3:23, 26, 4:7, 5:13). 더 이상 우리는 의롭게 되기 위해 율법을 의지할 필요가 없다(롬 10:5-8, 고후 3:6-7, 갈 3:13, 24).

두 번째 적용점은, 그리스도 안에 있는지 자신을 잘 살펴보고, 자신이 정말 믿음으로 의롭게 되는 선물을 받은 사람인지 확증하라는 것이다. 스스로 이렇게 물어보라. 나에게 있는 죄의 깊이를 잘 알고 있는가? 나에게 있는 죄 때문에 하나님의 율법이 나를 정죄하고 있다는 사실을 잘 알고 있는가?

이 사실을 아는 사람은 그리스도께로 달려갈 것이다. 이것이 바로 하나님께서 율법을 주신 목적이다. 죄인들을 그리스도께로 이끌기 위한 것이다(갈 3:22, 마 9:13, 행 2:37). 자기 죄가 어떤지도 모르는 사람은 그리스도를 귀하게 여기지도 않을 뿐더러 거룩을 갈망하지도 않는다. 오히려 거짓된 안정감에 자신을 방치하고 멋대로 살면서 은혜를 호색거리로 바꾼다. 불뱀에 물린 사람은 모세가 장

부록 415

대에 높이 달아 올린 놋뱀을 바라보아야 했다.

또한 이렇게 물어보라. 하나님 앞에서 의롭다 함을 얻기 위해 값없이 주시는 하나님의 긍휼을 의지하는가? 자신의 노력과 열심으로 하나님 앞에 나아간다는 생각을 완전히 버렸는가? 신약성경에 나오는 세리처럼 "주여, 나는 죄인이로소이다. 나를 불쌍히 여기소서"라고 말하고 있는가?

자긍하는 사람과 완전주의자들은 그렇게 하지 못한다(눅 18:13-14). 이들은 하나님의 긍휼을 필요로 하지 않는다. 세상적으로 볼 때, 바울은 의로운 사람이었다. 그런 그가 그리스도를 얻고 그 안에서 발견되기 위해 자신의 모든 성취와 업적을 기꺼이 배설물로 여겼다. "무엇이든지 내게 유익하던 것을 내가 그리스도를 위하여 다 해로 여길 뿐더러 또한 모든 것을 해로 여김은 내 주 그리스도 예수를 아는 지식이 가장 고상하기 때문이라. 내가 그를 위하여 모든 것을 잃어버리고 배설물로 여김은 그리스도를 얻고 그 안에서 발견되려 함이니 내가 가진 의는 율법에서 난 것이 아니요 오직 그리스도를 믿음으로 말미암은 것이니 곧 믿음으로 하나님께로부터 난 의라" (빌 3:6-9). 바울이 지금 말하는 의는 구속하고 속죄하는 그리스도의 의다. 의롭게 되기 위해 오직 그리스도의 의만을 원한다는 것이다. 그리스도의 의만 신뢰했다. 자기에게 있는 그 무엇도 의지하지 않았다. 조금도 자신의 의에 소망을 두지 않았다.

오직 그리스도만을 의지하는가? 아니면 자신의 구원이 여전히 불안하게 느껴지는가?

끊임없이 자신의 구원을 의심하는 사람은 하나님으로부터 선한 것을 받을 것이라고 기대하지 못한다(약 1:6-7). 의심에 싸여 지내는 사람은 양심이 죄책에서 자유롭지 못하다(히 10:22). 의심은 우리 영혼을 두려움에 가두어 버린다. 아브라함이 누렸던 확신은 우리 삶에서 의롭다 하는 믿음이 할 수 있는 일이 무엇인지를 잘 보여준다. 우리도 "바랄 수 없는 중에 바라는" 확신을 구해야 한다(롬 4:18). 우리가 신자라면 많은 의심으로부터 공격을 받을 것이 분명하다. 그러나 우리는 이런 의심과 계속해서 싸울 뿐 굴복하지는 않는다(시 42:11, 막 9:24). 참된 믿음은 의심에 지지 않고 항상 분투한다.

그렇다면, 그리스도께 나아와 죄를 용서받고 싶어 하는 이유가 무엇인가? 올바른 동기로 그렇게 하는 것인가? 살아 계신 하나님 앞에서 더 이상 죄에게 종 노릇하지 않으려고 그렇게 하는가?(히 9:14, 딛 2:14, 벧전 2:14)

그리스도께로 나아오는 사람은 죄의 대가뿐 아니라 죄의 지배로부터도 벗어나려고 해야 한다. 그렇지 않고 죄의 대가만을 피하려고 그리스도를 찾는 사람은 동기가 잘못되었다. 진실로 하나님과 벗이 되고 하나님의 은혜를 바라는 사람이라고 할 수 없다. 죄사함을 받았다고 하면서 여전히 죄에게 종 노릇하는 것은 있을 수 없기 때문이다.

마지막으로 생각해 보자. 거룩한 삶을 살아가고 있는가? 은혜로 의롭다 함을 받은 열매를 맺으며 사는가? 믿음의 선한 삶을 살고 있는가? 그렇지 않은 사람이 가졌다는 믿음은 죽은 믿음이다. 참된 믿음은 우리 마음을 정결케 한다(행 15:9). 그리스도가 우리 것이라면, 그리스도는 우리의 의일 뿐 아니라 우리의 거룩도 되신다(고전

부록 417

1:30, 롬 8:1-9, 요 13:8). 하나님은 우리를 은혜로 불러들이실 뿐 아니라 거룩하게도 하신다. 물론 우리는 오직 믿음으로만 의롭다 함을 받는다. 의롭다 함을 받는 데 있어서 우리의 공로와 노력은 설 자리가 없다. 하지만 의롭게 하는 믿음은 항상 선행을 동반한다. 우리 몸에서 사물을 볼 수 있도록 하는 기관은 눈이지만, 눈은 다른 기관과 긴밀하게 연결되어 있다. 마찬가지로, 우리는 오직 믿음으로만 의롭다 함을 받지만, 이 믿음은 항상 선행을 이끌어 낸다.

야고보 사도는 역사하지 않는 믿음은 죽은 믿음이라고 했다. 행위로 자기 믿음을 나타내 보이라고 한다. 다시 말하면, 우리의 선행은 의롭게 되는 **조건**이 아니라 믿음으로 의롭게 된 **증거**다. 선행은 **참된** 믿음에 따르는 필연적인 결과다(약 2:14-15). 자, 이제 기억하자. 복음은 행위 언약이 아니다. 복음은 살고 싶으면 행위로 의롭게 되라고 말하지 않는다. 하지만 선행은 우리가 살아 있는 참된 믿음을 가졌다는 사실을 다른 사람들에게 드러낸다.

좋은 열매를 통해 나무가 튼튼하다는 것을 아는 것처럼(마 12:33-37), 우리가 하는 선행은 우리 안에 참된 믿음이 역사하고 있다는 것을 말해 준다. 선행은 우리를 비난하고 정죄하는 사람들에게 보여줄 수 있는 좋은 증거다. 그러나 항상 잊지 말아야 할 것은 행위가 우리의 의가 될 수 없다는 사실이다! 선행을 통해 그리스도의 의를 얻을 자격을 갖게 되는 것이 아니다. 우리가 하는 선행 때문에 하나님의 은혜를 받을 자격을 얻는 것도 아니다. 우리가 하는 선행은 단지 우리가 이미 그리스도의 성령과 의를 가졌다는 반증일 뿐이다.

세 번째 적용점은, 누가 되었든지 간에, 믿음으로 말미암는 칭의는 그 사람이 가진 책임이 무엇인지를 밝히 드러내고 그것을 속히 행하라고 촉구한다는 것이다. 비그리스도인가? 아직 믿음이 없다면, 먼저 믿음으로 의롭게 되는 것이 무엇인지 알아야 한다. 계속해서 자신의 죄에 머물지 말라. 하나님의 진노 아래 자신을 방치하지 말라. 영원한 정죄로 곤두박질치지 말라. 복음에는 우리를 위한 긍휼의 문이 열려 있다. 하나님께서 우리를 받으시도록 하는 의가 우리를 위해 준비되어 있다. 믿음이 없는 사람들 가운데는 뻔한 위험을 무릅쓰는 사람들이 있다. 믿음으로 의롭게 되지 않고 계속 살겠다고 하는 사람들이 있다. 또 하나님 앞에 의롭게 되기는 바라면서 잘못된 방식으로 그것을 추구하는 사람들도 있다. 율법주의자들의 기만적인 가르침을 따라 양심을 누그러뜨리고자 하는 사람들이 있다. 자신의 행위와 노력을 기대하는 사람들이다.

하나님께서는 이 모든 것을 포기하라고 하신다! 자신이 노력해서 얻는 것보다 훨씬 더 나은 참된 의를 찾으라고 하신다! 그리스도는 복음을 통해 "나를 믿어라. 나를 의지해라"고 말씀하신다. 천국이 열렸다. 하나님께서 그리스도를 통해 긍휼과 의를 값없이 주신다(사 55:6-7, 렘 3:12). 죄사함을 위한 회개가 선포된다(눅 24:47, 행 2:38). 은혜 받고 구원 얻을 만한 이때를 놓치지 말라(히 2:1-3). 왜 죽고자 하는가?

그리스도를 통해 주시는 하나님의 구원에 순종하지 않는 사람은 하나님의 진노 아래 있다(요 3:36). 이런 사람은 율법의 저주 아래 있다. 율법의 저주 아래 있는 사람은 노아의 방주 밖에 있던 사람

부록 419

들이 홍수에 쓸려 가듯 진노와 저주에 휩쓸릴 것이다. 율법의 저주가 참된 방주이신 예수 그리스도 안에 있지 않은 사람들을 집어 삼킬 것이다.

그리스도 안에 있는 위대한 구원에 순종하지 않는 사람은 더 큰 정죄를 당할 것이다(히 2:3). 하나님의 긍휼을 거부하는 사람은 자신의 죄를 가리울 수 없다(요 15:22). 이전에 지은 죄악 때문에 망해 간다고 말하지 마라. 이제 더 이상 회복될 가망이 없는데 긍휼을 얻기 위해 힘써 봐도 아무 소용없다고 말하지 마라. 들어 보라. 죄를 용서한다고 지금 외치고 있지 않는가?(겔 33:10-11) 모든 죄 중에 가장 악한 죄는 하나님의 아들의 보혈을 멸시하는 죄다(요 3:18, 36).

믿음으로 의롭게 되는 교리에 의구심을 갖는 사람들을 위해 이 교리를 질문과 대답의 형식으로 설명해 보겠다.

• 불의한 자를 의롭게 하는 분이 하나님이라면(롬 4:5), 내가 불의를 떠날 필요가 없지 않은가? 불의한 대로 그냥 살아야 의롭게 되지 않겠는가?

하나님과 사귀며 살기를 바라지 않는 사람은 진정한 칭의를 추구할 수 없다. 칭의는 하나님과 화해하고 사귀어 살 수 있게 하는 유일한 길이다(고후 5:19, 롬 5:1-2). 하나님과 사귀며 살고 하나님을 즐거워하기 위해서는 믿음으로 의롭게 되어야 한다. 임금을 증오하고 반역을 일삼는 사람이 임금의 사면을 바랄 이유가 없지 않은가? 죄를 용서받기만 하면 하나님께 다시 온전히 순종하며 살겠다고 결단하지도 않고 죄 용서를 구하는 사람은 하나님을 기만하는 것이다(갈 6:7-8).

• 나는 죄가 너무나 많아 회복될 가망이 없다.

그리스도의 의는 모든 죄인에게 미치는 의로 차별이 없다! 그리스도의 의는 유대인이든 헬라인이든 상관하지 않는다. 죄가 어떤 것이든 그리스도의 의는 모든 사람에게 유효하다. 유대인이든 헬라인이든 엄청난 죄를 지은 많은 사람들이 복음으로 구원을 얻었다(롬 1:3). "영광의 주님"을 죽인 자들도 용서를 받았다(행 2:23, 36, 고전 2:8). "죄인 중에 괴수"인 바울에게도 은혜를 주셨다(딤전 1:15, 행 16장). 죄가 더한 곳에 은혜가 더욱 넘친다(롬 5:20). 죄가 아무리 크다 한들 당신의 죄는 인간의 죄일 뿐이지만, 그리스도의 의는 "하나님의 의"다(요 6:37, 롬 10:3, 11, 13).

지금 구원을 찾고 있는가? 하나님께로 돌이키고자 하고, 하나님의 용납하심을 바란다면 합당한 방식으로 그렇게 할 수 있어야 한다. 의롭게 되고 하나님께 용납함을 얻기 위해서는 그리스도를 믿어야 한다. 대부분의 세상 사람들이 하는 것처럼 자기 의로 하나님의 호의를 얻을 생각은 하지 말라(롬 9:31-32). 본성적 상태에 속한 사람에게는 믿음으로 의롭게 되는 교리가 매우 어리석고, 심지어 파괴적으로 보이기까지 한다. "어리석은 자가 되라. 그리하여야 지혜로운 자가 되리라"(고전 3:18). 그렇지 않으면 결국에는 아무것도 얻지 못할 헛수고를 하는 것이다. 항상 불안과 실망만이 계속될 것이다.

부록 421

여전히 육체 가운데 거하는 사람은 선한 일이라고는 조금도 할 수 없다. 율법 아래 있고, 율법의 저주 아래 있는 사람은 하나님께 순종하지 못한다. 하나님의 은혜 가운데 거하지 않는 사람은 하나님을 섬길 수 없다. 먼저 하나님께 의롭다 함을 받아야 마음과 삶에서 거룩할 수 있다(딤전 1:5, 히 9:14). 믿음이야말로 가장 위대한 역사다. 믿음은 모든 순종의 어미다. 믿음은 모든 선한 일을 낳는다(요 6:29, 갈 5:6, 사 55:2). 복음을 믿지 않는 사람은 그리스도와 그분의 죽음과 부활을 욕되게 하는 자다(갈 2:21, 5:2-4). 그러므로 아무리 흉악한 죄인이라 할지라도 담대하게 그리스도께 나아오라(행 10:43). 먼저 그리스도 안에 있는 의를 구하라. 그리고 거룩하게 살기를 구하라(롬 8:1).

• 그렇다면 믿음은 어떻게 얻는 것인가?

믿음은 "하나님의 선물"이다(엡 2:8). 믿음은 "복음"을 통해서 온다(롬 1:15-17). 믿음은 복음을 들음에서 난다(롬 10:17). 믿음은 말로만이 아닌 능력으로 온다(살전 1:5). 믿음은 사람의 본성적인 능력을 통해 오는 것이 아니다. 그것을 초월한다(요 6:63). 믿음이 없는 사람이라면 먼저 그리스도의 복음을 듣는 일부터 시작하라. 다음 두 가지, 즉 우리 죄의 비참함과 그리스도의 탁월함을 잘 생각해 보라. 그렇게 하면 복음을 믿고자 하는 마음이 생길 것이다(갈 2:16, 시 9:10). 하나님께서는 복음을 통해 믿음을 주신다(사 55:3). 이미 마음으로 그리스도를 원하고 있다면, 다른 무엇보다 그리스도를 바라고 있다면, 성령께서 그 마음에 믿음으로 역사하신 것이 분명하다. 이런 사람은 확신을 가지고 믿음을 위해 기도해야 할 것이다(눅 11:13, 막 9:24).

• "거룩함이 없이는 주를 보지 못한다"고 성경은 말한다(히 12:14). 어떻게 하면 거룩해질 수 있는가? 나 스스로는 도무지 거룩해질 수 없다. 무엇보다도 이런 사실 때문에 거룩함을 찾는 내 마음이 느슨해질까 두렵다"고 말할지도 모르겠다.

하나님께서는 믿음으로 그리스도의 의를 받은 사람을 거룩하게 하신다. 복음이 담고 있는 이 확신이야말로 거룩해지는 유일한 길이다. 그리스도의 의를 받은 사람만이 경건한 삶을 살 수 있다(롬 5:21). 그리스도께서 새 언약을 세우셨다. 새 언약은 새 마음을 약속한다(겔 36:24-27). 죄를 정말 용서받았다면, 죄의 권세로부터도 자유롭다. 예수 그리스도의 죽음과 부활로 의롭게 된 사람은 그리스도의 죽음과 부활로 거룩한 삶을 살아간다(골 2:12-13).

이미 믿음으로 의롭다 함을 받은 사람인가? 이런 사람에게도 몇 가지 적용할 것이 있다.

첫째, 겸손하게 살아가라. 내가 가진 것은 아무것도 없다는 것을 명심하라. 본질적으로 우리는 하나님의 원수다. 하나님 앞에 드러나 있는 우리의 죄는 끔찍하기 이를 데 없다! 그렇지만 우리는 자신의 의가 아닌 다른 사람의 의로 구원을 받았다. 우리는 타락해서 하나님으로부터 너무나 멀리 떨어져 나왔기 때문에, 그리스도께서 하나님의 정의를 만족시키지 않았다면 하나님의 정의로 멸망당했을 것이다(시 121:6, 롬 3:27). 그리스도께서는 자신의 죽음으로 하나님의 정의를 만족시키셨다. 그리스도의 의는 우리의 죄보다 훨씬 크다(겔 36:31).

둘째, 그리스도 안에 있는 하나님의 풍성한 은혜를 찬양하라. 얼마나 크신 은혜와 사랑인가! 독생자의 피로 우리를 깨끗하게 하셨다(계 1:5, 갈 2:20). 우리 죄를 대신해 독생자이신 그리스도를 우리 죄로 삼으시고 모든 저주를 담당하게 하셨다(롬 5:5, 8, 요일 3:16, 4:9-10, 고후 8:9). 그리스도 안에서 하나님께서 우리에게 주신 의는 얼마나 풍성하고 탁월한가!(사 56:10)

셋째, 그리스도 안에서 가진 의로움으로 큰 위로를 누리며 삼으라(사 40:1-2). 죄와 고난을 이기라(롬 8:33, 39). 하나님의 위대한 일들을 기대하고 확신하라(히 10:22). 그렇다. 우리는 이 위대한 일에 전혀 합당치 않은 사람들이다. 은혜를 통해 우리가 얼마나 이 일에 합당치 않은지 항상 보게 될 것이다. 그러나 우리는 그리스도의 의의 터 위에 서서, 하나님의 영광의 소망을 즐거워한다. 우리가 아직 원수 되었을 때에조차 그리스도께서 하나님과 우리의 화목을 위해 죽으신 것을 볼 때, 하나님과 화목하게 된 우리를 자신의 생명으로 얼마나 더 풍성하게 하실지 너무나 자명하기 때문이다(롬 5:3, 10).

자신에게 필요한 것을 담대하게 구하라. 하나님이자 사람이신 그리스도가 우리 은혜의 보좌이시다. 지은 죄가 우리를 괴롭히고 의심이 몰려올 때, 우리를 위해 높이 들린 놋뱀이신 그리스도를 바라보라. 죄를 자백하고, 하나님의 용서를 믿으라. 그리스도의 의를 묵상하고, 그리스도 안에 있는 풍성한 은혜를 묵상하라(롬 8:32).
물론 아직 우리 안에 있는 많은 불경건을 부정하지 못할 것이다. 우
리 안에는 하나님이 받으실 만한 것이 하나도 없다는 것을 알게 될
것이다. 그러나 우리의 위로가 되시는 그리스도께서 함께하신다(사
50:10, 살후 2:16-17).

죄를 지을 때마다 복음의 샘으로 나아가라(슥 13:1, 요일 1:7). 죄
로 양심이 더러워지면 평강과 영적인 능력이 약해질 수밖에 없다.
죄책으로 찾아오는 비굴한 두려움에 짓눌리지 말라. 죄책에서 우리
를 구원하신 그리스도의 의가 있음을 기억하라. 믿음으로 이 사실을
마음에 적용할 때, 죄로 인한 정죄가 더 이상 우리의 양심을 더럽히
지 못할 것이다(히 10:2, 시 32편). 우리가 가진 의는 그 어떤 율법주
의자나 완전주의자의 노력과 공로로도 흉내 낼 수 없는 것이다!

**넷째, 믿음으로 의롭게 된다는 교리에 대한 반대가 아무리 심해도
이 교리만을 견고하게 붙들라.** 세상은 오직 믿음과 은혜로 의롭게 된
다는 이 교리를 너무나 싫어한다! 마귀는 교회를 협박하여 이 교리
에서 떠나게 하고, 이 교리를 빼앗아 가려고 한다. 유대인과, 갈라디
아 교인과, 율법주의자들이 그렇게 한 것처럼, 지금 마귀는 그리스
도인들에게서 이 교리를 빼앗으려고 혈안이 되어 있다(갈 1:6). 이
렇게 복음을 빼앗긴 사람들을 가리켜 사도 바울은 "속았다"고 말한
다. 사탄은 항상 우리를 속여 하나님의 은혜를 얻기 위해 자신의 노
력과 능력을 의지하게 만든다. 그는 이렇게 말한다. "거룩하게 살고
싶다면, 값없이 의롭게 된다는 은혜의 교리를 버리고 거룩하게 살
려고 하는 자신의 노력을 의지하라." 그리스도를 얻기 위해서라도

부록 425

자신의 노력과 행위를 의지해야 한다고 말할 것이다. 자신의 노력과 공로를 신령한 삶을 사는 토대로 삼아야 한다고 말할 것이다.

이 모든 반대에도 불구하고 다음 사실을 잊지 말라. 이유가 어찌되었든 간에, 그리스도의 완전한 의를 잃어버리는 우리는 모든 것을 잃는 것이다!(갈 5:2-3) 그리스도 안에서 이미 우리 소유가 된 것을 얻는다면서 자신의 공로를 의지해서는 안된다! 이는 그리스도를 욕보이는 짓이다! 복음은 자신의 노력으로 다시 한 번 의롭게 되어야 한다고 말하지 않는다. 복음은 율법 언약이 아니다. 복음은 그리스도의 의를 선포한다. 그리스도로 말미암아 의롭게 된 사람은, 이미 하나님의 약속과 양자됨을 통해 하나님의 기업을 이을 자가 된 것이다(갈 3:24-26, 4:7).

믿음의 은혜로 의롭다 함을 받는 칭의 교리는 우리를 겸손하게 하고 하나님을 영화롭게 하는 유일한 교리다. 이 교리의 아주 중요한 본질이다. 자신의 육체적인 추론에 휘말리지 말라. 그리스도 안에 있는 하나님의 은혜와 정반대로 행하게 할 뿐이다. 육체에 뿌리를 둔 추론은 항상 그리스도의 의를 걸림돌로 바꿀 뿐이다(벧전 2:8, 롬 9:32-33).

다섯째, 그리스도 안에서 하나님의 은총을 누리는 사람답게 살라. 우리의 삶을 통해 그리스도께만 모든 존귀와 영광이 돌아가야 한다. 우리를 구속하기 위해 하나님께서 어떤 값을 치르셨는지 안다면 거룩하게 살지 않을 수 없을 것이다(벧전 1:17-18, 고후 5:14-15, 벧후 1:5, 11, 고전 6:20). 우리를 먼저 사랑하신 하나님을 사랑하라(요일 4:19, 시 116:16). 하나님께서 거룩한 삶을 살 수 있도록 하실 것을 믿으라(롬 6:14). 특히 다른 그리스도인들을 사랑하라. 원수를 용서하라. 자신의 죄가 얼마나 깊은지 안다면, 하나님께서 자신을 얼마나 많이 용서하셨는지 안다면, 다른 사람을 사랑으로 용서할 수 있을 것이다. 하지만 하나님께서 얼마나 큰 사랑으로 자신을 용서하셨는지 모르는 사람은 자신의 죄 용서를 위해 기도할 수 없고, 하나님께서 용서하시리라고 믿지 못할 것이다(엡 4:31-32, 마 6:14-15, 18:21).

다른 사람들에게도 하나님의 은혜가 부어지기를 열망하라. 자신이 의롭게 된 사실이 온전히 확정되고 선포될 위대한 심판날을 인내로 기다리자(갈 5:5, 행 3:19). 이 땅에 사는 동안에는 오직 믿음을 통해서만 자신이 의롭게 된 것을 알 수 있다. 여전히 죄와 싸울 수밖에 없기 때문이다. 하지만 마지막날에는 우리의 의가 만천하에 드러날 것이다. 하나님께서는 우리가 그리스도로부터 받은 이 소중한 의에 따라 우리를 대하실 것이다.

주

서론

1. 월터 마샬의 생애에 대한 본 요약은 그의 책 서문에 나온 생애를 요약한 것이다. Walter Marshall, *The Gospel Mystery of Sanctification*. Grand Rapids, Michigan: Zondervan Publishing House, 1954, pp. 249-252.

2. 같은 책, pp. 263-264.

3. 같은 책, p. 260.

4. 같은 책, p. v.

첫 번째 원리

1. 이 책에는 "반율법주의"라는 말이 계속 나온다. 반율법주의는 문자적으로 "율법에 반대한다against law, *anti-nomos*"는 의미를 가진 기술적 용어다. 이 말은 은혜로 구원받은 사람은 이제 더 이상 율법을 지킬 필요가 없다고 주장하는 사람들의 신학적 입장을 가리키는 데 사용되었다. 바울도 종종 복음 때문에 이런 비난을 받았다. 바울이 로마서 6:1과 6:14에서 "그런즉 우리가 무슨 말을 하리요. 은혜를 더하게 하려고 죄에 거하겠느냐." "죄가 너희를 주장하지 못하리니 이는 너희가 법 아래에 있지 아니하고 은혜 아래에 있음이라"고 하는 것도 다 이런 반대에서 비롯된 말이다. 마샬이 살았던 때에도, 우리 시대와 마찬가지로, 이른바 그리스도인이라고 하는 많은 사람들이 은혜의 복음을 거부했다. 어떻게 이런 복음이 사람들을 경건한

삶으로 이끌 수 있을지 도무지 이해할 수 없었던 것이다. 필연적으로 복음은 사람들을 반율법주의로 이끌 수밖에 없다고 믿었다. "값없이 주어지는 복음을 믿는 사람들은 스스로 이미 구원을 받았다고 믿기 때문에 더 이상 하나님의 율법을 지키려하지 않을 것이다"고 생각했다. 마샬은 이 책 전체에 걸쳐서 참된 복음은 필연적으로 반율법주의를 낳을 수밖에 없다는 비난을 반박한다. 그가 말하는 것처럼, 복음에는 반율법주의가 조금도 없다. 오히려 복음은, 아니 복음만이, 우리를 구원하고하나님의 율법을 지키도록 하는 능력을 준다. 복음을 제외하고 죄악된 인간이 하나님의 율법을 지킬 수 있도록 하는 다른 신앙 체계는 없다. 이 책 전체를 통해서 마샬은 잘못된 신앙을 가진 사람들이 하는 이런 비난에 낙담하지 않도록 우리를 격려한다. 참된 복음은 반율법주의를 양산하지 않을 뿐 아니라, 그것을 믿고 받는 모든 사람들을 참된 경건으로 이끈다는 사실을 확신하도록 끊임없이 우리를 격려한다.

열세 번째 원리

1. "방편"이라는 말을 통해 마샬이 의미하는 것은, 그리스도를 믿는 믿음 안에서 자라가기 위해 신자들이 사용할 수 있도록 하나님께서 말씀을 통해 주신 "은혜의 수단"이다. 요즘 말로 하면 "영적인 훈련" 정도로 말할 수 있겠지만, 마샬은 여기서는 보다 성경적인 용어인 "은혜의 방편"이라는 말을 사용한다. "은혜의 방편"은 거룩해지기 위해 우리가 하는 일을 가리키는 것이 아니라, 우리를 거룩하게 하시는 그리스도와의 깊은 교제로 이끄는 것을 말한다.

2. 여기서 "믿음만을 전부로 아는"이라고 표현한 원래 단어는 "오직 믿음의 교리를 추종하는 사람들Solifidians"이다. "솔라피디안Solafidian"이라는 말은 문자적으로는 "오직 믿음"을 의미한다. 이 말은 마샬이 살았던 시대에 율법주의자들이나 복음을 대적하는 다른 사람들이 냉소적인 의미로 만들어 낸 단어다. 오늘날 율법주의자들이 참된 그리스도인을 "중생주의자"나 "값싼 은혜를 말하는 자"라고 부르는 것과 마찬가지다. 비아냥과 모욕을 담은 이 말을 통해, 은혜의 복음은 참된 경건으로 이끌기보다는 방탕하고 문란한 삶을 초래한다고 여기는 율법주의자들의 생각을 읽을 수 있다. 물론 마샬은 율법주의나 무율법주의를 거부하는 참된 복음의 길을 설명하는 가운데 잘못된 개념을 일소했다.